JN295435

ヨーロッパ社会史
Sozialgeschichte Europas
1945年から現在まで
1945 bis zur Gegenwart

ハルトムート・ケルブレ[著]
Hartmut Kaelble

永岑三千輝[監訳]

金子公彦・瀧川貴利・赤松廉史[訳]

日本経済評論社

Sozialgeschichte Europas by Hartmut Kaelble
© Verlag C. H. Beck oHG, München 2007

By arrangement through Meike Marx, Yokohama, Japan

はじめに

　この本は、たくさんの刺激や示唆を吸収している。個々の章を、アーヘン、ベルリン、ボーフム、ボローニャ、ボン、ブルージュ、ブダペスト、フィレンツェ、ゲッティンゲン、パリ、プラート、神戸、コペンハーゲン、ライプツィヒ、ナント、大阪、北京、ポツダム、プラハ、サラマンカ、東京、ワルシャワ、横浜で講演し、その際の議論から多くのことを学んだ。フンボルト大学（ベルリン大学）の講義やゼミナールでこの本の多数のテーゼを試し、学生諸君の反応からたくさん有益な示唆を得た。フンボルト大学の特別研究領域「社会秩序の転換期の表現」での議論、そして、「ヨーロッパ比較史ベルリン研究所」の講義も、この本のために非常に活気を与えてくれた。半年間の学術研究休暇に関してはドイツ学術財団に、またユルゲン・コッカ所長（ベルリン社会科学研究センター）には、非常に刺激的な一年間の客員教授のポストをいただいたことを感謝したい。CIERA[1]のミヒャエル・ヴェルナー氏とフランス教育省には、ゲイ・リュサック—フンボルト賞を感謝したい。これによって、パリ滞在では妨げられることなく研究に専念できた。ダグマー・リッサト、ヤン・リプジウス、クリスチャン・メートフェッセル、ミヒャエル・シュミーデルには原稿の校正で、またクラウディア・アルトハウスには出版社の卓越した原稿審査作業について感謝したい。ベック出版社には出版企画に受け入れてくれたことを非常に感謝している。

注
1) 「ドイツに関する研究調査のための学際センター（Centre Interdisciplinaire d'études et de Recherches sur l'Allemagne')」。

日本語版まえがき

　1945 年以降のヨーロッパ社会史についての私の本の翻訳が、まず最初に日本で出版されることになりうれしく思う。日本はもっとも頻繁に訪れたヨーロッパ外の国であり、本書の執筆にあたって繰り返し念頭に置いた国である。世紀転換の 2000 年以来、日本で何度も行った講演や講義の機会に、研究仲間や学生諸君との議論で多くのことを学んだ。この本の重要な諸章は 2005 年に日本学術振興会の招聘で行った一連の講演に基づいている。日本学術振興会、この一連の講演を組織された廣田功氏に感謝したい。ドクトラント（博士論文執筆中の研究者）のグループと一緒にこの本を翻訳してくださった永岑氏には特に感謝したい。できるだけ正確な、理解しやすい訳とするため、非常に尽力いただいた。また、ゲーテ・インスティトゥート（Goethe-Institut）および特別研究領域「転換期社会秩序の諸表象」（Sonderforschungsbereich "Repräsentationen sozialer Ordnungen im Wandel"）、そして横浜学術教育振興財団（Yokohama Academic Foundation）から翻訳出版の支援をいただいたことにも感謝したい。

　　　　　　　　　　　　　　　　　　　　　　　　ハルトムート・ケルブレ

目　　次

はじめに……………………………………………………………… iii
日本語版まえがき…………………………………………………… iv

　第 **1** 章　　序論 ………………………………………………………… 1

第 1 部　社会の基本構造

　第 **2** 章　　家族 ………………………………………………………… 15
　第 **3** 章　　労働 ………………………………………………………… 45
　第 **4** 章　　消費と生活水準 …………………………………………… 75
　第 **5** 章　　価値変化と世俗化 ………………………………………… 107

第 2 部　社会の階層秩序と不平等

　第 **6** 章　　エリート、知識人、社会環境 …………………………… 139
　第 **7** 章　　生活状態の社会的不平等と移動機会 …………………… 189
　第 **8** 章　　移民 ………………………………………………………… 219

第 3 部　社会と国家

　第 **9** 章　　メディアとヨーロッパ世論 ……………………………… 247
　第 **10** 章　　社会運動、社会紛争、市民社会 ………………………… 279
　第 **11** 章　　福祉国家 …………………………………………………… 313
　第 **12** 章　　都市成長、都市生活、都市計画 ………………………… 341
　第 **13** 章　　教育 ………………………………………………………… 365

　第 **14** 章　　まとめ ……………………………………………………… 391

監訳者あとがき……………………………………………………… 405

ドイツ語の記号

vgl.	参照
Aufl.	版
auch	また（も）
dies.	同
Bde.	巻
ff.	以下
Heft	号
Hg.	編
S.	ページ

第1章 序論

多様な近代の一部としてのヨーロッパ

　人は20世紀後半のヨーロッパ社会史に関する本から何を期待するだろうか？　ヨーロッパを没落に向かっていると見ることもできよう。このヨーロッパはまだ20世紀前半には世界を支配していた。そして、多くの国々を第二次世界大戦に引きずり込んだ。ヨーロッパは二つの世界戦争を通じて、超大国の地位を完全に失った。20世紀後半には世界の静穏な一郭になった。広い範囲にわたって内側に引き下がり、廃墟や愛情深く手入れされた古代の遺跡へと多数の観光客を引きつけた。しかし、ヨーロッパ外のいかなる国からも、モデルともみなされなかった。もちろん覇権国などとは見られなかった。こうしたヨーロッパの変化は、特に第一次大戦、20世紀最初の大破局と1970年代の間に起こった。

　しかし、人々はまた再興隆するヨーロッパの歴史を期待できるかもしれない。生存の基礎を脅かす危機の後、すなわち1914年から45年のヨーロッパの内戦の後、再生したヨーロッパは20世紀の後半、驚くべきことに安定した内的平和秩序と新しい政治的経済的繁栄期を経験した。この再興隆はとりわけ第二次大戦の終結と1970年代の間に起こった。

　最後に、人はヨーロッパの歴史をたくさんの文明の中のひとつの歴史と見ることもできる。世界のすべての大きな文明がそれぞれ独自の近代化（モデルネ）の道を歩んだ。ヨーロッパはそのひとつを具現化していた。20世紀後半のヨーロッパ社会史についてのこの本は、とりわけこの第三のパースペクティブで書かれている。200年来、世界の中でのヨーロッパの地位は、20世紀後半ほどに、多様な近代の一部とみなされることはなかった。20世紀の多様な近代は、理念、人間、商品、サービスの世界的交換の成長、世界世論の誕生、グローバルな政治的アクターの登場などと結びついていた。本書では、ヨーロッパの没落と再興隆が繰り返し言及されているが、それが全体を貫く問題提起で

はない。

中心的な問題提起

　この本はすべての章を貫く赤い糸として三つの側面を取り扱っている。どの歴史書とも同じように、歴史的変遷が中心に置かれている。この本は、ヨーロッパ社会が20世紀後半にどのように変化したのか、20世紀なかばにすべてのヨーロッパ人がよく知っていたことのうち、どれほど多くのことが消滅したのか、われわれが今日まったく自明のこととしていることのうち、どれほど多くのことが20世紀後半にはじめて起きたことなのか、といったことを追跡している。その際、この本は唯一の変化の歴史を描こうとはしておらず、20世紀後半をそれ以前とそれ以後に分けようともしていない。ヨーロッパ社会の多くの分野で、20世紀の後半にいくつかの変化があい接して生じた。1970年頃極端にモダンに見えたことが、90年代にはすでに過去のものになっていることもまれではなかった。変化はかならずしもすべての章で同じように扱われているわけではない。かなりの章で20世紀後半の4つの画期、すなわち、終戦直後の時期、1950年代と60年代の繁栄期、70年代と80年代の経済的に困難な時期、そして、1989〜91年の大転換後の時期が、別々に取り扱われている。それに対して、その他の章ではただひとつの一貫した変化プロセスだけを議論している。

　さらに次のことを問題にしている。すなわち、ヨーロッパはどちらかといえば分裂しているのか、それともむしろ融合してきたのか。個々の国々の間あるいは国々の中の諸グループの間の違いだけではなく、貧しい周辺部と豊かな中心部の間の、さらにはヨーロッパの東と西との間の違いも追跡している。こうした違いは収斂と対置されている。収斂はもちろんヨーロッパのすべての国を例外なくとらえているわけではなく、最もうまくいっているばあいでも過半数をとらえているに過ぎない。そのような収斂では、単に類似性だけが考えられているのではなく、結びつきの成長、双方向の経験密度の増大、相互に満足した経験に基づいた相手像といったことも考えられている。社会的な結びつきには、経済的結びつきの変化と並んで、新しい社会的な結びつき、職業移民や教育移民と退職後の移民、ビジネス旅行と観光旅行、国際結婚、流入した移民マ

第 1 章　序論

イノリティーとハイブリッドの成立、ヨーロッパ企業やヨーロッパ科学、さらにまたブリュッセルのヨーロッパ政治に見られるまったく国際的な文化などがある。社会的結びつきには、ヨーロッパ人の経験空間の変化、互いの見方の変化もある。結びつきのこうした諸側面は、構想するのは迅速でも、実現するのは必ずしも容易ではない。それはどちらかといえば社会史研究の継子であり、普通は二国間プロジェクトで追跡されている。多数国間の結びつきはほとんど注目されてこなかった。こうした結びつきと相互移転はひとつの独自の章においてではなく、むしろいつも相違と収斂と一緒に取り扱われている。

　最後に、この本は、ヨーロッパ社会の特殊性、特にヨーロッパ外の類似の近代的社会と比較した特殊性を取り上げることにする。その際、問題となるのは、何世紀にもおよぶヨーロッパの「本質」に関する論争を特徴付けていたヨーロッパの優越性への復帰ではない。ヨーロッパの社会的特質には、まったくその反対に、ヨーロッパ史の重荷、後進性、暗黒の側面もある。さらにその上、ヨーロッパの特殊性では、アイゼンシュタットやミッテラウアーが追跡したような「長期的持続」のヨーロッパの小道もほとんど問題とならない（Eisenstadt [2003]; Mitterauer [2003]）。

　それを論じるためには、ここで取り扱う期間は短かすぎる。たくさんのヨーロッパの特殊性は短期的なもので、20年から30年続いたがふたたび消えてしまった。ヨーロッパの特殊性はしばしばヨーロッパ外の諸社会との結びつきや意見交換を通して成立した。ヨーロッパの特殊性をヨーロッパの情勢や位置関係だけから説明しようとしても、現実を素通りしてしまうことになろう（Kaelble [2005] 参照）。

社会史とは何か？

　社会史は今日はっきりしたプロフィールを持っていない。社会史は1960年代と70年代の飛躍以来、たくさんの特殊領域に分かれてしまった。それらの共通項を確認するのは非常に難しくなっている。さらに社会史は最近何十年かまったく違った構想で研究された。したがって社会史に対する期待もまったく異なっている。

　社会史は今日ほとんど狭い意味で、社会的諸階級、社会層や身分の歴史とみ

なされている。歴史を社会階級に従って細かく分けることが、多くの人にとって19世紀と20世紀への社会史固有の視線であった。この本はこうした狭いパースペクティブに限定してはいない。なぜなら、社会史は事実においていまだかつて一度も——1960年代と70年代の全盛期でも——そうした狭い階級史に限定されていなかったからである。家族、社会国家、メンタリティーといった他のテーマもはじめから重要な役割を演じていた。社会階級と社会的環境は、19世紀および20世紀前半においてヨーロッパ史を事実上特徴付けていたが、20世紀後半にはその特徴づけの力を失ってしまった。20世紀末、おそらく市民階級に特徴付けられた社会について語ることができても、諸階級によって特徴付けられた社会について語ることは、もはやまったくできないであろう。

またしばしば社会史の中心問題と見られているのは、長期的な、変化が困難な強制的社会構造の政治や文化への作用である。社会構造の基盤と支持や文化の上部構造の間を区別することは、社会史の基礎概念とみなされている。そこでは情勢と位置関係、さまざまの強制と条件が中心に置かれるが、行動の余地や行動の主体と諸決定は中心に位置づけられなかった。この本はこうした見方にも従わない。なぜなら、すべての歴史家は、たとえ情勢と位置関係、強制を度外視しようとは思わなくても、行動の余地を研究すべきだからである。なぜ歴史のひとつのサブディシプリンが諸強制に特殊化し、他のサブディシプリンがもっぱら行動の余地に限定すべきなのか、理解できない。

最後に、社会史はこうした多様に特殊化したサブディシプリンの共通分母と理解することも可能である。したがって社会史のごくわずかしかないヨーロッパ・フォーラム、2年ごとに開催されるヨーロッパ社会史会議で取り上げられているすべてのテーマの総計として理解することも可能である。しかしそこからは何の手触りのよい定式もないことが明らかになる。しかし、社会史をさしあたり社会史研究者が取り扱うテーマで定義することも可能ではある。そもそも社会史研究の共同の本があるとすれば、それは3つの大きなテーマ領域と取り組むことになろう。第一に、社会的な生活状態と生活態度の歴史。これに含まれるのは、特に家族、労働、消費、諸価値と宗教性、都市生活と農村生活である。第二に、社会的な不平等と階層秩序の多様性。これは単に諸階級や社会環境に限定されるものではない。男女間の不平等、土着の人と移民との間の不

平等、世代間の不平等、さらに物質的状態、消費、財産、教育、人生の期待などの不平等も含まれる。最後に、社会と国家の間の関係、結びつきと対立、社会的な運動と紛争、メディアと政治世論、社会国家、教育政策、都市計画、保健政策。この本は、こうした社会史の広い理解にしたがっている。

　完全な意味での社会史には、たんに諸構造と諸機関の歴史だけではなく、社会的なテーマに関する論争の歴史、意味や社会的シンボル、儀式、神話の歴史も含まれる。この意味での社会史と文化史あるいは政治史の間の境界は明確には線引きできない。その意味ではこの本のいくつかの章はヨーロッパの文化史あるいは政治史にも含まれることになろう。

他の著作との違い

　以上のような意図をもった1945年以降のヨーロッパ社会史の叙述はこれまで存在しない。部分的には4つの種類の著作とこの本は重なり合っている。しかし、部分的にだけである。西ヨーロッパの社会史に関しては、対象となる地域の広さはさまざまだが、ドイツ語、フランス語、英語の優れた概観がかなりの数ある（van Dijk [1994]; Sutcliffe [1996]; Hradil/Immerfall [1997]; Guedj/Sirot [1997]; Bussière et al. [1998]; Marseille [1998]; Saly et al. [1998]; Schulze [1998]; Crouch [1999]）。しかしこれらはもちろんヨーロッパの東部を除外している。また、部分的には20世紀の最後の四半期を取り扱っていない。あるいは社会史のテーマの全範囲は取り上げていない。さらに、20世紀のヨーロッパの経済社会史に関しても、いくつかの優れた概観がある。しかしほとんどが80年代に出版されたもので、20世紀最後の四半期を取り扱うことができなかった（Cipolla [1972ff.]; Fischer [1987]）。さらに20世紀のヨーロッパの全体史についてはいくつかの優れた概観が最近出版された。それらは社会史も取り扱っている。しかし、社会に関してはこの本ほど広くも詳しくも立ち入っていない（Berstein/Milza [2002]; Dignan/Gann [1992]; Gaillard/Rowley [1998]; Marzower [1999]; Histoire des européens [2000]; Schmale [2000]; Fulbrock [2001]; Altrichter/Bernecker [2004], Judt [2005]）。最後に、若干の世界史概観がヨーロッパとその社会史にも立ち入っている。それらはヨーロッパについてはいつも限定的にしか触れていない（Hobsbawm [1995]; Histoire du monde [1996]; Bairoch [1997]; Die Weltgeschichte [1999]; Fernandez-

Armesto [1998]; Histoire universelle [1998]; Nouchi [2000], Reynolds [2000]; Stearns et al. [2001]; Crossley et al. [2004])。この本に最も近いのは、思慮深い、非常に読み応えのあるスウェーデン人社会学者テアボーンの概観である（Therborn [1995]）。しかしもちろんそれと本書は、とくに二つの方向で違っている。本書は、たんにヨーロッパ内の違いを問題にするだけではなく、ヨーロッパ諸社会の共通性をも問題にしている。さらにまた、1945 年以降の社会史の個々の時代をより鮮明に描き出している。

ヨーロッパの空間の定義

ヨーロッパの境界に関する歴史家の論争は 1989～91 年の大転換以来、激しくなった。ヨーロッパ内部の東西の境界は消滅した。そのことによってヨーロッパのとりわけ東方や南東に対して流動的な境界が以前よりも注目を浴びるようになった。しかしこの間のヨーロッパ連合の拡大の度重なる決定も、ヨーロッパの境界の問題を新しく提起している。歴史家と社会学者は基本的に三つの選択肢を議論している。ひとつは西ヨーロッパと東中央ヨーロッパだけを含む狭いラテン系地域。これは例えばマンドラスが支持している（Mendras [1997]）。二つ目は、これよりも広い全ヨーロッパ。ただし、独自の、ヨーロッパを越えた地域との文化的政治的関係をもっているロシア、トルコ、コーカサスなどの大国・中規模国家を除外して。これはほとんどのハンドブックが採用しているヨーロッパである。三つ目に、広い全ヨーロッパ。ロシア、全コーカサス、トルコを含むヨーロッパ評議会とボローニャ・プロセスのヨーロッパ。

本書はプラグマティックなヨーロッパの定義から出発する。ヨーロッパを全体として、したがって東中央、東、および南東のヨーロッパを含む全体として取り扱う。ヨーロッパ西部へのあまりに強い集中を克服しようと試みている。もちろん、これは研究の到達点と著者の言語力の許す限りでだが。

同時に二つの地理的制限を行なうが、これには議論の余地がなくはないだろう。ソ連とロシアは完全には考察の中に含まれない。1989～91 年以後のこの国のヨーロッパ・大西洋空間とのかかわりの強まりにもかかわらず、それ以前のソ連は常に半分ヨーロッパの強国でしかなく、半分アジアの強国、グローバルな大国であった。その意味で特別なものと理解されていた歴史的事実を無視

できないからである。ソ連とロシアは次の理由からも、ためらいなしにはヨーロッパに数えることができない。ソ連とロシアを含めたヨーロッパは、多くの社会分野で、たとえば出生率、家族、生活水準、社会紛争と不平等、ならびに国家介入などで、ソ連を除外した場合のヨーロッパとは基本的に別に見えるだろうからである。疑いもなくこの決断には問題がなくはない。なぜなら、この議論はとりわけ 1989～91 年以前に当てはまるが、その後の時代にはあまり妥当しないからである。しかし本書でのヨーロッパの一貫した定義が必要である。もちろん非専門家としての私に可能な限り、ソ連とロシアはいつも比較の対象として叙述の中に含まれている。そこで、違いだけでなく、ヨーロッパとの類似性も認識できるようになっている。

　トルコも、ヨーロッパの空間の定義の第二の論争点だが、以下ではヨーロッパに含まれない。確かにトルコは 1945 年以降の数十年間に西ヨーロッパとアメリカの軍事的安全保障空間に属し、中近東やアフリカの多くの国と同じようにヨーロッパ・モデルを志向してきた。近代化政策でも反近代主義的運動でも。しかし、トルコは 20 世紀後半、明らかにヨーロッパの社会と文化には属していなかった。今日までトルコはその社会構造でも諸価値でも明確にヨーロッパとは違っている。その違いはロシアよりもむしろ強い。したがって、トルコが EU に加入できるように将来何十年かのうちに今までよりもヨーロッパに順応しようとしているという理由だけで、簡単にヨーロッパに付け加えるのは、人工的に思える。

時期区分

　20 世紀のヨーロッパの社会史では様々な時間的区分を行なうことができる。現在、歴史家の間では三つの時期区分の仕方が議論され、あるいは実地に適用されている。最初のものは、結局、世紀区分にとどめておこうとする。そこではフランス革命から第一次世界大戦までの長い 19 世紀から出発し、ついで、第一次世界大戦から 1989～91 年の大転換までの短い 20 世紀が来るとする。20 世紀の歴史は、民主主義、ファシズム、コミュニズム、ヨーロッパの政治的分割のしばしば極端に暴力的な競争の歴史として書かれている。この時期区分では第一次世界大戦、そしてその後のソ連帝国の崩壊が、20 世紀の中心的転換

点である (Hobsbawm [1995])。

　第二の時期区分の仕方は 20 世紀を明確に区分し、第二次世界大戦を政治的経済的な中心的転換点とみなしている。この見方に従えば、法外な暴力と没落の時期はむしろナショナリズムの時代の帰結と見える。ナショナリズムの時代は 19 世紀の半ばころ、あるいはすでにナポレオン戦争から始まり、第二次世界大戦でようやく終わったとみる。この見方によれば、第二次世界大戦後に、国際性の新たな時代、新しいヨーロッパの平和秩序の時代が始まった。国民国家の弱体化、アメリカ合衆国の新たな世界強国としての地位の確立、そしてヨーロッパの植民地帝国の最終的没落、しかしまたヨーロッパの経済的な再興隆の時代、しかし 1989〜91 年まではイデオロギー的経済的なヨーロッパ分断の時代でもあった (Therborn [1995])。

　第三の見方は、1960 年代と 70 年代を 20 世紀のヨーロッパと世界の中心的な転換期とみなしている。その後にはじめて国際性が本当に貫徹し、古典的国民国家の弱体化、新しい社会的文化的なポスト物質主義的諸価値、新しい、もはや西側によっては規定されない世界秩序、新種のグローバル化が始まったとみる (Maier [2000])。

　この問題に理想的な解決は存在しない。どの区分が選ばれるかは、それぞれの研究の基本的な問題設定によっている。二つのプラグマティックな理由から、本書のためには第二次世界大戦の終結を出発点に選ぶのが有意義だと考えられた。

　第二次世界大戦の終結とともにヨーロッパにとって新しい時代が始まった。新しい政治的経済的な国際的システムが成立した。このシステムのなかでヨーロッパはもはや世界の中心ではなかった。民主主義が、1930 年代と 40 年代の深刻な危機の後、ヨーロッパで勝利の行進を始めた。ヨーロッパの諸社会の内的な接近プロセスが、相違と乖離の長い時代の後、開始した。海外への移民流出社会から移民流入社会へのヨーロッパの根本的な転換の中で、ヨーロッパとヨーロッパ外の諸社会との間の新しい関係が成立した。ヨーロッパ外の諸社会と比較すると、現代的な消費社会の世界的浸透、新しい家族、労働、社会保障モデルならびに全般的な価値転換において、ヨーロッパの特殊性を認識することができる。はじめてヨーロッパに超国民国家的な諸機関が樹立された。そこ

第1章　序論

にますます多くのヨーロッパの国々が加わった。それらはヨーロッパ社会史にも影響を与えた。歴史のほとんどの場合と同じように、この大転換も1945年に突然起きたわけではなかった。そこには連続性も付随していた。しかしその大転換は、連続性も考慮に入れなければならないとはいえ、第二次大戦の終結とともに断絶を開始させるのに充分な深さをもっていた。20世紀の他のいくつかの大きな転換、すなわち第一次大戦、1960年代と70年代の大転換、89～91年の大転換は、第二次世界大戦以降の大転換がその背後に隠れてしまうほど徹底的なものではなかった。社会的変化でも国際的なシステムでも、また民主主義の発展において、さらにはヨーロッパ諸社会の相互関係でも、他の文明や大きな社会とのヨーロッパの諸関係においても、最後に、世界的な広がりのプロセスのなかでのヨーロッパの特殊性の成立でも、これら他の大きな転換は、第二次大戦ほどの重みはなかった。

本書の構成

　この本は最も重要な社会分野を取り上げ、1945年から現在までを概観する。三つの大まかに定義した部分からなっている。各章がその三つの部分に割り振られている。
(1)　まず第一に、社会の基本的構造における変化が取り扱われることになる。それらはヨーロッパ人によっても彼らの私的生活の最も重要な柱とみなされている。すなわち、家族、労働、消費、そして価値の転換と脱宗教化である。
(2)　続いて、社会的な不平等と社会的秩序が叙述されることになる。まず最初にエリート、知識人そして様々な社会環境、すなわち市民階級、労働者、農民、小市民である。その後、社会的状態の不平等、したがって所得、財産および社会的移動機会。最後に、移民と海外移民の大陸から移民流入の大陸へのヨーロッパの大転換による移民環境の成立。男女間の不平等はそれぞれの章で取り扱うが、特に家族、労働、教育の章で取り上げる。健康の不平等のテーマはごく簡単に生活水準に関する章でみることになる。というのはこのテーマは現在ヨーロッパレベルで取り扱うのが非常に難しいからである。
(3)　この本の最後の部分で社会と国家の間の諸関係と緊張を取り上げる。社会の政治への作用からはじめる。社会的な運動と紛争に関する章、メディアと

世論に関する章がそれである。その後、政治の社会への作用が、福祉国家の章、都市と都市計画の章、教育の章で取り扱われる。

文　　献

M. Adas/P. N. Stearns/S. B. Schwartz [2000], World civilizations: the global experience, 3 Aufl., New York; [2003], Turbulent passage: a global history of the 20th century, 2 Aufl., New York.

H. Altrichter/W. L. Bernecker [2004], Geschichte Europas im 20. Jahrhundert, Stuttgart.

G. Ambrosius/W. H. Hubbard [1986], Sozial- und Wirtschaftsgeschichte Europas, München.

J.-C. Asselain [1996], Histoire économique du XXe siècle. Bd. 1: la montée de l'état; vol. 2: la réouverture des économies nationales, Paris.

P. Bairoch [1997], Victoires et déboires. Histoire économique et sociale du monde du XVIe siècle à nos jours, 3 Bde., Paris.

S. Berstein/P. Milza [2002], Histoire de l'Europe contemporaine. De l'héritage du XIX siècle à l'Europe d'aujourd'hui, Paris.

E. Bussière/P. Griset/C. Bouneau/J.-P. Williot [1998], Industrialisation et sociétés en Europe occidentale 1880-1970, Paris.

C. Charle [2001], La crise des sociétés impériales. Allemagne, France, Grande-Bretagne 1900-40. Essai d'histoire sociale comparée, Paris.

C. Cipolla Hg. [1972ff.], Fontana Economic History of Europe, 5 vols., London. (独語訳：C. Cipolla/K. Borchardt, Hg. [1976ff.], Europäische Wirtschaftsgeschichte, 4 Bde., Stuttgart/New York).

P. K. Crossley/L. H. Lees/L. W. Servos [2004], Global society. The world since 1900, Boston.

C. Crouch [1999], Social change in Western Europe, Oxford.

P. Dignan/L. H. Gann [1992], The Rebirth of the West. The Americanization of the democratic world 1945-58, Cambridge/Mass.

H. van Dijk [1994], De moderninsering van Europa: twee eeuwen maatschappij-geschiedenis, Utrecht.

H. W. von der Dunk [2004], Kulturgeschichte des 20. Jahrhunderts, 2 vols., München.

S. N. Eisenstadt [2003], Comparative civilizations and multiple modernities, 2 Bde., Leiden. Les Européens [2000], Paris.

F. Fernandez-Armesto [1998], Die Weltgeschichte unseres Jahrtausends, München.

W. Fischer Hg. [1987], Handbuch der europäischen Wirtschafts- und Sozialgeschichte, Bd. 6: Europäische Wirtschafts- und Sozialgeschichte vom Ersten Weltkrieg bis zur Gegenwart, Stuttgart 1987.

M. Fulbrock Hg. [2001], Oxford History of Europe since 1945, Oxford.

第1章 序論

J.-M. Gaillard/A. Rowley [1998], Histoire du continent européen de 1850 à la fin du XXe siècle, Paris.
F. Guedj/S. Sirot Hg. [1997], Histoire sociale de l'Europe. Industrialisation et société en Europe occidentale 1880-1970, Paris.
Histoire du monde [1996], 5 Bde., Paris.
Histoire universelle [1998], 3 Bde., Paris.
E. J. Hobsbawm [1995], Das Zeitalter der Extreme. Weltgeschichte des 20. Jahrhunderts, München. (エリック・ホブズボーム [1996]『極端な時代——20世紀の歴史』上・下、河合秀和訳、三省堂).
S. Hradil [2006], Die Sozialstruktur Deutschlands im internationalen Vergleich, 2 Aufl., Wiesbaden.
S. Hradil/S. Immerfall Hg. [1997], Die westeuropäischen Gesellschaften im Vergleich, Opladen.
H. James [2004], Geschichte Europas im 20. Jahrhundert, Fall und Aufstieg 1914-2000, München.
T. Judt [2005], Postwar. A history of Europe since 1945, New York.
H. Kaelble [1987], Auf dem Weg zu einer europäischen Gesellschaft. Eine Sozialgeschichte Westeuropas 1880-1980, München. (ハルトムート・ケルブレ [1997]『ひとつのヨーロッパへの道——その社会史的考察』雨宮昭彦・金子邦子・永岑三千輝・古内博行訳、日本経済評論社).
H. Kaelble [1991], Nachbarn am Rhein: Entfremdung und Annäherung der französischen und deutschen Gesellschaft seit 1880, München.
H. Kaelble [2005], Eine europäische Gesellschaft? In: G. F. Schuppert/I. Pernice/U. Haltern Hg., Europawissenschaft, Baden Baden, S. 299-330.
J. Kocka [2005], Die Grenzen Europas. Ein Essay aus historischer Perspektive, in: G. F. Schuppert/I. Pernice/U. Haltern Hg., Europawissenschaft, Baden-Baden, S. 275-287.
C. S. Maier [2000], Consigning the 20th Century to History: Alternative Narratives for the Modern Era, in: American Historical Review 105, pp. 807-831.
J. Marseille Hg. [1998], Industrialisation de l'Europe occidentale, 1880-1970, Paris.
M. Marzower [1999], Dark Continent: Europe's Twentieth Century, New York.
H. Mendras [1997], L'Europeé des européens. Sociologie de l'Europe occidentale, Paris.
M. Mitterauer [2003], Warum Europa? Mittelalterliche Grundlagen eines Sonderwegs, München.
M. Nouchi [2000], Le 20e siècle. Tournants, temps, tendances, Paris.
J. Portes [1999], Initiation à l'histoire du monde au XXe siècle, Paris.
D. Reynolds [2000], One world divisible. A global history since 1945, New York.
P. Saly/M. Margairaz/M. Pigenet/J.-L. Robert [1998], Industrialisation et sociétés. Europe occidentale 1880-1970, Paris.

W. Schmale [2000], Geschichte Europas, Wien.
M.-S. Schulze, ed. [1998], Western Europe. Economic and social change since 1945, Harlow.
A. Sutcliffe [1996], An economic and social history of Western Europe since 1945, London.
P. Stearns, et al., eds. [2001], European social history from 1350 to 2000, 6 vols., Detroit.
G. Therborn [1995], European modernity and beyond. The trajectory of European societies 1945-2000, London (dt.: Die Gesellschaften Europas 1945-2000. Ein soziologischer Vergleich, Frankfurt a. M. 2000).
Die Weltgeschichte [1999], 6 Bde., F. A. Brockhaus, Leipzig/Mannheim. (Welt- und Kulturgeschichte. Epochen, Fakten, Hintergründe, 20 Bde., Hamburg 2006).

第1部

社会の基本構造

第2章　家族

　家族の歴史は社会史のなかで最も話題になってきたテーマである。出生率の低下、生涯にわたる結婚の減少、新しい家族の諸形態とヨーロッパの高齢化は、ほとんどすべての国において熱心に議論されている。その際、社会保険、学校、労働市場への影響についての予測、さらに人々の諸価値と諸規範への影響についての予測は、非常に矛盾している。これらの論争はたいてい各国レベルで行われている。もちろん学問的には、「ヨーロッパの家族」も議論されている。それは、ヨーロッパ外の社会の諸家族とは違って見えたし、いまなお違っているように見える。

研究状況

　家族は社会史の一つの古典的な対象である。しかし、20世紀後半の全ヨーロッパの家族史の概観は、いまだに存在しない。20世紀の家族についてのジェーラン・テアボーンの印象的な新しい概観は、世界史であり、ヨーロッパの歴史ではない。しかも彼女は、三つの側面、すなわち家父長制、結婚、多産性だけに限定せざるを得なかった（Therborn [2004]）。2冊の総合的著作、すなわちアンドレ・ビュルギエールによって出版された『家族の世界史』とフィリップ・アリエス、ジョルジュ・デュビィ編の『私生活の歴史』は、ヨーロッパの国々についての個別の章を含んでいる。しかし、出版はすでに1980年代に行われており、したがって20世紀の最後の部分をもはや取り扱うことはできなかった（Burguière [1987]; Ariès/Duby [1993]）。アンドレアス・ゲシュトリヒ、ミヒャエル・ミッテラウアー、ジェンス・ヴェ・クラウゼによる、そしてジャック・グッディによるヨーロッパの家族への歴史的な概観は、別の諸時代へその重点を置く（Gestrich/Krause/Mitterauer [2003]; Goody [2002]）。ジョン・ゴールドソープ、フランソワ・ヘプフリンガー、マルチーヌ・セガレーヌによる社会学的概観は、西ヨーロッパに限定するか、本書よりも短い期間に限っている

(Goldthorpe [1987]; Höpflinger [1997]; Segalen [1990])。家族史のヨーロッパの全体像は国別の概観からは得られない。というのはこれまでそのようなものはフランス、ドイツ、オーストリアについてだけしか存在しないからである。それはともかく、家族史の個々の側面については以下のような良いヨーロッパの概観が出版されている。もちろんそれらはたいてい本書よりはるかに長い時期を取り扱っている。ギゼラ・ボックによる優れた女性史（Bock [2000]）、エグレ・ベッキとドミニケ・ジュリアの編集した少年少女期の歴史（Becchi/Julia [1998]）、ミヒャエル・ミッテラウアー（Mitterauer [1986]）の青年の歴史、イヴォンヌ・クニービレール（Kniebiehler [2000]）の母親の歴史、およびジャン・クロード・ボローニュ（Bologne [2004]）の独身者の歴史。

家族の変容

1945年以来のヨーロッパの家族史は二つの大変動によって特徴付けられた。第一の大変動は第二次世界大戦の結果としての家族の深刻な諸変容によるものだった。家族の共同生活のまったく新しい諸形態への強制が生じた。この第一の大変動はもちろん長続きしなかった。それは1950年代に古典的な家族への後戻りとともに終わった。この大変動はヨーロッパのどこでも起きたのではなく、直接的に戦争に見舞われた諸国においてだけ起こった。それに対して、第二の大変動は、ほとんどすべてのヨーロッパ諸国で観察された。それは1960年代後半以降始まり、それまで知られていなかった様々な家族諸形態をもたらした。もちろん西ヨーロッパと東ヨーロッパとの間に、また北ヨーロッパと南ヨーロッパの間に、大きな相違があった。

戦後期の大変動

戦争に見舞われたヨーロッパ諸国は、戦争中と戦後期に、それまでの家族形態との深刻な断絶を体験した。それらの諸国は家族の共同生活についてとりわけ次の五つの徹底的な諸変化に直面した。

（1）夫婦間に新しい役割配分が発生した。それは、難民流入の時代に空襲で焼け出された諸都市で、食料、衣服、燃料、住居の日常的確保が困難な状況で

第2章　家族

発生した。学校、幼稚園のような正規の公的サービス機関や公共交通が崩壊した。物質的な窮乏のこの時代には、特に母親たちに法外な新しい諸要求が向けられた。店々の前で長蛇の列を作ったのはほとんど彼女たちだった。食料品を買いだめするために、農村へ出かけ、そのかたわら野菜とジャガイモを栽培し、あるいは肉を手に入れるためブタとウサギを飼った。終戦直後、女性就業は統計的に減少するが、それは実態を隠蔽している。妻たちは主婦の役割とされた私的領域の中に隠遁してはいなかった。それとはまったく反対に、家の外での妻たちの積極的な活動が戦後期にはその前とその後の時期よりもはるかに活発だった。古典的な、ほとんどが男性の就業からの所得は、この困窮の時代には価値を失った。家族を養うための骨の折れる、たいていは女性による仕事の価値が引き上げられた。

　夫婦の争いの決定的な理由は、夫婦間のこの新しい役割配分であった。また戦争帰還者が、戦傷あるいはトラウマのような戦争体験の後で変化した自分たちの父親としての役割を再び演じる能力のないことも珍しくなかったが、それも夫婦のいさかいの決定的な理由となった。1946年の東ベルリンで、48歳になる市街電車の一運転手は、「戦争はわれわれの妻を根本的に変えてしまった。彼女たちは以前よりも自立的になった。それで前よりも生意気になった」と書いた[1]。戦時期にあわただしく結ばれた婚姻と戦争の極限状況でのたくさんの夫婦の別々の生活が、こうした夫婦間の争いをさらに激しくした。したがって離婚率は、終戦直後、戦争に見舞われたほとんどすべてのヨーロッパ諸国で跳ね上がった。しかしもちろん跳ね上がったのはそうした諸国だけであった。離婚率はその後いたるところで、再び低下した。そのことは後出図2-1の中では限定的にしか確認できない（Flora [1987] 162ページ以下）。

　戦争の結果、不完全な諸家族が、夫たちの戦死によるか長期の戦時捕虜によるか、あるいは戦時期の結婚の崩壊によるかは別として、異常に多く生まれた。純粋な「母子家庭」がたいていは不本意に生まれた。その数は戦後期に、それ以前あるいはそれ以後よりも多かった。

　新しい役割と自由を、戦後期は若い未婚の女性たちにも提供した。彼女たちは自分よりも前の世代あるいは後の世代よりもわずかしか、古典的な家族の諸規範と古典的な女性の経歴に束縛されていないと感じていた。彼女たちは以前

よりも良い職業機会を持っていたし、戦争によって損われた青春時代を取り戻そうとしていた。彼女たちはある異常な状況の中で生活していた。なぜなら、彼女たちは相対的にわずかの数の同年齢男子にしか出会わなかったからである。しかも、男性が若い占領軍兵士あるいは若い戦争帰還兵だった場合、彼らもしばしば同じように古典的な家族の諸規範から解き放たれた若者だったからである。多くのヨーロッパ諸国で、終戦直後の婚外出産の数が増えた。その数は1950年代よりも多かった（Flora [1987] 160 ページ以下）。あるベルリン女性市民の証言。当時独身の若い婦人として、ベルリンの戦後すぐの時期について、「人は非常に自立的でした。一人者ならそのほうがいい、そのほうが実際にうまく切り抜けることができるといわれていました」[2]。こうした激変に驚いた19歳のベルリンの一商人の1946年の証言、「若い婦人たちの多くは私には今日もはや少しも正しい拠り所をもっていないように見える」[3]。

　さらに、家族の内部と外部での青少年の自立性と責任、もっと小さな子供たちさえももっていた自立性と責任は、終戦直後の時期に特に大きかった。戦時捕虜状態からの逃走でも帰還兵としても、青少年は以前よりはるかに多く自立していた。年長の子供たちと青少年は家族の内部でも以前よりもあるいはその後よりも多くの責任を負った。彼らは食料、石炭、薪の調達に、買出しの旅や苦し紛れの盗みに、菜園作りと動物飼育に、しばしば起きた両親不在の間の家計維持にも、おおいに関与した。若者のこうした新しい自立性はとりわけ父親たちとの衝突をもたらす可能性を大きくした。父親たちは彼らの年若い息子たち・娘たちの成長をしばしば一緒には体験していなかった。彼らは家族に関する戦前の観念をもったままで戦争から帰還し、軍事的な命令のヒエラルキーを家族にも押し付けた。一人のベルリンの青年が1948年に次のように書いていた。「私の父はいないままのほうが良かった。そうなんだ。当時、彼は我々にとっていわば余計であった。というのは、我々はともかくうまくやっていたから。[……] そんなことをいうのはひどい。しかし、我々はまさに戦争によって完全に自立的になっていたのだ。彼は我々のように成長しつつあるものにとってはいわば邪魔だった。というのはいまや父親のしつけ——それはまったく無意味だった——が始まっていたからである」[4]。

　最後に終戦直後の時期は、しばしば閉ざされた親密な家族との断絶をも意味

した。そうした家族は19世紀から20世紀前半のヨーロッパの到る所で発達していたものだった。家族の親密性が保持されていなかったのは、逃走と追放による極端な状況においてだけではなかった。極端な住宅の窮乏の結果、しばしば家族はもはや自分たちだけの住居を持てなかっただけでなく、いくつかの家族が一つの家屋の中で、あるいは一つのフロアの中で共同生活をし、台所、浴室、菜園を分けあった。また、共同で食料、衣服、燃料を調達し、子供たちの世話をした。

こうした家族の例外状況のせいで、戦後期は家族史の一つの並はずれて多様な色合いの、多義的な画期であり、歴史家の論争を刺激している。

歴史家たちによって、戦後期は一方では、家族の新しいチャンスの時代、家族の根本的な転轍ポイントとみなされている。とりわけ妻のこれまでより大きな権利平等と自立性、婚姻証明書なしのパートナーによる共同生活、もはや機能しなくなった婚姻の速やかな解消、純粋な母子家庭の女性の独立性、ならびに若い未婚の女性たちの新しい生活形態は、新しい女性の役割のための標識とみなされている。いくつかの家族の共同生活は、この見地から、新しい連帯を創造した。政治への道もまた女性たちにとってより容易になった。とりわけ地域レベルではそうだった。しかし、国家のレベルでも女性たちは重要な転轍に関与した。例えばドイツの西部地区においては憲法の中にある権利平等の条項の実現普及においてそうだった。家族の共同生活のこうした新しい形態はなるほど終戦直後の時期が過ぎると再び消滅したが、しかし、これに参加した人々の頭には経験として刻み込まれ、その後、1960年代と70年代に再び活発化された。

他方では、家族の共同生活のこれら新しい形態は家族史の中の一つの短命な例外状況とみなされている。議論されているところによれば、それらの形態は自発的にではなくて、戦時期と戦後期における逃亡、追放という極端な強制、経済的公共的な供給システムの崩壊という極端な強制の下で生まれた。その上、ドイツにおいてはすでにナチス体制が家族から青少年たちを解き放った。したがって同時代人たちは、第二次大戦後のこれらの新しい家族形態から積極的な面を手に入れることはまれだった。そして経済と公的行政が再び正常化すると、そうした形態をすばやく再び放棄した。

古典的家族への復帰

1950年代から60年代初めは、三重の意味で古典的家族への復帰の時代であった。主婦としての結婚生活への復帰、そして妻と夫の明確な分業と感情世界の分離を伴う対照的な性別役割への復帰である。閉じた親密な家族への復帰。最後に、家族の中での子供と若者にたいする父母の権威への復帰。

多くのことが古典的な家族へのこの復帰を立証している。ヨーロッパの到る所で離婚が再び減った。結婚性向が高くなり、以前より早い年齢で結婚した。出生率がだんだん増えた。あるいは少なくとも安定した。ベビー・ブームがヨーロッパの広い部分で際立っていた。そのブームは伝統的な父母家族の内部で起きた。婚姻外の出生は到る所で非常に減った（Flora [1987] 162ページ以下）。

家族の共同生活の中でも古典的家族への復帰がきわめて明白だった。教育の中で両親の権威が再び強化され、力を発揮した。性別の異なった役割が再び教育の中で強調された。主婦としての結婚生活が再び重みを増した。女性たちが仕事をするとしても、1950年代には圧倒的に経済的困窮状況をその理由にしていた。職業への興味からというのはほとんどなかった。家庭は引き続き女性の主要な領分であった。家族の親密性は回復された。大量の住宅建設はヨーロッパの到る所で住宅を、とくに他から独立した家族のためにマイホームを作り出した。他の家族との間の密接な触れ合いや協力は前もって考慮されていなかった。独立の子供部屋の設置は、家族の中の親密性さえ強化した。それは子供が屋外の遊び場から一歩一歩屋内に退却することと結びついていた。新しい耐久消費財、とりわけ自動車、冷蔵庫、ソファコーナーは、家族的な消費財であって、他の家族との間に新しい橋を築くものではなかった。そうしたものでは市民階級（ブルジョア）、プロレタリア、農民の家族の間に以前存在していた生活環境（ミリュー）の相違も緩和した。

古典的家族はとりわけ西ヨーロッパにおいて公的な論争をもまた支配した。1950年代と60年代前半、たいていの政党、教会、世論が、そしてまた学問も、広い範囲で、古典的な両親家族をモデル家族とみなすことで意見の一致を見ていた。家族政策はたいていこの傾向を支持した。

もちろん1950年代と60年代の家族は単純に戦前期と戦間期への復帰ではなかった。しかしその点はしばしば見逃されている。家族は色々な観点で引き続

き発展していた。多くのことが同時代人たちによって古典的家族への復帰と考えられた。しかしそれは別の家族へと導くものだった。

妻や母親の家庭外での職業活動が1950年代と60年代前半に増加した。この時代は母親の職業活動へのブレークスルーの時期だった。純粋な主婦業は、なるほど公的な議論と家族の価値観念の中からは追放されなかったが、家族の日常の中からは追い出された。妻たちの職業活動の増加はしだいに勤労女性たち自身による女性労働の別の評価ももたらした。ますますより多くの女性が職業活動のための動機づけとして、もはやたんに経済的強制だけではなく、職業への興味をも挙げるようになった。

また1950年代と60年代前半には、女性の教育機会も改良された。すでにこの時期に中等学校と大学での少女と若い女性の教育機会が、ヨーロッパのほとんど到る所で拡大した。この時代の終わりに、すなわち1970年代はじめには、少女たちがしばしば少年たちと同じ程度に中等学校で学んでいた。大学への若い女性たちの入学機会は、約三分の一程度にまで上昇した（第13章表13-2参照）。そのくらいではいまだに機会の平等からは程遠かった。しかし、その方向に向かって重要な一歩を歩んでいた。

ゆっくりとではあるが、夫と妻の民法上の、そして基本的権利の上での地位も変化した。なるほど、国際連合の憲章だけでなく、またフランス、イタリア、ドイツ連邦共和国そしてヨーロッパ東部のたくさんの戦後憲法も男女同権規定をもっていた。しかし西ヨーロッパ諸国の大部分において、決定的な法的改革はようやく1970年代と80年代になってはじめて実現した。この同権化はスカンディナヴィア諸国においてだけすでに戦間期に前進していた。東ヨーロッパにおいても紙の上では法的同権化がしばしば同じように非常に進んでいた。しかし、法治国家や裁判所の弱体化とともに、法の重要性が日常のためには後退した（Therborn [2004]）。

人口統計的構造と家族構造もまた1920年代やさらには1900年頃の状態と比べれば変化した。なるほど出生率の漸次的減少の傾向は、1950年代と60年代に食い止められ、それどころかかなりの国では逆転した。しかし戦間期あるいは戦前期の高い出生率はもはや達成されなかった。離婚率はなるほど多くの国で低下した。しかしたいてい戦間期あるいは戦前期よりも明らかに高いままで

あった。同じく結婚の数も明らかに以前より多かった。生涯独身という伝統的モデルは浸透力を失った。

　世代間の鋭い対立がはっきり現れた。青少年と成人した若い人々の一つの世代が生じた。この世代は比類ない経済ブームと大衆消費の始まりの経験によって特徴付けられた。彼らはアメリカやフランスのロックン・ロールに強い影響を受けていた。労働者層や中間層の青少年たちの間では、「ツッパリ」の文化が発達した。学生の間では、特別な衣服と音楽、独自のスターとコンパ文化を伴う実存主義が流行った。彼らには両親の世代が立ちはだかった。両親の世代は、世界経済恐慌と第二次世界大戦の困窮というまったく別の経験によって、そして伝統的な物不足の文化によって、刻印づけられていた。こうした世代間対立はドイツ連邦共和国においては、両親の世代がナチス体制に巻き込まれていたことによっていっそう激しくなった。世代間対立は1960年代後半にはじめて公的な論争の中に噴出したが、すでに50年代に、例えば『夜と霧』のような映画を通じて、多くの家族の中で問題となり、関心が呼び覚まされていた。

　女性や家族政策に関する公的論争もまた変化した。ヨーロッパの東側では、戦間期との一つの深刻な断絶が発生した。公的なプロパガンダの中で職業をもつ女性のある新しい像が創造された。彼女たちは、トラクター運転手、クレーン操縦者あるいは鉱山労働者として重労働も敢行した。ヨーロッパの西側においては、職業をもつ女性と母というテーマが政府によって前面に押し出されることはまれだった。それはむしろメディアによって、とくに女性雑誌によって、そして広告によって議論の場に持ち出された。

1960年代後期以来の根本的転換

　ヨーロッパの家族史における第二の大変動は、1960年代後半以来、はっきり浮かび上がった。この大変動は三つの方向に向かった。ただひとつの支配的な結婚モデルは、多数の結婚モデルによって取って代わられた。多数のモデルの中にそれまで支配的だったモデルも引き続き存在していたが、もはや優勢でなかった。子供中心の結婚が普及した。他から独立した親密な家族が、しだいに、そして一歩一歩、生み出されていった。

第2章　家族

　これらの新しい親密な家族的生活形態は、戦後期とのいくつもの平行線をもっていた。それにもかかわらず、それらは一つの本質的観点において戦後期と違っていた。それら新しい生活形態は戦争の帰結による強制から生まれたのではなかった。それらは、生活水準の歴史的に比類のない上昇、広範に構築された福祉国家、教育部門の急速な拡大、そしてヨーロッパの安定した平和の間に、自発的な決定の中で生じた。別の理由からもまた、戦後期とこの第二の大変動との間には明らかな関連が欠如している。第二次大戦に巻き込まれなかったヨーロッパ諸国では家族史に影響を与える戦後期がなかったが、それにもかかわらず、これらの諸国でも1960年代後半以降、似たような家族の新しい生活諸形態の発展が見られた。スウェーデンはずっと戦争には巻き込まれなかったが、新しい親密な家族的生活諸形態の前衛であり、そのモデルでさえあった。新しい家族のモデルに関する公的な論争においても、戦後期との関連が問題にされることはなかった。

　この第二の大変動が1960年代後半の学生運動によって引き起こされたのか、あるいは反対に学生運動が家族の価値と家族生活の大変動のひとつの帰結であったのかについては、議論が可能である。家族教育の自由化と青少年や若い成人の性生活の自由化は、なるほど西ヨーロッパではどこでも学生運動の中心的要求に属した。しかし、家族生活の変化も後になってから起きたのではなく、同時的であった。離婚率は、ヨーロッパのほとんどすべての国で再び増加した（図2-1を参照）。婚外出生が上昇した。出生率は少なくとも西ヨーロッパでは多くの国で規則的に低下し始めた。それは部分的にはピルによるものだった。結婚率もいくらか後になって同じように低下した（Flora [1987] 145ページ以下）。今度の低下傾向は戦後期のように一つの短いサイクルだったのではなく、1970年代と80年代にまで続く長期的な発展の始まりであった。さらに学生運動の諸要求は、核心部分において、青少年や若い成人の生活形態をめぐるものであり、彼らに対して家族や国家、それに公的道徳が課していた諸制限をめぐるものであった。それに対して家族の変化はもっと包括的なものであり、生涯のなかでの父母段階や老年段階をも大きく変化させた。そうした変化の全てが語っているのは、学生運動はより幅の広い社会的大変動の一部にすぎず、そうした大変動の増幅器であったということであり、その原因や前衛でなかったという

図 2-1　1935〜95 年のヨーロッパにおける離婚率
(100 の結婚に対する離婚、3 年間の平均値)

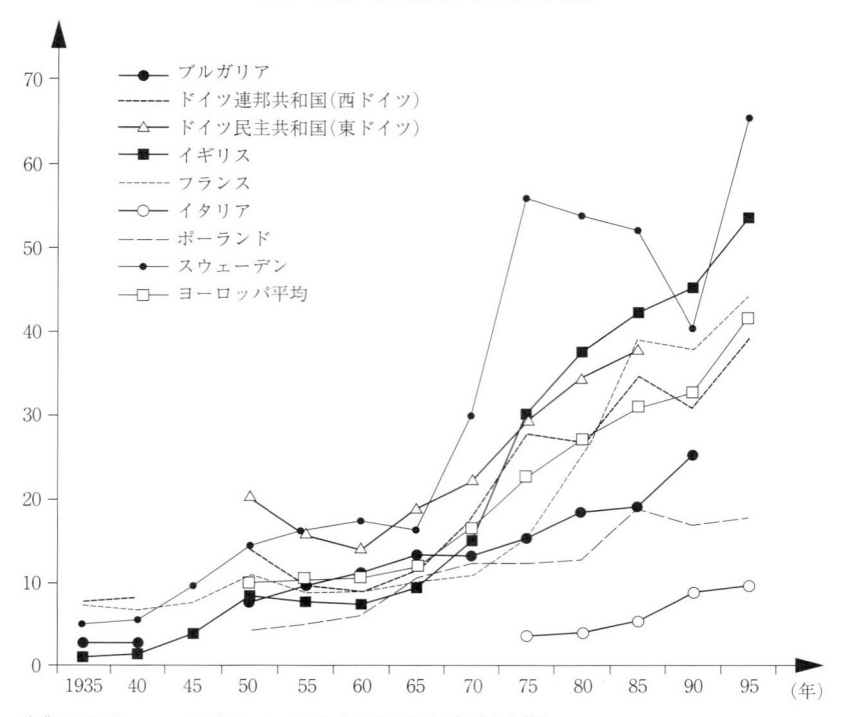

凡例：
- ブルガリア
- ドイツ連邦共和国(西ドイツ)
- ドイツ民主共和国(東ドイツ)
- イギリス
- フランス
- イタリア
- ポーランド
- スウェーデン
- ヨーロッパ平均

出典：UN. Demographical Yearbook Bd. 3 (1951) 以下の統計より算定。

ことである。

結婚モデルの多様性

1960 年代後半以来ヨーロッパの到る所でしだいしだいに夫婦間の関係が変化した。結婚・家族モデルの新たな多様性が徐々に発展した。この新しい多様性は多くの発展によって支えられた。すなわち、男女を問わない教育の拡張と従来よりはるかに高度の資格能力の獲得、それに現代的福祉国家。福祉国家は社会的な安全保証人としての家族を撃退し、同時に新しい家族諸形態に波長を合わせ、それらを支援した。さらに健康管理の改善と出生コントロール。それに母親の職業活動。これは女性に独自の収入を与え、独自の生活計画を可能に

し、したがって彼女たちにより大きな独立性を与えた。家族経済の衰退。職業的、社会的、地域的な生活環境によるコントロールの緩和。結婚モデルと家族モデルの国境の枠を越えた移転の増加。メンタリティーの転換と家族および職業の価値の転換。なかでも愛情に基づく結婚のモデルのさらなる普及。八つの結婚モデルが次第に成立した。

　第一の新しい結婚モデルは父母段階の直前の時期に成立した。伝統的な婚約では、将来の婚姻パートナーはなるほど結婚を意図しているが、一緒に住んではいなかった。こうしたやり方がしだいに減少した。伝統的婚約は同棲生活の時期、相互理解の強化の時期によって置き換えられた。それは現代的な愛に基づく結婚生活の要求の増大によるものだった。このテスト期間は法的にはかならずしも同じには見えなかった。若い成人たちはしばしば「婚姻証明書なしの結婚」を始めた。それは今日少なくともヨーロッパの北部で広く受け入れられている。若い成人たちを取り巻く人々、父母、家主、しかしまた世論も、親になる前の共同生活のこの新しい形態に比較的速やかに順応した。結婚率はこの理由からも、いくらか低下した。ヨーロッパは特にこの時期以来、世界的に見て結婚性向が特に低い例外的地域になっていった。しかし若い成人たちの相当部分が結婚するのは、もしうまくいかなければすぐにまた別れることができるようにするためであった。1970年代と80年代の離婚率の増大は、部分的には固有の父母期の前のこのテスト期間の拡張と関係していた。

　第二の結婚モデルは子供がいて、両親のそれぞれが職業を持っている家族であった。このモデルは決して新しいモデルではなかった。すでにずっと前から、ヨーロッパの家族の少数派はそのように生活していた。けれども、1950年代から60年代前半に、家の外で職業をもつ母親が多数派になった。このモデルはもはや例外や困窮によるものではなく、ノーマルな生活設計となった。ヨーロッパの女性と男性の多数派がそれに倣った。ヨーロッパの社会はだんだんとこの結婚モデルに順応し、家族の教育と諸価値、家族政策、幼稚園、託児所、学校、食堂、住宅賃貸契約等などをこの新しい結婚モデルに合わせていった。

　「婚姻証明書なしの結婚」が第三の新しい結婚モデルとなった。子持ち家族で父母は共同生活をしたが、形式上は、未婚のままにとどまった。それゆえ、父母段階の前のある準備期間だけに留まらないパートナー関係であった。この

タイプは「婚姻証明書なしの家族」と呼んだ方がいいと思われるが、ヨーロッパ全体でどのように歴史的に発展したかに関しては統計がない。しかし、このタイプの家族は、ヨーロッパの北部で、とりわけスウェーデンにおいて、1970年代と 80 年代に明らかに前進していたように見える。婚外出生が 1970 年代と 80 年代以来、西ヨーロッパと中央ヨーロッパの平均で 6％（1970 年）から 13％（1990 年）へと増大したが、この上昇はその一つの標識であった（Höpflinger [1987] 90 ページ；Therborn [1995] 291 ページ）。ヨーロッパの社会は、この「婚姻証明書なしの家族」にも、とりわけ氏名権、賃借権、家族法や相続法においてしだいに順応した。

第四の新しい結婚モデルは「継続家族」であった。この家族の中では連れ合いの別々の結婚から生まれた子供たちが共同生活をし、同時にしばしばその家計の外の片親との密接な関係も維持していた。この家族モデルは以前よりも重要性を増した。というのは離婚率がヨーロッパの至る所で 1960 年代以来再び増大し、遅くとも 1980 年代には戦後期の高い割合を越えたからである（図 2-1 参照）。別々の婚姻関係から生まれた父母と子供たちのこうした共同生活は、もちろん、ヨーロッパの家族の中で 19 世紀までさかのぼる先駆けを持っていた。その家族の中で、しばしば異父ないし異母の兄弟姉妹が共同生活をした。しかしもちろん当時は親の一方、たいていは母親が早く死亡してしまったからである。それゆえ 20 世紀後半において新しかったのは次のことである。異父・異母の兄弟姉妹の共同生活が、血を分けた父母の自発的な決定に因ったということ、子供たちがしばしば家計外の血縁の片親との密接な関係を引き続き持ったということである。

深刻なのは子供をもつ家族の第五の新しいモデル、すなわち一人親家族である。このタイプの家族も 1970 年代以降、数が増えた。この一人親家族の大多数は母子家族であった。その増加の理由はとりわけ離婚率の上昇にあった。離婚率の増加によって子供と一緒になるのは一人親だけとなり、少なくとも形式的には再び結婚しなかった。この一人親家族の一部は新しい生活形態を望んだ結果として成立した。

最後に第六のものは、家族に対するラディカルな選択肢とでもいうべきものであった。1970 年代から 80 年代以降、生涯結婚しないあるいは少なくとも家

族を持とうとしない人々の割合が増えた。家族研究は次の点で意見が一致している。すなわち、住民のなかのある増大しつつある部分、しかし正確には確定できない部分が、一生涯ずっと父母の役割からそっぽを向いているということである。一瞥すれば、それは古いヨーロッパの伝統の再開のように見えた。20世紀前半まで、住民の相当な部分が未婚のままというのが、ヨーロッパの家族の特殊性だったからである。しかし、家族を一生涯持とうとしない新しい態度は、昔のものとは根本的に異なっていた。この断念は厳格な古いヨーロッパの国家的な結婚禁止、すなわち貧困との戦いの一形態とも、また修道院の閉鎖性への世俗的生活からの逃避とも、まったく関係がなかった。それは例外なく自発的であり、もちろんしばしば出世の強迫観念に基づいた。親になることの断念は、古いヨーロッパとは違って、パートナー関係を必然的に断念することを意味するのではなかった。

　以上のほかの二つの古い結婚モデルも、消滅したのではないが、同じように変化した。生涯にわたる結婚は維持されていた。それはなるほど支配的なモデルとしてその位置を失った。しかし、その他の婚姻モデルによって完全に取り替えられたのではなかった。これももちろん同じように変化した。妻の地位は以前より強くなった。たいていのヨーロッパの国で家族法が改革された。妻は子供たちの教育で、また大衆消費社会の中でますます重要になった契約に際して、夫と同じ決定権を獲得した。この終身の結婚の期間は、平均寿命の上昇にともなって、ますます長くなった。人生の第三段階、すなわち親の時期・職業活動の時期の後の、肉体的精神的に十分活動的な人生の一時期は、終身の結婚生活のますます長期化する部分となった。そして観光、温泉場、博物館、クラシックの演奏会やオペラの全経済部門を支えていた。

　もうひとつの古典的な結婚モデル、すなわち経営を共同で行うタイプも維持されたが、同じように変化した。この結婚モデルも1970年代以来著しく重要性を失った。しかし完全に消滅したのではなくて、変化した。このモデルの割合が高かったのは手工業、小売商、農業だった。しかし自由業や聖職者の家政においても、多数の教授の家計においても見られた。すでに経済ブームの時代に、この結婚モデルの重みは著しく減少した。というのはたくさんのそのような小さな経営が手放され、さらに農民、手工業者、小売商の妻たち、牧師や司

祭あるいは教授の妻たちも、以前よりもしばしば自分独自の職業の道を歩むようになったからである。にもかかわらず、この結婚と家族のモデルは、多くのサービス業、レストラン、ホテル、給油所、修理工場ならびに自由業において、さらに夫婦で開業する医院、建築事務所、弁護士事務所などで維持されていた。もちろん、妻たちのますます多くが夫と同等の専門教育を受け、同じようにキャリアを積んだ。医者と女医との、あるいは弁護士と女性判事との結婚が、医者と看護婦の、あるいは弁護士と国家試験を断念した法学部女子学生との結婚を押しのけた。

　結婚と家族の形態のこれらの新しい相違を、宗教、政治的態度あるいは社会環境への所属の違いから説明するのは難しい。相違は圧倒的に個人的な生活の状況によるものだった。家族の選択肢と自由は拡大した。それらとともにリスクも拡大した。

　こうした多様さはその限界も持っていた。いくつかの傾向はこれらすべての結婚モデルに作用を及ぼした。結婚数の減少。これは20世紀半ば頃、その絶頂に達した（Therborn [2004]）。子供数の減少と家族サイズの縮小。これによってすべての結婚と家族のモデルで、両親・子供の関係が根本的に変化した。小児死亡率の減少。相対的に高い母親死亡率の終焉。概しての長寿化。愛のある結婚生活の理想のさらなる普及。これは個人的な好み、性的満足やパートナーの態度に基づいていた。それはもはや同等な社会的地位や所得、同じ宗教所属などには基づいていなかった。結婚の中心点としての子供の教育。

両親・子供の関係

　両親と子供たちとの関係もまた1960年代後半以来変わった。それについては人口統計学的な変化も重要であった。子供たちは相当に小さな家族の中で、相当にわずかな兄弟姉妹たちとともに成長した。さらに一人っ子もますます増えた。同時に、ますます多くの子供にとって、離婚や再婚によって、片親と同じように、兄弟姉妹が入れ替わった。

　さらに父母と子供たちの関係は、とりわけ子供中心の結婚の成立によって変化した。結婚にとって子供はたしかに常に中心であった。しかし今や子供は両親の感情生活、両親の心遣い、夫婦関係の意味づけの中心になった（Harding/

Philipps/Fogarty [1986] 121 ページ；Nave-Herz [1988] 98 ページ以下）。子供の教育への両親の心構えが変わった。教育の目的はもはや人生への子供たちの準備やできるだけ良い職業機会と教育機会のための準備だけではなかった。父母は子供の教育の中に彼ら自身の幸福や自己実現を以前よりも強く求めた——母だけでなく父親も。子供の数の減少もそれをむしろ許した。教育への要求は、父母自身が出したものであり、彼らの環境によって突きつけられたものだった。それが相当に高くなった。

　子供中心の結婚の帰結としての一つの重要な現象は新しい市場であり、子供たちによる子供たちのための消費であった。子供の家具、おもちゃ、衣服、食料、自転車、補助椅子、後には子供向けメディア、子供用コンピューターの供給が膨張した。それらが自分で組み立てる木馬や人形ごっこの部屋を押しのけた。この新しい子供たちの消費は一方では子供たちを自立化させた。彼ら自身が購入者になり、商品のことをしばしば親たちよりもよく良く知っていたからである。しかしそれはまた直接的な体験の喪失をもたらし、第二の徹底的に操られた手からの間接的経験に導いた。同時に、子供中心の結婚とともに、両親による教育もまたますます問題化され、議論されるようになった。父母用雑誌や「家族コーナー」、父母用書籍、家族助言者といった父母用の市場が誕生した。

　家族の教育モデルが 1960 年代以来ヨーロッパにおいて統一化されたのか、あるいは新しいさまざまな教育価値が生まれたのかに関しては、正確に言うことはできない。1950 年代から 70 年代までのヨーロッパの父母の教育価値観に関する比較研究はわずかしかない。1980 年代以来のヨーロッパにおける諸価値に関する世論調査で、ただひとつの教育価値、誠実さだけが、回答者の圧倒的多数によって支持されたということは、何と言っても驚嘆に値する。その他の教育価値、寛容も良い振る舞いも、責任感情、礼儀、克己、勤勉、節約、宗教性、忍耐力あるいは想像力なども、ヨーロッパの父母のなかではそれほど多くの支持を得られなかった（Harding/Phillipps/Fogarty [1986] 20 ページ以下）。こうしたことの背後に、家族の諸モデルの場合と同じように、新しい大きな非常に多様な教育価値が潜んでいる可能性がある。しかしそれに関してわれわれはほとんど知らない。

閉鎖的な家族の開放

　最後に、1960年代以来、家族の外部に対する関係、すなわち往来や親戚、近所の人々に対する関係、公的諸機関や国家に対する関係も、変化した。にもかかわらず、これらの変化はしばしば1960年代後半に始まったのではなくて、部分的にはそれより後になってはじめて起きたし、部分的には1950年代と60年代前半にさかのぼって起きていた。さらに、これらの傾向はかならずしもただ一つの方向に向かうのではなくて、むしろきわめて矛盾していた。

　出生と死のような家族の基本的出来事はますます家族の住まいや家屋の内から外へ移された。それらはもはや、かならずしも家族の立会いや家族と空間的に近接した場において起こらなかった。それらは以前のような諸儀礼なしで行われた。死に直面した人の最後の言葉や、死の床での家族の別れなしで行なわれた。出産と死はもはや純粋な家族の出来事ではなくなった。病院の中で他人と、出産あるいは死亡の専門家、医者、看護婦、助産婦と一緒に行なわれる出来事となった。家庭内生産、夫の立ち会いでの病院での出産のような、あるいは家での死のような反対の傾向も増えたが、優勢にはならなかった。

　その上、家族のメンバーは、一日の時間と生涯のますます大きな部分を家族の外部で過ごすようになった。子供と青少年の多くが託児所、幼稚園、全日制学校に通うようになった。家族生活は、午後遅くと夕方のわずかの時間だけ、そして週末だけとなった。全日制の学校があまりない諸国では、裕福な両親が、家族の外部でのスポーツ、美術館コース、音楽の習い事のような集中的な放課後プログラムを発達させた。かなり多くの国の子供たちは休暇中もわずかしか父母のいる家庭ないし大家族の中で過ごさなくなった。しだいに多くが家族の外で、休暇キャンプあるいは休暇用の語学校で過ごした。親になっても、とりわけ母親たちは、職業活動の増加にともない、かつてよりわずかの時間しか家族の中で過ごさなくなった。同じような現象は生涯の終わりにも見られた。両親としての時期の後、夫婦が息子や娘の家族のなかで生活することは稀になっていった。夫婦だけの家、あるいは老人ホームで生活することがいよいよ頻繁になった。精神的肉体的な衰退の第四の老齢期においても、療養所や病院で生活することがますます多くなった。

　第三の傾向。最後に、小さくなってしまった家族は、親戚でないものたちに

対して、とりわけ友人たちに対して著しくオープンになった。さまざまな時期のアンケートの比較から、家族の住まいと個人家屋がすでに1960年代以来、だんだんと友人のため、親しくなった隣人あるいは子供や青少年の友人たちのために、開かれるようになったということがわかる。他人の子供たちの共同の遊戯への招待、夕食への招待、および合同外出や合同休暇もますます普通になった。1960年代、70年代以来のアンケートによれば、外に対して閉鎖された家族生活は価値の評価で低くなり、家族と友達の間のコンタクトが高い価値評価を得るようになった。もちろん、この点でヨーロッパ内部に大きな相違があるが。市民の住居の中で、家族の親密性と公共の場との間にあった以前の分離、すなわち訪問者用のためだけにとって置かれたサロンとそこから厳格に切り離された住居の私的部分との間にあった分離は、曖昧になった。20世紀の後半、ソファコーナーとテレビの備わった居間が、家族の新しい集合場所になり、同時に客の応接のための空間にもなった。

　第四の傾向。家族の閉鎖性と家族の生活設計の自律性は現代の福祉国家によっても弱められた。福祉国家は1950年代以来（第11章参照）、以前よりも強く家族の根本的な決定に影響を及ぼした。教育関係の諸決定に、それとともに家族の中で過ごす時間に。家族への所得移転サービスによって結婚と子供の数に。幼稚園と全日制諸学校によって妻の職業活動に。退職の決定と老人ホームや介護ホームへの入所の決定に、影響を及ぼした。戦後期のように困難な危機の時期においてだけ、あるいは東ヨーロッパにおいては1989～90年の大変動後の時期に、この傾向が再び弱まり、家族が再び強く求められた。

　第五の傾向。家族の閉鎖性は、家族の日常生活と家族内部の諸関係へのメディアと公的諸機関の影響の増大によって、さらに穴だらけにされた。テレビ放送、映画、コンピューター・ゲーム、児童書、幼稚園と学校、家族相談員と療法士が、家族の教育と子供の両親に対する態度および連れ合いの相互関係にも影響を及ぼした。新しいモデルと価値観念が広く浸透した。家族への外部からの影響は、もちろん決して新しくなかったが、しかしその性格を変えた。地域社会、隣人、司祭あるいは牧師、教師、医者、商店の主人、理髪師による人格的な諸影響が、メディアによる非人格的な影響によって取り替えられた。しかもこれらの影響は一方的に家族の中に入り込んできた。家族自体がそれに積極

的に関与することはできなかった。かつては隣人や大家族のコントロールにより、それが可能だった。そこでは、父母は同時に別の家族や別の親戚のコントロールに関与していたのである。他方では、これらの非人格的な影響のどれを受け入れるか、したがって、どんな児童書、心理学的相談相手、テレビ映画を見るか、それらのどれを拒絶するかを、家族はむしろ自分自身で決定することができた。

しかし、こうした開放化の傾向と並んで、ヨーロッパにおいては1960年代後半以来、家族の閉鎖化の傾向も存在した。その中で三つのことが本質的である。

家族の閉鎖への第一の傾向は、大衆消費社会の貫徹（第4章参照）と密接に関連していた。特に耐久消費財の普及が家族の閉鎖性をむしろ強化した。賃貸住宅に代わった私的な個人住宅、通りでの他の子供たちとの遊びにとって代わった子供部屋、共同の洗濯の代わりとなった私的な洗濯機、冷蔵庫と冷凍庫の普及で以前より減った買い物、徒歩で出かけたり共同の交通手段を利用する代わりとなった私的な自動車での往来、映画館、飲食店でのテレビ・ラジオに取って代わった家庭内のラジオ・テレビ、公共コンサートの代わりとなったレコード・プレーヤー、カセット・プレーヤー、CDプレーヤー。大衆消費社会で達成されたこれらのすべてが、家族の私的な閉鎖化を強めた。そして家族の外との接触と社交のかなりのものを希薄化した。

家族の閉鎖への第二の傾向は、夫の家庭内化であった。労働時間の削減による自由時間の増加（第3章参照）やそれによって生じる日曜大工運動、その他の男性の家庭的仕事が、夫を家族の空間の中に以前よりもずっと引き戻した。そして職業上の同僚たちとの純粋に男性的な社交関係を弱めた。この傾向は社会的生活環境（ミリユー）との結びつきの弛緩によってもなおいっそう強化された（第7章参照）。労働者協会、労働組合の社交的催し物、居酒屋や音楽ホールのような階級特有の、たいてい男性だけの社交の形態、しかしまた、純粋に男性だけの常連テーブル、団体やクラブの文化といった小市民的ないしブルジョア的な社交諸形態、もちろんまたブルジョア的な女性たちのサロンとカフェ通いも、1960年代と70年代に減少し弱まった。それに対して、新しい、強化されつつある都市の地区ごと・通りごとの祭りの社交、教会や学校の祝祭の社交、カー

ニバルの社交は、家族的な社交であった。

　家族の閉鎖への第三の傾向は、1989～90年までのヨーロッパ東部における独裁制において、そして1970年代前半までのスペイン、ポルトガル、ギリシャの右翼独裁制において、観察することができる。これらの独裁制において、家族はしばしば国家や政治組織に対して自らを閉じた。そしてそれによって、抑圧や統制によって刻印された環境の中に信頼の空間を創造した。もちろん、独裁体制は非常に多様な方法で——幼稚園や学校から、青年組織や政党組織、職場での社会的結びつきを経て、諜報活動への家族構成員の徴募にいたるまでのさまざまな方法で——、家族のこうした閉鎖傾向を打ち破ろうとした。しかしそれは現実にうまくいかなかった。

　家族の開放化傾向あるいは、その反対の新しい閉鎖化傾向のいずれがより重要であったかは、簡単には解明できない。しかしながら全体として、たいていのヨーロッパの諸国において、1989～90年前には少なくとも西ヨーロッパにおいて、家族の開放化が優勢であったにちがいないであろう。家族の親密さはもちろん決して研磨されることはなかった。家族の親密さと家族内部での個々人の親密さは、引き続き重要な価値であった。

論　　争

　以上のような家族の変化は、活発な論争を引き起こしてきた。変化は一方では、家族がますます衰退し、家族的な絆を持たないで生活する人々が社会のますます大きな部分を占めるようになるのではないかという恐れを生じさせた。つぎのような諸現象が歴史的に前代未聞の深刻な家族の危機のしるしとみなされた。すなわち、20世紀の終わりに成人の相当部分が一度も結婚していなかったこと、離婚が相当に高い割合になっていること、そして離婚した人たちがしばしば二度と結婚しなかったこと、子供たちのかなりの部分が両親の離婚を体験し、ますます多くの老人が自分の子供たちのなんらの助けもなしに生活し、また独りで死んでいくこと。

　他方では次のようにも主張されている。すなわち、ヨーロッパ人は20世紀の終わりでも、家族の中に自分たちの生活の最も重要な支柱を見ており、そこでは福祉国家と高い生活水準が個々人に対し、それぞれに適した家族の共同生

活の形態を選択するための自由行動の余地をますます多く提供していると。こうした新しい自由行動の余地がいろいろな問題を伴なっていることも、否定できない。家族の将来は以前よりも予測できないようになったし、生活の設計もより困難になった。新しい結婚モデルのいくつか——たとえば離婚によって生じた片親家族——は、決していつも自由意志的というわけではなかった。新しい社会的不平等が生まれたし、多くの片親家族は貧困に陥った。第四の老年期においては、成人した子供たちが助けてくれるかどうか、人生が病院や療養所の新しい孤独の中で終わることになるかどうかは、大きな違いであった。しかし、以前の家族においても、強制、不平等、孤独が支配していた。この見地からすれば、家族は20世紀後半に本当に衰退したのではなく、根本的に変化したのである。

収斂と相違

相　　　違

　他の社会的領域と違って、20世紀の後半において、家族諸類型のヨーロッパ内部での相違はたんに印象深かっただけでなく、個々の国の間でたいていはほとんど縮小しなかった。出生率と小児死亡率、離婚率、婚外出産、片親家族、家族の教育価値、あるいは国家的な家族諸手当と子供の世話、これらのどれをとってみてもそうだった。

　大きな違いは戦争に見舞われた国と戦争を免れた国との間で確認できる。戦争に見舞われた諸国において家族にきわめて深刻な変化をもたらした多くのこと、家庭の父の戦死と戦争未亡人の片親家族、進駐軍による母親の強姦——その長期的な影響はほとんど研究されていない——、ナチス体制のジェノサイドによる全家族の抹殺、家族の追放、疎開、空襲被害、なじみのない周囲の環境の中で居場所を確かめる苦労、子供の疎開と戦争中の家族の別離、家族の親密さの亀裂、高い結婚率と離婚率、戦時中と戦後の高い婚外出生率、こうした諸現象は戦争を免れた諸国には存在しなかった。この違いはもちろん一時的な性格のもので、20世紀の終わり頃には色褪せて久しいものだった。

　第二の相違は、20世紀後半になって生まれたものだが、西ヨーロッパとヨ

第2章　家族

ーロッパのコミュニズム的な東部との間にある家族の相違であった。なるほど、ソビエト支配の約40年間に、完全に統一的なコミュニズム的な家族は成立しなかった。東側ブロックの個々の国の間の相違は、あまりにも大きかった。しかし、家族と人生の経歴で、いくつかの類似の傾向が際立っていた。女性労働と母親の労働がコミュニズム的諸国においては、西ヨーロッパにおいてよりも平均的により高かった。といってもスカンディナヴィア諸国やイギリスほど高くはなかった。したがって女性の職業上の経歴は男性たちの職業上の経歴と西ヨーロッパよりもわずかしか違わなかった。ただし、またもや北ヨーロッパは別である。女性はもちろん権利の上で平等ではなかった。政治、経済、行政のトップの地位においては、女性たちは相変わらず希少だった。家族の中でも引き続き男性の役割と女性の役割が区別されていた。

　家族の経歴とその変化も東ヨーロッパでは西と違っていた。結婚率は東ヨーロッパにおいては西ヨーロッパよりも高かったが、結婚年齢は西より低かった。母親たちは西より若かったし、世代間の隔たりは西より短く、出生率は西の平均よりも明らかに高かった。同時に、生活設計も東西で違っていた。東では家族はしばしばまず職業の専門的教育の後、職業に就いた後にではなくて、しばしばすでに職業訓練の間に形成された。

　東ヨーロッパのコミュニズム諸国のこうした共通の傾向の背後には、とりわけ四つの政治的原因があった。広範囲のコミュニズム的計画経済の大きな労働力需要は、女性や母親を労働力として必要とし、それゆえそれらを促進した。しかし女性労働・母親の労働は、ヨーロッパの男女平等の要求の社会主義的な遺産と自由主義的な遺産によっても、強化された。出生促進政策。これも長期的見通しで多くの労働力を確保すべきものとしていた。その政策はとりわけ経営内の託児所や幼稚園、母性保護、家族に好意的な社会政策から成っていた。失業からのほぼ完全な保護によって、また上から決められた完全に行き届いた社会保障によって達成された計画可能性（第11章福祉国家参照）。長い間おろそかにされた住宅政策と自分独自の住居を取得する唯一の可能性としての早期の結婚。最後に、まったく別の意味において、抑圧的なコミュニズム的政治からの退却場所としての家族の創設。

　ソビエト帝国の崩壊後、家族構造が東ヨーロッパと西ヨーロッパでただちに

接近したわけではなかった。東ヨーロッパでは、社会保障や労働市場の崩壊によって、家族が前よりも強く求められた。個々の国の間で大きな違いがあったが、離婚はどこでも少なくなった。しかし出生率も低くなった。以前のドイツ民主共和国（DDR）は特別に劇的な事例であった。これらの新しい東─西の相違は、1990年代の経過のうちに、ようやく徐々に消滅した。

より持続的な、今日まで影響が残っている第三の相違は、1960年代後半以来の家族の変容によって生まれた。家族モデルの多様性は、決して全ヨーロッパで統一的に発展したのではなかった。もちろん、今まで、この多様さを類型論で把握する試みもまったくなかった。労働、価値、社会紛争、福祉国家のような社会史の他の領域についてはその試みがなされたのであるが（第3、5、10、11章参照）。

大雑把な形だが20世紀後半において三つの家族のタイプを区別することができる。それらは1960年代以来、ゆっくりと分離されてきたものである。すなわち、北ヨーロッパ型、中央・西ヨーロッパ型、南・東ヨーロッパ型。

北ヨーロッパの、とりわけスカンディナヴィアにおいて、部分的にはまたイギリス、バルト海沿岸諸国、ロシアで普及した家族の型は、生涯の、戸籍に記録される結婚からの離反の特別な強さによって、際立っていた。ここでは、とりわけ高い離婚率（図2-1参照）、婚外出生や片親家族の多さ、相対的に高い出生率、部分的に低い乳児死亡率、非常に個人主義的な家族の教育価値、女性の職業活動のとりわけ高い割合、特別高度に発達した福祉国家、家族の新しい諸形態に対する社会と政治の寛容度の高さを、型の特徴として列挙できる。総じて、ヨーロッパのこの部分では、家族形態の多様性が特に高度に発達した。それは、高度の社会保障、就業率の高さ、本当に高い出生率と結びついた。

これと違うのが、東中央ヨーロッパ・西ヨーロッパの家族の型である。この型はハンガリー、チェコ、ドイツ民主共和国、ドイツ連邦共和国（旧西ドイツ）、フランス、オランダ、ベルギー、スイス、そしてオーストリアのような諸国において優勢であった。ヨーロッパのこの部分においても、北部と同じような家族形態の多様性の傾向が生じたが、その程度ははるかに弱かった。離婚率（図2-1を参照）、片親家族、婚外出産、結婚証明書なしの家族が増加した。しかし、北部よりもはるかにわずかだった。それらは、社会と政治の中でも北部ほどに

は認知されなかった。西ヨーロッパでは女性の職業活動は、中間的水準にあった。その水準は北ヨーロッパよりも、また1989年以前の東ヨーロッパよりも低かった。国家の社会的な保障も、スイスを除いて、ほとんどの国で非常に発達していた。これらの諸国は1950年代のベビーブームの後、出生率の劇的な減少を経験した。その後、1980年代以来、中位の水準に安定化した。それは、フランスを除いて北部よりも低かった。フランスの出生率はヨーロッパの中で最高のものに数えられる。

　最後に、ヨーロッパにおいては、第三の家族の型が、ソビエト社会主義共和国連邦を除く南ヨーロッパ・東ヨーロッパにあった。ヨーロッパのこの地域では、古典的な家族が広範囲にわたって保たれていた。離婚（図2-1参照）、婚外出産、片親家族が他のヨーロッパ諸地域と比べて非常にまれだった。それらは社会によってほとんど他よりも強く拒絶された。女性の職業活動は、コミュニズム的な諸国を取り上げないとすれば、ほとんどまったく低い水準にあり、わずかしか許容されていなかった。東ヨーロッパの諸国においては、女性の職業活動は高い水準だったが、1989～90年以後、部分的にはいくらか減った。これら南ヨーロッパ・東ヨーロッパの諸国では、出生率が非常に低下した。2000年頃にはヨーロッパの中でも最も低くなった。これらの相対的に貧しい諸国の中では福祉国家の諸給付が限られていた。この家族の型に属するのは、南ヨーロッパではスペイン、ポルトガル、ギリシャであり、部分的にはイタリアもそうだった。東ヨーロッパの中ではルーマニアとブルガリアが、しかし中央ヨーロッパのポーランドもこのタイプに属した。

　これまでしばしば主張された三つの観念は、こうした発展の型とはもはや調和させることができない。カトリック諸国では20世紀の後半においては、もはやプロテスタンティズムの諸国あるいは宗教の混合した諸国よりも、おしなべて出生率が高いというわけではなかった。宗教という要因は以前ほど重要ではなくなったように見える。二つのカトリックの国、アイルランドとフランスは、ヨーロッパで最高の出生率に到達した。しかし、南中央ヨーロッパと東中央ヨーロッパの他のカトリック諸国は、とりわけ出生率が低くなった。出生率は、女性たちの職業活動の上昇とともに、そして古典的な家族の諸価値の没落とともに低落するとしばしば信じられているのであるが、実際にはそうではな

かった。ヨーロッパの北部は女性就業の割合が高く、古典的な家族の諸価値からは特に広範囲に離反しているのだが、同時に出生率が本当に高かった。いずれにせよ、古典的な家族の諸価値をもち女性の職業活動が少なかったヨーロッパの南部よりも、高かった。最後に、ヨーロッパの東部地域においてもコミュニズムの時代に、完全に統一的な、西ヨーロッパと明らかに違った発展の型は形成されなかった。それどころか、どちらかといえば西ヨーロッパの発達の型に近いドイツ民主共和国、ハンガリー、チェコスロヴァキアと、ポーランド、ルーマニア、ブルガリアのような南ヨーロッパの発展の型に類似していた東中央ヨーロッパや東ヨーロッパの諸国との間で、コントラストが鋭かった。

類似と収斂

ヨーロッパの家族を観察した場合の最も重要な収斂は、ヨーロッパの家族の経歴の接近であった。この接近はもちろんしばしば1945年後にはじめて起きたことではなく、すでに19世紀に開始していた。家族の経歴の最初の重要な転機、すなわち学校への入学は、識字化の決定的実現とともに、ヨーロッパの至る所で以前より似通ってきた。1950年頃にはまだたくさんの南ヨーロッパと東ヨーロッパの諸国において、非識字率が相当に高かった。入学という人生の転機は、その当時、大衆の一部分のばあいにはまだ欠如していた（第13章参照）。2000年頃には、この相違はほとんど完全に消滅した。家族の経歴の次の重要な転機、すなわち結婚は、1970年代までにはっきり確認できるほど同化した。ヨーロッパ人はますます結婚年齢が同じようになった。1950年代頃、女性の平均結婚年齢はまだ明らかに地域によって違っていた。両極端の例は、28歳のアイルランドと23歳のフランスであった。1975年頃の両極端の例は、25歳のアイルランドと21歳のハンガリーであったが、すでにかなり接近していた。1980年代以来、その相違はもちろん結婚モデルの多様さとともに再び強化された（Höpflinger [1997] 108ページ：Kaelble [1987] 20ページ）。2000年頃には、地域差が再び1950年頃と同じほどに大きくなった。とりわけ、30歳のスウェーデンと24歳のポーランドの差が大きかった。結婚時点の男性と女性の年齢差も同じように接近した。まだ1950年頃には、ヨーロッパの相当多くの国で夫が妻よりはっきり年長だった。たとえば、デンマーク、ギリシャ、アイ

ルランドあるいはイタリアでそうだった。そこで支配していた結婚モデルでは、夫は結婚の際にしばしば年齢が高くなって始めて到達できる確実な経済的地位を手に入れていなければならなかった。あるいは夫の優勢な地位が妻よりはっきりと高い年齢によって守られているべきだった。それに対して、他の諸国、たとえばスペイン、ポルトガル、ドイツ連邦共和国、スイスのような国においては、すでに 20 世紀半ば頃、男性と女性の結婚年齢は非常に似ていた。こうしたヨーロッパ内部の相違も同じように緩和した（Council of Europe [2005]; Höpflinger [1997] 108 ページ以下；Höpflinger [1987] 16 ページ；Demographic statistics [1984] 表 7）。さらにヨーロッパでは子育て期も互いに接近した。というのは女性の出産率、したがって妊娠可能期間の子供の数が似通ってきたからである（Höpflinger [1997] 111 ページ；Höpflinger [1987] 119 ページ；Coleman [2002]; Saraceno [2004]）。最後に、子育て期が終わった後の人生の時期も、ますます同じように長くなった。ヨーロッパの平均寿命も一段と接近したからである（Coleman [2002]）。

　もうひとつの接近が家族政策の中で少なくとも西ヨーロッパ諸国の間で行なわれた。たいていの西ヨーロッパ諸国は第二次世界大戦後、類似の基本原理に従った家族政策を導入した。個々の点では相当な相違が残っていたとしても基本的には同じだった。子供の教育における両親の私法上の権利平等の類似性。幼稚園と幼稚園の保母・保父の専門訓練のための公式プログラムの類似性。全日制学校、子供を持つ両親に対する児童手当や税制上の優遇諸措置、妊婦の保護、妊娠期間中と出産直後の労働からの免除といった諸制度の類似性。こうしたことはとりわけヨーロッパの個々の政府の間の交流関係によって実現された。

ヨーロッパの特殊性

　イギリスとオーストリアの社会史家ピーター・ラスレット、リチャード・ウォール、ミヒャエル・ミッテラウアーは「ヨーロッパの家族」というテーゼを発展させた（Wall/Robin/Laslett [1983]; Mitterauer [1986]; Mitterauer [2004]）。家族のこのヨーロッパの特殊性の核心は、たとえば日本やロシアと違ってヨーロッパでは結婚した若い夫婦は、両親あるいは義理の親の家族の中に入るのではなくて、彼ら独自の家計を創るという点にあった。それゆえ、一つの家計の中の

三世代共同生活はヨーロッパにおいては他のどこよりも珍しかった。さらに結婚年齢はヨーロッパの家族においては、男性にとっても女性にとっても特別に高くなった。なぜなら、独自家計の創設が相当な資金を必要としたからであり、あるいは職業的自立を前提としていたからである。ヨーロッパの家族の出生率もこの結婚年齢の高さのため、他のところよりも低かった。ヨーロッパでは終身独身の人々の割合も特別に高かった。というのはすべての若い成人が独自の家計の創設に必要な資金をかき集めることができたわけではなかったからである。また19世紀にはいるまでは国家による結婚妨害も存在したからである。

　特定の生活様式もヨーロッパの家族の特殊性に属した。ヨーロッパの家族は、外に向かって、他の家族、隣人、地方自治体に対して、また国家に対しても、他のどこよりも強く自分を守った。家族の親密性がほかより強く発達した。結婚パートナーの相互関係は愛のある結婚の理想を通じて他の所よりも強く規定されていた。父母—子供関係は、他の所よりも強い感情的な結びつきによってだけでなく、子供の教育に関する両親の責任の排他性によっても、また逆に子供の両親への志向性の相対的な強さによっても特徴付けられていた。若い成人年齢で血統家族から引き離されることはヨーロッパの家族生活の中では時間をかけて準備されていた。それは部分的には近代初期に、寄宿舎にはいること、徒弟、下男、下女になることによってすでに少年期で血統家族から分かれることを通じて起きた。しかしまた部分的には思春期以後の青年期の危機を通じてであった（Mitterauer [1986]）。

　このごく簡単にスケッチしたヨーロッパの家族はヨーロッパの至る所に存在したのではなかった。それは19世紀までは主として北部と西部において、イギリス、北フランス、ベネルクス諸国、スカンディナヴィア、そしてドイツ語の諸国において見られた。19世紀後半から20世紀になってはじめて、この家族はヨーロッパ全域に広まった。その際同時に、その家族は、プロフィールの鋭さも失った。しかしそれにもかかわらず、その特徴は引き続き確認できた。20世紀後半においても、ヨーロッパでは三世代同居の家計は明らかに、例えばロシアあるいは日本でよりも稀だった。結婚年齢は例えばアメリカ合衆国よりも明らかに高かった。そして出生率は、南北アメリカであれ、あるいはアジアとアフリカであれ、他のどこよりもはっきりと低かった（UN [1992] 304ペー

第 2 章　家族

ジ以下）。

　ヨーロッパの家族の特殊性はもちろんかつての特殊性がなお残存しているところにだけあるのではなかった。この残存した特殊性は 20 世紀後半、別の諸文明との対比ではむしろ色が褪せた。ヨーロッパの特殊性は、また新しいさまざまな結婚モデルと家族モデルとともに生まれたように思われる。ヨーロッパの離婚率は明らかにそして今までずっと継続的にアメリカのそれよりも低かった。なるほどヨーロッパの諸国自身、特別に多くの離婚があったのだが、それでもなおアメリカ以下だった。離婚率が最高になったのは 1990 年頃で、ヨーロッパでは平均して 41％ ぐらいだった。北ヨーロッパですらなお 45％ 以下だった。ところがアメリカ合衆国では 54％ ぐらいだった。他方でヨーロッパの離婚率は、日本、シンガポール、韓国、香港のような現代的な社会を含めたほとんどすべてのアジアの諸国よりも明らかに高かった（Höpflinger [1997] 111 ページ；UN [1992] 319 ページ以下）。ヨーロッパの片親家族もまた特殊性のひとつであったし、引き続きそうであった。片親家族は多くのヨーロッパ諸国で類似の型に従って発達し、1980 年代の西ヨーロッパと東中央ヨーロッパにおいて全家族の 11〜17％ ぐらいを占めていた。このヨーロッパの型は、またヨーロッパの極端な事例のデンマークでも、1980 年頃に 24％ に達していたアメリカ合衆国の片親家族の割合に比べれば、はるかに低い割合だった。逆に、日本では片親家族の割合は明らかにヨーロッパよりも低かった（1983 年に 4％、OECD [1990] 29 ページ）。婚外出生の数もヨーロッパでは明らかにアメリカ合衆国よりも低かったが、しかしアジアよりも、何倍も多かった（Coleman [2002]）。

　総じて言えばしたがって、我々がもっぱらヨーロッパ内部の相違と分散だけを論じるとすれば、ヨーロッパの家族史を十分に正当に評価しないことになろう。これらはなるほど見過ごすことはできない。しかしそれと並んで、顕著な類似性、また、はっきりとヨーロッパ外の家族とは違ったヨーロッパの家族の一定の特殊性も、存在したのである。

注
1) 世論調査。『今日の女性』第 2 号、1946 年 4 月、17 ページ。

2) S. マイヤー／E. シュルツェ［1984］『わたしたちはどのように生き抜いたか』ミュンヘン、127 ページ。
3) 世論調査。『今日の女性』第 2 号、1946 年 4 月、17 ページ。
4) マイヤー／シュルツェ［1984］128 ページ。

文　　献

P. Ariès/G. Duby Hg. [1993], Geschichte des privaten Lebens, Bd. 5: Vom ErstenWeltkrieg bis zur Gegenwart, A. Prost Hg., Frankfurt a. M. (仏語訳 [1987]: Histoire de la vie privée, Paris).

D. Baines [1999], European demographic change since 1945, in: M.-S. Schulze, Hg., Western Europe. Economic and social change since 1945, London, S. 161-176.

E. Becchi/D. Julia Hg. [1998], Histoire de l'enfance en occident, 2 Bde., Paris.

H. Birg [2001], Die demographische Zeitenwende. Der Bevölkerungsrückgang in Deutschland und Europa, München.

G. Bock [2000], Frauen in der Europäischen Geschichte. Vom Mittelalter bis zur Gegenwart, München.

J. C Bologne [2004], Histoire du célibat et des célibataires, Paris.

A. Burguière [1996ff], Geschichte der Familie, 4 Bde., Frankfurt a. M./New York (仏語訳: Histoire de la famille, A. Burguière/C. Klapisch-Zuber/M. Segalen/F. Conabend Hg. [1987], Bd. 5: Le choc de la modernité, Paris).

D. A. Coleman [2002], Populations of the industrial world-a convergent demographic community?, in: International journal of population geography, 8, pp. 319-344.

Council of Europe [2005], Recent demographic trends 2004, Strasbourg.

Demographic statistics [1984], Luxemburg Eurostat.

D. Dowe Hg. [1986], Jugendprotest und Generationenkonflikt in Europa im 20. Jahrhundert, Bonn.

G. Duby/M. Perrot [1997], Geschichte der Frauen, Bd. 5: 20. Jahrhundert, Frankfurt a. M. (ジョルジュ・デュビィ／ミッシェル・ペロー監修 [1998]『女の歴史 5　20 世紀 1、2』杉村和子・志賀亮一監訳、藤原書店).

J. Ehmer [1990], Sozialgeschichte des Alters, Frankfurt a. M.

J. Ehmer [2004], Bevölkerungsgeschichte und historische Demographie 1800-2000, München.

P. Festy/F. Prioux [1975], Le divorce en Europe depuis 1950, in: Population 30, 6, S. 975-1017.

P. Flora [1987], State, Economy, and Society in Western Europe, 1815-1975, 2 Bde., Bd. 2, Frankfurt a. M. (ペーター・フローラ [1985, 1987]『ヨーロッパ歴史統計　国家・経済・社会　1815-1975』上・下、竹岡敬温監訳、原書房).

A. Gestrich [1999], Geschichte der Familie im 19. und 20. Jahrhundert, München.

第 2 章　家族

A. Gestrich [2001], Kindheit und Jugend-individuelle Entfaltung im 20. Jahrhundert, in: R. van Dülmen Hg., Entdeckung des Ich. Die Geschichte der Individualisierung vom Mittelalter bis zur Gegenwart, Köln, S. 465-487.
A. Gestrich/J.-U. Krause/M. Mitterauer [2003], Geschichte der Familie, Stuttgart.
J. E. Goldthorpe [1987], Family Life in Western Societies, Cambridge.
J. Goody [2002], Geschichte der Familie, München (英語訳 [1999]: A family in European history, Oxford).
S. Harding/D. Phillips/M. Fogarty [1986], Contrasting values in Western Europe. Unity, diversity and change, Basingstoke u. a.
F. Höpflinger [1987], Wandel der Familienbildung in Westeuropa, Frankfurt a.M.
F. Höpflinger [1997],Haushalts- und Familienstrukturen im europäischen Vergleich, in: S. Hradil/S. Immerfall Hg., Die westeuropäischen Gesellschaften im Vergleich, Opladen, S. 97-130.
H. Kaelble [1987], Auf dem Weg zu einer europäischen Gesellschaft. Eine Sozialgeschichte Westeuropas, 1880-1980, München. (ハルトムート・ケルブレ [1997]『ひとつのヨーロッパへの道──その社会史的考察』雨宮昭彦・金子邦子・永岑三千輝・古内博行訳、日本経済評論社).
F. X. Kaufmann [2005], Schrumpfende Gesellschaft, Frankfurt a. M.
Y. Kniebiehler [2000], Histoire des mères et de la maternité en occident, Paris.
M. Mitterauer [1986], Sozialgeschichte der Jugend, Frankfurt a.M. (英語訳 [1992]: A history of youth, London).
M. Mitterauer [2004], A European family in the 19th and 20th centuries?, in: H. Kaelble ed., The EuropeanWay. European societies during the 19th and 20th centuries, New York, pp. 140-160.
M. Mitterauer [2003], Warum Europa? Mittelalterliche Grundlagen eines Sonderwegs, München.
R. Nave-Herz Hg. [1988], Wandel und Kontinuität der Familie in der Bundesrepublik Deutschland, Stuttgart.
E. Neubauer/C. Dienel/M. Lohkamp-Himmighofen [1993], Zwölf Wege der Familienpolitik in der Europäischen Gemeinschaft. Eigenständige Systeme und vergleichbare Qualitäten?, 2 Bde., Stuttgart.
M. Niehuss [2001], Familie, Frau und Gesellschaft. Studien zur Strukturgeschichte der Familie in Westdeutschland 1945-1960, Göttingen.
OECD [1990], Lone-Parent Families. The Economic Challenge, OECD Paris.
C. Saraceno [2004], The reproductive paradox of «weak» and «strong» families in contemporary Europa, in: WZB Jahrbuch, pp. 347-374.
F. Schultheis [1999], Familie und Politik. Formen wohlfahrtsstaatlicher Regulierung von Familie im deutsch-französischen Gesellschaftsvergleich, Konstanz.

M. Segalen [1990], Die Familie. Geschichte, Soziologie, Anthropologie, Frankfurt a. M.
R. Sieder [1987], Sozialgeschichte der Familie, Frankfurt a. M.
B. G. Smith [1998], The Gender of History. Men, Women, and historical Practice, Cambridge, Mass.
G. Therborn [1995], European modernity and beyond. The trajectory of European societies, 1945-2000, London.
G. Therborn [2004], Between sex and power. Family in the world, 1900-2000, London.
UN [1992], Demographic Yearbook 44.
R. Wall/J. Robin/P. Laslett Hg. [1983], Family Forms in Historic Europe, Cambridge.

第3章 労働

研究状況

　驚くべきことに、労働は——家族と違って——社会史の優先的テーマには属さない。それゆえヨーロッパの概観的叙述、20世紀後半のヨーロッパでの労働の大きな発展傾向の歴史学的な分析を挙げることができない。なるほど、基礎のしっかりした現代に近い時期の歴史的概観ないし研究書の一章として、社会学者ハイデンライヒ（Heidenreich [1997]）とテアボーン（Therborn [1995]）の研究がある。しかしこれらの研究はせいぜい1970年代までに関するもので、20世紀後半の全体は取り扱っていない。エーマー（Ehmer [2001]）あるいはヴァン・デア・ヴェン（van der Ven [1972]）のような労働の歴史の研究者による概説論文は、20世紀後半をまったく取り扱っていない。コッカは、一つのスケッチの中で労働の歴史についての概観がどのように見えるかを辿った（Kocka [2000]）。失業や女性労働のような特殊テーマ、すなわち労働の歴史の中で今日最も関心がもたれているテーマに関しても、20世紀後半のヨーロッパの概観は欠如している。

　個々のヨーロッパ諸国に関しても、研究状況はあまり良いようには見えない。フランスに関してだけ、マルシャンとテロ（Marchand/Thélot [1997]）、およびドゥエルプ（Dewerpe [2001]）による労働の歴史の二つの概観が存在する。重要な特殊テーマについても同様に、非常にわずかなヨーロッパ諸国に関する概観しか持っていない。失業の歴史が出版されているのはフランスとイギリスに関してだけである（Salais/Reynaud/Bayarez [1986]; Whiteside [1991]）。女性労働の歴史はイギリスとドイツについてだけである（Blackman [1992]; Frevert [1986]）。しかもこれらすべての叙述がやっと1980年代にまで及んでいるにすぎない。就業構造の変化、営業者の伝記的変化、高資格化と低資格化の変化、工業社会・サービス社会・知識社会における労働の変容といったその他の重要なテーマは、国別でもヨーロッパレベルでも概観が待ち望まれている段階であ

る。

労働の変容

労働はヨーロッパで第二次世界大戦の終結以来、根本的に変化した。内容、階層秩序、専門職化、威信、報酬、労働諸条件と技術、労働への道さえも、ヨーロッパの至る所で転換した。

1950 年頃の労働

労働世界が 1950 年頃いかに形成されていたかは、現今のヨーロッパ人には、追体験するのがしばしば非常に困難である。

全体としてのヨーロッパは 1950 年頃にまだ圧倒的に農業的特徴を持っていた。ジュネーブの ILO の計算によれば、当時 1 億 8100 万の就業ヨーロッパ人（ソビエト社会主義共和国連邦を除いて）の中で、農業にまだ 6600 万人が従事していた。それに対して工業には 6100 万人、サービス部門には 5400 万人しか働いていなかった（ILO [1986] 第 5 巻、9、123 ページ）。当時すでに工業国になっていたのは、ベルギー、イギリス、ドイツ、オーストリア、スイス、スウェーデン、ボヘミアだけだった。それに対して、イタリア、スペイン、ポーランドのような大きなヨーロッパの国々はいまだに農業国であった。またヨーロッパの南と東の多くの小さな国々、ならびにヨーロッパの最北端、最西端もそうだった。フランスでさえ、農業部門就業者と工業労働がまだおおよそ同じ位の割合だった。工業化の実現を 19 世紀に置く学校教科書は、全体としてのヨーロッパの歴史を問題にするならば、誤った像を提供していることになる。もちろん 1950 年頃の状況はもはや 1850 年頃の状況とは比べられなかった。19 世紀中ごろ当時、工業化はどこが出口がわからない冒険のようであり、多くのヨーロッパ人にとっては脅威のようにも見えていた。しかし 1950 年頃には、工業化がどのようなものか、その長所と欠陥は何かが十分に明らかになっていた。というのは、ヨーロッパの工業諸国はモデルとして思い描かれていたから。しかしヨーロッパの工業化の完全な貫徹は、全体としては当時まだ前方にあった。

1950 年頃、労働はしばしばハードな肉体的労働であった。それは当時、重要な諸部門ではとうてい 2000 年頃ほどには機械によって置き換えられておら

第3章　労働

ず、しかも、機械が別の種類の緊張を労働にもたらしていた。このハードな肉体的労働は、機械の使用と結びついていることがまれではなく、当時いまだに多くの仕事場では必要とされた。農業でも土木建築でも、鉱業でも鉄鋼業においても、運輸業でも家族的経営においても。このハードな肉体的労働や、それから生じる病気は平均寿命も短くした。絵画と彫刻は、当時、英雄化してであれ批判的なニュアンスであれ、こうしたハードな肉体的労働を意味していた。

　その上、1950年頃のヨーロッパでは、労働はしばしばいまだに家族労働であった。特に農家、手工業の仕事場、小売商、運輸業においてそうだった。夫婦だけでなく、その父母、成人した娘や息子、さらに青少年の家族構成員も、時には子供たちも、家族経営の中でいっしょに働いた。こうした家族労働は当時、相当程度のヨーロッパ人の――工業、農業大経営、銀行、百貨店、保険会社、国家行政、国立学校、国営企業の外部にいる人々の――生活の見通しであった。家族労働は、経済の他の部分の労働とは根本的に違って見えた。それは、労働市場の外にあって、賃金のない労働であり、しばしば職業訓練もなかった。それは家族の権威主義的ヒエラルヒーと家族の労働価値によって決められていた。家族経営による経済的な独立はしばしば脅かされてはいた。しかしそれが一つのたいへん高い価値を持っていた。労働のこの形態は、労働紛争とは無縁だったが、通常は国家の社会保険によっても保護されていなかった。

　その上、女性労働がまだ根本的に男性労働と違っていた。男性労働は職業生活の全期間のための労働であった。女性労働はほとんどがこうした見通しを持たなかった。それは相変わらず一種の例外状態とみなされた。それは相変わらず結婚前の、あるいは結婚する代わりの職業活動であった。それはまた、男性労働の補充としての戦時の労働であった。あるいは、夫が死んだり、戦死したり、重病だったり、傷病者だったり、失業していたときの、家族の困窮状況での労働であった。女性労働はそれゆえにまたたいてい従属的な下のほうのポジションで行われた。40年代、すなわち第二次世界大戦中と終戦直後の時期に、たくさんの女性が自分だけで身を立てていたとき、こうした例外状態と困窮状況は特に激しく前面に出ていた。

　最後に、戦争にひどく見舞われた諸国では戦争の帰結が1950年頃にはすでに明らかに緩和していたとしても、まだ労働についても感知できた。職歴はこ

れらの諸国の中では戦時中と戦後、並外れて不均質であった。多くのものが彼らの職場を、あるいは彼らの職につく機会を失った。一部は、戦時中、何年もずっと兵士、捕虜、強制労働者あるいは強制収容所収容者として。しかし一部は戦後に逃亡者あるいは難民として。彼らはそういうわけで方向転換をした。あるものは没落し、あるものは以前よりも良いチャンスを手に入れた。多くの女性たちにとって、戦後は家庭外の労働からの家庭の主婦の役割への復帰であった。しかし多くの戦争未亡人にとっては、戦後は職業生活への強制的な方向転換を意味した。とりわけ戦争に見舞われた諸国においては、戦後はしばしば家族外の労働と家族内の労働の価値転換を意味した。生計費のためには、買いだめ、零細農業、採集、闇市取引のような正規の仕事とは別の活動が、正規労働よりも重要であることも珍しくなかった。しかし通常は、それは一時的な現象であって、労働を長期的に変化させるものではなかった。

1950年代と60年代の繁栄期の労働

1950年代と60年代の経済的な繁栄とともに労働は根本的に変化した。とりわけ生産性と給料、工業部門への就業、仕事場、失業、女性労働、家族経済、労働と非労働の間の境界線、それに労働についての議論が変化した。

生産性と給料

1950年代と60年代の繁栄期に労働の生産性は異常に急速に増加した。マディソンの計算によれば、一人当たり経済成長は1950年から73年までヨーロッパの西部では年4％ぐらい、東部では3.5％ぐらい上昇した。したがって戦間期よりもはるかに急速であった。しかしまたそれに続く1973年から89年までの時期よりも明らかに早かった。この間に、ヨーロッパの西部では成長率が1.8％であり、しかも東部ではマイナス1.1％に低下した（Maddison [2001] 126ページ）。生産性の急速な上昇は工業においてだけでなく、とりわけまた農業においても起きた。それが可能だったのは、ヨーロッパでは良く訓練された労働力が自由に使えたこと、同時に二つの世界戦争でのヨーロッパ経済の荒廃によってアメリカ合衆国に対する合理化の遅れが生じていたこと、その遅れを今

第3章　労働

や取り戻すことができるようになったことのためであった。この並はずれて高い生産性上昇に基づき、賃金・給与もこの時期、異常に増加した。西ヨーロッパでは工業の実質賃金は 1950 年から 70 年までにほぼ 2 倍ないし 3 倍に増えた。

工業雇用の支配的地位

　その上、1950 年から 70 年代前半までの四分の一世紀に、工業部門はヨーロッパでの最大の就業部門に上昇した（図 3-1 参照）。この時期は工業社会の本当の絶頂期であった。なるほど工業部門はこの支配的地位をすでに相当以前にイギリス、ドイツ、オーストリア、スイス、ベルギー、スウェーデン、ボヘミアといったたくさんの国々で手に入れていた。しかし全体としてのヨーロッパでは工業部門の就業者はようやくこの時期になって支配的になった。1970 年頃、ジュネーヴの ILO の算定によれば、2 億 400 万人（ソ連とトルコを除いて）のヨーロッパ人の就業者のうち、8300 万人が工業で、まだ 4100 万人が農業で、そして 8000 万人がサービス業部門で働いていた。ソ連でも、統計が比較可能な限りで、1970 年頃には同じく工業部門の就業者が他の部門より優勢であっ

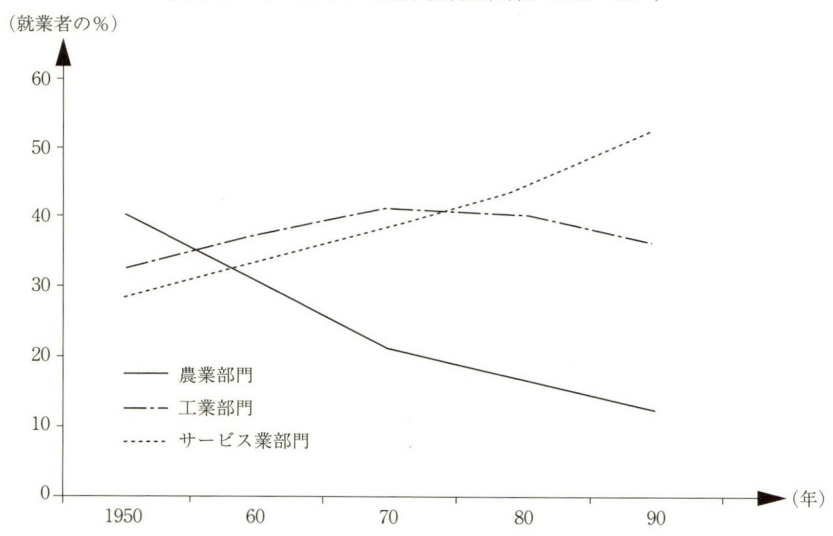

図 3-1　ヨーロッパの部門別就業者、1950〜90 年

出典：Economically active population 1950-2010, 全 5 巻、第 5 巻、ILO Genf 1997、115 ページ。

た。すなわち工業で4400万人が働き、それに対して農業では3000万人だけが、そしてサービス部門では4300万人が働いていた。それに対してトルコは当時、工業部門の就業者の優勢からは遠く隔たっていた。1100万人が農業で働き、300万人が工業と商工業で、そして500万人がサービス業部門で働いていた（ILO [1986] 第4巻、160、174ページ；ILO [1996] 第1巻、222ページ）。

　ヨーロッパでの工業部門就業率の優位は一方では古典的な成長産業―炭鉱業、鉄鋼産業、機械製造業、化学工業と電気機械産業―に基づいた。これらの産業はこの時代にヨーロッパの古い工業諸国の中で二度目の全盛期を体験した。さらに、一つの新しいダイナミックな工業部門、多くの下請け産業を有する自動車工業が生まれた。自動車工業の起源はなるほどすでに戦間期にあった。しかし自動車が一つの大量生産品になったのはヨーロッパではようやく1960年代以降であった。工業部門の優勢はヨーロッパの西部においては、50年代と60年代に工業社会への道を歩んだ周辺諸国のためのモデルになった。南イタリア、スペイン、フィンランド、アイルランドはこのモデルに従って工業政策を実行し、工業企業を招致し、支援した。ヨーロッパの東部ではコミュニズム政府によって同じモデルに従って経済が編成替えされ、工業化された。工業労働は、とりわけ大きな製鋼所、化学工業のプラントや自動車工場のそれが、経済成長、多くの人々のゆたかさや完全雇用の推進力とみなされた。西ヨーロッパと東ヨーロッパの計画者の目には、工業部門の就業だけが貧しい農業諸国を現代的な豊かな工業国へと改造することができた。工業社会の画期的時代がすでにずっと前に過ぎ去った後でも、この就業構造モデルは頭の中に刻み付けられていた。1989年の大変動の後でさえ、人は工業部門の雇用の中に、そして工業企業の招致の中に、ヨーロッパの東部の大量失業の克服の最善の道を見た。

　工業社会の実現は全体としてのヨーロッパにおいて大きなテンポで進行した。なぜなら経済の成長が異常に高かったからである。1950年頃、ヨーロッパはいまだに圧倒的に農業的であった。1970年頃には農業部門就業者数はすでに全就業者の五分の一に低下していた。しかしながら、すでに1980年頃には、2億1800万人（ソ連を除いて）のヨーロッパ人就業者のなかでサービス部門が優勢となり、1億200万人が働いていた。それに対して工業部門ではいまや8600万人しか働いていなかったし、農業部門においては3000万人という少数しか

働いていなかった（ILO [1986] 第5巻、9、123ページ；ILO [1997] 第4巻、213ページ以下。ソ連解体後の継承諸国を抜いて）。

　旧いヨーロッパの工業諸国においては工業化のこのプロセスは、はるかに長期間を要した。ヨーロッパの新しい工業諸国においては、高いテンポが普通であった。農業利会から工業社会へ、さらにそこからサービス業社会への移行は、わずか数十年で実現した。多くのヨーロッパ人はその移行を全部体験した。この急速な変化はまたその代価も支払った。多くのヨーロッパ人が彼らの天職を失った。彼らは適当な新しい職業活動ないし雇用を見出さなかった。以前の農民、手工業者、小商人は、彼らが社会階級的な零落とみなしたような諸活動を受け容れなければならなかったか、隠居しなければならなかった。所得が少なくなり、以前より不確かな経済状態に陥ることもまれではなかった。こうした非常に早い変化の犠牲者にはヨーロッパの帝国の崩壊の犠牲者も加わった。すなわち、ヨーロッパの諸植民地からの避難民、しかしまた第二次世界大戦後の戦争難民や国境移動に見舞われた者たちがそうだった。彼らもまた部分的には社会階級的に零落した。しかし、こうした階級的没落は、1950年代と60年代があれほどの比類ない経済成長の時代でなければ、また高い国家収入と福祉国家の時代でなければ、もっとひどいものであっただろう。

職場と経歴の変容

　職場は繁栄期の間に著しく変容した。とりわけ、工業労働が激しく変化した。その場合、もちろん人は普通、その時々の最も現代的な労働のことを考え、それほど急速に変化しない大多数の職場については容易に見過ごしてしまう。こうしたことを念頭において一定の限定をつけて、ヨーロッパ経済の繁栄の約四分の一世紀の間に、それまでの工業労働の重要な諸要素が著しく後退したということができよう。機械の助けはあるが、その利用が構造化されておらず、あるいはそれによって置き換えられていない手工労働が、後退した。工業経営の中の相対的に自律的な集団、労働の計画的分割だけでなく賃金と配置も決定する権威のある職長たちによって指揮された集団は、明らかに以前よりもまれになった。家族労働は後退した。そのかわりに、工業労働の別の諸要素が前よりも顕著になった。厳格な分業を伴なう複合的な生産が増大し、それと関連して

たいてい男たちによって決定されていたヒエラルキーも以前より明確になった。最も現代的な労働とみなされていた単調なベルトコンベヤー労働が、以前よりも重要になった。それはしばしば不熟練労働者と職業訓練を受けた労働者、検定審査に合格した熟練工、職員と管理レベルとの間のはっきりした区別を強化した。工業労働の諸傾向に属するものとして、高度に組織化された労働組合と多くのストライキがあった。こうしたヒエラルキー的な、厳格に分割された、しばしばテイラー主義と称された工業労働は確かにまったく新しくはなかった。むしろそれはすでに戦間期に成立していた。しかしそれはようやく繁栄期に、それにふさわしい投資がなされてはじめて、完全に実現した。この労働は当時、しばしば考えられる限り最も現代的な労働とみなされ、いわば労働の歴史の終わりともみなされた。

　工業においてだけでなく、サービス業においてもまたこの時代に、終身の、専門化された職業がさらにいっそう普及した。ひとはそれをすでに職業訓練の段階から目指し、ほぼ40年間ないし50年間、すなわち正規の全職業活動の全期間ずっと、その職業にとどまった。社会保険もまたそれに基づいていた。こうした経歴は、不熟練労働者の不断の職場・職業変更を排除した。それはしばしばまた工業での農民たちの季節的副業も、そしてとりわけまた結婚前の一時的な女性労働も排除した。しかしそうした経歴はまた、世界経済恐慌によって、そして戦争によってしばしばその職業軌道から投げ出され、したがってしばしば並はずれて異例の職歴を持つことになった一世代の職歴にも取って代わった。

低い失業率

　さらに1950年代と60年代の経済的な繁栄の中で、労働力の異常に大きな需要が支配的であった。それによって西ヨーロッパでは異常に低い失業率が基調となった。フランスとイギリスのような国々では、失業率はすでに1950年代に低かった。ドイツ連邦共和国のような他の国々では、それは50年代後期になってはじめて低下した。イタリア、ユーゴスラヴィアあるいはアイルランドのような少数の国々だけで、失業水準が高いままにとどまった。総じて、失業者の数はたいていのヨーロッパ諸国の中で、この時代ほど低いことはもう二度となかった（後出図3-4参照）。第一次世界大戦前の20年間はヨーロッパの最

後の大きな繁栄局面だったが、比較可能な限りで、失業率は、50年代、60年代ほど低くはなかった。ヨーロッパ外部の国民経済と比較しても、この低い失業者数は異例であった。当時、失業水準が高かったアメリカ合衆国と比べれば、ヨーロッパが有利になってしまう。しかし模範国である日本と比較しても、ヨーロッパは遅れを取っていたのではなく、同じように低い失業者水準を実現していた。1950年代と60年代のこの低い失業率を基にその後の失業率の展開がはかり比べられた。

女性労働

女性労働も繁栄期に変化した。もちろん、変化はひと目見たところではほんのわずかだけであった。ヨーロッパでは就業女性の割合が1950年代と60年代に全体で33％（1950年）から36％（1970年）に増えたに過ぎなかった。

二つの発展がこの増大にブレーキをかけた。女性の中等学校と大学への進学がこの時代に非常に拡大した（第13章参照）。そのため女性は以前よりも後になって職業生活に入った。若い年齢層では就業女性の割合が低下した。同時に、すでにゆっくりと、社会国家の構築も作用を及ぼし始めた（第11章参照）。女性の退職年齢がゆっくりと引き下げられ、就業女性の割合が60歳以上の年齢では少なくなった。二つの発展が個々のヨーロッパ諸国の中で全く異なった作用を及ぼした。それらはしかし女性労働を非常に拡大する発展によって埋め合わされ、就業女性の割合は増大した。この時期、既婚女性や母親の就業が顕著に増大した。女性のますます多くが結婚前だけでなく、あるいは単に未婚だったからではなく、結婚しても仕事を続けた。

この発展は、女性の就業経歴の変化を見ると一番良くわかる。就業経歴はもちろんパートタイム労働かどうかや昇進のチャンスはどうなのかを考慮しないで、おおよそのところで追跡できるにすぎない。女性就業の経歴は、1950年と70年の間にはっきりと変化した（図3-2参照）。もちろん国によって大きな違いがあり、それについては後で述べる。1950年頃には、女性は結婚後、幼児や学童を世話するために、労働生活から引退していた。そのうちわずかな部分だけがその後再び就業生活に戻った。女性の約5分の2だけが就業を続け、そして50歳からだんだん多くが退職した。それに対して1970年頃には、なる

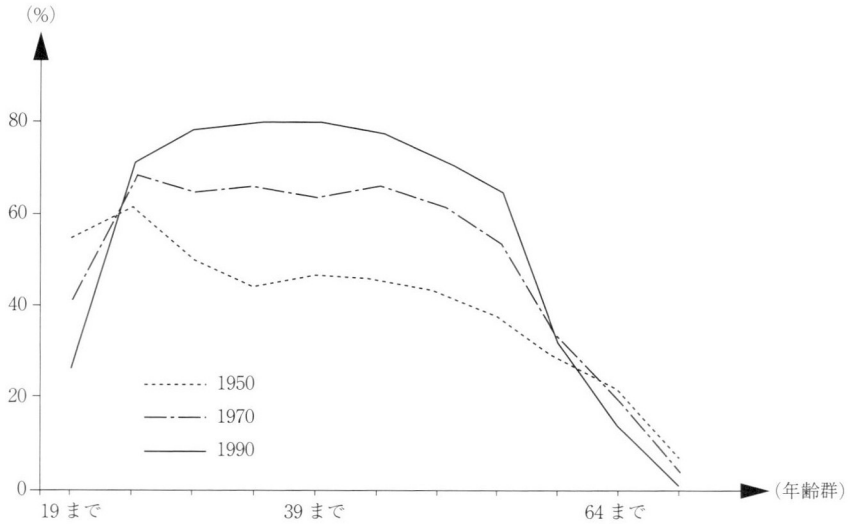

図 3-2 ヨーロッパの女性の就業率、1950〜90 年

出典：ILO. Economically Active Population. Estimates 1950-80、全 5 巻、第 3 版、Geneva 1986、第 4 巻、28 ページ。

ほど 20 歳以下の若い女性の就業率ははっきりとわずかになった。彼女たちは以前より長い間、職業訓練の過程にあったからである。しかしその後は、過半数が仕事を続けた。今や 30 歳代と 50 歳代との間のほぼ 3 分の 2 が仕事に就いていた。就業はこの年齢層にとって始めてノーマルなものとなった。60 歳以上の年齢層では女性は 1970 年頃には 1950 年頃よりも職業生活から引退する割合が幾分多くなった。養老手当が改善されたからである（ILO [1997] 第 5 巻、80 ページ：図 3-2 参照）。

家族経済の衰退

経済的繁栄期の労働力需要の増大は家族経済の衰退をもたらした。ヨーロッパの経済は 19 世紀から 20 世紀前半にかけて二つの領域、いわゆる二重経済から成り立っていた。一方では現代的な個人的な賃金労働が、工業とたいていのサービス業の領域において支配的であった。それはますます官僚化され、長い間、工業によって規定された。それは圧倒的に男性的であり、個人的業績と終

身の就業活動を志向していた。就業者間の社会的な諸関係は核心部分で家族にも民族や地域的出自にも基づかなかった。強い国家的社会保障、それに労働組合の大きな役割と結びついた企業を越えた労働諸関係が、戦前期と戦間期以来、すでに現代的賃金労働のメルクマールとなっていた。

　それと並んで家族経済が相変わらず一領域を形成していた。ここでは既述の全く別の諸規則が支配していた。これら二つの経済領域は、ルッツの言うように、相互に密接に結びついていた。家族経済は現代的労働世界の生産物を消費しただけでなく、逆に現代的経済領域にその生産物とサービスを提供した。家族経済はその労働諸力も、とりわけ繁栄局面において、季節ごとにあるいはまた何年もの間、現代的経済領域に送り込んだ。家族経済から賃金労働への移行は、もちろん犠牲を伴い、社会的没落を意味することもまれではなかった。なぜなら社会的上昇のための諸資格が欠如していたし、家族経営は、それが平行的に行なわれている場合には、多くのエネルギーと時間とを要求したからである。しかし経済恐慌の時代には、伝統的な領域は重要なクッションとなった。それは失業労働力を現代的領域から再び受け入れ、次の好況期まで養うことができた。

　しかし1950年代と60年代の繁栄期の労働力需要はきわめて大きく、同時に現代的福祉国家が非常に魅力的であったので、ヨーロッパの広い地域において家族経済が、それとともに二重経済も、消え去った。その諸結果は徹底的であった。しかしもちろんそれらがはじめて目に見えるようになるのは1970年代後半以降になってであった。家族経済が経済的な恐慌の中で提供したようなクッションは、回復不能なまでに消え失せた。失業は社会国家と新しく成立した失業保険を完全に打ち抜いた。そこでとりわけ1980年代以来、失業が継続的に増大した（Lutz [1984]）。

労働と非労働との間にある分離線

　1950年代と60年代の繁栄期に、労働と非労働との間にある分離線もまた徹底的に変化した。もちろん全てが変化したわけではなかった。職場での労働はヨーロッパ人の評価の中では相変わらず彼らの生活の中心であった。人格的成熟、社会的接触、幸せと社会保障のために、職業は中心的なものであり続けた。

それに対して変化したのは、ヨーロッパ人が仕事についている時間であった。工業の週労働時間は——工業以外の経済領域については全ヨーロッパ的なデータは存在しない——ヨーロッパではILOの算定によれば、平均して1955年の約46時間から70年の約42時間へと減退した。この発展は1950年代にはまだそれほど明らかに確認できなかった。というのは、週労働時間はヨーロッパ諸国の一部においてだけ減少していたにすぎず、イギリス、フランス、チェコスロヴァキアのような諸国においては増加していたからである。ようやく1960年代になってヨーロッパのいたるところで労働時間が減少した（図3-3参照）。仕事が終わった後の時間の使用も変化した。自由時間はしばしば以前よりもずっと労働力の回復のために利用されなければならなかった。多くの職業で労働の強度と労働のテンポが上昇したからである。その上しばしば通勤時間が長くなった。消費の増大もより多くの時間を必要とした。消費財の購入だけでなく、家や自動車、家財道具の手入れや修理にも時間がかかった。教育の諸要求が増

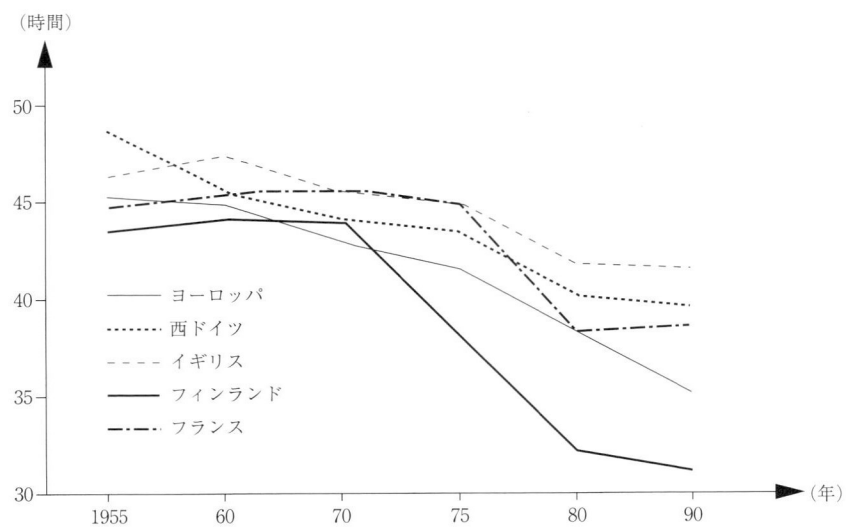

図3-3　ヨーロッパの工業の週労働時間、1955〜90年

出典：ILO Yearbook [1957] 189ページ以下；[1963] 266ページ以下；[1971] 468ページ以下；[1978] 328ページ以下；[1987] 676ページ以下；[1992] 730ページ以下（ヨーロッパの平均はこれらのデータから計算されている。もちろんそれらはヨーロッパ諸国の一部だけを把握するにすぎず、把握された国も取り替えられている。それゆえに解釈に当たっては慎重さが求められる）。

大した。自分自身の継続的な教育だけが時間をとったのではない。ますます長くなる子供の教育にも時間がかかった。それにはしばしば両親の支援も求められた。

年間労働時間も同じように1950年代と60年代以来、減少した。このことはまったく新しいことではなかった（Maddison [2001] 347ページ）。しかし休暇旅行目的のための年2週間ないしそれ以上の労働の中断は、1960年代以来やっとヨーロッパ人の多数に普及し始めた。それ以前は、湯治場、海辺、農村の親類のところに出かける休暇旅行は、むしろブルジョア的な市民の生活様式の一部であった。

最後に、1950年代以来ヨーロッパ人の大多数にとって生涯における労働と非労働との分離線もまた以前より鋭くなった。一方では、既述のようなヨーロッパの女性だけでなく、男性もますます年齢が高くなってから職業に参入した。50年にはまだヨーロッパ人男性の80％以上がすでに20歳以前に働き始めていた。それに対して70年代の終わりにはその割合は半分以下になっていた。そのことはこの年齢のヨーロッパ人が以前よりもわずかしか働かなくなったということを意味しなかった。その労働が職業訓練からなっているものの割合が増えた。職業訓練はしばしば以前よりも著しく多い学習材料と以前よりも難度の高い諸試験から成り立っていた。他方で、ヨーロッパ人は養老保険の向上のために以前より早く退職した。1950年頃には、まだヨーロッパ人のほぼ半分が16歳になると仕事に就いていた。それに対して70年代の終わりには3分の1に過ぎなかった（ILO [1986] vol.4、p.26）。総じて、職業活動は50年頃にはまだ人生の圧倒的に大きな部分を占めていた。それに対して1970年頃には多くのヨーロッパ人にとって職業に就く前と退職後の時間が仕事をしている期間とすでにほとんど同じくらいになっていた。

労働についての論争

第二次世界大戦後のはじめの20年間は、労働に関する論争が将来に対する楽観主義によって支配されていた。西側ではヨーロッパとオーストラリアの社会科学者が前途有望な将来モデルを発展させた。サービス社会がそれである。それは当時、ほんのわずかの社会でしか成立していなかったが、すべての社会

の将来と見なされた。サービス社会は苦労の多い手工労働の終焉を意味したが、しかしまたベルトコンベヤーに張り付いた疲れのたまる単調な労働に対する選択肢をも意味した。サービス業部門は、オートメーション化によって農業と工業で仕事を失うかもしれない多くの労働力にとっての避難所とみなされただけではなかった。むしろその中で教養、宗教、困窮時の助け、人格的接触といった固有の人間的要求が労働の場と自由時間に満足させられることができたような部門ともみなされた。この部門の労働力が多ければ多いほど、それだけ社会がより人間的になるだろうとされた。それゆえにヨーロッパでのこのモデルの最も重要な代表者フーラスティエは、彼の本に『20世紀の大きな希望』というタイトルを与えた（Fourastié [1954], Häussermann/Siebel [1995] も参照）。このモデルは1960年代と70年代に進歩モデルに拡張された。それらのモデルは、労働のほかの次元、すなわち事務労働の台頭、プロセス制御生産、経済的なそして利益社会的な計画、新しい情報技術や利益社会的な権力且つ政治的な権力による原則的な諸変化を含んでいた。アメリカの社会学者ダニエル・ベルは労働のそのようなグローバルな進歩モデルを発展させた著作者の中で最も有名であった。

1970年代以降の労働

1970年代以降、労働はヨーロッパで再び根底的に変化した。これらの諸変化は両義的であった。それらは20世紀の最後の四分の一を、半ば経済的に困難な時代、半ばダイナミックな時代と思われた。この時代はとりわけ失業の増加とますます不規則になる職業的経歴のために困難であった。そこでは職業活動が失業、継続教育、職業変更あるいは家族のための休みによって中断された。この時代はダイナミックであった。なぜならこの時代はサービス社会への移行をもたらしたからであり、しかしまた女性労働が今日的な終身の職業活動へとさらに発展したからである。転換が確認されれる諸徴候もまた変化した。1960年代にはまだ現代的労働と思われた多くのことが1990年代以降になると伝統的なものとみなされた。

失業率の上昇

　失業率の上昇は経済的に困難な時代の開始を告げた。失業率は西ヨーロッパではとりわけ1970年代後半以降上昇し、ヨーロッパ連合では1980年頃の6%から1990年頃の7%、2000年頃の8%へと増えた。この間にさらにいくぶん高くなった年もあった。1985年には8%、1995年には9%に上った（OECD [2000] 42ページ以下。全西ヨーロッパについては、図3-4を参照）。失業率は経済不況のすべての局面でさらに上昇しただけでなく、経済の好況期にももはや低下しなかった。1989～90年の大変動以来、失業はヨーロッパの東部においても日常の固定的な構成要素になった。失業は多くの国で年長の大人よりも若い成人たちに命中した。かなりのヨーロッパ諸国で、女性は男性よりも強く失業に見舞われた。しかしこれについて統計から見抜くのは難しい。というのは女性は男性のように頻繁には失業を届け出なかったからである（OECD [1999] 46ページ以下）。失業率の上昇はまた実質賃金の増加の少なさあるいは停滞とも、

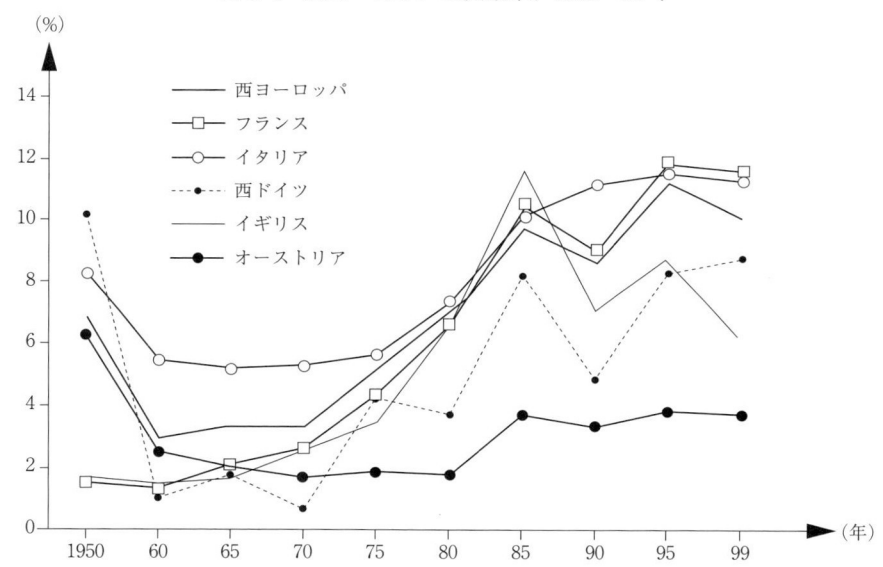

図3-4　西ヨーロッパの失業率、1950～99年

出典：B. R. Mitchell [1992], International Historical Statistics: Europe, 1950-1988, Houndsmills, 162ページ以下（これらは次の諸データと完全に比較可能ではないが）；[1960～99]: OECD, Historical Statistics のさまざまの版の《失業》統計表。

少なくとも工業においては、結びついていた（Mitchell [1993] 185 ページ以下、843 ページ以下）。

　こうした失業率の上昇は、一部は農業と工業の就業の衰退の結果であり、一部は職業経歴の変化のあり方、さまざまの異なった職業活動間の移動の頻繁さの結果でもあった。また一部はヨーロッパ外の、ほとんどがアジアの工業・サービス業の企業による新しい競争の結果でもあった。しかしまた失業保険を整えた現代福祉国家への新しい期待や失業してももはや労働市場から出ようとはしない女性の生活設計の変化も、そして最後に、すでに述べた家族経済の衰退も、一つの役割を演じた。

職場と職業経歴

　その上さらに 1970 年代以来、職場が改めて幾重もの観点で変化した。この場合、職場の平均ではなく、再び先端テクノロジーの転換だけが考慮されている。ベルトコンベヤーでの同種製品の大量生産が、高度に自動化された生産のフレキシビリティの拡大に基づいた新しい多様な製品へと入れ替えられた。ベルトコンベアでのルーティン化された同種活動によって完全に細部に至るまで組織化された分業に基づく生産が、グループでもこれまでより多様な活動を可能にした。職場でのサラリーマンと労働者の鋭い分離線も緩和した。すなわち、労働者よりも給料が良く、個人的な活動を実行し、労働諸条件も良かったサラリーマンと、どちらからといえば同質の職場とよりわずかな威信しかなく、労働諸条件も相対的に劣った労働者との間の分離線が、厳格な命令と地位の階層性と同じように、和らいだ。労働のこれまでより多くの部分が、広範囲に自動化された生産設備の発展、整備、監視と取り組んだ。労働節約技術、とりわけコンピューターが、工業、経済的なサービス業、そして行政に投入された。就業者には新しい諸要求が突きつけられた。フレキシビリティー、能率志向性、イノヴェーションへの積極性、アイデアの豊かさが、几帳面さ、忠誠心、従順さよりも重要になった。職場のこうした変化はもちろん必ずしも 1970 年代に起こったのではなかった。そうした変化は、一部はすでにそれより前に始まっていたし、一部は 1980 年代から 90 年代にようやく始まった。

　このことは職業経歴に対して影響を及ぼした。最初に一度きりの訓練を受け

た後、生涯ずっと同じ活動を行うという経歴は衰退した。不断の継続訓練や新しい訓練を受けて職業活動を変えること、しかしまた一時的な失業あるいは中断が増加した。学校の資格と職業の資格の水準が一般的にだんだん高まった。個人の職業活動の将来はより不確かになった。継続雇用は減少し、期限付き契約がより頻繁になった。これらの変化については社会学者の中で論争が起きた。かなりの数の社会科学者は、正常な、持続的な、中断のない職業経歴が終焉を迎え、頻繁な職業の方向転換、教育継続と中断によって押しのけられると予測している。別の社会科学者は、不規則な職業経歴が将来も少数派にとどまると予言している。いずれにせよ、公的な社会保障制度は新しい挑戦に直面した。従来それは規則的な職業経歴から出発していたからである。さらに、多くのヨーロッパの諸国では労働組合が弱められた。労働組合も同じように終身同じ職業を基礎とし、職業別労働組合の継続的な組合員を土台としていたからである（第10章参照）。

サービス社会

1970年代以来、ヨーロッパにおいて就業構造が根本的な変化を被った。工業社会の時代はその終焉を迎えた。工業労働はもはやもっとも頻繁な就業部門ではなかっただけでなく、ますます減少した。工業の生産性は非常に急速に上昇したので、生産が拡大しつつ、同時に就業人口が減少することを可能にした。ヨーロッパはサービス社会になった（図3-1参照）。二つの領域でとりわけサービス労働のこの拡張が顕著であった。経済的なサービス業、すなわち銀行、保険会社、自由業の弁護士、エンジニアや建築家、そしてもうひとつの領域が公的サービス。サービス労働はもはや以前ほど排他的に都市的ではなかった。それは農村的な諸地域においても拡大した。それは職員の職業の専門化に新しい刺激を与えた。もちろん、こうしたことによって工業部門の就業が完全に消え去りはしなかった。1970年代の後もヨーロッパでは工業部門の就業は重要であり、さらにその上引き続き経済政策の一つの重要な目標でもあった。工業の招致は1989〜90年の後、ヨーロッパの以前のコミュニズム的な地域では経済復興の重要な手段であった。それに加えてサービス社会はヨーロッパでは至る所で同じように速やかに普及したのではなかった。しかし、2000年頃までに

全てのヨーロッパ諸国はサービス社会になった。

女性労働の発展

　最後に、女性労働もまた20世紀の最後の四分の一に、以前よりダイナミックになった。女性労働は1970年代以来経済の諸苦境にもかかわらず、さらに継続的に増大した。1970年と2000年の間に仕事についている女性の割合はヨーロッパ平均で36％から43％へと増加した。この傾向は女性の労働の生涯曲線を見るともっと明確に看取できる。20歳と50歳との間の年齢において、1970年頃には平均してだいたい三分の二しか働いていなかった。それに対して2000年頃には、全てのヨーロッパ女性の約80％近くが仕事をしていた。彼女たちは1950年代と70年代よりもはっきりと、男性の職業活動に接近した。男性の場合、この年齢集団では90％以上が仕事をしていた。女性の職業経歴も男性よりはいくらか短くなっていた。女性はますます以前より長くより良い教育訓練を経て、より後になって職業に参入した。彼女たちのますます多くが50歳から60歳の間の年齢まで仕事をした。彼女たちはその後、既述のように、以前よりも早く職業活動から引退した（ILO［1997］第5巻、80ページ：図3-2参照）。

相　　　違

　家族の場合と同じように、労働でもヨーロッパの諸社会の間で相違は大きかった。20世紀の後半、女性労働における相違、さらには中心と周辺との間の相違、市場経済の西ヨーロッパとコミュニズム的な東ヨーロッパとの間の相違、そして企業文化の間の相違は、とりわけ大きかった。

女性労働

　女性労働に見られる相違は、第一義的に企業文化あるいは一般的な経済の発達水準によるものではなかった。それはむしろ家族のあるべき理想像、社会保障、教育政策と就業政策により大きく依存していた。ヨーロッパでは、女性労働の四つの空間を区別することができる。

第3章　労働

　第一の空間は1989年以前の東のコミュニズム的ヨーロッパであった。そこでは女性労働がすでに1950年代と60年代に急速に増加し、女性の圧倒的な多数が労働していた。その割合はどの西ヨーロッパ諸国よりも多かった。大規模な計画経済は大々的に労働力を必要とした。もちろん女性は、他のヨーロッパ諸空間と同じように給料や昇進可能性の点で男性の後塵を拝していた。すでに早い時期から特別な職業経歴が発達した。女性はしばしば学校卒業後すぐに、すでに20歳以前に仕事に就いた。というのは職業訓練部門がそれほど急速には拡大しなかったからである。彼女たちは小さな子供たちの母親だからといって労働を中断することはまれだった。というのは子供たちの世話が保障されていたからである。彼女たちはまた、養老年金が低かったので、かなりの高年齢まで仕事を続けた。

　女性労働の第二の空間は北ヨーロッパ、とりわけスカンディナヴィアとイギリスであった。そこでは西ヨーロッパの他の諸国と比べてみると、女性労働が頻繁であった。しかし、それは東ヨーロッパよりもゆっくりと増加した。また女性労働は、経済の労働力不足よりもむしろ政府の完全雇用政策と関連があった。そこでは1990年代に女性労働がほとんど男性労働と同じくらい高い割合になった。しかしながら職業経歴は東ヨーロッパとは違っていた。少女や若い青年女性の労働は、職業訓練の期間が延長したので、むしろ減少した。人生の労働時間も、現代的福祉国家が構築されたので、ますます早く終わった。それは、イギリスよりもスカンディナヴィアで顕著だった。

　第三の空間はイタリア、スペイン、そしてポルトガルのような南ヨーロッパの諸国であった。なるほどこれらの諸国においても、女性労働が1960年代以来、同じように増加した。しかし増えたのは基本的には結婚前の時期の間だけである。20歳と50歳の間の年齢では女性労働は非常に遅々としか増えず、女性の三分の二を超えなかった。しかもトルコでは半分を超えることはなく、したがって他のほとんど全てのヨーロッパ諸国よりも大幅に低かった。豊かな諸国ではオランダ、ルクセンブルク、オーストリア、スイスといった若干の国々だけが、女性労働の割合が同じように低かった。

　最後に女性労働の第四の空間を形成するのは、フランス、ドイツ連邦共和国（旧西ドイツ）、ベルギーのようなかなり裕福な大陸の西ヨーロッパ諸国であっ

た。ここでも結婚前の女性労働は専門教育・職業訓練の拡張によって遅々としか増加しなかった。しかし結婚後は、南ヨーロッパと違って女性労働が上昇した。といっても北よりもゆっくりとしていたが。より高い年齢になると女性は福祉国家の構築のおかげで再びより早く引退した。

　これらの四つの空間の間での女性労働の相違は、20世紀の終わり頃には少なくなった。ヨーロッパでは至る所で女性労働がさらに増加した。社会保障、教育・職業訓練、そして家族の理想像などがさまざまの国で互いに接近したからである（ILO [1997] 第1巻、197ページ、第4巻、50ページ以下）。

中心と周辺の間の相違

　経済的にダイナミックなヨーロッパの中心と、南、東そして極北の周辺の間では労働世界に関して大きな相違が形成された。中心では労働需要が強かったが、周辺では失業が優勢であった。1970年代まで、中心と周辺は工業労働においても違っていた。ヨーロッパのダイナミックな地域では工業労働は最大の就業部門であった。それに対してヨーロッパの周辺では工業労働ははるかに小さい部門にとどまっていた。職業経歴もまた違っていた。ヨーロッパの中心では青少年と若い成人は一部しか仕事に就いていなかった。彼らは、周辺よりも高い頻度で教育や職業訓練中だったからである。中心では、社会保障のさらなる拡充に基づき、高年齢層が労働生活から以前より早く引退した。また女性労働も、既述のように、中心においてはたいてい周辺においてよりも割合が高かった。こうしたことすべての結果として、何百万人かのヨーロッパ人が周辺から中心に移動した。この移民は1950年代と60年代に頂点に達した（第8章参照）。こうした対立はたしかに20世紀後半になってはじめて生じたのではなく、すでに19世紀の工業化の間に形成された。それらは1960年代まで維持された。中心の工業労働が、鉱業の繁栄、製鉄業と鉄鋼業、化学工業と電気工業において、一種の第二の全盛期を経験したからであり、膨張を遂げる自動車工業からも新しい推進力を得たからである。これらの相違はもちろん70年代以来、サービス労働の普及とともに、そして中心と周辺の間にある諸対立の解体とともに、徐々に薄らいだ。

西ヨーロッパと中央・東ヨーロッパのソビエト支配圏の間の相違

　労働の第三の相違は第二次世界大戦後、西ヨーロッパの市場経済と国家的に操作されたソビエト支配圏の計画経済との間に成立した。労働は東ヨーロッパでは西ヨーロッパとは著しく違って見えた。新しい労働の諸形態は中央で上から計画され、ソビエトのモデルに従って上からの大変な圧力によって遂行された。工業化と工業労働の普及はこの計画経済の中心的な諸目標に属した。それゆえ、西とは違って、ドイツ民主共和国（DDR）あるいはチェコスロヴァキアのような、すでに工業化された諸国家においては、工業経済が完全なものとされ、欠如している工業諸部門——ドイツ民主共和国ではたとえば製鉄業や鉄鋼業——が建設された。工業経済のモデルは、西ヨーロッパで 1970 年代以来サービス労働が優位に立った後でも、基本目標のままにとどまった。チェコスロヴァキアとドイツ民主共和国は 1989～90 年まで工業社会だったし、そこにとどまっていた。これらの国では就業者のほぼ半分が工業セクターで働いていた。その上、東ヨーロッパのこの工業化は、西ヨーロッパよりも生産性上昇が低い、非集約的な経済において遂行された。職場での業績圧力はしばしば西ヨーロッパよりもわずかであった。したがって労働力需要はいつも大きかった。この労働力需要は、西ヨーロッパと違って、他の諸国家からの移民によって充足されるべきでなかったので、工業化のこの道においては、既述のようにはじめから別の大きな労働力予備群を利用し尽くすことが、すなわち女性労働が不可欠になった。経営中心的な社会も、東ヨーロッパの労働の特殊性の一つであった。西ヨーロッパではむしろ住宅地区の中で見出すことができたようなサービスが、しばしば経営の中で提供された。すなわち、幼稚園、食堂、休暇旅行、継続教育、観劇やコンサート、医療の世話、また部分的には消費財の販売もあった。したがって労働作業班の職場は、西ヨーロッパと違って、単なる労働の場所という以上のものだった。それに対して住宅地区はよりわずかな意義しか持たなかった。最後に、東ヨーロッパでは公式には失業も存在しなかった。確かにこうした相違をあまりも単純化してはならない。西の市場経済の間でもソビエト支配圏の経済の間でも、それぞれに労働の相当な相違が存在していた。しかし、東——西の対立は深いものであった。

　これらの相違は 1989～90 年に簡単には消滅しなかったが、急速に変化した。

1989～90 年の後の体制転換の危機は、なるほど西ヨーロッパでは存在しなかったような変化ではなかった。工業労働の縮小、失業率の上昇、職場での密接な社会関係の解体、女性労働の不安定化は、東ヨーロッパと西ヨーロッパに共通な発展であった。しかし、それらは東ヨーロッパでは 1989～90 年の後、たいていずっと急速に、社会的な保護が少ないままで、したがってより残忍に推移した。したがって諸変化は西ヨーロッパよりも東ヨーロッパにおいてショックなどという生易しいものではないひどい体験となった。

西ヨーロッパの企業の間の相違

第四の相違は西ヨーロッパ各国の経営の間で生じた。労働社会学者たちは 1980 年代以降の時期について、次のような企業タイプを区別した。非常に官僚化した分業的なフランス企業。そこでは労働組合が弱く、厳格に階層化された、企業と結び付いた学校教育と職業訓練があった。テイラー主義的な労働組織を伴なう形式ばらないイタリア企業。そこには階層化されているが企業との結びつきの希薄な学校教育と職業訓練、それに弱い労働組合があった。強い協同的な労働組合を伴なう、合意重視のスウェーデン企業。コンセンサスを目指さないイギリス企業。これは、細分化され、サッチャー時代以来弱体化された労働組合と、職業教育ではなくて一般教育を目指した教育システムを伴なっている。最後に、強力な協同的な労働組合と非常に発展した職業教育・訓練を伴なう、専門的資格を基礎にしたドイツ企業（Heidenreich [1997]; Heidenreich [2004]）。別の社会科学者はこの多様性をそれほど大きいとはみなさず、決定的な相違がとりわけアングロサクソンの企業と大陸ヨーロッパの企業との間にあると見る。その議論によれば、アングロサクソンの企業は、主に一般知識を身につけさせる教育システムと、企業にコントロールの余地を多く与える非規制的な労働市場をもった自由な市場経済の中で行動していた。それらは短期的利益と競争的な技術移転を目指していた。大陸ヨーロッパの企業には、とりわけスカンディナヴィア、スイス、オーストリア、オランダ、ベルギー、ドイツの企業が、また一部には北イタリアとフランスの企業が属していた。これらの企業は、アングロサクソンの企業と違って、とりわけ熟練工を養成する教育システムを持ち、調整された市場経済の中で行動した。それらの企業は賃金協約の

相手方と共同決定の協議会で徹底的に詰めた協定を締結した。企業の投資の決定はむしろ長期の諸目標を目指すものであった。その技術移転は、企業、研究所と大学の間のネットワークに基づいているとされる。西ヨーロッパの企業のこれら二つのタイプは、グローバル化している世界市場に対して異なった利点を持っていた。アングロサクソンの企業はよりフレキシブルに反応でき、世界市場で廉価な製品とサービスをうまく販売することができた。それに対して大陸ヨーロッパの企業は、グローバルな市場でむしろ高品質の製品とサービスのために優位を維持していた。そうした高品質は、社会的に保護された、高度の資格を有する労働力によってのみもたらすことができるものであった。これらの1980年代以降にはじめて生まれた企業間の相違は、ソスキースの議論によれば、ヨーロッパの社会の中核的な相違であった。なぜなら、1980年代以降のグローバリゼーション化の時代に西ヨーロッパの各国がますます決定力を失い、その経済政策、福祉国家政策、教育政策がますまずわずかの効果しかもたらさず、せいぜいのところ企業のためにローカルな投資上の有利さを提供することを通じて、経済発展に影響を及ぼすことができるに過ぎなかったからである（Hall/Soskice [2001]; Soskice [2005] 170ページ以下）。

収　　斂

　もちろんこうした相違と並んで、20世紀後半に二つの重要な収斂も生じた。第一の重要な収斂はヨーロッパの中心と周辺の間の諸対立の減少と関連していた。周辺の南、東そして北で優勢だった農業労働とヨーロッパのたいていの豊かな諸国で優勢だった工業労働の間のかつての対立は少なくなった。なぜなら、農業が至る所で近代化されたし、それによって農業労働が周辺においても減少し、その上に周辺も同時に工業化され、サービス労働が至る所で拡大したからである。サービス労働は今や全ヨーロッパにおいて支配的であった。それはその性質上、以前の工業のような鋭い地域的対立を発展させなかった。同時に労働力の教育訓練でも鋭い対立が後退した。労働している人々の中での文盲の割合は周辺において明らかに減少したし、中等教育を受けた労働力も以前より増えた。したがってスペイン、ポルトガル、アイルランド、南イタリア、ギリシャから中心への人口移動はより弱くなった。かつてのヨーロッパの周辺自身が

今やヨーロッパ外の周辺からの移民たちの目標になった（第8章参照）。

ヨーロッパの労働の第二の根本的な収斂は1989〜90年の大変動の後に起こった。既述のように、東と西の諸相違はただちには消滅しなかった。というのはポストコミュニズムの諸国の中で労働が転換の危機に陥ったからである。しかしこの新しい相違も同様に21世紀の始めまでに緩和した。工業の収縮はもはや西ヨーロッパよりも急速ではなくなった。失業も西ヨーロッパよりも全般的に高いということはなかった。失業率が4％のチェコと10％のハンガリーはすでに1997年西ヨーロッパの平均よりも良好な状態にあることを示した。失業率約11％のポーランドのような高失業率のポストコミュニズム諸国は、失業率21％のスペインよりも、あるいは13％のベルギーよりも惨めな状況にはなかった（OECD [1999] 45ページ）。

労働のヨーロッパ的特殊性

ヨーロッパ内部のあらゆる相違にもかかわらず、この20世紀後半の労働世界の様相は全体としてヨーロッパ外の社会と何重にも違っていた。

ヨーロッパの工業労働

第一のヨーロッパの特殊性はヨーロッパの労働の工業への高い集約度であった。ヨーロッパにおいてだけ工業が、1950年代と60年代に、国によって期間の違いはあったが、一定期間、最大の雇用部門になった（前出図3-1を参照）。したがってヨーロッパにおいてだけ、フーラスティエ・モデルとして教科書で良く知られた、農業社会から工業社会を経てサービス社会への発展が見られた。ヨーロッパは1970年代以来、サービス社会となったが、その後も、こうした特別な工業集約度が維持された。1990年頃、工業はヨーロッパ全体でいまだに就業者の36％を占めていたが、日本では34％、アメリカ合衆国ではわずかに26％だけになっていた（ILO [1997] 第4巻、213ページ以下：OECD [1999] 42ページ以下）。なるほどヨーロッパの外部でも工業の就業割合は同じように工業化の間に増加した。しかし工業はほとんどどこでも最大の就業部門にならなかった。アメリカ合衆国や日本のような豊かな国においても、発展途上国の中

第3章　労働

国、インド、ブラジルと同じようにわずかだった。

　しかしながら、全てのヨーロッパの国々がフーラスティエの発展モデルに従ったわけではなかった。オランダでもノルウェー、デンマーク、アイルランド、ギリシャあるいはポルトガルでも、そうではなかった。このモデルが作られたフランスにおいても、一義的に明確な工業社会の時代は存在しなかった。しかし、総じて見れば、これらの国々は圧倒的に工業集約的なヨーロッパの就業構造の中で例外にとどまった。こうしたことはヨーロッパ東部においても成立した。そこでは西ヨーロッパよりも長くこの特殊性が維持された。

　こうしたヨーロッパの特殊性は就業の歴史の中でどのように説明されるべきであろうか。第一の理由は世界の工場としてのヨーロッパの役割の長い伝統にあった。ヨーロッパでは工業化が特別に早くスタートしただけではなかった。その最初からヨーロッパは絶えず工業・手工業財をヨーロッパ外部の経済に輸出し、世界市場で支配的な地位を獲得した。そしてその地位を20世紀後半まで守り通すことができた。ヨーロッパではこの特別に集約的な輸出が他のどこよりもたくさんの工業の職場を創出した。

　そのうえさらに、19世紀と20世紀前半に労働のこの特別な工業集約度に貢献した歴史的な理由がいくつか存在した。理由のひとつは、異常に大量のヨーロッパからの移民流出であった。この移民流出は、ヨーロッパの諸都市から膨れ上がった、伝統的な、往々にしてやっかいなサービス部門の人々、すなわち小売商人、レストランや屋台の所有者、運送業者といった人々を取り除いた。さらにまた、すでに述べた特に遅い結婚年齢も理由のひとつであった。それはヨーロッパでは家族に結び付けられていない、流動性の高い若い成人たちの一つの大きなストックを生じさせた。それが19世紀と20世紀前半の工場立地に拘束された諸工業のための労働力を見出すことを非常に容易にした。またその理由のひとつは、個人的な、標準化されたり大量に生産されたりしていない商品を求めるヨーロッパの消費者の嗜好であった。こうした商品は工業・手工業への相当に大量の労働力投入によってのみ生産されるし、したがって製造業部門により多くの職場を作り出したのである。しかしこれらの全ての要因は20世紀の後半に弱まった。そのことが、なぜこのヨーロッパの特殊性が2000年頃にはもはやそれほど明らかではなくなったかということを説明している

(Kaelble [1997])。

西ヨーロッパにおける女性就労率の低さ

　ヨーロッパの労働の第二の特殊性は、他の工業諸国と比べて、しかしまた発展途上国の中国と比べても、女性の職業活動が相対的に少ないことであった。このヨーロッパの特殊性は、ヨーロッパの婦人労働がほかよりもゆっくりとしか増加しなかった1960年代と70年代にはじめて成立した。1990年に西ヨーロッパでは（狭い意味で、すなわちフランス、ドイツ、ベネルクス三国、オーストリア、スイスにおいて）平均して女性の40％しか家の外で労働しなかった。それどころか南ヨーロッパではわずかに35％だけだった。それに対してアメリカ合衆国とロシアでは47％、さらに中国では55％もが家の外で労働した。東ヨーロッパと北ヨーロッパにおける女性労働の割合の高さにもかかわらず、全体としてのヨーロッパは41％であり、他の工業諸国や東アジアよりもほぼはっきりと低かった。日本だけが41％で、女性労働がヨーロッパと同じように限定的であった。ラテンアメリカ、イスラム教徒の社会、インドではもちろん女性の職業活動ははるかにわずかであった（ILO [1997] 第1巻、47ページ以下、第4巻、47ページ以下、第5巻、46ページ以下）。

　他の豊かな社会の後塵を拝するこのヨーロッパの遅れを説明するのは容易ではない。それはおそらく部分的にはヨーロッパの若い女性の特別に長い教育・職業訓練と就職の遅さに関係していた。またヨーロッパの福祉国家と特にしっかりと構築された国家の養老保険も一つの役割を演じた。ヨーロッパの女性は職業活動を他のところよりも早い年齢でやめた。しかしこうした説明では十分ではない。20歳と60歳の間の職業活動の適齢期でもヨーロッパでは女性労働がゆっくりとしか普及しなかった。1990年頃、西ヨーロッパでは女性の約4分の1、南ヨーロッパでは約3分の1が就職していなかった（ILO [1997] 第4巻、47ページ以下）。19世紀の西ヨーロッパの市民階級のなかで発展していたような純粋な主婦と母のモデルは、20世紀後半にもなお影響力を持っていたようにみえるし、その放棄はヨーロッパの家族によってもヨーロッパの政治においてと同じように、遅々としていたようにみえる。ヨーロッパ以外の工業諸国では、これに対応するモデルはもっとすみやかに魅力を失ったようである。しか

し、ヨーロッパにおけるサービス部門の発展——これがふつうは女性に最良の労働市場のチャンスを与えるのだが——が比較的弱かったことが、女性労働の拡張にブレーキをかけたともいえよう。

労働と非労働の分離の先鋭化

　女性労働がこのようにわずかしか増加しないことは、ヨーロッパにおける労働と非労働の分離の鋭さの一つの側面でしかなかった。このヨーロッパの特殊性は非労働、余暇、あるいは職業活動の彼岸にある労働の異常に目立った拡大にも見られた。ヨーロッパの週労働時間の低下はヨーロッパ外の大きな工業社会や発展途上国よりもはるかに前進した。もっともはっきりしているのはアメリカ合衆国との違いであった。1950年頃、アメリカ合衆国はまだ多くのヨーロッパの旅行者がうらやむ豊かな生活の楽園であった。そこではヨーロッパよりもわずかな労働時間で賃金ははるかに高かった。ILOの報告によれば、アメリカ合衆国の工業の週労働時間は約40時間だったが、ヨーロッパでは平均してほぼ46時間だった。労働時間でアメリカに近い国はヨーロッパにはひとつもなかった。戦争から免れた裕福な国スウェーデンやスイスでもそうだった。この相違は1970年代以降、逆転した。当時以来、工業の労働時間は少なくとも西ヨーロッパおよび東中央ヨーロッパの平均でアメリカ合衆国よりも短かった。1990年頃、週労働時間がヨーロッパの平均で35時間ぐらいになっていた。それに対してアメリカ合衆国では相変わらず約40時間で、これは東アジアと南東アジアの諸国と同じようだった。ヨーロッパの少数の国だけがアメリカ合衆国の場合と似たような労働時間だった（図3-3参照）。

　全体としての生活においてもヨーロッパでは労働が非労働からより鋭く分離された。人生の職業活期は他の工業諸国や発展途上国よりも長くは続かなかった。ヨーロッパ人は一方では職業生活により遅く参加した。1990年頃、15歳と19歳の間の年齢群の中でヨーロッパでは約3分の1しか労働していなかった。それに対して北アメリカではほぼ半分が、そして東アジアではほぼ3分の2が仕事についていた。他方で、ヨーロッパ人は職業生活から引退するのも早かった。1990年頃、ヨーロッパでは職業活動が可能な55歳と59歳と間の人のほぼ半分しか、仕事についていなかった。それに対してアメリカ合衆国と東

アジアでは約3分の2が労働していた。60歳と64歳との間の就労者はヨーロッパでは4分の1に過ぎなかった。それに対して北アメリカと東アジアではまだほぼ半分であった。その結果、ヨーロッパの人口に占める就業者の割合は1950年代から1990年代までほとんど変化がなく、46％から48％に上昇したに過ぎなかった。それに対して北アメリカではその割合が43％から51％へ、さらに東アジアでは44％から53％へと上昇した。どちらもヨーロッパを追い越した。ヨーロッパでは北アメリカと東アジアよりもわずかしか労働させられなかった（ILO [1997] 第5巻、35ページ以下；OECD [1999] 38ページ；Conrad [1992]）。

文　献

D. Bell [1990], Die dritte technologische Revolution und ihre möglichen sozialökonomischen Konsequenzen, Merkur 44, S. 28-47.

J. Berger/C. Offe [1984], Die Entwicklungsdynamik des Dienstleistungssektors, in: C. Offe, «Arbeitsgesellschaft». Strukturprobleme und Zukunftsperspektiven, Frankfurt a. M./New York, S. 229-271.

J. Blackman [1992], Economic history of women in England, 1870-1980, Hemel Heampstead.

G. Bock [2000], Frauen in der Europäischen Geschichte. Vom Mittelalter bis zur Gegenwart, München.

G.-F. Budde Hg. [1997], Frauen arbeiten.Weibliche Berufstätigkeit in Ost- und Westdeutschland nach 1945, Göttingen.

J. Burnett [1994], Idle hands. The Experience of unemployment, 1790-1990, London/New York.

C. Conrad [1992], Old age in the modern and post-modern world, in: T. Cole et. al., eds., Handbook of the Humanities and Aging, New York, pp. 72-97.

A. Dewerpe [2001], Histoire du travail, Paris.

B. Ebbinghaus/J. Visser [1997], Der Wandel der Arbeitsbeziehungen, in: S. Hradil/S. Immerfall, Hg., Die westeuropäischen Gesellschaften im Vergleich, Opladen, S. 333-376.

J. Ehmer [2001], Art. «History of work», in: International Encyclopaedia of the social and behavioral sciences, N. J. Smelser/Paul B. Baltes eds., vol. 8, Amsterdam, pp. 16569-16575.

U. Frevert [1986], Frauen-Geschichte, Frankfurt a. M.（フレーフェルト [1990]『ドイツ女性の社会史——200年の歩み』若尾祐司・姫岡とし子・坪郷実・原田一美・山本秀行訳、晃洋書房）.

J. Fourastié [1954], Die große Hoffnung des 20. Jahrhunderts, Köln（フランス初版 [1949]: Le Grand espoir du XXe siècle. Progrès technique, progrès économique, progrès social,

Paris).
H. Häussermann/W. Siebel [1995], Dienstleistungsgesellschaften, Frankfurt a. M.
P. A. Hall/D. Soskice eds. [2001], Varieties of capitalism. The institutional foundations of comparative advantage, Oxford.
M. Heidenreich [1997], Arbeit und Management in den westeuropäischen Kommunikationsgesellschaften, in: S. Hradil/S. Immerfall Hg., Die westeuropäischen Gesellschaften im Vergleich, Opladen, S. 289-331.
M. Heidenreich [2004], Beschäftigungsordnungen zwischen Exklusion und Inklusion. Arbeitsmarktregulierende Institutionen im internationalen Vergleich, in: Zeitschrift für Soziologie, 33, S. 206-227.
ILO. Economically Active Population [1997], 1950-2010, 5 Bde., hg. v. International Labour Office, Geneva.
ILO. Economically Active Population [1986], Estimates 1950-1980, 5 vols., 3. ed., Geneva.
H. Kaelble [1997], Der Wandel der Erwerbsstruktur in Europa im 19. und 20. Jahrhundert, in: Historical Social Research, Bd. 22, Nr. 2, S. 5-28 (英語訳 [1989]: Journal of European Economic History 18, pp. 65-104).
H. Kaelble/R. Hohls [1990], Der Wandel der regionalen Disparitäten in der Erwerbsstruktur Deutschlands, 1895-1970, in: J. Bergmann u. a., Regionen im historischen Vergleich. Studien zu Deutschland im 19. und 20. Jahrhundert, Opladen, S. 288-413.
J. Kocka [2000], Arbeit früher, heute, morgen: Zur Neuartigkeit der Gegenwart, in: J. Kocka/C. Offe Hg, Geschichte und Zukunft der Arbeit, Frankfurt a. M., S. 476-492.
B. Lutz [1984], Der kurze Traum immerwährender Prosperität-eine Neuinterpretation der industriell-kapitalistischen Entwicklung im Europa des 20. Jahrhunderts, Frankfurt a. M.
A. Maddison [2001], The world economy. A millenial perspective, Paris.
O. Marchand/C. Thélot [1997], Le travail en France. 1800-2000, Paris.
B. R. Mitchell [1993], International Historical Statistics. Europe; 1750-1988, 2. Aufl., New York.
OECD. Historical Statistics (各年版).
R. B. Reich [1992], The Work of Nations. Preparing ourselves for 21st-century Capitalism, New York.
R. Salais/B. Reynaud/N. Baverez [1986], L'invention du chômage. Histoire et transformation d'une catégorie en France des années 1890 aux années 1980, Paris.
D. Soskice [2005], Varieties of Capitalism and Cross-National Gender Differences, in: Social Politics, S. 170-179.
A. Supiot [2004], Le droit du travail, Paris.
G. Therborn [1995], European modernity and beyond. The trajectory of European societies 1945-2000, London (独語訳 [2000]: Die Gesellschaften Europas 1945-2000. Ein soziologischer Vergleich, Frankfurt a. M.).

A. Touraine [1975], Industriearbeit und Industrieunternehmen. Vom beruflichen zum technischen System der Arbeit, in: K. Hausen/R. Rürup Hg, Moderne Technikgeschichte, Köln, S. 291-307.

F. van der Ven [1972], Sozialgeschichte der Arbeit, Bd. 3: 19. und 20. Jahrhundert, München.

N. Whiteside [1991], Bad Times: Unemployment in British Social and Political History, London.

B. Zimmermann et al. eds. [1999], Le travail et la nation, Histoire croisée de la France et de l'Allemagne, Paris.

第4章　消費と生活水準

　消費、生活水準と生活態度は、20世紀後半における平和と経済成長の長い時代の間に、ヨーロッパ人の日常を変化させた。それは社会文化史のほかの分野では見られないほどであった。平均的ヨーロッパ人が何を食べ何を飲むか、どのような住宅に住み、どのような衣服を着たか、どのようにくつろいだり旅行したりしたか、どのような健康状態だったか、どのように教育を受けたか、生活水準がどれほど高かったか、またそれがどれほど上昇したかは、過去の40年間ないしは50年間に劇的に変化した。その上、消費は政治にもまた作用した。消費は、西の民主主義を安定させた。消費は、最初、東ヨーロッパのコミュニズム体制を強固にしたが、最後にはその体制を不安定にした。進歩や近代性の危険に関する公的討論においても、消費は中心的なテーマだった。同時に、アメリカ合衆国のモデルは社会文化史の他の領域では消費の歴史ほどには魅惑的ではなかった。また、消費の歴史ほど、アメリカ合衆国・モデルが論争になった分野は他になかった。消費と生活水準の歴史を抜きにしては、20世紀後半を本当には理解できない。

研究状況

　19世紀と20世紀における消費と生活水準の歴史は、社会文化史の最も古いテーマのひとつであると同時に最も新しいテーマの一つである。1960年代における最初の大きな社会史の論争は、生活水準をめぐるものであった。それはもちろん20世紀の生活水準に関するものではなく、イギリスの産業革命期に関するものだった。長い中断があった。その間にこのテーマはむしろ近代初期のテーマになってしまった。しかし最近、20世紀の消費の歴史への関心が非常に増大した。ヨーロッパに関しては、ハインツ-ゲアハルト・ハウプトのかなり新しい良い概観がある（Haupt [2003]）。ヨーロッパの消費のアメリカ化については、ヴィクトリア・デ・グラツィアの分析（de Grazia [2005]）、大衆文化

の歴史については、クルト・マーゼの研究（Maase [1997]）がある。さらにいくつかのヨーロッパの国については、消費の歴史の国別の概観が出版されている（Benson [1994]; Alonso/Conde [1994]; Tanner [1996]; Merkel [1999]; Becher [1990]; König [2000]; Schildt [1995]; Wildt [1994]）。これらすべての叙述はもちろん本章とは違っている。それらはたいてい 20 世紀の後半に限定されてはいない。またほとんどが西ヨーロッパだけを取り扱っている。ヨーロッパ全体としての第二次世界大戦以来の消費と生活水準の根本的な変容については、今日までまだ叙述がない。

　ここでは、とりわけ四つの問題を 20 世紀の後半に関して追跡する。第一に、ヨーロッパでの第二次世界大戦以降の大衆消費社会の定着を考察する。そしてそれが生活水準、生活スタイル、消費の規範や論議に及ぼした結果を取り扱う。ヨーロッパ社会史の他の諸領域以上に、消費についてのこの大変動は外部から、アメリカ化を通じてヨーロッパへとやって来たのかどうかという問題を検討する。第二に、20 世紀後半における生活水準と消費の発達が本当に物質的な生活状況の進歩の一つの歴史であったのかどうか、あるいは消費と生活の質がそこなわれたのかどうかという問題を研究する。第三に、ヨーロッパのさまざまな国の間での相違と収斂が、しかしまた大衆消費社会についてのヨーロッパ的諸特殊性も、ヨーロッパの消費の歴史に属する。最後に第四に、消費水準と生活水準の社会的不平等のテーマを取り上げる。したがって消費と生活態度を通じて引かれた社会的境界線を、大衆消費の成立とともに部分的には和らげられ、部分的には別の形態において維持された社会的境界線を取り扱う。以下でこれらの問題を取り扱うが、消費の社会的相違を問う第四の問題だけは、社会的環境(ミリユー)に関する第 6 章の中で取り上げる。

大衆消費の普及

　大衆消費の繁栄は 20 世紀後半の消費史における最も重要な変化であった。大衆消費はヨーロッパのすべての社会の中で、比較できる仕方で普及した。それは、似たような改善とコストをもたらした。似たような力によって先へ先へと駆り立てられた。そしてまたほとんどの社会で似たような抵抗にあった。アメリカ合衆国はこの歴史的過程の中で際立っていた。なぜならそこでは大衆消

第4章　消費と生活水準

費への移行がすでに1930年代と40年代に遂行されたからである。西ヨーロッパにおいても、この移行は完全に世紀の後半に限定されるものではなかった。戦間期すでに、大衆消費のはじめの徴候が目に見えていた。それは、一部は独自のヨーロッパ的過程としてであり、一部はアメリカ合衆国で当時すでに台頭していた大衆消費の影響としてである。二度の世界大戦によるヨーロッパの貧窮化のせいで、大衆消費は第二次世界大戦の終結後、ようやく普及した。西ヨーロッパの大部分においては、1950年代と60年代以来、ヨーロッパの東の部分や西ヨーロッパの周辺部分においてはようやく1970年代と80年代において。

他の地域と同じようにヨーロッパにおいても、五つの根本的な発達が大衆消費の普及の特徴を示している。

第一に、大衆消費の普及とともに消費財の大部分の基本的性格が変化した。わずかの機械を使ったほとんど個々人の手仕事で製造された消費製品は、標準化され、工業化された大衆消費製品の前に影が薄れた。その際、生産が変化しただけではなかった。消費製品と消費者のつきあいもまた根本的に変化した。消費者は製品あるいはサービスの選択で、彼の個人的な好みをもはや以前ほど強くは持ち込むことができなかった。ただ大きさ、色、香り、風味あるいは品質のような媒介変数(パラメーター)にしたがって標準化されたいろいろな分類の間で選択することだけがまだ可能だった。時間もまた標準化された。自動車の速度であれ、交通機関の時刻表であれ、あるいは商店や銀行の開業時間であれ、そうだった。大衆消費の開始期には、選択の幅はしばしばまだ非常に狭かった。したがって標準化された消費財への転換が、特別に大きな一歩を意味した。もちろん1980年代と90年代のコンピューター制御の生産とサービスとともに、選択可能性が例えば自動車のような複雑な生産品の場合でも拡大した。

現代の大衆消費は第二には、消費の国際的な、社会的な統一化をも意味した。現代的大衆消費を通じて、消費の国ごと、地域ごとの特色がすり減らされた。大衆消費は国民的な諸市場を突き破った。ひとつの国際的な《one market》が生まれた、それが『関税及び貿易に関する一般協定』(GATT)の枠組みでの関税の世界的な引き下げを通じてであれ、ヨーロッパの域内市場あるいは北大西洋自由貿易協定(NAFTA)のようなトランスナショナルな経済市場を通じてであれ、あるいはトランスナショナルな消費者やヨーロッパの消費者の

「発明」によってであれ、もともと国民的な消費文化のシンボルだった製品が、国際的な市場に登場し、他の諸国民の消費の構成要素になった。

　現代的大衆消費はとりわけ、市民階級、小市民階級、労働者環境(ミリュー)、農民環境、そして農村貴族とのあいだにあった社会的差別の研磨削減も意味した。もともと社会的環境のシンボルとして重要な意義を持っていた消費対象が、規格化された大衆消費の一部になった。自動車、テレビ、メーキャップ、スーツと背広、居間と子供部屋、イタリアへの休暇旅行——これらすべてはもともと市民階級の社会的差別化の手段であったのだが——は大衆消費財になった。サッカー、食用油脂（ヘットやラード）、シュナップス、リビングキッチン——もともとはプロレタリア文化のシンボルだった——は、同じく大衆消費財になり、より高い社会層にも受容された。20世紀前半までは深かった都市と農村の間にある社会的な相違も、現代的な大衆消費の出現とともにほとんどのところで消滅した。個々の社会的な環境と諸国民の内側での画一化圧力は、むしろ個人主義的な消費スタイルによって幾重にも弱められた。第7章で立ち返ることになる経済的な不平等は、日常の中ではあまり明確には認められなくなった。

　確かに社会的差別は引き続き消費を通じて表現された。だが社会的な相違は以前よりも繊細になった。違いはもはや自動車の所有ではなく、そのブランドに、また外国旅行にではなくて、その目的地に、さらにソファコーナーのある居間にではなくて、家具のブランドや壁の絵画に見ることができた。ヨーロッパの富裕な人々の一部はこれみよがしの公的な消費から身を引いた。消費の微妙な相違は部分的には仲間内の暗号になってしまい、局外者にはもはやまったく見分けられない集団アイデンティティーのシンボルへと変容した。新しい繊細な社会的相違は、消費を通じて際立たせられた。消費は例えば、世代間、年齢集団間、生涯の段階の間などで違っていたし、エスニック集団や政治的な環境の間で、またより高い諸階層、経済界や大学の研究教育職の環境の内部でも違っていた。

　大衆消費の普及についての第三の重要な特徴は、私的な家計支出の変化であった。一方で所得がとりわけ1950年代から70年代にかけて実質的に増大し、他方で生産性の比類ない上昇を通じて多くの農産物や工業製品の価格が下落したので、家計支出は変化した。同じ理由から食料と衣料のための私的な家計支

出の割合が減った。食料や衣料は支配的な役割を失ったし、そしてその他の家計支出のために、以前より相当多くの余地を残した（後出図4-1参照）。——家庭用器具と娯楽器具、輸送、教育、住宅、休暇と保養のための支出が、その割合を増やした。

さらに第四に消費の商業化も、現代的大衆消費のブレークスルーに結び付いていた。消費の商業化とともに消費者の消費財生産者たちとの関係が変化した。とりわけ消費者は消費財生産者たちとの直接的な関係を失った。地方の農民市場での農民と消費者のコンタクトや、店・仕事場での手工業者と消費者のコンタクトがほとんどなくなってしまった。家事でも、消費財、とりわけ飲食物と衣服の家庭内での生産は、缶詰、冷凍食品、インスタント食品のような家庭外で作られた食料品や、軽食堂の食事や事務所、工場、学校などの食堂での食事によって、また、既製服製造業によって、影に追いやられた。それとともに家族の生活の仕方や私事も変化した。家族の中での一緒の食事はもはや頻繁ではなくなった。他方で、家具、ラジオ、テレビ、レコード・プレーヤーやCDプレーヤーのような消費財が、家族内と私的領域への退却を推し進めた。

消費財の商業の変容もまた消費の商業化に属していた。商業を営む企業が経営面でも空間的にもますます集中した。商業企業は大企業になった。とりわけ、輸送革命によって、スーパーマーケットとデパートが都市中心地区の内部と外部に出現した。デパートの顧客はより広範囲になった。通信販売店も同様に幅広い顧客大衆を開拓した。その上、商業はもはや主として消費者の願望に反応するのではなく、能動的に新しい消費タイプと新しい市場を創造した。子供、青少年あるいは独身者が新しい消費者集団となり、観光、家庭大工が新しい市場となった。さらに商業は、マーケティング、世論調査、広告のような新しい手段で、そして新しい販売方法で、消費者たちに影響を及ぼした。商業はいつも新しい流行を通じて、商品の計画的な陳腐化によって、継続的な需要を確保した。

最後に、第五に、消費をめぐる議論と消費に対する態度もまた根本的に変化した。この議論が行なわれるメディアが変化した。議論は新聞、パンフレットや講演の中で行なわれただけでなく、ラジオ、テレビやインターネットの中でも行なわれた。それではじめて消費をめぐる議論が住民の大部分に浸透した。

広告も以前にはとても想像できないほどの強烈さと目的意識性をもって推進された。消費者像が変化した。大衆消費が普及する前に広告を特徴付けていた男女間の明確な相違は、希薄になった。社会的な環境に従っての顧客の細分化も広告の中ではやはり後退した。広告はその上に国際的な顧客のタイプを新しくデザインし、国民的な先入観を以前よりもまれにしか利用しなかった。

　その上さらに消費に関しての議論も変化した。1950年代と60年代に、一方では西ヨーロッパでも東ヨーロッパでも、異なったやり方ではあるが、完璧な消費という幸福の将来ヴィジョン、すべての消費需要が充足される将来ヴィジョン、そして自由な消費選択の将来ヴィジョンが、宣伝され、議論された。他方では大衆消費とアメリカの消費モデルが激しく批判された。その際、個人の自由の余地をめぐっての、しかしまた知識人や教養市民階級の際立った生活様式や消費をめぐっての、文化ペシミズム的な不安が一つの重要な役割を演じた。1970年代と80年代以来、双方の見方はしだいに変化した。楽天主義的な将来ヴィジョンは、成長の限界、エネルギー備蓄の限界、環境への脅威、新しい流行病の蔓延、また恒常的に増える失業などに直面して、その魅力を失った。大衆消費の概念の中で原理的に共鳴したような、文化ペシミズム的な消費批判は、後退し、しだいに消費生産物に対する批判に席を譲った。消費批判は、消費生産物がどんな品質を持っているのかという問題や、健康のためにいいかどうか、環境を保護するかどうか、エネルギーを倹約するかどうかといった問題に、ますます集中した。

　最後に、消費に対する態度も変化した。1960年代から70年代にいたるまでは、内的外的な安全性と並んで、物質的に豊かな消費がヨーロッパ人の間で非常に優先性が高かった。その際、大事なのは、部分的には戦争中の、そして終戦直後の欠乏の後での正常への復帰であった。また部分的には、中層・下層の出身の多くの人々のために消費の全く新しい世界が切り開かれたことでであった。それは中下層の人々の所得の飛躍的増加によって可能となった。それが食物、衣料、住宅と余暇の可能性をかつて一度もなかったほどに改善した。もちろんこの消費高揚状態は、いまだにしばしば伝統的なヨーロッパの諸価値と、すなわち節約、商品の再利用と修繕といった価値観、ならびに消費者金融と使い捨て製品に対する反感と結び付いていた。これらの価値は以前のヨーロッパ

第 4 章　消費と生活水準

の欠乏経済の中で発達していた。それらは、世界経済恐慌の時期、戦時中ならびに占領期や終戦後の時期の物質的欠乏によっても、またヨーロッパのかなり多くの周辺地域の伝統的な栄養不足によっても有効性が確認されたものであった。そうした価値はブームの時代にもそれほど速やかには放棄されなかった。しかも消費のスタイルは、なおまだ社会的な生活環境に強く結びついていた。「物質的な諸価値」という表現は、消費へのこうした態度をただ不十分にしか再現しない。

　1970 年代と 80 年代の経過とともに、こうした態度は次第に変化した。物質的な消費願望の充足と並んで、政治的なそして人格的な発展可能性および人間同志の隣人的諸関係の優位性がまた高くなった。「ポスト物質主義」という表現は、こうした態度を不十分にしかつかまえていない。なぜならそれは決して物質的な欲求を放棄したわけではなかったからである。生活スタイルの個人主義化も消費への態度のこうした変化の一部であった。個人主義化はとりわけ二つの発達を通じて促進されるようになった。すなわち、新しい、より大きな、しかし異論がなくはない、個々人の自由の余地が、生存に不可欠な食物と衣服のための支出強制の減少を通じて成立した。消費と社会的環境との結びつきは弱まった。社会的生活環境と食物、衣服、住宅と旅行での消費強制あるいは逆の禁止との結びつきは、和らいだ。

　消費に対するこうした態度変化はヨーロッパではしばしば世代対立として経験された。より古い世代の態度は、しばしばいまだに世界経済恐慌、世界戦争、戦後期の、約 20 年間続いた欠乏によって特徴付けられていた。より古い世代は一方では新しい大衆消費と生活水準の飛躍によって魅了されていたが、他方では大衆消費をしばしば何か異常なものとみなし、根本的な懐疑をいだいていた。その懐疑は、文化ペシミズム的な消費批判の中に、しかしまた伝統的な節約の中に表現された。それに対して、より若い世代はまったく自明のことながら、1950 年代と 60 年代の消費と生活水準とともに成長した。消費者であることはもはや彼らにとっては乏しい消費財のための闘争の中にあることを意味しなかった。そうではなくて、消費商品の供給過剰の中で、自分の限られた予算でもって、良い品質のものを最も割安に手に入れること、そしてその際にますます洗練される広告に圧倒されないようにしながら目を肥やすことを意味した。

消費はこの世代にとっても古典的なエネルギー供給の限界、環境汚染の増加、失業の増加、福祉国家の限界によって、確かに制限された。より古い世代との紛争はしばしば激しかった。世代間の消費体験での対立は、それ以前よりも、あるいはそれ以後よりも鋭かった。

1945年以降の生活水準の改善

大衆消費の普及と並んで、生活水準の発展は20世紀後半のもうひとつの大きなテーマである。ヨーロッパ人の生活水準がこの時期に改善したかどうかという問題は、一見して、おのずと答えがでるように思われる。ヨーロッパ人の社会的状態は、経済的繁栄、平和と国際的な経済開放、社会改革と医学上の進歩のこの50年代に著しく改善された。それはきわめて印象的だった。ヨーロッパ史のほかのどんな時代も、生活水準のそのような上昇を記録したことはなかった。破壊と正常な供給の崩壊を伴なう戦争に見舞われた諸国においては、この転換が特に強く感じられた。もちろん生活水準が連続的に、全ての領域において改善されたかどうか、そして生活の質もいつも上がったかどうかは、決してそれほど明らかではない。

所　　　得

経済協力開発機構（OECD）によって西ヨーロッパと中央ヨーロッパの諸国について1960年以降算定された私的な消費支出は、20世紀後半の生活水準改善の力強い証拠である。私的消費支出はヨーロッパでは20世紀の後半全体を通して連続的に上昇した。1970年代以降、確かにスピードが遅くはなったが。東ヨーロッパでは石油ショックの前に実質所得の成長が明らかに西ヨーロッパより控え目であった。それは、経済協力開発機構（OECD）の計算によれば1980年代に著しく上昇した。その後、体制転換期に実質所得がしばしば収縮した。その後になってようやく再び増加した（OECD [1997] 58ページ；OECD [2000] 56ページ；UN [1992] 293ページ）。

家計支出の変容

　ヨーロッパ人の生活水準が改善されたかどうかは、所得の高さにだけでなく、そのお金で何が手に入ったかにも依存した。問題は、平均的ヨーロッパ人がその所得を大部分、相変わらず食物、衣料品、住宅のような生活に最も必要不可欠な欲求のために支出するよう強いられたかどうかであり、あるいは平均的ヨーロッパ人が社会保障、健康への備え、教育、文化と個人的な自己発展のような他の欲求のためにもまた一部分を使用することができたかどうかである。最も差し迫った生活需要の充足から独自の生活形成のための自由行動の余地への移行を、ヨーロッパの大衆が感じ取ることができたような時代がそもそも存在したとすれば、それはまさに所得の強い上昇を伴った20世紀後半であったにちがいなかった。それでは、この時代には実際に衣食住のような生存に不可欠な欲求のための私的支出が減少したのであろうか、それによってその他の欲求の充足のためのより多くの選択の余地が生じたのだろうか。

　食料と衣料品のための支出割合は実際に1950年代以来、顕著に低下した。印象深いのは特に食料支出の減少である。50年頃、ヨーロッパ西部の私的家計は食料にまだ平均して予算の38％を支出していた。70年には当時のヨーロッパ共同体（EC）の諸国で、その割合はまだ31％ぐらいだった。79年に26％ぐらいに、そして94年には19％ぐらいに低下した。したがって50年の半分にすぎなかった。似たような傾向はヨーロッパ東部においても追跡できる。例えばハンガリーでは食料支出の割合は1960年と89年の間に39％から27％へと、そしてドイツ民主共和国（DDR）においては労働者・サラリーマンの家計で1961年の49％から85年の41％へと減少した。西ヨーロッパの個々の国々の間では確かに大きな相違が存在した。裕福な国々では私的家計の食料支出は割合で見て、貧しい諸国よりもはるかに低かった。それは1950年頃でも90年代でも同様だった。もちろん食料支出が割合で見て大幅に低下しなかったような国は、ヨーロッパには存在しなかった（図4-1参照。Andorka [1992] 87ページ; Schwartau/Vortmann [1989] 表4）。ヨーロッパの家計はそれによって負担が大きく軽減された。

　衣服のための家計支出の減少も同じように明らかであった。1950年頃、西ヨーロッパの私的家計は平均していまだにその予算の13％を衣服のために支

84

図 4-1　ヨーロッパの家計の食料支出、1950～94 年
(家計支出に占める食料支出の割合、%)

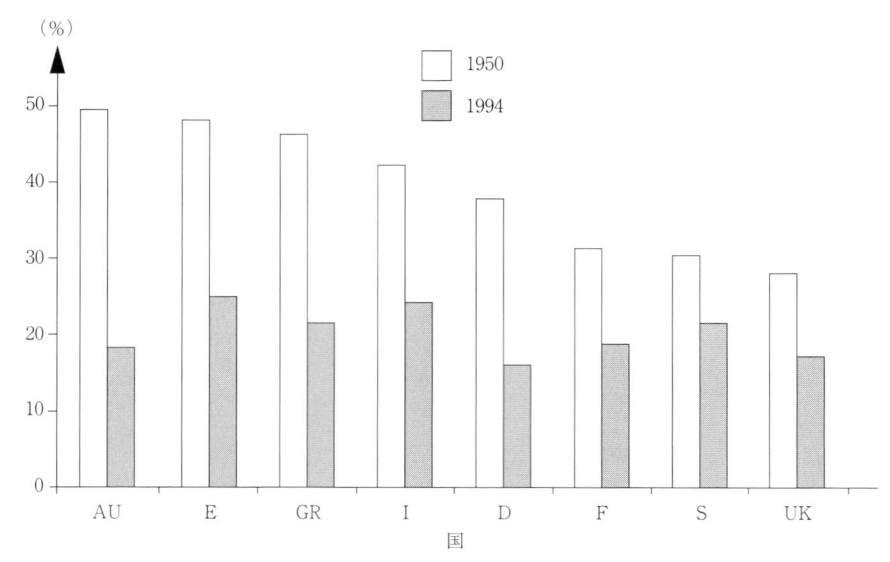

出典：1950 年については：A. S. Deaton [1976], The Structure of Demand 1920-1970, in: C. M. Cipolla 編、Fontana Economic History of Europe、第 5 巻、Glasgow、第 4 表；1994 年については：Eurostat, Consumers in Europe. Facts and figures, Luxemburg [2001]、表 1.14；国名略記は自動車の国別標識記号を使用。AU＝オーストリア、E＝スペイン、GR＝ギリシャ、I＝イタリア、D＝ドイツ、F＝フランス、S＝スウェーデン、UK＝イギリス。

出していた。それに対して 79 年頃にはヨーロッパ共同体（EG）において 9% にすぎなかった。94 年にはついに 7% となり、50 年の半分程度にまで減少した。こうした傾向の背後にも個々の国々の間で大きな相違が隠されていた。それゆえ長期的観点では第二次世界大戦後の時代は明らかな断絶を意味した。それ以前は一度も私的家計のなかで生存に不可欠な財のための支出割合はそれほど速やかには低下しなかったし、それ以外の支出のための余地もそれほど多くは創られなかった。

　もちろんそれは全体像ではない。生存に必要不可欠なその他の財とサービスのための、とりわけ住宅のための支出は、しかしまた輸送と健康のための支出も、決して低下しなかった。全く逆に、それらはすべてのヨーロッパ諸国において第二次世界大戦以来、著しく上昇した。1950 年頃、西ヨーロッパでの私

第4章 消費と生活水準　　　　　　　　　　　　　　85

図4-2　ヨーロッパの家計の住宅支出、1950〜94年
(家計に占める住宅支出の割合、%)

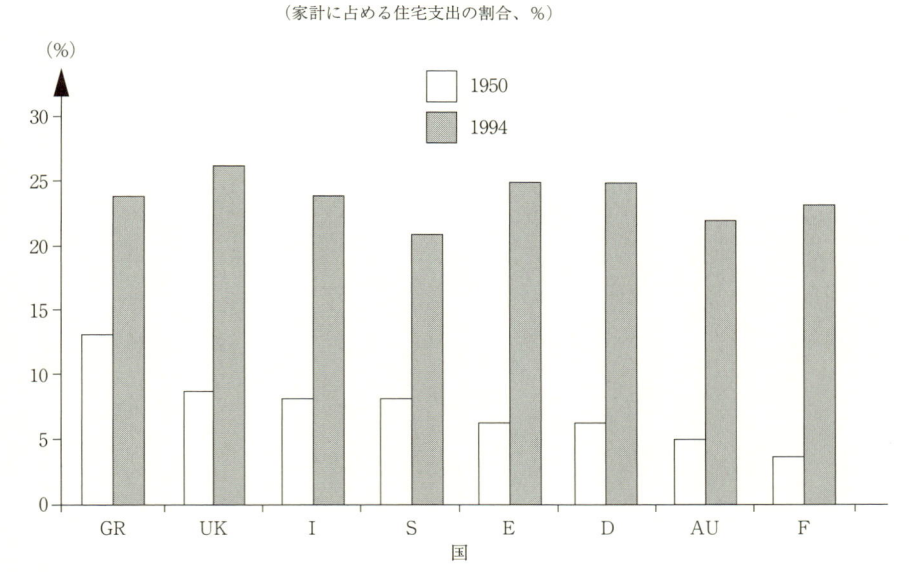

出典：1950年については：A. S. Deaton [1976], The Structure of Demand 1920-1970, in: C. M. Cipolla編、Fontana Economic History of Europe、第5巻、Glasgow、表4；1994年については：Eurostat. Consumers in Europe. Facts and figures, Luxemburg [2001], 表1.14；国名略記は自動車の国別標識記号を使用。AU＝オーストリア、E＝スペイン、GR＝ギリシャ、I＝イタリア、D＝ドイツ、F＝フランス、S＝スウェーデン、UK＝イギリス。

的家計はその予算の約7％（暖房費なしで）だけを家賃のために支出した。70年頃にはヨーロッパ共同体諸国ではすでに11％、79年では20％であった。ついに94年には住宅、電気、暖房が家計費に占める割合が25％となった。それゆえ、それは50年の割合の何倍にも達した（図4-2参照）。これらの数値は、実際の上昇をいくらか覆い隠している。なぜなら住宅費用の定義が変わったからである。しかしいずれにせよ、住宅費による私的家計の負担は激しく増加した。その上昇はすべての国において同じではなかった。しかし、長期的観点で上昇しなかったような国はひとつもなかった。もちろん、この傾向は確かにヨーロッパの東部において1989年前には存在しなかったように思われる。例えばハンガリーとドイツ民主共和国（DDR）では、住宅のための家計支出割合は国家の高い補助金によって、約4％の低い水準に維持された。西ヨーロッパで

は1950年頃に、これと似たような水準がふつうだった。

　住宅費と似ているが、輸送費用もまた増加した。その費用は1970年頃のヨーロッパ共同体諸国で、11％ぐらいの水準であった。それから79年の13％へ、94年の15％へとさらに上昇した―ここでもまた個々の国の間に相当な相違がみられたのであるが。もちろんこの費用は、ヨーロッパの東地域でも増加した。例えばハンガリーでは1960年の4％から88年の9％へと（Deaton [1976] 表4；Eurostat [1977] 164ページ以下；Eurostat [1985] 第1巻、94ページ以下、第2巻、160ページ以下；Eurostat [2001] 表14.1；Andorka et. al. [1992] 87ページ；Schwartau/Vortmann [1989] 表4)[1]。したがって、ヨーロッパ人が食料と衣料で節約したものが、住宅と輸送の支出増加を通じて、相当部分、再び食い尽くされのである。それによって、生存に不可欠ではない欲求のための余地が、現実には限定的にしか増加しなかった。

消費の中核領域の改善

　私的な家計支出だけからでは生活水準の質の完全なイメージを作ることができない。そこで追加的に三つの中心的な消費領域を選び出す必要がある。すなわち、食料、住宅と健康である。

食　　　料

　20世紀後半の食料は、供給改善、要求の高度化、私的家計から外部への移転によって、しかし新たな影の側面によっても、以前の時代とは根本的に違っていた。

　農業社会と初期工業社会に蔓延していた食料不足は、はるか以前のことであった。戦前期と戦間期を特徴付けた、重要な食料の構成要素の、とりわけヴィタミンと微量元素の欠乏は消失した。ヨーロッパでは終戦直後を除いて、食料の欠乏も食料供給の個々の領域での欠乏も、もはや存在しなかった。それについては三つの理由が決定的であった。ヨーロッパの歴史の中でまったく並外れた農業生産性の上昇。世界の亜熱帯と熱帯の地域からの輸入を含めて、平均的ヨーロッパ人のための食料品供給の急速なこれまで以上の国際化。最後に、食料科学者、医者、教師、社会保険と、より健康的な食料を強く求める改革派の

食料品産業からなる新しい圧力団体。食料品供給はそのためにいまだかつてないほど良好になり、広範囲、かつ多種多様になった。

　その上さらに食料品の質での要求が強くなった。その加工と洗練化の期待、食料品の美的外観と包装への期待も大きくなった。その背後で消費の高尚化と美化が生じただけではなかった。製品の外観への新たな期待は、消費者たちが市場で生産者から買うことも農家で直接に購入することもほとんどなくなり、見渡すのが困難な分配網のなかで買い求めるという事情とも関連していた。彼らはしたがって製品の質に関する新たなヒントを必要としていた。したがって製品やチェーンストアのブランドやその外観もまた、ますます製品の質の決定的なヒントとみなされるようになった。広告は品質や外観へのこれらの期待をさらにいっそう高くした。

　さらに、食事の調理に関しての決定は、以前の時期よりもはるかに強く私的領域や私的家計の外部へ移された。ますます多くのヨーロッパ人が昼食をもはや家で取らずに、社員食堂、メンザ（学生食堂）とファスト・フード店において取った。私的家計においても食事はますます多くが半インスタント食品あるいはインスタント食品、缶詰めあるいは冷凍食品から作られた。大調理場とその食料品産業が何をそしていかにヨーロッパ人が食べるかにますます大きな影響を及ぼした。

　しかし食における変容には、その影の側面もあった。農業と食料品産業の生産性の異常な上昇は、化学肥料、殺虫剤と獣医関係薬品の大量の投入と密接に関連していた。それは土地、河川、そして海に害を及ぼしただけでなく、食料品の中に有毒な化学的な物質を残す結果ももたらした。それと並んで、栄養過多の新しい危険が生じた。それはあらゆるリスクや帰結を伴なっていた。砂糖と脂肪、一般的にカロリー過剰が、さらにアルコール消費とニコチン消費の過剰が、身体への障害や病気を引き起こした。したがって生活への期待は食料品供給の進歩が可能にしたであろうほどには高くならなかった。一般の栄養の知識は、栄養科学の到達段階からははっきりと遅れていた。私的な家計も、大調理場や食料品産業も、食料品供給の多様さをあまり活用しなかった。日常の食事は長い間ずっと、単調で、栄養分に乏しく、それによって必要以上に不健康だった。しかし総じていえば、農業社会の、そして初期工業社会の栄養不良と

比較して、進歩の側面がまったく疑いなく優勢であった。

住　　　宅

　住宅の質と安全も同じように20世紀後半に改善された。住宅の質は著しく上昇した。とくにヨーロッパの南と東の地域においては、第二次世界大戦の直後、住宅の一部分にしか電気、上下水道が通っていなかった。自家用のトイレや風呂も一部にしかなかった。ヨーロッパの北と南においてはすでに到達していたこうした居住水準は、20世紀後半の経過のなかでヨーロッパ全域で広範囲に実現された。

　住宅の大きさと利用の仕方も改善された。住宅の数はたいていのヨーロッパ諸国において著しく増加した。高い居住密度による日常的な重荷はそれによって明らかに減退した。住宅当たりの居住者数が第二次世界大戦以来著しく低下した。統計で見れば、20世紀の終わりにはすべてのヨーロッパ人が自分一人のために一つの部屋を持っていた。さらに彼らはますます広々とした空間で生活し、自分自身の住宅の中でますますくつろげるようになった。住宅の中での個々人の私的領域が、高い社会層にとってだけでなく、平均的ヨーロッパ人にとっても開かれた。同時に住宅のなかで、ただ一つか二つしか部屋を持たないものの割合が増えた。それによって、数が増えている独り者にもまた自分だけの、独立した住宅を持つチャンスが増えた。

　居住の安全もまた、著しく改善された。すなわち、解約告知と強制的な転居に対する保護が改善された。住宅所有者は居住の安全性がとりわけ高いが、その割合が、ほとんどのヨーロッパ諸国で増加した。同時に賃借権が多くの国で賃借人に有利なようにかなりの程度変えられた。

　最後に、多くのヨーロッパ人にとって自動車の普及によって住宅の選択の範囲が拡大した。とりわけ、百万都市の外部にいる多数のヨーロッパ人はそれによって利益を得た。

　これらの改善はもちろん欠陥も持っていた。最も重要な持続的な問題。住宅市場は総じて本質的には緩和されなかった。住宅は高価なままだった。そこで増加している収入のいつもより高い割合が住宅のために支出されねばならなかった。確かに住宅市場があまり強度に緊張しない時期もあり、価格が比較的有

利な時期もあった。さらに、ヨーロッパの経済的により弱い地域においては、値ごろの住宅を比較的簡単に見つけることができたし、かなり多数のものが空き家状態のせいで取り壊されさえした。しかし、ヨーロッパのダイナミックな吸引力のある地域や人口密集地帯においては、20世紀後半全体を通して住宅の状態は緊張したままにとどまった。

　さらに自動車の革命は利益だけをもたらしたのではなかった。ショッピングセンターと学校の空間的な集中、居住地と仕事場との間に距離の拡大の結果として、ヨーロッパ人はその所得のますます多くの割合を輸送のために支出しなければならなかっただけでなく、ますます多くの時間を仕事場、学校、役所、そして買い物への道すがら、自動車の中、あるいは公的交通機関の中で費やした。ベッドタウンでの主婦たちの、輸送手段の中での勤労者たちの、放課後や休みの間の子供たちの、そして高齢期の人々の、社会的孤立が激増した。ヨーロッパ人はしたがって住宅設備の質、個人的な私的空間とくつろぎの質、ならびに住宅の安全の質などでは得をしたのだが、お金、時間とエネルギーでは損をした。社会的孤立の増加はまれではなかった。しかし確かにここでも、結局のところバランスシートの上では進歩が優勢であった。

健康管理

　同様に健康管理も20世紀後半の経過の中でヨーロッパでは著しく改善された。健康のための私的支出と公的支出が、顕著に増加した。経済協力開発機構（OECD）のデータによれば、1970年と2000年との間に健康管理のための支出は、たいていの西ヨーロッパ諸国で何倍にもなった。国民総生産に占める割合の点でもそれがいたるところで上昇した。それは1970年頃にはいまだに4％と6％との間にあった。それに対し2000年頃には、すでに8％からほぼ10％の間にあった（Eurostat [2002] 397ページ以下による）。健康のための公的支出はもちろん公的予算にブレーキがかけられたこの時期においては私的支出よりもはるかに遅々としか上昇しなかった。その発展も不統一だった。たいていの国で、公的支出が増加し、総じてヨーロッパ外の裕福な諸国においてよりも高かった。しかしまた、それは、デンマーク、スウェーデン、アイルランドとイタリアのようなかなりの数の国で低下した。全体として健康管理制度は充実した。

医者と薬剤師の密度はたいていのヨーロッパ諸国で高くなった。開業医の数は住民数との比率で1970年と2000年の間だけで2倍、ないし3倍になった。薬品市場が拡大した。医学的な進歩の結果、入院期間がたいていの国で半分あるいは3分の1に短縮できた。したがってベッド数が住民数との比率では至る所で明らかに減らされた。

平均寿命

健康保全のためのこうした堅実な私的公的支出の結果として、しかしまた医学的な革新の結果として、さらに栄養の向上と住宅の改善の結果として、死に導くような病気の種類も変化した。20世紀後半にヨーロッパは、北アメリカや日本と同じように、流行病の推移の第三段階に入った。ヨーロッパは最初の二つの段階を通り過ぎた。第一段階はすでにかなり前に通り過ぎたが、その段階では疫病と飢饉によって多くのヨーロッパ人が亡くなり、平均寿命は低かった。第二段階もそうで、そこでは汎発流行病と感染病が後景に退いた。また死亡率も低下した。第三の段階においてはただ退行的な病気、とりわけ循環器病や癌が、支配な死亡原因になった。しかしまた生活スタイルに依存している病気、それゆえにアルコール、タバコ、ドラッグが原因で、さらに公害や交通事故で、多くのヨーロッパ人が死亡した（Eurostat [2002] 266ページ以下）。

平均寿命は生活水準の改善の結果として上昇した。それはヨーロッパ（ソ連を除く）の平均で、1950年から2000年までに女性たちのばあいに69歳から79歳へそして男性たちのばあいには62歳から73歳へと上昇した。この上昇はアメリカ合衆国よりも速かったが、日本よりも遅かった（表4-1参照）。それに対してヨーロッパの平均寿命はアラブ世界、南アジア、ラテンアメリカあるいはアフリカと比べれば、さらにトルコとソ連（UdSSR）、あるいは独立国家共同体（CIS）と比べても一貫して長かった。この時代のヨーロッパ人は口には出さないまでも継続的な上昇を期待していた。戦争が起きないことを前提して、父母や祖父母よりも長く生きることを当てにしていた。

もちろん20世紀後半におけるヨーロッパの平均寿命は、実質所得と教育の機会が大幅に上昇したことから期待されるほどの（第13章参照）、比類ない巨大な前方への飛躍というわけではなかった。たいていのヨーロッパ諸国におい

第4章 消費と生活水準

表4-1 男女の寿命（出生時余命）、1900～2000年

		1900	1950	1960	1970	1980	1990	2000
ヨーロッパ	男	46	64	68	69	70	72	73
	女	48	69	73	75	77	79	79
西ヨーロッパ	男	47	65	68	69	71	74	75
	女	50	70	73	75	78	80	81
日本	男	44	62	67	71	74	76	77
	女	49	66	72	76	80	82	84
アメリカ合衆国	男	48	66	67	68	71	72	74
	女	51	72	74	75	78	79	79
ソ連・独立国家共同体	男	31	61	63	64	63	61	60
	女	33	67	71	74	74	73	73
トルコ	男	—	42	51	56	60	65	67
	女	—	45	54	60	65	70	72

出典：1950～2000年、別に示されない限りでは、世界人口見通し、2000年校訂。第一巻、包括的表、編集、参照せよ、国際連合、ニューヨーク2001年、74ページ以下（基準年後の5年平均、2000年の数値はそれ以前の5年の平均）：1900年国連（UN）人口年報1948年、ニューヨーク1949年、514ページ以下（ベルギー、ブルガリア、デンマーク、フィンランド、フランス、イタリア、オランダ、ノルウェー、オーストリア、ロシア、スウェーデン、スペイン、チェコスロヴァキア、アメリカ合衆国）；国連人口年報、特別版：加齢人口と老人たちの状況、ニューヨーク1993年（ドイツ1900年、ドイツ連邦共和国BRD1950～80年、ドイツ民主共和国DDR1950～80年、アイルランド1900年、スイス1900年、チェコスロヴァキア1950～90年、ハンガリー1900年）：P. フローラ、国家、経済と社会1815～75年、第二巻、フランクフルト1987年、96ページ以下（ドイツ、イギリスとウェールズ、アイルランド、スイス）『ヨーロッパ』に関して：ヨーロッパ諸国の平均；1950年、低い平均寿命を有するいくつかの国が欠如するので、いくらか高すぎる価値。

ては、20世紀前半が大きな跳躍のエポックであった。当時、寿命はヨーロッパ（ソ連を除く）平均で約20年長く、女性は男性よりもいくぶん長くなった。それに対して後半に寿命はなお約10年増えただけである。世紀後半の広範囲に戦争がなかった時代のこの延長の遅さについては、20歳から60歳からの人々の平均寿命を観察しても、そのイメージが改まらない。

　さらに平均寿命の歴史はこの時代のヨーロッパの東部地域におい大きく転換した。それはまったく予期しない変化だった。それは低下した。男性については1980年代以来ロシアでは寿命が約4年短くなった。女性も約1年短くなった。ブルガリア、ルーマニアとハンガリーにおいても、少なくとも男性については平均寿命はいくらか低下した。ポーランドとチェコスロヴァキアにおいては平均寿命が停滞した。それに対して、ヨーロッパの西部地域では至る所で十

年ごとに継続的に上昇した。それはトルコにも当てはまった（表 4-1 参照）。1980 年代のコミュニズム体制の危機と 1990 年代の新たな体制への移行期の深刻な変化は健康管理の悪化、社会保障の廃止、貧困増大、栄養の劣悪化、しかしまたアルコール依存症の蔓延にも導いた。なぜ自明になっていた傾向のこうした意気消沈させるような逆戻りが、とりわけ男性に命中したのか、そしてかならずしも東中央ヨーロッパ諸国のすべてではなかったのかに関しては、もちろん今後精密に研究されなければならない。

相違と収斂

大衆消費の普及はヨーロッパ諸国間の相違を緩和してしまったのか、あるいはむしろ新しい相違を発生させてしまったのか？　国民的な消費様式の新たな多様性が実現したのか？　あるいは新しいヨーロッパの共通性が生まれたのか、さらにヨーロッパの特殊性さえも発生したのか？

相　　違

20 世紀後半のヨーロッパの消費の歴史において、食事と飲み物、衣服と住宅、またここでは詳しくは取り扱えなかった日常的やりくりについて、国や地域、地方によってたくさんの消費様式が存在した。しかしそれとは別に 4 つの大きな相違がとりわけ注意を引く。

第一の新しい相違。これはなるほど急速に再び消え去ったが、しかしそれにもかかわらず同時代のヨーロッパ人に非常に深い印象を与えた。それは、一方の豊かな、戦争によって触れられていない諸国、スイス、スウェーデン、ある程度はまた帝国をもつイギリスのような国々と、他方のもともと裕福だったが、戦争によって貧しくなった諸国との間で生じた。この相違は戦争直後の生活水準ではっきり目に見えたが、大衆消費の主導的製品の普及においてもまた明らかに見て取れた。もちろんこの相違は 1950 年代の間に広範囲に消え去った。

第二の相違は 19 世紀以来すでに、工業化された裕福な近代的ヨーロッパ諸国と、あまり工業化されていない、貧しい諸国との間に存在していた。前者では大衆消費が通例急速に普及したが、後者では大衆消費が通例、遅々としか進

第4章　消費と生活水準

展しなかった。例えば自動車のような、大衆消費の主導的製品の普及において、1950年代と60年代にはまだ途方もない相違が、世界の裕福な部分とより貧しい部分との間に今日みられるよりも大きく、開いていた。フランスとイギリスは、当時ヨーロッパで、最もモータリゼーション化が進んでいた国であったが、人口1000人当たり37および42台の乗用車を持っていた。それは、人口1000人当たり6～7台の乗用車しかもっていなかったドイツとオーストリアのような戦争に見舞われた工業諸国よりもはるかに多かった。もちろんより貧しい周辺の諸国の自動車密度ははるかにもっとわずかであった。ギリシャ、ユーゴスラヴィア、ハンガリーにおいては、人口1000人当たり一台の乗用車しかなかった。大衆消費の別の主要製品の場合、例えば、冷蔵庫、電話、ラジオ受信機とテレビ受像機や住宅設備の場合にも、同様にその相違は大きかった（Deaton [1976] 102ページ以下；Eurostat [1977]; Eurostat [1985]; Eurostat [2001]; Kaelble [1997] 表1-3）。東ヨーロッパにおいても、裕福な、東中央ヨーロッパ諸国とそれより所得の低いソ連との間にそうした著しい相違があった（図4-3参照）。

　長く持続し深く作用した消費における第三の相違。それは、西ヨーロッパと東ヨーロッパの間にある相違であった。1989年以前、ヨーロッパの東部地域はただ単純に遅れた消費利益社会だったというのではなかった。東部地域は、一つの独自の、最終的には体制を脅かすことになる消費拡大への道を追求していた。確かに大衆消費は後になって実現した。それは自動車（参照、図4-3）、冷蔵庫、洗濯機やテレビ（第10章参照）の普及に当てはまった。またすでに取り扱った家計支出の変容、消費者と生産者との直接の接触の減少、そして消費財を扱う商業の空間的集中と経営的集中にも、当てはまる。

　大衆消費は東ヨーロッパでは根本的に西とは別のように見えた。大衆消費財の供給は、中央集権的国家的に行われ、市場を通してではなかった。ただ限定的にのみ認可された農民と手工業の経済とマージナルな山荘（ダーチャ）の産物を除外してであるが。東ヨーロッパにおける消費政策は当初、独自な、反資本主義的な新しい人間への道を追求するという要求を掲げていたが、後には西の消費水準を追い越すか少なくともそれに追いつこうとした。消費において新しい、西ヨーロッパでは知られていない社会的不平等が、消費財供給において、権力中枢に近い生活環境（ミリュー）の諸特権を通して発生した。さらに消費は東ヨーロッパの体制の

図4-3　ヨーロッパ、アメリカ合衆国、ソ連の乗用車、1949〜89年

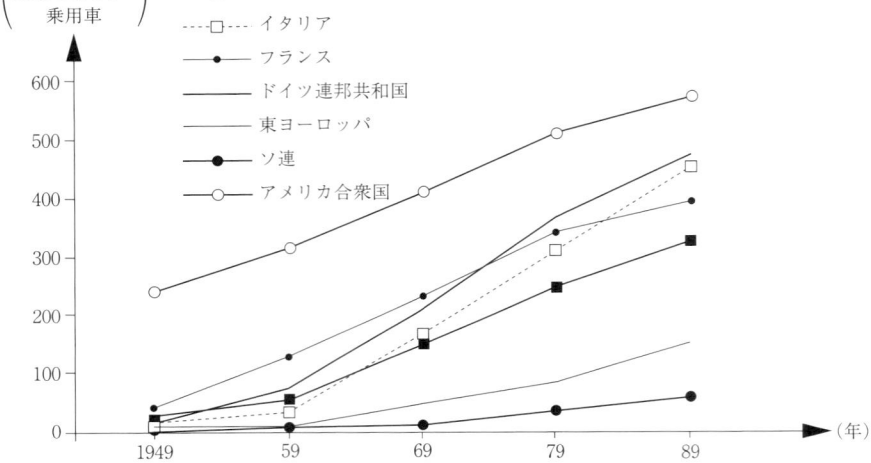

（人口1000人当たりの乗用車）

- ■ ヨーロッパ
- ☐ イタリア
- ● フランス
- ドイツ連邦共和国
- 東ヨーロッパ
- ● ソ連
- ○ アメリカ合衆国

出典：以下のものから作成。H. Kaelble [1997], Europäische Besonderheiten des Massenkonsums, 1950-1990, in: H. Siegrist/H. Kaelble/J. Kocka 編., Europäische Konsumgeschichte. Zur Gesellschafts-und Kulturgeschichte des Konsums (18. bis 20. Jahrhundert), Frankfurt a. M.: Campus, 表1。

安定性のために一つの特別な役割を演じた。諸政府は西側の生活水準に追いつくという約束を通じて、高い期待を呼び起こした。西とは違って、食料、住宅、近距離交通のような基本的需要には実質的に補助金が交付された。消費政策はますます不安定化を引き起こす悪循環に陥った。政府補助金は東ヨーロッパの国民経済に非常に重い負担をかけ、その結果、多くの投資を実行することができなくなった。けれども政府補助金が減らされ、物価が高くされるやいなや、住民は抗議の声で反応した。というのは住民は約束されていた消費改善を期待していたので。投資はさらに延期されねばならなかった。消費製品の質はさらに低下した。投資金融のため西側諸国から信用を調達するという逃げ道は、終わりには西に対する高い負債をもたらした。この悪循環がついには内部的な信頼喪失と体制崩壊に決定的に貢献した。

　西ヨーロッパと東ヨーロッパの間にあるこの相違は、ソビエト帝国の崩壊の後、確かに広範囲に消え去った。しかし、それに続く体制移行の危機の間、1990年代においても、消費と生活水準における著しい相違が引き続き残され

第4章　消費と生活水準　　95

た。

　あまり研究されていないが、しばしば議論される第四の相違は、ヨーロッパの北と南の間にあった。正確な地理学上の境界を引くことはもちろん困難である。この相違の本質的な要素。北では多くの旅行。対して南では、地方的範囲での、レストラン、カフェ、飲み屋での消費のより強い社交性と公共性。北での居住、家具、住宅設備品の特別なスタイル。対して南での食事と衣服の洗練。北では持ち家優遇と一戸建て家屋。南では、貸し家優遇、しかもしばしば都市中心部でのその優遇。同様に多くの個々の財も消費のされ方が異なった。北のビール、南のワイン。北のバターとクリーム、南のオイル。北では短時間の昼食とより長い夜。南では長い昼休みと短い夜。もちろん、これらの相違もまた、20世紀後半においては色あせ、弱まった。だから研究もほとんどない。

収　　斂

　もちろんこうした相違と並んで1950年代以来、ヨーロッパであるいはむしろ西ヨーロッパで消費の明らかな収斂も進展した。そうした収斂は三つの領域において存在した。

　第一に、たった今取り上げたさまざまの相違は、ほとんどが完全には消滅していなかったにしても、その力を失った。戦争の帰結の相違は一時的なものにとどまったし、1950年代と60年代にはすでに曖昧になった。より裕福な、工業化されたヨーロッパとより貧しい農業的特徴をもつヨーロッパとの間の鋭い相違も、20世紀の終わりころには後退した。私的な家計支出での相違は1990年代にはもはやあまり鋭くなかった。たとえばすでに議論した食料と住宅のための支出がそうであった（Deaton [1976] 表4；Eurostat [1985]; Eurostat [2001] 表14.1；Andorka [1992] 87ページ；Schwartau/Vortmann [1989] 表4)。当時の主要財——自動車、電話、ラジオ、テレビと冷蔵庫——の消費でも、とりわけ1980年代と90年代に、相違が非常に緩和した。そのただ一つの例、自動車。1990年頃、最高の自動車密度を有するヨーロッパ諸国、イタリアとドイツは、住民一人当たりでまだ、最も自動車密度の低い国、ポーランドの4倍の乗用車を持っていたに過ぎなかった。西ヨーロッパの自動車密度は全体的に見て東ヨーロッパのそれの2倍をいくぶん越えるほどでしかなかった（Kaelble [1997]）。

中心諸国フランス、イギリス、ドイツ連邦共和国（旧西ドイツ）は、すでに 1950 年代と 60 年代に消費においては著しく接近していた（Haustein [2006]）。なるほど相違のこうした研磨はヨーロッパ諸国だけでなく、全ての工業諸国で行なわれた。しかしもちろん西ヨーロッパの社会の間では特に急速にまた完全に実行された。全体としての西ヨーロッパとその他の裕福な諸国との間では、その相違は一時的に増大することすらあった（変動係数は OECD [1982] 14 ページ以下：OECD [1992] 18 ページ以下に従って計算）。

　第二に、収斂はヨーロッパ諸国の間での強い結びつきの中にあった。スーパーマーケット、家具商、デパート、レストランの商品はヨーロッパ化した。ますますたくさんの消費財——食料、衣料、自動車、テレビ——が、他の諸国で作られたものになった。消費の国際化もすべての工業国において確認できたが、ヨーロッパの消費者にとってはそれはとりわけ商品供給のヨーロッパ化であった。確かにコカ・コーラ、ジーンズ、ハリウッド映画、ファスト・フード店のような目覚ましい個々のアメリカ商品も、テレビ、CD プレーヤー、ラジオ、自動車のような日本製品も、さらにはヨーロッパ外のレストランや海外旅行熱も、ヨーロッパの消費に属した。しかしそれらはヨーロッパ諸国からの消費財輸入の、ヨーロッパのレストランの、そしてヨーロッパ内部の旅行の優位を変えるものではなかった。多国語の包装と多国語の使用説明書のついた完全な国際的な製品から、国際的な商品供給が生じた。それにはヨーロッパのほとんどの国が何らかの貢献をした。こうしたやり方で、ヨーロッパの消費者、および西ヨーロッパの消費者が創造された。彼らはそれぞれの国の商品だけではなくヨーロッパの商品を受容した。

　さらに第三に、消費の国民的相違の意味も変化した。完全に国際的な諸製品と並んで、明白に国民的な特徴を持つ諸製品もまた、国際市場で他の国のヨーロッパ人に、これらの製品の出自のまったく国民的な雰囲気を帯びたままで売られた——そしてその際、革新的なデザイナー、マーケティング戦略家あるいはレストラン所有者によって新しく考案されたものも珍しくなかった。スウェーデン製家具がスウェーデンの名称でスウェーデンの食料品とともに売られた。イタリアのピザ・ハウスは非イタリア人にイタリアの生活の雰囲気を伝えることになった。クレープ店、クロワッサン店、バゲット店は都心と駅にフランス

第 4 章 消費と生活水準

の食物の水準を持ち込むことになった。ヨーロッパ市場への国民的な諸製品のこの投入は消費における国民的なものの意味の完全な逆転を意味した。まだ 20 世紀前半には国民的な消費様式がとりわけ外国人に対して境界をつけるため、固有のアンデンティティーの自己確認のために使用された。しかし 20 世紀後半が経過するうちに、国民的な消費様式は他のヨーロッパ人に対する販売戦略へと変化した。消費は他者に対する境界の役割を失い、逆に他者への入り口として新しい欲望を呼び覚ました。たとえこの入り口がしばしば広告とマーケティングによって作り上げられたもので、他者の現実的な経験を少しも含んでいなかったとしてもである。同時にそれを通じてまたヨーロッパの消費は均質化した。こうした国民的な諸製品がヨーロッパの至る所で売られたからである。

　消費のこの収斂とヨーロッパ化にはいろいろな理由があった。第一の理由は、19 世紀に次第に先鋭化した裕福なヨーロッパの中心部とより貧しい周辺との間にあった対立の緩和であった。この緩和は 1960 年代以降にはじまった。いろいろなヨーロッパ諸国での私的収入はお互いに一様化した。それは特にヨーロッパの西部で速やかだった（OECD [1982] 14 ページ以下；[1992] 18 ページ以下）。第二の理由はヨーロッパ消費市場の創造であった。ヨーロッパ消費市場は一方ではヨーロッパ共同体や後のヨーロッパ連合の創設でもってヨーロッパの諸政府によって目的意識的に計画された。他方ではヨーロッパの企業が共同市場のチャンスを利用し、徐々に標準化されたヨーロッパの消費製品とサービスを創造した。最後に第三の理由は、とりわけ 1960 年代以来の平均的ヨーロッパ人の地理的な経験地平の拡大であった。平均的ヨーロッパ人のますます多くが観光、商用旅行、姉妹都市協定、生徒・学生の交換プログラムによって、時には結婚によってもまた、他のヨーロッパ諸国の消費を以前よりも詳しく知るようになり、他の諸国の消費モデルを受容した。

ヨーロッパの特殊性

　消費においては 20 世紀の後半にはヨーロッパ外の社会と比べたヨーロッパの特殊性が、福祉国家、移民、あるいは諸価値の場合と比較すると、はるかにわずかしか明らかではなかった。大衆消費の普及の全世界的な傾向と消費製品

や消費スタイルの交換での世界的な結びつきが支配的であった。ヨーロッパの消費と生活水準は20世紀の後半においても他の工業社会とはいくらか違っているように見えた。もちろんこうしたヨーロッパの特殊性は議論の余地がある。それに対しては、ヨーロッパでも消費の全世界的な同一の傾向と変化が他と同じように普及したのだという議論が出されている。またたんにそれだけではなく、ヨーロッパの消費のアメリカ化が、戦間期あるいは戦後期においてさえまだ存在ししていた諸特色を広範囲に研磨してしまった、そしてこのアメリカ化だけが唯一の本当のヨーロッパの共通性である、との議論がなされている。

アメリカ化

しかしながら、ヨーロッパの消費のアメリカ化がどのくらい進行したのかは、議論の余地がある。疑いもなくアメリカ合衆国は大衆消費の先駆者の役割を演じた。多くの発達が合衆国においてはヨーロッパより早く現われた。なぜなら生活水準と消費水準がヨーロッパよりもはるかに高かったからである。食物と衣服のような生活必需品のための私的家計の支出はすでにかなり前から低下していた。飲食の新しい形態——インスタント食品、カフェテリア、ファスト・フード店——、現代的居住、自動車による移動は、相当に早く始まった。それゆえに同時代人はヨーロッパの発展も相当程度アメリカのモデルの模倣として体験した。

ラッキー・ストライク、コカ・コーラ、ロックン・ロール、ミッキー・マウスのような漫画、映画フィルムやテレビ映画、長編小説と実用書、スーパー・マーケット、コインランドリー、自動洗車店、ハンバーガー・レストランとコンピューターのような特定のアメリカの消費製品や消費様式がヨーロッパの市場を征服した。このアメリカ化は決して奇襲攻撃的に第二次世界大戦後直ぐに、いわば午前零時（シュトゥンデ・ヌル）に突然起こったのではない。それは1970年代以降にはじめて全面的になった。

最後に、アメリカのモデルはヨーロッパの大衆消費の主唱者にとってもその反対者にとっても一つの中心的なシンボルであった。《アメリカ化》という言葉は大衆消費社会への同時代的な批判の中心概念に属した。

それにもかかわらず、今から振り返ってみれば、ヨーロッパの消費の完全な

第 4 章　消費と生活水準

アメリカ化について語ることは、間違った単純化である。現代の大衆消費は共通のヨーロッパ的な、そしてアメリカ的な根を持っている。自動車はヨーロッパで発明されたし、戦間期でもすでにヨーロッパの道路風景の構成要素になっていた。百貨店と食料品産業による消費の商業化はヨーロッパでは 19 世紀と 20 世紀前半に、したがってアメリカ合衆国と一緒に、始まった。ソーセージ売店、軽食堂、クレープ店、ピザ屋などのようなヨーロッパ独自のファスト・フード店のタイプが非常に普及していたので、アメリカのファスト・フード店の飲食に対するヨーロッパの批判は不思議に思われる。第二次世界大戦後に、しばしば好んでアメリカ化として議論された、ほとんどの根本的な発達がすでにそれ以前にヨーロッパには出現していた。そして、二つの世界戦争でヨーロッパが貧窮化しなければ、それらの発達はアメリカの先駆けなしでも基本的特色において実現したであろう。

　その上、ヨーロッパにおけるアメリカ製品の消費はやはり非常に限定的であった。ヨーロッパの消費財の大多数がヨーロッパにおいて生産された。東アジア諸国からも多くの消費財が輸入された。しかし、ひとはヨーロッパの消費のアジア化について議論することはない。自動車、ソファーコーナー、ユニット戸棚、冷蔵庫、テレビ受像機、電話と携帯電話、レコード・プレーヤーや CD プレーヤーのような現代の大衆消費の主要財もたいていアメリカ合衆国から発しているのではなかった。ヨーロッパの消費財市場にアメリカ製品がわずかの数量しかないことは、たんに文化的な境界やヨーロッパでのアメリカの製品や販売諸方法に対する激しい知識人批判とだけ関わりあいがあるのではなかった。もっと決定的なことは、ヨーロッパ自身が発達した消費財産業を所有していたということ、第二次世帯大戦後にその発達した消費財産業がスターティング・ホールにたっていたこと、そして 1950 年代以来ヨーロッパ市場でそれが急速に拡大したことであった。

　反対にアメリカの生活様式もまたヨーロッパ風になった。ヨーロッパの製品が第二次世界大戦の終了後アメリカ市場にとうとうと流れ込んだ。ヨーロッパのワインやチーズケーキと同じようにフォルクス・ワーゲンのカブトムシが、ヨーロッパ移民の特製料理レストランとまったく同じように衣服や家具がアメリカで普及した。しかし疑いもなくヨーロッパの製品は、アメリカ製品がヨー

ロッパの生活様式を近代化したほどには、アメリカの生活様式を近代化しなかった。ヨーロッパの製品はまた近代化への不安や文化的征服というファンタジーを生み出さなかった。アメリカ合衆国のヨーロッパ化については語られることはまれにしかない。《アメリカ化》は遅くとも1960年代以来西ヨーロッパおよびヨーロッパとアメリカのお互い同士の浸透過程の一部であった。

特殊なヨーロッパの消費

　ヨーロッパの消費諸構造は、あらゆるグローバルな、ないし大西洋的な共通の傾向にもかかわらず、他の工業諸国の消費諸構造とは区別される。

消費製品の特殊ヨーロッパ的なスタイルと多様さ

　ヨーロッパの消費の最も目立った特殊性は20世紀の後半においては一定のヨーロッパ趣味と独自のヨーロッパ・デザインであった。この趣味は日本、アメリカ、あるいはロシアの趣味とは違っていた。
　この共通のヨーロッパ的スタイルに属するのは、消費財の特に大きな多様性であった。数え切れないほどのパン、チーズ、ソーセージ、ワインの種類、無数の衣服モード、家具様式、建築様式、総じて奢侈製品は、ヨーロッパ人の強い伝統的な要求に起因する。地域的にまた国民的に他から独立し、職業、宗教、民族、社会的環境の違いを際立たせたいという要求にである。確かにこれらの歴史的理由はずっと前に和らいでしまった。にもかかわらず、ヨーロッパの消費の著しい多様性は、しばしば変化させられ、純化され、市場化されてはいたが、維持されていた。多様さは合衆国、日本あるいはソ連におけるよりも大きかった。それは、個人的な特殊性を求めるヨーロッパ人の要求も満たした。
　この特別なヨーロッパの消費スタイルに属するものに、第二次世界大戦以来特に急速に拡大したヨーロッパの休暇文化があった。ヨーロッパ人は労働と余暇に対して日本人、アメリカ人、ソビエト市民とは違った態度を発達させた。1950年代と60年代以来ヨーロッパ人たちは、一日のうち、一週の間、しかし特に一年の間に、彼らの時間の以前よりも大きな部分を職場の外で過ごし始めた。毎年夏に何百万のヨーロッパ人たちを道路、鉄道、飛行機に向かわせた休暇観光旅行は、第二次世界大戦以来ヨーロッパ諸国の結びつきをこれまでにな

第4章　消費と生活水準

く強めることに貢献しただけでなく、ヨーロッパ外の工業諸国では未知にとどまったような結びつきの質量をも発達させた。それは、サービス領域で一つの完全に新しい経済分野を発生させ、ヨーロッパの山岳地域や海洋地域の相貌を特徴づけ、特別なヨーロッパの毎年の生活リズムや家族の共同生活をもたらした。

消費の優先度

　第二のヨーロッパの特殊性は私的な家計支出のなかにあった。それはとりわけアメリカ合衆国と比較したとき顕著である。ヨーロッパの私的家計は、飲食や衣服のために相当多く支出し、輸送と通信のための支出ははるかにわずかであった（Herpin/Verger [1988] 108 ページ以下）。ヨーロッパ人たちはアメリカ人よりも自動車、テレビ、電話のような現代的な大衆消費の主要財をわずかしか所有しなかった（自動車については図 4-3 参照）。逆にヨーロッパではアメリカ合衆国よりもはるかに多くの書物が出版された（Kaelble [1997] 表4）。ヨーロッパとアメリカではなるほど大衆消費へのある共通の傾向が存在した、しかしヨーロッパとアメリカの相違は、とりわけ飲食、衣服、居住、通信、輸送の分野で徹頭徹尾、維持されていた。

　ヨーロッパの消費におけるこの特別な優先性の所在は所得水準からは説明されない。というのはアメリカ合衆国と裕福なヨーロッパ諸国との間の所得の相違は過去 20 年間に重要ではなくなったからである。したがってアメリカの消費は単純に継続的に発達していたのではなかった。消費の相違には別の理由があった。その相違はヨーロッパの家族と労働の特殊性と関係があった。ヨーロッパの生涯労働時間の相対的な短さ、職業に従事している女性の割合のいくぶんかの小ささ、したがって生活の中心としての住宅の相対的な大きさと関係していた。それはまた外部に対する家族の閉鎖性の相対的強さとも関係していた。この最後の点は、家具や住宅への相対的に高い支出によって説明される。ヨーロッパとアメリカの消費の相違は、空間のその他のヨーロッパ的な利用やヨーロッパ諸都市の相対的に大きな居住密度とも関連していた。それゆえ輸送と自動車のために、しかしまた通信のためにも、ヨーロッパの家計はアメリカよりわずかしか支出しなかった。しかしまたヨーロッパとアメリカの消費の相違は、

ヨーロッパの公的な福祉国家と公的な都市の公益事業のより強い発達とも関わり合いがあった。この点については第11章と第12章で立ち返ることになる。それらによって社会保障、健康、教育、輸送のためのヨーロッパ人の支出は削減された。こうした相違は最後に、ヨーロッパに残っている社会的差別のより大きな重要性とも、したがって衣服、飲食、室内設備、読書による今なおかなり強い社会的境界とも関連しているだろう。

大衆消費のヨーロッパ的な原因

さらなるヨーロッパの特殊性は、アジア、ラテンアメリカ、アラビア、アフリカの諸国と比べればもっと明らかになる。大衆消費はヨーロッパではこれらの社会とは違って、外からやってきて伝統的な独自の習慣を排除する異質のモデルとして普及したのではない。大衆消費を純粋なアメリカ化とみなすことは、日本、インドあるいはアラビアの世界においてよりもヨーロッパでは、はるかに的確ではなかった。

ヨーロッパの消費に関する論争

ヨーロッパの消費をめぐる論争は1960年代にまでアメリカ合衆国で行われたよりも激しく、どの政治陣営かにはかかわりなく消費懐疑的かつ消費批判的であった。ヨーロッパの知識人のこうした論争の中でヨーロッパの自己像が洗練された。その自己像のなかでヨーロッパはアメリカの大衆消費とは対照をなし、肯定的なものだった。そこではヨーロッパのエリートがアメリカのエリートよりも消費に背を向け、理想主義的に見えていた。それによれば大衆文化の影響はヨーロッパではアメリカよりもわずかであったし、同調への強制はより弱かった。ヨーロッパの個人主義と社会的ヒエラルヒーは、大衆消費によってアメリカ合衆国ほどには危険にさらされなかった。およそ1970年代以降、これらの論争は打ち切りになった。それまでにヨーロッパで大衆消費が普及してしまったからであり、知識人たちも大衆消費を受け入れ、利用したからである。しかしながらヨーロッパではかなり強い消費への懐疑はその後も残った。しかしその懐疑は大衆消費への根本的な批判から食料、環境、健康と消費の喜びに関連した大量製品の品質に関する論争へと移った。この品質論争はヨーロッパ

第4章　消費と生活水準

で特に激しかった（Kaelble [1997]）。

注
1) 様々な支出の計算の対象。1950年は次の13カ国について算定。オーストリア、ベルギー、デンマーク、フィンランド、フランス、ドイツ、ギリシャ、アイルランド、イタリア、オランダ、スペイン、スウェーデン、イギリス。1970年は9カ国、1980年についてはヨーロッパ共同体加盟国の10カ国。1994年についてはヨーロッパ連合加盟国の15カ国。これらの数値は、それぞれの年毎に同じ国々をとあり上げれば、いくぶんか違うことになろう。

文　献

L. E. Alonso/F. Conde [1994], Historia del consumo in España. Una aproximación a sus orígines y primer desarrollo, Madrid.
R. Andorka et al. [1992], Social Report, Budapes.
U. Becher [1990], Geschichte des modernen Lebensstils. Essen-Wohnen-Freizeit-Reisen, München.
J. Benson [1994], The rise of consumer society in Britain, 1880-1980, London.
H. Berghoff Hg. [1999], Konsumpolitik. Die Regulierung des privaten Verbrauchs im 20. Jahrhundert, Göttingen.
P. Borscheid/C. Wischermann Hg. [1995], Bilderwelt des Alltags. Werbung in der Konsumgesellschaft des 19. und 20. Jahrhunderts, Stuttgart.
P. Bourdieu [1979], La distinction. Critique sociale du jugement, Paris. (ブルデュー [1990]『ディスタンクシオン——社会的判断力批判』1、2、石井洋二郎訳、藤原書店).
D. Briesen [2001], Warenhaus, Massenkonsum und Sozialmoral. Zur Geschichte der Konsumkritik im 20. Jahrhundert, Frankfurt a. M.
A. Chatriot et al., eds. [2004], Au nom du consommateur. Consommation et politique en Europe et aux États Unis au XXe siècle, Paris.
A. Corbin ed. [1995], L'avènement des loisirs 1850-1960, Paris. (コルバン [2000]『レジャーの誕生』渡辺響子訳、藤原書店).
G. Cross [1993], Time and Money. The making of consumer culture, London.
A. S. Deaton [1976], The Structure of Demand, 1920-1970, in: C. M. Cipolla, R. Greaves eds., The Fontana Economic History of Europe, vol. 5, Glasgow 1976, pp. 89-131.
Eurostat [1977], Soziale Indikaturen für die Europäische Gemeinschaft 1960-1975, Luxemburg.
Eurostat [1985], Haushaltsrechnungen. Einige vergleichbare Ergebnisse, 2 Bde., Luxemburg.
Eurostat [2001], Consumers in Europe. Facts and figures, Luxemburg.

Eurostat [2002], Health Statistics. Key data on health 2002. Data 1970-2001, Luxemburg.
M.-L. Djelic [1998], Exporting the American Model. The post-war transformation of European business, Oxford.
V. de Grazia [1996], The sex of things. Gender and consumption in historical perspective, Berkely.
V. de Grazia [2001], History of consumption, in: International Encyclopedia of the social and behavioral sciences, vol. 4, Amsterdam, pp. 2682-2687.
V. de Grazia [2005], Irresistible empire. America's advance through 20th-century Europe, Cambridge/Mass.
H.-G. Haupt [2003], Konsum und Handel. Europa im 19. und 20. Jahrhundert, Göttingen.
S. Haustein [1998],Westeuropäische Annäherung durch Konsum seit 1945, in: H. Kaelble/J. Schriewer Hg., [1998] Gesellschaften im Vergleich. Forschungen aus Sozial- und Geschichtswissenschaften, Frankfurt a. M., S. 353-390.
S. Haustein [2006], Vom Mangel zum Massenkonsum. Deutschland, Frankreich und Großbritannien im Vergleich 1945-1970, Frankfurt a. M.
N. Herpin/D. Verger [1988], La consommation des Français, Paris.
R. Inglehart [1990], Culture Shift in Advanced Industrial Society, Princeton.
H. Kaelble [1997], Europäische Besonderheiten des Massenkonsums, 1950-1990, in: H. Siegrist/H. Kaelble/J. Kocka Hg., Europäische Konsumgeschichte. Zur Gesellschafts- und Kulturgeschichte des Konsums (18. bis 20. Jahrhundert), Frankfurt a. M., S. 169-203.
W. König [2000], Geschichte der Konsumgesellschaft, Stuttgart.
U. Lindner [2004], Gesundheitspolitik in der Nachkriegszeit. Großbritannien und die Bundesrepublik Deutschland im Vergleich, München.
K. Maase [1997], Grenzenloses Vergnügen. Der Aufstieg der Massenkultur 1850-1970, Frankfurt a. M.
I. Merkel [1999], Utopie und Bedürfnis. Die Geschichte der Konsumkultur in der DDR, Köln.
OECD [1992]. Short-term economic statistics. Central and Eastern Europe, Paris.
OECD. Historical Statistics 1960-1980, Paris [1982]; 1960-1990, Paris [1992]; 1960-1995, Paris [1997]; 1960-1997, Paris [1999]; 1970-1999, Paris [2000].
C. Pfister Hg. [1995], Das 1950er Syndrom. Der Weg in die Konsumgesellschaft, Bern.
M. Prinz Hg. [2003], Der lange Weg in den Überfluss. Anfänge und Entwicklung der Konsumgesellschaft seit der Vormoderne, Paderborn.
M. Ruffat [1993], La société de consommation et ses critiques. Pour une mise en perspective des années soixante, in: Historiens de l'Europe contemporaine 8, pp. 171-181.
W. Ruppert [1993], Fahrrad, Auto, Fernsehschrank. Zur Kulturgeschichte der Alltagsdinge, Frankfurt a. M.
V. Scardigli [1987], L'Europe des modes de vie, Paris.
A. Schildt [1995], Moderne Zeiten. Freizeit, Massenmedien und «Zeitgeist» in der

第4章 消費と生活水準

Bundesrepublik der 50er Jahre, Hamburg.

A. Schildt [1994], Sozialkulturelle Aspekte der westeuropäischen Integration in den ersten beiden Nachkriegsjahrzehnten. Überlegungen zu einem geschichtswissenschaftlichen Forschungsfeld, in: Wissenschaftszentrum Nordrhein-Westfalen, Jahrbuch, S. 131-144.

C. Schwartau/H. Vortmann [1989], Die materiellen Lebensbedingungen in der DDR, in: W. Weidenfeld/H. Zimmermann Hg., Deutschland-Handbuch. Eine doppelte Bilanz 1949-1989, Bonn, S. 292-307 (表4).

H. Siegrist/H. Kaelble/J. Kocka Hg. [1997], Europäische Konsumgeschichte. Zur Gesellschafts- und Kulturgeschichte des Konsums (18. bis 20. Jahrhundert), Frankfurt a. M.

J. Tanner [1996], Fabrikmahlzeit. Ernährungswissenschaft, Industriearbeit und Volksernährung in der Schweiz, 1890-1950, Zürich.

J. Tanner/B. Veyrassat/J. Mathieu/H. Siegrist / R. Wecker [1998], Geschichte der Konsumgesellschaft. Märkte, Kultur und Identität (15.-20. Jahrhundert), Zürich.

H. J. Teuteberg [1979], Der Verzehr von Nahrungsmitteln in Deutschland pro Kopf und Jahr seit Beginn der Industrialisierung (1850-1975). Versuch einer quantitativen Langzeitanalyse, in: Archiv für Sozialgeschichte 19, S. 331-388.

H. J. Teuteberg Hg. [1987], Durchbruch zum modernen Massenkonsum. Lebensmittelmärkte und Lebensmittelqualität im Städtewachstum des Industriezeitalters, Münster.

H. J. Teuteberg ed. [1992], European Food History. A research review, Leicester.

A. Triebel [1981], Differential Consumption in Historical Perspective, in: Historical Social Research 17, pp. 74-91.

UN [1992], Economic Survey of Europe, New York.

B. Vincent [1992], La consommation des ménages européens. L'Euro-consommateur à l'épreuve d'une analyse statistique comparée, 1980-1988, in: Futuribles 163, pp. 3-34.

M. Wildt [1994], Am Beginn der «Konsumgesellschaft». Mangelerfahrung, Lebenshaltung, Wohlstandshoffnung in Westdeutschland in den fünfziger Jahren, Hamburg.

第5章　価値変化と世俗化

　価値変化は最近、公の注意を非常に喚起した。ヨーロッパ憲法、ヨーロッパ連合へのトルコの加入に関する決定、それにイラク戦争も、ヨーロッパの諸価値の歴史的根源についての論争を引き起こした。イスラム教徒の移住者の宗教的な価値や政治的な価値の変化は、ゆっくりとした歴史的な価値変化の「静かな革命」や1960年代の影響、そして若い世代の新しい諸価値と同じように、世論を激しく揺り動かした。

　歴史記述においても価値の変化に対する注意がやはり同じように変わった。1970年頃、価値変化と宗教性はほとんど現代史の重要な対象とはみなされなかった。それが扱われた場合でも、およそ今日とは違った諸傾向が前面にでていた。すなわち、家族の結びつきや生活環境の結びつきの弛緩、かなり古いヴィクトリア朝やヴィルヘルム時代の価値世界との断絶、そして世俗化が前面にでていた。それに対して21世紀のはじめには、価値変化と宗教性はヨーロッパ現代史の標準テーマになった。今やむしろ家族価値の不変的な強さ、地域ネットワークとの結びつき、そして新しい宗教性が前面に立っている。

研究状況

　ヨーロッパにおける価値変化と宗教性について、近年、たくさんの国際的分析が書かれた。にもかかわらず、これまでのところヨーロッパの全体的な発展に関する概観は欠如している。影響力の大きなロナルド・イングルハート（Inglehart [1995] [1997]）とアンリ・マンドラス（Mendras [1997]）の研究は、どちらかといえば社会科学系の個別研究である。それらは1945年と2000年の間の半世紀全体をも、また全ヨーロッパをも取り扱っていない。宗教の歴史についてはなるほどたくさんの概観が存在する。しかし、それらの概観ははるかにより長期の時代を取り扱っているか、20世紀の最近数十年間を集中的に扱う

ことができていない（Rémond [2000]; Marramao [1996]; Maurer [2002]; van Dijk [2004]）。西ヨーロッパあるいは東ヨーロッパとだけ取り組んでいるにすぎない（Pollack [1998] [2000]; Pickel [1998]）。

　20世紀後半における価値変化と宗教性についての根本的な問題設定は、もちろんこれらの書物や論文の中で非常に明確に述べられている。問題とされたのは、この時期に実際に家族のきずなの価値や職業における業績の価値からの離反、そして政治における忠誠からの離反が生じたのかどうか、勤勉、従順と規律といった主要道徳の放棄が観察できるかどうか、配慮、寛容、責任意識と自己の資質を伸ばすといった副次的道徳への転換が存在したのかどうか、世俗化過程は実際にさらにいっそう進展しているのかどうかといったことである。

　それと並んで、ヨーロッパ内部の相違にも目が向けられている。20世紀後半のヨーロッパでは実際に二つの別の価値世界を確認できるであろうか。すなわち、自己実現、個人の自由、リスク準備、民主主義、人権や国際的な平和の確保がますますより広く受け入れられるようになった西ヨーロッパの価値世界と、社会的安全、公的秩序、高い生活水準、ヘゲモニーに対する不安や国民主権喪失に対する不安が最高の優先権を獲得したような東ヨーロッパの価値世界である。

　最後に20世紀後半のヨーロッパには共通の価値と宗教性が存在したのかどうか、そしてどんな価値によってこのヨーロッパはヨーロッパ外の社会から区別されたのか、そして20世紀後半において価値のこの共通のヨーロッパの空間的境界はどこにあったのか、こういったことが問題となる。

　この章はいくつかの重要な概念の簡単な概観から始め、ついでまず最初に20世紀後半のさまざまな画期における価値と宗教性の変化を取り扱い、その後でヨーロッパ内部の価値の相違と収斂を検討し、最後にヨーロッパの価値の特殊性を取り上げる。

　この章はとくに1980年代以来行われたヨーロッパと世界規模の価値調査に基づいている。それ以前の時代の展開は、これらの世論調査の中のより高い年齢集団とより若い年齢集団の間の価値の変化から推定するよう試みられている。この処理は価値変化について適用が可能である。なぜなら諸価値は基本的に青少年時代および若い成人時代に刻印され、その後は概してごくわずかしか変化

第5章 価値変化と世俗化

しないからである。もちろんこのやり方ではただ大雑把な諸傾向だけが把握できるにすぎない。さらにこの章では価値だけに、したがって諸々の規範、観念、意図だけに限定されている。それらがいかに行動に転換されるかはここでは検討外にある。それについては本書の別の章が情報を提供している。

価値と宗教性の変化

価値変化の諸概念

20世紀後半にヨーロッパを深くとらえた価値の変化は社会科学でさまざまに表現された。4つの特によく知られた、また影響力の大きい概念を参照することにしよう。

政治学者ロナルド・イングルハートは物質的価値からポスト物質的価値への移行という概念でこの変化を把握しようと試みた。物質的価値は生活水準、経済成長と物価安定を評価するが、しかしまた犯罪に対する安全、対外的安全、国家、労働組合、企業と教会の権威をとりわけ高く評価した。それに対してポスト物質的価値は個人の自己発達、市民の社会的交際、人間の諸権利と国際的協力、小さなグループや社会的な運動との結びつき、個人の参加、しばしばまた文化と美意識にある特別な優位を与える。物質的価値からポスト物質的価値への推移はイングルハートによれば1960年代と70年代以来生じた。推移はゆっくりと実現した。というのは、全体としての価値の転換が生じうるのは、新しい世代は青少年時代や成人初期に古い世代とは違った諸価値を受け入れるが、比較的高齢になれば諸価値は保持されるということを通じてだからである。ロナルド・イングルハートはヨーロッパの、また全世界的広がりでの価値変化を研究し、そのために1981年以来何回か実施されたヨーロッパの価値研究と世界的な価値研究を活用した。

それに対して、社会学者アンリ・マンドラスと多くのその他の社会学者は、個人主義化過程を論じている。この過程はヨーロッパでは国や地域の違いによる非常な多様性のなかで進行している。個人主義化という概念で社会的な生活環境との強い結びつきからの解放が考えられている。市民階級(ビュルガートゥーム)、工業労働者階級、農民や小市民の環境との結びつきは、宗派や民族的な環境との結びつき

と同じように弱まった。さらに個人主義化という概念は唯一の家族モデルからの解放をも意味している。すなわち、それは、家の外で働く夫と家事と子供たちの教育に責任をもつ妻との間の性別分業に結びついた生涯継続する合法化された両親家族の諸価値からの解放をも意味した。その代わりに、今やたくさんの家族モデルと異なった家族価値との間で選択が行われた。さらに個人主義化は国民、労働組合、教会のような大組織に対する持続的で、終身的な、無条件の忠誠の弱体化を意味している。新しい自由意志的な、個人の決定に基づいたアンガージュマン（参加）と結びつきが、友人サークル、社会運動やその他の社会団体、さらに自由教会や宗教の私的な諸形態との間に成立した。しかしそうした関与や結びつきは、速やかに再び解かれ、容易に別のものと交換された。アンガージュマンは価値としては存続した。しかし結びつきの持続性は重要性を失った。優先される教育価値の推移も、概して個人主義化に付属していた。忠誠、従順と規律のような超個人的な諸価値は弱体化し、自己発展、個人責任、リスク準備と寛容のような個人主義的な諸価値は強化された。こうした個人主義化のプロセスを促進した重要な原因は、福祉国家による包括的な社会保障、教育機会の改善、有利な労働市場（とりわけ女性たちのためにも）、そして地理的移動性の拡大であった。

　社会学者ゲアハルト・シュルツェは経験社会という彼の概念の中で全く似たような価値変化を確認している。その際、彼はこの過程の中にもっと強く現代社会の分裂をとらえようと試みている。いくつかの環境においてはこの価値変化がすでに生じていた。そうした環境がゆっくりだが増えている。シュルツェはそれらを「快楽主義的な環境」、「オールタナティブな環境」、「上昇志向的な環境」などと呼び、「伝統を喪失した労働者の環境」とも名づけた。それに対して、他の諸環境はこの価値変化に逆らい、ゆっくりと後退している。これらの諸環境をシュルツェは「保守的な高級な環境」、「小市民的環境」、「伝統的な労働者環境」と名づけている。シュルツェは詳しいアンケートで1980年代と90年代前半における現代的生活環境の拡張と伝統的な生活環境の後退を調査した。彼の研究はもちろんドイツ連邦共和国（旧西ドイツ）だけに限定されている。他の社会科学者はこの概念をさらに発展させ、とりわけ国際的比較をも行った（Hradil [2006] 285 ページ以下：Sinus [2003]）。

第 5 章 価値変化と世俗化

特に宗教と宗教性の研究のために、世俗化の概念が開発された。その概念で一般的には密接に相互に関連している三つの異なった過程が理解されている。しかし以下ではその全てを取り扱うことはできない。世俗化という概念で、まず第一に教会の政治的権力の後退、王の戴冠式から出産、結婚、死亡の記録に至る教会の世俗的任務の終焉が、しかしまた教会のばく大な所有の後退も理解されている。この世俗化は1945年よりはるか前に成し遂げられた。それ以来、ヨーロッパでは国家と教会の間の関係は多様に形成された。一方では、フランスのように国家と教会の厳密な分離があるが、同様に他方では、ドイツのように国家の社会的教育的な諸課題と多面的に結びついた教会とが見られる。世俗化という概念の下で第二に、社会の指導的な諸価値や意味づけに対する教会の意義の後退が理解されている。人間生活の全ての領域の意味づけに果たした宗教の最初の中心的役割は非神聖化過程の中で解体した。経済、政治、芸術、科学、それに宗教のような様々な領域が、たがいに分化し、自立化し、それぞれが独自の規範、意味づけ、価値と言語を発達させた。仮に支配的なものがあるとしても、ただ政治領域だけがある支配的な役割を演じているにすぎない。教会にはその奉仕のためにただ宗教の領域が残されているだけである。こうした発展も第一の世俗化と同様に20世紀後半よりもずっと前に遂行された。世俗化の概念の下で第三に、教会との結び付きの弱体化、教会の会員数や礼拝参加の減少、個人の危機的状況での教会への依存の後退、出産、青少年期への過渡期、結婚と死亡といった私的生活の重要なできごとでの教会儀式の利用の衰退といったことが理解されている。宗教はますます私的な事柄になっている。この種の世俗化には様々な理由がありえた。政治の側面からの強制や抑圧、社会的な近代化、都市化、科学化と教育の膨張、そして社会保障、さらにまた社会的な、そして文化的な変化からの教会の隔離などである。この種の世俗化も同様に20世紀中葉よりもずっと前に始まっていたが、20世紀後半に著しくなった。そこで以下では特に世俗化のこの形態を取り上げることにする。

価値変化の画期

価値と宗教性はもちろん1945年から2000年までの半世紀に単純かつ直線的

にひとつの方向に変化したのではなかった。その変化はもっと複雑であった。

矛盾した戦後期

一方では戦後期の物質的困窮は、物質的価値への志向をむりやりに押しつけた。人々は身ひとつの生き残りを確保しなければならなかった。そして彼らの生活水準を改善しようと努めた。終戦直後、ヨーロッパの広い地域で荒廃していた公的秩序を再建することが大切だった。社会環境との強い結びつきは、困窮状況の中でここに援助を見出すことができたことから説明される。階級の環境は教会や民族の環境とちょうど同じように重要であった。教会の会員はヨーロッパの至る所で増加した。教会が独裁体制にかなり多く巻き込まれていたにもかかわらずである。世俗化過程は引き続き進展したのではなくて、むしろ逆転した。労働組合のメンバーも、ヨーロッパの歴史の中でそれ以前にもその後にもなかったほど増加した。

他方では、戦後期は個人主義化の一つの画期でもあった。それはまたしばしば当時の状況によって強制されたものであったとしても。家族の中の伝統的ヒエラルヒーは青少年たちによって、それ以前よりもまたその後よりも、受け入れられなかった。戦争から帰還した若い兵士たちは家族構造から広範囲に疎外されてしまった。若い女性たちが彼女たちの家族から切り離された生活を送ることも珍しくなかった。あるいは少なくとも彼女たちがそれを望んだ。そうした場合、彼女たちはとりわけ父親たちと衝突した。妻たちは戦時中、自立することに慣れた。彼女たちにとって古い家族の価値や妻としての役割に戻るのは往々にして困難であった。人間が自分の個人的状況の中へ投げ込まれた存在であることを嘆く実存主義哲学に戦後期とくに人気があったのは、理由のないことではなかった。

1960年代から80年代までの価値転換——個人主義化と世俗化の時代

個人主義化の過程、物質的価値からポスト物質的価値への移行と世俗化の新たな強力な進展の固有の時代は、1960年代と80年代の間の数十年であった。変化のこの画期を厳密に時間的に区切ることはできない。この画期はまた国によって異なっていた。この数十年間に、政治的価値、家族と労働の価値ならび

第5章　価値変化と世俗化

に宗教性は根本的に変化した。

　この時代に特に個人主義化から予期されるような価値変化が起こった。すなわち寛容性が大きく成長した。ヨーロッパの価値アンケートには、堕胎、離婚、安楽死、同性愛、夫婦の浮気と売春のようなテーマの場合、リベラルな態度が示されることが多くなった。その際、質問された者がそれを自ら実践しているかどうかは問題ではかった。この寛容性はこの時代にはほとんど全ての西ヨーロッパの社会で成長したが、かならずしも全ての年齢集団においてではなかった。老人の圧倒的多数は1990年に同性愛、離婚と売春（それに対して堕胎はそうでない）を拒否した。しかし、若者たちの大多数はそれらを受け容れていた。この変化は、自分たちの価値世界を50年代に身につけた中高年の年齢層の場合には、すでに始まっていた。その際、寛容性を一瞬で身につけたような、ある特定の、特に動きの激しい年齢集団、例えば1968年の特に寛容な世代といったものを、識別することはできない（European values study; Ashford/Timms [1995] 126ページ）。

　これらの傾向は第二の価値変化なしでは理解することができない。隣人への信頼はたいていの西ヨーロッパ諸国において、しかも狭い範囲の家族のメンバーの中だけでなく、家族外部の隣人のあいだでも、明らかに高まった。このこともまたかなり長い過程であった。どの年齢集団の中でも、隣人へのこの信頼はいくらかより大きくなった。比較的若い年齢集団では彼らの大多数が隣人への信頼を持っていた。それに対して、老人たちはしばしば戦争中と終戦直後に同胞的な援助の崩壊を体験してしまったので、隣人に対する不信がいまだに圧倒的であった（European values study; Ashford/Timms [1995] 12ページ）。

　もちろん、隣人への信頼は、ヨーロッパ人全体の間ではそれほど大きくなかった。わずかな国々においてだけ、とりわけスカンディナヴィアやオランダにおいては、1980年代に過半数の人々が家族外部の他者に信頼感を持っていた。ヨーロッパ諸国の大多数においては、他者への信頼は少数派に過ぎなかった。他者に対するこの市民の不信感はヨーロッパでは長い伝統を持っている。それは二つの世界戦争と政治的紛争での暴力の経験によって非常に強化されていた。この不信は、1980年代には、フランス、イギリス、ベルギーのような古い民主主義の国々にもあった。それは、世紀前半にドイツあるいはイタリアのよう

に独裁制を体験していた国々に見られるだけではなかった。それは 1990 年に長い独裁体制期を払拭した国々、すなわちチェコ、ポーランド、ハンガリー、ロシアあるいはブルガリアのような国々にも当てはまった。比較的若いヨーロッパ人の中ではじめて、この不信の文化が徐々に弱まった（European values study）。

　それに対してマイノリティーに対する寛容は 1960 年代から 80 年代にかけて驚くべきことにほとんど変化がなかった。ヨーロッパ人の大多数は 80 年頃、移民に対して、あるいは別の宗教のメンバーに対して隣人として何も反対するものがなかった。またこの問題が 90 年のアンケートで詳しく出され、ユダヤ人、イスラム教徒、あるいはヒンズー教徒の隣人について質問されたとき、ヨーロッパ人の圧倒的多数は全西ヨーロッパ諸国を通じて、彼らに寛容な態度を、特にユダヤ人の隣人に対して維持していた。それに対してヨーロッパ人の過半数は、アルコール中毒者と薬物依存症者に対して、はるかにわずかしか寛容でなかった。若者も老人も、西ヨーロッパ人のほぼ半分が、そのような隣人を大目に見なかった。アルコール中毒者のばあいには北ヨーロッパと大陸ヨーロッパの間で大きな違いが確認される。ここでは全く異なった飲酒文化が優勢だからである。

　公的諸制度にたいしては 1960 年代から 80 年代にかけて、西ヨーロッパで——この点は確かに東ヨーロッパと似ているが——だんだん不信が大きくなった。西ヨーロッパのほぼ過半数の人々は、軍隊、国家の行政に、しかしまた議会、報道機関、労働組合、大企業に不信感をもっていた。教会と社会的諸制度はヨーロッパ人の半分の信頼を得ていたにすぎなかった。この不信は 1980 年代にとりわけ軍隊に対して、しかしまた教会、法制度、警察と議会に対しても、さらに強まった。明らかな過半数の信頼を勝ち得たのは、警察と教育制度だけだった。しかも教育制度への信頼はさらに高まった。しかしながら総じて言えば公的諸制度への信頼は低下した。この信頼喪失は 1980 年代にはじめて起こったのではなくて、すでにそれ以前から始まっていた。それは、50 年代と 60 年代に政治的価値を身につけた年齢集団の中ですでに観察されていた（Harding/Philipps/Fogarty [1986] 95 ページ；Ashford/Timms [1995] 16 ページ、132 ページ以下；European values study）。

同時に西ヨーロッパ人は自らの政治活動にますます大きな信頼を置いた。最もポピュラーなのは請願とデモンストレーションだった。これらには少なくとも若い人々の大多数が共感を示していた。ボイコットは若い人々のかろうじて過半数が同意したにすぎなかった。しかしながら家屋の不法占拠と乱暴なストライキについては、西ヨーロッパ人の過半数が、若者も老人も、ほとんど信用しなかった。自らの政治活動への信頼は1980年代にはじめて成長したのではなかった。その価値世界が60年代と70年代に形成された人々のなかでは、すでに増大していた。したがって総じて言えば60年代から80年代までに公的諸制度への信頼は低下したが、隣人への信頼や自らの政治的活動への信頼は増大したといえよう（Ashford/Timms [1995] 134ページ；European values study）。

他者への信頼と自らの政治活動への信頼が増加したことと密接に結びついて、ヨーロッパ人の家族の価値も1960年代から80年代までに変化した。家族の教育目標は、81年と90年の間に今までよりはっきりと内側から導かれる価値に集中した。寛容、責任感、誠実、マナーの良さが、支配的な家族の教育価値になった。あるいはそれらが少なくとも相当に受容された。確かに服従、無私、忍耐、倹約のような外側から導かれる価値を保持し続ける人は、少数派とはいえヨーロッパ人のなかで増えていた。しかし、それらは1980年代には内側から導かれる諸価値と比べ、ほとんど賛成が得られなかった。教育目標のこうした変化も、すでに50年代から徐々に浸透していった。

結婚の価値も変化した。夫と妻の間の厳密な分業にもとづいて一生続く両親家族は、しだいに重要性を失った。母親の役割のイメージが変化した。西ヨーロッパ人の大部分は1990年に、西ドイツ人を除いて、就業している母親を、少なくとも子供の学齢期からは、純粋な主婦と全く同じ良い母親と考えていた。ヨーロッパ人の大半は、妻が一緒に生計費を稼ぐことも期待していた。離婚に対する厳しい拒絶は、後退した。1980年にまだ西ヨーロッパ人の3分の2が離婚を拒否していたが、90年には約半数に過ぎなかった。この価値の変化も、すでに60年代に始まっていた。離婚への厳しい拒絶はすべての新しい年齢集団で低下した。成人した若い西ヨーロッパ人の中では、それは90年にはもう3分の1に過ぎなくなった。とりわけ配偶者のどちらかの暴力行為、不貞、アルコール中毒の場合には、また配偶者が一緒に暮らせなくなったときも、すで

に80年ごろにはヨーロッパの至る所で、離婚が妊娠中絶と同じように広範囲に受け入れられた。浮気に対して年輩の世代の過半数はまだ少し反対したが、70年代に家族の価値観を身につけた世代はすでにもはや反対しなかった。同性愛の容認も増加した。この価値の変化も、ヨーロッパ人が年とともに彼らの価値観を変え、古い価値を捨て、新しい価値に向かったということによるのではなく、むしろより若いヨーロッパ人が年輩のヨーロッパ人とは別の価値観をもったことに起因していた。しかしこの価値の変化も、比類のない深刻な世代の断絶によって、あるいは特に革命的な新しい世代によって目立つのではなかった。むしろ変化は年輩の世代からより若い世代へと徐々に浸透した。いずれにせよ年齢グループの間のかなりの緊張は、ヨーロッパの1960年代から80年代までのこうした価値の変化がかかわっていた（Inglehart [1995] 129ページ以下；Harding/Phillipps/Fogarty [1986] 20ページ以下、126ページ；Ashford/Timms [1995] 63ページ以下、119ページ以下、136ページ；European values study）。

　もっともこの変化には、はっきりした境目もあった。家族の重要性は、圧倒的多数のヨーロッパ人の目には減少せず、むしろさらに増加さえしていた。より若いヨーロッパ人の中でも、家族を時代遅れな制度と見なすのは少数派でしかなく、しかも1990年には81年よりさらにいくぶんか少数派になった。良い結婚が目指すべき価値、すなわち寛容、相互の尊敬と貞節は、すばらしく安定していた。年輩の人とより若い人は、そこでは一致していた。まだ80年代にはたいていの西ヨーロッパ諸国で家族の価値がむしろ大きくなっていた。そうなったのは今日の社会学者が伝統的と格付けたもので、例えば子供のための親の犠牲、無条件な子供への愛、一人家族より両親家族を優先することなどである。そして90年代になってはじめて、そうした家族の価値がたいていのヨーロッパ諸国でその力を失った。それゆえ60年代から80年代までを基本的に家族の価値の衰退の時代と見なすとすれば、それは間違った評価であろう（Ashford/Timms [1995] 67、122、135ページ）。

　同様に労働の価値も、1960年代と80年代の間に変化した。もっともこの変化は、80年代における重要な傾向の変化により中断された。60年代以来、西ヨーロッパ人の中で従業員の共同決定がかなり勢力を増していた。より若い人々は年輩の人よりもそれにはっきりと強い共感を示した。労働の価値の変化

は、自己責任の増加、他者への信頼や自らの政治活動への信頼の増大と密接な関係があった。しかし80年代にこの傾向がすべての年齢グループで変わった。経営者の単独決定が、再び以前より大きな支持を得た。年齢グループの間の違いは、はっきりと減少した。労働における業績主義に関して同じような態度が見られた。それは60年代と80年代の間は相当に支持者を失っていた。まだ80年には若い西ヨーロッパ人は、年輩のヨーロッパ人ほどにはそれに確信を持っていなかった。80年代にはこの傾向も変わった。90年ごろには業績主義が再び明らかに優位にたった。すべての年齢グループの間で業績による支払いについて広範囲な同意が成立した。そのうえヨーロッパ人は職場についてのいっそう明確なイメージを発達させた。仕事の報酬がいいかどうか、職場は安定しているかどうか、個人的な業績が職場で認められるかどうか、労働環境が快適かどうかということに、ヨーロッパ人はますます関心をもった。彼らの意見はアンケートにますますはっきりと現れた。もっともその場合、かなりの研究者が推測していることとは違って、ポスト物質的な労働の価値への傾向だけが一義的に存在したわけではない。物質的な労働価値も、つまり報酬がよいことや職場の安定性も、職場における個人的な成長の可能性や職場の良い雰囲気のようなポスト物質的な労働の価値も、以前に比べてより重要だと考えられた（Ashford/Timms [1995] 117ページ以下；European values study）。

　もっとも労働の価値の変化には、限界もあった。ヨーロッパ人の大多数にとって、職場は相変わらず彼らの生活における中心であった。仕事の満足度はほとんど変化せず、様々な年齢グループの間でもほどんど違わなかった。同様に、上司はたんに命じるだけでなく納得させるべきであるということも、相変わらず広く支持されていた。同時に西ヨーロッパ人の中では、企業の中の決定のヒエラルヒーがどのようなものであるべきかについて、議論が引き続き行われた。経営者の独占的決定権を支持する人が、従業員参加の支持者とほぼ同じくらいいることも変わっていなかった。それに対して西ヨーロッパ人の中で国営化や労働者自主管理の支持が過半数になることは一度もなく、しかもすべての年齢グループで、そうだった（Ashford/Timms [1995] 134ページ）。

　1960年代と80年代の間の価値変化は、様々に説明されている。最初の説明によれば、西ヨーロッパの価値変化は主に豊かさの結果であった。絶え間なく

上昇する所得、職場の高い安定性、教育の増大、社会保障の不断の改善によって、個人主義的な価値のための余地が作り出された。豊かさが保障されている限り、個人主義的な価値も安定したままであろう。二番目の説明によれば、この価値変化は政治的・文化的活動家によって、知識人と専門家によって、メディア、それに学生運動のような社会運動によって達成された。それゆえ、それは決して市民の静かな革命ではなく、意図され、引き起こされた価値の変化であり、それに成功したものだった。三番目の説明では、この価値変化は特定の歴史的状況の結果である。それに含まれるのは、単に豊かさだけでなく、戦争世代と戦後世代の世代間紛争であり、またアメリカモデルの強烈な影響でもあった。

　最後に教会との結びつきと宗教性も1950年代から80年代までに変化した。当時、ヨーロッパのほとんどどこでも教会のメンバーは、はっきりと感知できるほど減少した。イスラム教徒のモスク訪問者数だけが増大した。もっともそれは宗教性が増加したからではなく、とりわけ移住によるものであり、ヨーロッパ社会の経験に対する反作用のためであった。教会の儀式や規則的な礼拝への参加も、祝日の宗教性、洗礼、聖体拝領または堅信礼、教会での結婚式と葬式と同様、著しく減少した。これらはたいていは教会のメンバーの数よりもさらにはっきりと減少していた。疑いもなく東のコミュニズムのヨーロッパでは教会関係のもろもろのことの衰退は、西ヨーロッパより根本的に激しかった。西でも、脱教会化が支配的な傾向であった。たとえいたるところにおいてではなく、同じ時期にでもなく、またどこでも同じように劇的だったわけではないにしてもである。

　宗教性の後退と教会との結び付きの後退には、とりわけ三つの理由があった。東ヨーロッパでも西ヨーロッパでも、1950年代から80年代にかけて、収入の急速な上昇、国家による社会保障の整備、健康状態の改善、平均余命の伸長、それにまた教育水準の上昇が、それと大いに関係があった。それらによって生活の個人的な危機は以前よりもあらかじめ計算することができるように見えた。貧困と死という不断の脅威に対して、教会は伝統的に慰めと援助を提供していたが、そうした脅威への不安が減少した。聖職者は地域における道徳的な権威の多くを失った。というのもヨーロッパ人が実際の重大問題においてラジオ、

テレビ、新聞雑誌、家族相談員からの助言にますます頼るようになったからである。心理学者、医学や科学の専門家は、ヨーロッパ人にとって地域の聖職者よりますます専門知識があるように見えた。さらにそのうえ信仰はますます私事になっていった。ヨーロッパ人の多数は、80年代にはまだ神、死後の生活、魂を信仰していた。しかしだからといって教会との関係を結んだり、または宗教的な儀式に参加するヨーロッパ人はますます少なくなっていた。最後に東ヨーロッパの教会の減少は、教会に対する政治的な抑圧と教会闘争とおおいに関係していた。といっても教会闘争は国により決着の仕方が違っており、それに応じて脱教会化に対する結果も違っていた。ドイツ民主共和国やチェコでは、その影響は例えばポーランドよりはるかに劇的だった。

別の価値の変化——1990年代

それに対して1990年代は、それに先立つ数十年ほどポスト物質主義、個人主義化、世俗化といった概念はそう容易にあてはまらなかった。60年代から80年代までの価値と宗教性の変化は、90年代には単純には続かず、むしろしばしば別の方向に発展した。

まず最初に他者や公的な諸制度への信頼に変化が生じた。60年代以来他者への信頼は西ヨーロッパでは上昇したが、90年代にはたいていのヨーロッパ諸国で再び低下した。そうした国の中にイギリス、フランス、イタリア、ポーランド、ドイツのようなほとんどすべての大国があった。それが引き続き上昇したのは、いくつかのとくにかなり小さな国々だけであった。それとともに市民社会が機能するための本質的な前提条件が、もはや以前ほど強固には存在しなかった。といっても同時に直接的な個人的な連帯は、高く評価されている。たいていのヨーロッパ諸国で、大多数が老人、病人、障害者に対する個人的な援助を支持している。しかしもちろん失業者に対しては少数の国々でしか支持がなかった（European values study）。

それとはまさに逆に、公的な諸制度への信頼は大きくなった。それ以前の数十年間の低下のあと、それはたいていの西ヨーロッパ諸国で上昇した。もっともフランス、イギリス、スペインのような西ヨーロッパ諸国は、この傾向に加わらなかった。

こうした他者への信頼の低下が、少数派に対する不寛容さの高まりを引き起こさなかったのはもちろん驚くべきことである。まったく逆に1990年代は少数派に対する寛容が、むしろ少し増えさえした。西ヨーロッパでも東ヨーロッパでも、99年ごろには90年ごろよりも、ヨーロッパ人の大多数がアンケートで、外国人または別の民族や別の肌色の人間、さらにイスラム教徒も隣人として進んで受け入れる態度を示した。この態度が減少しているのは、わずかなヨーロッパ諸国だけであった。もちろんそのなかには大国も含まれていた。もっとも寛容は進んで援助しようという態度を意味するものではなかった。移民に対する個人的な援助を進んで行おうという態度は、西ヨーロッパでも東ヨーロッパでもごく少数派にすぎなかった（Ashford/Timms [1995] 14ページ；European values study）。

　家族の価値においても同様に1990年代に方向転換が起きた。ほとんどすべての国で、ヨーロッパ人は親密で排他的な両親と子供の関係、子供のための両親の自己犠牲、子供に対する親の無条件の愛といった価値に見切りをつけた。西ヨーロッパ諸国の大半において、その中には5つの西ヨーロッパの大国のうち4つが含まれていたが、この家族の価値に賛成するヨーロッパ人は以前より少なくなった。この変化は劇的ではなく、他の一連の国々では、とりわけ東ヨーロッパの国々においても、この価値はむしろ勢力を増していた。しかしヨーロッパ全体ではそれへの支持は少なくなった。女性の役割がもっとはっきりと変化した。一人で子育てしている女性に対する拒否は少なくなった。同時に母の役割が女性の唯一の役割とはもはや見なされなくなった。女性の役割に対する伝統的な考えは、西ヨーロッパの大部分と東ヨーロッパのすべての国で重要性を失った。例外はドイツ連邦共和国（旧西ドイツ）とデンマークであった。この断絶は鋭かった。なぜならまだ80年代にはこの伝統的な家族の価値が西ヨーロッパ諸国の大部分で強まったからである（European values study）。

　労働の価値は、われわれが見てきたように、すでに1980年代に変化が始まっていた。西ヨーロッパ人は、給料の平等と従業員の決定への参加を以前よりもわずかしか重要だと見なさなくなっていた。経営者の業績主義と単独決定は西ヨーロッパ人の中で以前よりも多くの支持者を獲得した。同時に職場の質に関する批判的な関心が、強まった。企業のヒエラルヒーはどちらかといえば受

第5章　価値変化と世俗化

け入れられたが、しかしそのヒエラルヒーは業績に基づかなければならず、企業経営は説得力がなければならず、職場の質は仕事に適合していなければならなかった。

　宗教性も、他分野ほど明確ではないにしても、1990年代に変化した。3つの新しい展開が観察された。ヨーロッパ全体で世俗化ははっきり感知できるほど弱まった。教会参拝は、80年代ほど激しく減少しなかった。教会参拝はヨーロッパ諸国の約半分でしか低下せず、残りの半分の諸国では再び上昇した。神への信仰はもはやそれほど顕著には消失せず、西ヨーロッパでも東ヨーロッパでもたいていの諸国で再び少し強まった。宗教的でないまたは信心深くないと見なされた人々のグループは、1980年代のようにはっきりとは増加しなかった。さらに伝統的な教会、カトリック、プロテスタント、ギリシア正教の諸教会は1989年から91年の大変革の間、そしてその直後、ヨーロッパの東の部分で再度の高揚を経験した。教会参拝と教会の会員数は再び増加した。もちろんそれはただ一時的であり、とりわけ体制転換の危機の時期にであった。体制転換の危機は、東ヨーロッパのかなりの部分のヨーロッパ人の生活水準と社会的な安全性を脅かした。宗教紛争も一時的にユーゴスラヴィア戦争の中で復活した。最後にすでに述べたように、教会からの離反はかならずしも宗教からの離反ではなかった。ヨーロッパ人はキリスト教の正統から分離した宗派や東アジアの宗教に向かったり、イスラム教に改宗した。たとえこうした改宗や混合宗教がいつも周辺的な現象であり続けているにしても。すべてこうしたことはけっして宗教性への復帰や教会との結びつきへの回帰の強い兆候ではなかったが、世俗化の弱まりの兆候ではあった（Halman [1999]; Dobbelaere/Tomasi/Voyé [2002]; Pickel [1998]; Pollack [2000]; Schilling [1991]）。

　しかし1990年代にははっきりした連続性もあった。寛容が90年代にヨーロッパの至る所でさらに強まった。フィンランド、リトアニア、ハンガリーのようなごくわずかの例外があるにすぎなかった。家族の価値も完全には変化しなかった。結婚が背負っている価値は、同じままであった。相互の尊敬と信頼は、安定した結婚にとって相変わらず中心的な価値であった。ところが逆に配偶者の宗教、政治的見解、社会的な出自は、これまでと同じく結婚にとって決定的なものではなかった。家族の教育目標は、以前と似たような方向に発達した。

内側から導かれる教育価値、すなわち自立、寛容、決然たる態度は、たいていの諸国でさらに強まった。服従、忠誠、厳しい労働、倹約のような外側から導かれる教育価値は、引き続きごく少数派によってのみ支持された。わずかないくつかの国々においてのみ、内側から導かれる価値の支持も外側から導かれる価値の支持も変化した。ここでは、外側から導かれる価値から内側から導かれる価値への移動の傾向の中断が確認される。これはとりわけイギリスとドイツ連邦共和国（旧西ドイツ）で観察された。さらに連続性は労働の価値においてもみられた。1990年代には、すでに80年代にみられたように、ヨーロッパ人にとって賃金や職場の安定性のようなどちらかといえば物質的な労働価値が、職場での個人的な成長とか企業の雰囲気といったどちらかといえばポスト物質的労働価値と同じくらいに重要であった。ここではポスト物質主義の労働価値へのはっきりした移動はなかった。なぜなら、その決定的な前提条件、すなわち有利な労働市場と実質所得の急速な増加がもはや存在しなかったからである。最後に宗教的な諸価値も、完全に逆転したわけではなかった（European values study）。

　1990年代の変化には、かなり多くの理由があった。70年代後半以来ずっと続いている経済的な困難、それと結びついた出世することの困難、そして失業の増加は、次第に価値にも影響を及ぼした。家族の重要性は個々人にとって高まったが、隣人や市民社会に対する信頼は低下した。90年代の南東ヨーロッパでの暴力の増加は、この不信を一時的にだがさらに深めた。逆にとりわけ壁の崩壊後、ヨーロッパ諸政府による長期の平和・民主主義の保障の成功の経験、それに国家と社会運動の間の暴力の減少も、公的諸制度への信頼をゆっくりといくらか上昇させることができた。11章で取り上げる福祉国家への批判にもかかわらず、現代的な福祉国家・給付国家の長期にわたる経験は、信頼の上昇のさらなる重要な前提であった。

　全体として1945年と2000年の間のヨーロッパにおける価値の変化は、ポスト物質主義や個人主義化、世俗化といった概念が不可欠の条件として求めているものとはかなり違って見えた。その概念は1960年代から80年代までの発展は非常にうまく把握している。しかしそれは三つの理由から不完全な印象しか伝えていない。第一に終戦直後の時代の価値の変化と、それから再び1990年

代に起きた価値の変化が正確にはとらえられていない。終戦直後の時代には、個人主義化の傾向が、教会との結びつきの再度の強化や社会的な環境との結びつきの強化と入り混じっていた。こうした事態は、物質的な苦境と戦後期の道徳的な沈滞状況を考慮すれば、ポスト物質主義・個人主義化・世俗化といった理論の中で考えられるほどには、矛盾していなかった。同様に1990年代をこれらの概念で理解することも難しい。というのは一方では個人主義化とポスト物質主義がさらに増加しているが、他方ではこの時代はそれとは全く別の傾向によって特徴づけられているからである。すなわち、公的な制度への信頼の増大、隣人への不信の増大、家族の強い絆、経営者の単独決定への共感の増大、それに世俗化の速度が遅くなることなどである。1960年代から80年代ですら、これらの諸概念は、価値の変化のすべての側面を考慮に入れることにはしばしば成功しなかった。それらの概念は価値からの離反、諸個人の結びつきの解体、一定の規範の拒絶といったことをあまりにも強調しすぎている。そしてそれらの概念は、隣人への信頼の増大、連帯の成長や個人責任、市民の社会参加の増加、職場に対する関心の増大、他者に対する寛容の増大のもとでの自己の要求、宗教性の復帰といった新しい価値の発展をほとんど解明していない。第三にそれらの概念は、しばしばあまりにも西ヨーロッパの発展の経験に基づきすぎていて、東ヨーロッパがはるかに遅れていると評価する傾向がある。

ヨーロッパにおける相違と収斂

相　　違

　価値と宗教性は、20世紀後半、ヨーロッパ内における相違と地理的境界線形成にとって決定的に重要な根拠となっていた。ヨーロッパの境界をめぐる実際上の議論においても、再三再四、ヨーロッパにおける宗教と価値の遠く歴史をさかのぼる二つの地理的境界線なるものが指摘された。境界線の一つは、ラテン系のカトリック・プロテスタントのヨーロッパとギリシャ正教のヨーロッパとの間に引かれたものであり、もう一つは、キリスト教的ヨーロッパとバルカン半島およびトルコのイスラム教的ヨーロッパとの間に引かれたものである。このような境界線は、政治的に議論を呼び起こしている。それどころか、EU

のメンバーをこのような空間的・宗教的境界線に沿って定めようとする試みすら存在した。もっとも20世紀後半、それらの境界線はかつて有していたほどの重要性は持たなくなっていた。中欧・西欧へのイスラム教徒の移住者は、20世紀後半、その数がきわめて多くなり、その結果、バルカン半島における地理的境界線は社会的境界線に比べてはるかに重要でなくなった。ヨーロッパの至る所でイスラム教徒のマイノリティーが、際立つようになったのである。同じようにラテン系ヨーロッパとギリシャ正教的ヨーロッパとの地理的境界線も色あせた。教会組織と教会の原理は両者の間ではっきりと異なっていたとしても、宗教の地理的境界線に沿った諸価値の相違は、20世紀の終わりにはもはや見分けがつかなくなった。

それに対し20世紀後半には、諸価値の地域間および東西間の相違の方がより大きかった。

価値相違のヨーロッパというものは、以前と同じように、20世紀後半も、特に地域的相違のヨーロッパといってもよかった。ほとんどのヨーロッパ諸国が、特にスペイン、ポルトガル、イタリア、ベルギー、おそらくまたヨーロッパの東部のいくつかの国々（ヨーロッパ全体については、類似の調査が欠如している）が、非常に大きな地域的な価値の相違に関係していた。エストレマドゥラとカタルニア、カラブリアとヴェネツィア、スコットランドと南東イングランド、ラインラント・プファルツとノルトライン・ヴェストファーレン、ワロン地域とブリュッセル地域の間の対立は、国同士の対立よりも大きかった。それぞれの地域の価値観にとって国境は二次的な役割しか持っていなかった（Mendras [1997] 137ページ参照）。巨大な地域的相違なるものは、宗教性や教会との結びつきにおいても家族の価値や労働の価値においても同じように示されている。残念ながら、この地域的な相違が、20世紀の後半にもっと大きくなったのか、あるいは小さくなったのか、私たちにはわからない。

第二の地理的境界線は、西ヨーロッパと東ヨーロッパとの間に引かれている。もっとも、この相違がいかに弱まったかは驚くべきことである。数十年に及ぶコミュニズム的プロパガンダや非西欧的価値への別の教育、ソビエト帝国の崩壊後の大規模な体制転換の危機といったことを顧みるとであるが。1989〜90年の後も、しばしば、大陸は二つの異なった世界に分断され、それが続いてい

第5章　価値変化と世俗化　　125

るというテーゼが見受けられた。一つは西ヨーロッパの諸価値の世界であり、そこでは民主主義への信頼、自己実現、個人の自由、リスクへの備え、世俗化、人権、国際的安全保障といった価値が広範に受け入れられているというのであった。もう一つは、東ヨーロッパの諸価値の世界であり、そこでは社会的安全、公的秩序、高い生活水準、宗教性、覇権への恐れ、国民的自立の喪失への不安が最高の優先権を与えられていたとするのである。

　だがそのような深刻な相違の徴候は、ほとんど存在しない。東ヨーロッパにおいては政治制度への信頼が、1990年代の体制移行危機の際に低下したが、ほとんどの西ヨーロッパ諸国ではそれが強まったというのは正しい。だが、不信に満ちた東ヨーロッパと信頼に満ちた西ヨーロッパという明確な対立は、なんら存在していなかった。それとは全く反対に、重要な相違が、ヨーロッパの双方の内部に存在していた。ヨーロッパの東部では、2000年ごろ、チェコやブルガリアのようないくつかの国々で、公的諸制度に対する不信が非常に高い水準にあり、それはほとんどの西側諸国に比べてはるかに深刻なものであった。しかし同時に、ポーランドのようないくつかの他の東側の諸国においては、公的諸制度に対する信頼は、西側の平均的な水準よりも高い状態にあり、むしろスカンディナヴィア諸国に似ていた。

　もっとも他者への信頼、市民社会の最も重要な前提の一つが、東ヨーロッパでは、西ヨーロッパに比べてはっきりと弱かったというのは、確かに正しい（European values study）。またいくつかの東ヨーロッパの国、例えばポーランドやスロヴァキア、ルーマニア、ブルガリアなどでは、移民やマイノリティーに対する不寛容が特に先鋭で、その逆にオランダやスウェーデン、ポルトガルなどのようないくつかの西ヨーロッパの国ではそれが特に軽微だったというのも、当たっている（1999年のヨーロッパ価値研究による）。しかし東西ヨーロッパのたくさんのそのほかの国々の間では、移民やマイノリティーに対する寛容に関する相違は、確認されていない。フランスやデンマークは、この点ではほとんどロシアと変わることはないし、イギリスはウクライナと、イタリアはベラルーシと、西ドイツはラトヴィアとほとんどなにも相違はないのである。

　1990年代、東ヨーロッパでは、家族の結びつきが、おそらくは体制移行の危機の結果として、以前よりいくぶん強まったことが確認されるというのも当

たっている。しかし、東西間の深刻な溝といったもの、それ以前のコミュニズムのヨーロッパと西ヨーロッパにおける家族の役割の違いに関係するような深刻な溝は、家族の教育価値の場合も、結婚の価値や両親と子供の関係の価値、また離婚やシングルマザーに対する考えなどついても、語ることはできない。

　また、2000年ごろにおいても、イングルハートの議論、西ヨーロッパはポスト物質的価値に傾いており、それはアメリカや日本よりも強いが、東ヨーロッパは物質的価値に傾いているとする議論は、間違ってはいない。後者は、ソビエト勢力圏の物質的状況の深刻さの後遺症であり、体制移行の危機の後遺症でもあった。イングルハートは、東ヨーロッパをラテンアメリカや東南アジアの国々に近いものと捉えている（Inglehart/Abramson [1995] 図表 8.1）。だが西ヨーロッパにおいても、ポスト物質主義から離反する傾向が、1990年代に東ヨーロッパとまさに同じくらいの強さで存在していた。そしてヨーロッパの東西いずれでも、回答者の多数派は、自らが一義的に物質主義者とかポスト物質主義者のいずれかに区分されることを拒否している。また寛容の面においても、東西間に何の溝も確認できない。寛容に関し、チェコとポーランドの間のそれは、フランスとポルトガルの間と同じくらい非常に異なっていた。そして1990年代、寛容は、東ヨーロッパでも、まさに西ヨーロッパとまったく同じように増大していった。最後に、20世紀の終わりには東ヨーロッパにおいても、物質的な労働の諸価値、したがって賃金や雇用の保障などに対する優先性は、もはや一義的には共感を得られなかった。逆に個人の能力の発展や労働環境といったポスト物質的な労働の諸価値が、西ヨーロッパにおいて東ヨーロッパよりも強く受け入れられていたわけでもなかった。物質的な労働の諸価値は、ハンガリーやルーマニア、スロヴェニアにおいて、しかしまたイタリアやスイスにおいても、特に重要なものと受け止められていた。だがこれらの国はまた同時に、労働におけるポスト物質的な側面にも特に大きな重要性を認めていた。フランス、スウェーデン、オランダにおいては、しかしまたチェコやドイツの東部でも、労働の物質的側面はあまり重要なものとは受け止められていなかった（European values study）。

　確かに宗教性は1989～90年以降の東ヨーロッパにおいて、西ヨーロッパと違い、増大した。1989～91年のソビエト帝国の崩壊直後は、東ヨーロッパに

第5章 価値変化と世俗化

おいて再び教会との結び付きが強まった。東ヨーロッパでは世俗化が1990年代に、西ヨーロッパよりも、やや速い展開をみせることとなった。だが、もっと明確な新しいヨーロッパ的相違は、宗派の線に沿って走っていた。スカンディナヴィア諸国、エストニア、かつての東ドイツのような圧倒的にプロテスタント的な国々では、しかしまたチェコのようなカトリック国においても、世俗化傾向が、はっきりと前進した。カトリック諸国においては、ヨーロッパの東でも西でも同じように、世俗化傾向はプロテスタント地域より弱かった。それに対して、ロシア、ルーマニア、ブルガリアなどのギリシャ正教諸国、そしてアルバニアなどのイスラム諸国、西ヨーロッパ内におけるイスラム圏からの移住者マイノリティーにおいては、1990年代に、教会の礼拝への参加など新たな宗教性が展開した（Pickel [1998]; Pollack [2000]）。

したがって総じて見れば、確かに東西ヨーロッパの間で価値態度において、相違が存在したと言える。だがその相違は限定的なものであり、しかも縮小していく傾向を示していた。したがって2005年のEUの中東欧への拡大は、決して見知らぬ諸価値の世界への拡大などではなく、比較可能な諸価値を持った世界への開放なのである。

平 行 性

だがこのような相違とは別に、ほとんどのヨーロッパ諸国においては、諸価値の変化の共通の傾向も確認される。四つの共通した傾向が、とりわけソビエト帝国の崩壊後に、しかし部分的にはすでにそれ以前からも、認められる。

第一の共通した、だがかなり矛盾した傾向は、他者への態度においてみられた。1990年代、他者への基本的な信頼は、ほとんどのヨーロッパ諸国において後退していった。他者への懐疑というヨーロッパ共通の文化的なものが、いたるところで、再度強まったように見える。その背景には、世界的に見てヨーロッパで異常に強い未来への期待に関する深刻な懐疑があった。同時に、矛盾しているようだが、特に老人や障害を持った人に対する連帯心は、強かった。しかもそのうえ移民や他のエスニシティに属する人々に対する寛容さも、ヨーロッパの圧倒的多数の国々において、明確に拡大した。いずれにせよ、移民や、他のエスニシティに属する人々を、隣人として受け入れることを拒否するよう

なヨーロッパ人は、ますます少なくなった。他者に対する懐疑的な見方が、不遇な状況にある人やマイノリティーに対する連帯心や寛容を強めたのかもしれない。もっともこのような共通した傾向は、ソビエト帝国の崩壊後にはじめて発生した。それ以前は、むしろ相違の方が優勢であったように思われる。

　第二の、これまたかなり矛盾した共通の傾向は、すでに示唆したことだが、1990年代にポスト物質的諸価値の中に観察されたものであった。どちらかといえばポスト物質的な価値を志向する西ヨーロッパと、相対的に物質的なものを志向する東ヨーロッパとの間の溝は、完全には消えていなかった。それはとくに東ヨーロッパの西に比べての相当に劣悪な生活水準のためであり、公的秩序の解体という最近の経験のためであった。だが、80年代と違って、ほとんどの西ヨーロッパ諸国においても、ポスト物質主義的な志向は後退した。ただイタリアや、イギリス、スウェーデン、デンマーク、オーストリアなどのわずかな国々においてのみ、引き続き、その志向が強くなった。不安定な社会情勢がヨーロッパのいたるところで影響を及ぼしたに違いない。だが同時に、ポスト物質的労働価値は、ほとんどのヨーロッパ諸国においてますます大きな共感を勝ち得るようになった。

　第三の共通した傾向は、家族価値の進展の中に現れている。生きがいを職業ではなく、もっぱら子供の教育の中にのみに見出す古典的な母なるものは、ほとんどのヨーロッパ諸国において支持されなくなった。それは、家庭教育において外から導かれる諸価値、すなわち倹約や従順さ、信心深さ、忠誠などが支持を失ったのと同じであった。職業を持つ妻、そして自立、寛容、決然とした態度のような内側から導かれる諸価値が、支持を拡大した。もっともこの共通した傾向は、1990年代にはじめて始まったものではなく、むしろそれ以前からのものであり、私たちはその始まりを正確には知らない（European values study）。

　第四の平行性なるものは、ヨーロッパの宗教性の中に存在した。国ごと、地域ごとに、きわめて明確な相違があるにもかかわらず、ヨーロッパの宗教性に関する20世紀後半の基本的な進展は、類似していた。ヨーロッパの至る所で、終戦直後の時代は、信仰心や教会への回帰の時代であった。その後、あらゆる所で、世俗化への動きが加速した。信仰心や教会との結びつきは、西ヨーロッ

第5章　価値変化と世俗化

パにおいても、東ヨーロッパと同じように、減少していった。このことは、確かにヨーロッパ内の相違を解消しなかったが、いたるところで、感知された。それから1990年代に、ヨーロッパ全体において、宗教性への回帰が見受けられた。その宗教性はしばしば様々な宗派の混合したものであった。この回帰は、確かに教会や宗教との結び付きが弛緩して行く傾向を逆転させることはできなかったが、多くの国々でそのスピードを緩めさせた。

　このような共通の展開は、ロシアでも観察されることがまれではなかったが、トルコでは観察されなかった（Gerhard [2005]）。

ヨーロッパの特殊性

　20世紀末のヨーロッパ人の最も大きな誤りの一つは、ヨーロッパ人自身の価値変化——個人主義化、ポスト物質主義、世俗化——が現代世界のいたるところで起きており、ヨーロッパの家族の諸価値、ヨーロッパの労働の諸価値、ヨーロッパの教会との距離が、他のすべての現代社会にもまったく同じように普及したとか、もしくは普及するに違いないという素朴な考えであった。それに対し、20世紀末の他の大陸におけるグローバルな諸価値の変化に関するアンケートは、ヨーロッパと他の現代社会の間の明らかな相違を示している。ヨーロッパの特殊性が認識されるようになったが、そのほとんどは20世紀後半になって初めて生じたものである。そしてそれらは必ずしも長期にわたって維持されるものではないが、21世紀への転換期においては、はっきりとした特色を示している。

　このヨーロッパの特殊性は、最近ではハンス・ヨアスが指摘したように、ほとんどが非常に長期にわたるヨーロッパ的価値志向性と密接に関係していた。それらは特に、個人的自由、寛容、合理性、内面性、自己実現などの諸価値によって特徴付けられる。もちろんこれらのヨーロッパの価値志向性には、20世紀のヨーロッパの独裁、戦争、ジェノサイドにおける歪みやそれとの戦いも含まれていた（Joas/Wiegandt [2005]）。以下で問題とする短期的なヨーロッパの諸特殊性は、ただ最近のヨーロッパ外の諸社会との出会いや関わり合いからのみ、理解され説明されるものである。

第一のヨーロッパの特殊性は、ロナルド・イングルハートが強調するように、格段に強いポスト物質的価値への傾向であった。厳密に言えばここで問題になっているのは、ヨーロッパ的というのではなく、西ヨーロッパ的な特殊性である。イングルハートは、西ヨーロッパ人がポスト物質的価値を特に高く評価しており、北アメリカ人や日本人よりも高く評価していると論じ、それに対して物質的価値をそれほど重要視しないと主張している（Inglehart/Abramson [1995] 128 ページ）。西ヨーロッパ社会は、20 世紀末、ポスト物質的価値の前衛として立ち現れている。もっとも 20 世紀の終わりに、ポスト物質的な価値は、西ヨーロッパにおいて、勢力を失いつつあり、したがってこのヨーロッパの特殊性なるものが再度消え去ることも排除しえないという限定も付け加えなければならない。だが、20 世紀後半にこの特殊性が存在したことは疑いえない。

　第二のヨーロッパの特殊性は、ヨーロッパの懐疑主義である。未来や科学に対する懐疑主義、またしばしば政府に対するそれ、しかしまた他者に対するそれである。20 世紀の終わりに、将来のチャンスが西ヨーロッパの大多数の国ほどに懐疑的に評価されているところは、どこにもない。インド、アメリカ合衆国、中国、韓国などでは、将来は、ヨーロッパよりもはるかに明るく見られていた。ただ日本やいくつかのラテンアメリカ諸国においてのみ、またトルコにおいても、将来がヨーロッパと同じように悲観的なものとして意識された。ただヨーロッパでも、いくつかの楽観主義的な島々が、特にスカンディナヴィア半島やイギリスに存在した。だがそれらは例外だった。重要な公的諸制度、とりわけ政府や行政、教会に対して、ヨーロッパでは、ほとんどのヨーロッパ外の社会よりも、懐疑が大きかった。北アメリカ、インド、中国、トルコでは、それに多くのラテンアメリカ諸国でさえも、政府、行政、特に教会への信頼がほとんどのヨーロッパ諸国よりも大きかった。ただスカンディナヴィア諸国は例外である。ただ日本と韓国でのみ、ヨーロッパとほぼ同じように懐疑が強く、中国では少なくとも教会に関してはそうだった。最後に、他者への信頼がヨーロッパほど小さくなっている所はほとんどどこにもない。世界の大部分において、北アメリカ、中国、日本、インドにおいて、他者への信頼はヨーロッパよりも大きい。ただラテンアメリカのみが、不信の大きさという点でヨーロッパと似通っており、しかもブラジルでは、その他ではトルコも、ヨーロッパより

もそれが大きかった（Therborn [1995] 264〜276 ページ；World Values Study [1981-2000]; World Economic Forum [2004]）。

　このヨーロッパの懐疑主義には、いくつかの原因がある。それは 20 世紀の暴力と独裁の経験と非常に関係していた。それらは新しい人間や輝かしい未来を約束したが、結果は瓦解に終わった。今日に至るまで、これらの否定的な経験は、ヨーロッパのアイデンティティーのひとつの重要な要素である。懐疑主義は、ヨーロッパのなかではスカンディナヴィア諸国やイギリスのようにその種の独裁経験が存在しなかった諸国においてのみ、比較的弱いのである。また、きわめて高度に官僚化されて強力に干渉するヨーロッパの国家の長期的体験も、懐疑主義的態度の形成に寄与した。ヨーロッパの懐疑主義は、ヨーロッパ人が抵抗の中で自らを鍛え、個々人の私的で自由な空間を守ることに繋がっていった。そこからは、国家的懐疑主義のホッブズ主義やマキャベリストの学派だけでなく、政治や教会に対する市民の批判的態度が生まれた。最後に、ヨーロッパの懐疑主義は、1950 年代と 60 年代の諸々の希望――しかしのちに裏切られた――とも関係があった。当時の希望は、二つの世界大戦の悲痛な経験の後での並々ならない福祉水準の上昇と 50 年代と 60 年代の巨大な技術的・医療的進歩に基づいていた。しかし先見の明のあるものにはその背後に国家干渉が存在しているように見えた。未来への楽観主義は、福祉向上の終了、進歩の限界や新たな疫病、エネルギー不足の経験をへて、再度、それ以前に存在していたヨーロッパ的懐疑主義にその座を譲った。

　ヨーロッパの第三の特殊性は、すでに論じたものだが、非常に広範に進展した世俗化である。教会との結び付き、教会の儀式への参加、そして神への私的な信仰もまた、20 世紀末にはほとんどのヨーロッパ諸国において（ポーランドとアイルランドを例外として）、ヨーロッパ外の社会に比べ、はっきりと弱くなった。宗教心は、北・中・南のアメリカ、インド、イスラム諸国、アフリカ、そしてフィリピンでも、ヨーロッパよりはっきりと強かった。ただ中国や日本、韓国などの東アジア諸国のみが、ヨーロッパと同様に、非常に世俗化されていた（Therborn [1995]; World Value Study [1981-2000]）。

　もっとも、このようなヨーロッパの特殊性からは、これまで何のヨーロッパ的意識も生まれてはこなかった。というのは、ヨーロッパ人は、常に世界のす

べての社会と自らを比較できるわけではなかったからである。通常、ヨーロッパの特殊性は、まったく特定の他の社会との比較の中でのみ意識された。ヨーロッパ人は二つの社会との間で立ち入った経験をした。それら二つの社会とは結び付きが非常に緊密であるか、あるいは日常的な接触が特に頻繁だった。すなわち、アメリカ合衆国とアラビア世界とである。アメリカ合衆国とは、20世紀後半、とりわけ1990年代に新たな価値の相違が生まれた。それらは冷戦期には覆い隠されていたが、ソ連の崩壊後に初めて露になった。すなわち、暴力に対する態度、武器所有、死刑、国家の役割や社会国家に対する考え方、消費、環境への態度、宗教や教会に対する考え方、未来、技術・経済的な進歩、国民、国際的取り決め、国際的な軍事的干渉に対する態度において、相違が露呈した。だがアメリカと比較した場合のこうした相違は、民主主義的・経済的価値世界の共通性によって緩和されるものであった。アラビア世界に対しては、ヨーロッパ人は、部分的には似通った、だが部分的には全く別の価値の相違と直面した。暴力や死刑、宗教や世俗化への考え方については、アメリカに対するものと似通った相違が示された。相違は、社会的な諸価値についても、すなわち家族・労働・教育の価値についてもみられた。他者に対する寛大さ・寛容さについても同じことがいえた。相違はとりわけ民主主義の価値と市民社会の価値について存在している。

文　　献

S. Ashford/N. Timms [1995], What Europe thinks. A study of Western European Values, Aldershot.
P. Béchon [2000], Les valeurs des français. Evolution de 1880 à 2000, Paris.
P. A. Berger [1996], Individualisierung, Statusunsicherheit und Erfahrungsvielfalt, Opladen.
G. Besier [2000], Kirche, Politik und Gesellschaft im 20. Jahrhundert, München.
O. Blaschke Hg. [2002], Konfessionen im Konflikt. Deutschland zwischen 1800 und 1970: ein zweites konfessionelles Zeitalter, Göttingen.
W. Bornschier [1988], Westliche Gesellschaften im Wandel, Frankfurt a. M.
S. Bruce [2002], God is Dead. Secularization in the West, Oxford.
A. Carnavero/J.-D. Durand eds. [1999], Il fattore religioso nell'integrazione europea, Mailand.
G. Davie [1994], Religion in Britain since 1945. Believing without belonging, Oxford.

第5章　価値変化と世俗化　　　　　　　　　　　　　133

G. Davie [2000], Religion in modern Europe. A memory mutates, Oxford.
G. Davie/D. Hervieu-Léger eds. [1996], Identités religieuses en Europe, Paris.
H. van Dijk, Religion between State and Society in 19th Century Europe, in: H. Kaelble ed. [2004], The EuropeanWay, New York/Oxford, pp. 253-275.
K. Dobbelaere/L. Tomasi/L. Voyé [2002], Religious syncretism: in: Research of the social scientific study of religion 13, pp. 221-243.
A. Escudier Hg. [2003], Der Islam in Europa. Der Umgang mit dem Islam in Frankreich und Deutschland, Göttingen.
P. Ester/L. Halman/R. De Moor eds. [1994], The individualizing society. Value Change in Europe and North America, Tilburg.
EUROPEAN VALUES STUDY. Offizielle Homepage. Umfragen 1981, 1990, 1999-2000.
K. Gabriel [1992], Christentum zwischen Tradition und Postmoderne, Freiburg.
K. Gabriel [1995], The post-war generation and institutional religion in Germany, in: W. C. Roof et al., eds. The Post-war generation and establishment religion, Boulder, pp. 113-130.
O. W. Gabriel [1992], Politische Einstellung und politische Kultur, in: ders., Die EG-Staaten im Vergleich, Opladen, S. 96-133.
M. Gailus [2001], Protestantismus und Nationalsozialismus. Studien zur nationalsozialistischen Durchdringung des protestantischen Sozialmilieus in Berlin, Köln/Weimar.
O. Gallant [2005], Les jeunes européens et leurs valeurs. Europe occidentale, centrale et orientale, Paris.
J. Gerhards [2005], Kulturelle Unterschiede in der Europäischen Union. Ein Vergleich zwischen Mitgliedsländern, Beitrittskandidaten und der Türkei,Wiesbaden.
B. Giesen Hg. [1991], Nationale und kulturelle Identität, Frankfurt a. M.
F. W. Graf [2004], Die Wiederkehr der Götter. Religion in der modernen Kultur, 2. Aufl., München.
C. Halbrock [2004], Evangelische Pfarrer der Kirche Berlin-Brandenburg, 1945-1961, Berlin.
L. Halman et al. [1999], The religious factor in contemporary society, in: International Journal of comparative sociology 40.
L. Halman/T. Pettersson [2002], Moral pluralism in contemporary Europe: evidence from the project religious and moral pluralism (RAMP), in: Research of the social scientific study of religion 13, pp. 173-204.
S. Harding/D. Phillips/M. Fogarty [1986], Contrasting values in Western Europe. Unity, diversity and change, London.
M. Heidenreich [1996], Die subjektive Modernisierung fortgeschrittener Arbeitsgesellschaften, in: Soziale Welt 47, S. 24-43.
D. Hervieu-Léger [1999], Religiöse Ausdrucksformen der Moderne. Die Phänome des

Glaubens in den europäischen Gesellschaften, in: H. Kaelble/J. Schriewer Hg., Diskurse und Entwicklungspfade, Frankfurt, S. 133-161.

S. Hradil [2006], Die Sozialstruktur Deutschlands im internationalen Vergleich, 2. Aufl., Wiesbaden.

S. Immerfall [1997], Soziale Integration in den westeuropäischen Gesellschaften-Werte, Mitgliedschaften, Netzwerke, in: S. Hradil/S. Immerfall Hg., Die westeuropäischen Gesellschaften im Vergleich, Opladen, S. 215-228.

R. Inglehart [1995], Kultureller Umbruch. Wertewandel in der westlichen Welt, Frankfurt.

R. Inglehart [1997], Modernization and postmodernization, Economic and political Change in 43 societies, Princeton.

R. Inglehart [2000], 2000. «Globalization and Postmodern Values,» *Washington Quarterly*, Winter. (in: www.twq.com/winter00/231Inglehart.pdf).

R. Inglehart/P. R. Abramson [1995], Value change in global perspective, Univ of Michigan Pr.

W. Jagodzinski [1998], De-Institutionalisierung von Religion in Deutschland und Polen?, in: D. Pollack/I. Borowik/W. Jagodzinski Hg.: Religiöser Wandel in den postkommunistischen Ländern Ost-und Mitteleuropas, Würzburg, S. 151-177.

W. Jagodzinski/K. Dobbelaere [1993], Der Wandel kirchlicher Religiosität von Westeuropa, in: J. Bergmann/A. Hahn/T. Luckmann Hg., Religion und Kultur, Opladen, S. 68-91.

H. Joas/K. Wiegandt Hg. [2005], Die kulturellen Werte Europas, Frankfurt a. M.

H. Kaelble [1998] , Wertewandel in Frankreich und Deutschland. Wie viel nationale Divergenz, wie viel europäische Konvergenz?, in: R. Köcher/J. Schild Hg., Wertewandel in Deutschland und Frankreich, Opladen, S. 309-325.

H. Kaelble [2004], European values in the view of a historian, in: K. Pomian/H. Dupuis Hg., De l'Europe-monde à l'Europe dans le Monde, Brüssel, pp. 143-156.

H. Klages [1993], Traditionsbruch als Herausforderung. Perspektiven der Weltwertegesellschaft, Frankfurt a. M.

R. Köcher/J. Schild Hg. [1998], Wertewandel in Deutschland und Frankreich, Opladen.

R. Köcher [1998], Zur Entwicklung der religiösen und kirchlichen Bindungen in Deutschland und Frankreich, in: dies./J. Schild Hg., Wertewandel in Deutschland und Frankreich, Opladen, S. 56-65.

H. Lehmann [2004] , Säkularisierung. Der europäische Sonderweg in Sachen Religion. Göttingen.

G. Marramao [1996], Die Säkularisierung der westlichen Welt, Frankfurt a. M.

C. Maurer [2002], Réligion et culture dans les sociétés et les états européens, Paris.

H. Mendras [1988], La seconde révolution française 1965-1984, Paris.

H. Mendras [1997], L'Europe des européens. Sociologie de l'Europe occidentale, Paris.

E. Noelle-Neumann/B. Strümpel [1986], Macht Arbeit krank? Macht Arbeit glücklich?

第5章　価値変化と世俗化　　　　　　　　　　　　135

München.
K. Nowak [1995], Geschichte des Christentums in Deutschland. Religion, Politik und Gesellschaft vom Ende der Aufklärung bis zur Mitte des 20. Jahrhunderts, München.
G. Pickel [1998], Religiosität und Kirchlichkeit in Ost-und Westeuropa. Vergleichende Betrachtungen religiöser Orientierungen nach dem Umbruch in Osteuropa, in: D. Pollack/I. Borowik/W. Jagodzinski Hg., Religiöser Wandel in den postkommunistischen Ländern Ost-und Mitteleuropas, Würzburg, S. 55-85.
D. Pollack [1994], Von der Volkskirche zur Minderheitenkirche. Zur Entwicklung der Religiosität und Kirchlichkeit in der DDR, in: Sozialgeschichte der DDR, H. Kaelble/J. Kocka/H. Zwahr Hg., Sozialgeschichte der DDR, Stuttgart, S. 271-294.
D. Pollack [1998], Einleitung. Religiöser Wandel in Mittel-und Osteuropa, in: D. Pollack/I. Borowik/W. Jagodzinski Hg., Religiöser Wandel in den postkommunistischen Ländern Mittel-und Osteuropas, Würzburg, S. 9-53.
D. Pollack [2000], Religiös-kirchlicher Wandel in Mittel-und Osteuropa-ein Überblick, in: H. Dähn/R. Rytlewski Hg., Säkularisierung in Osteuropa. Ursachen und Folgen, Berlin, S. 83-93.
R. Rémond [1992], Société sécularisée et renouvaux réligieux: XXe siècle, Paris 1992 (Histoire de la France réligieuse, Bd. 4).
R. Rémond [2000], Religion und Gesellschaft in Europa, München.
A. Schildt [1994], Sozialkulturelle Aspekte der westeuropäischen Integration in den ersten beiden Nachkriegsjahrzehnten. Überlegungen zu einem geschichtswissenschaftlichen Forschungsfeld, in: Wissenschaftszentrum Nordrhein-Westfalen, Jahrbuch, S. 131-144.
H. Schilling [1991], Nationale Identität und Konfession in der europäischen Neuzeit, in: B. Giesen Hg., Nationale und kulturelle Identität, Frankfurt a. M., S. 192-252.
T. Schnierer [1996], Von der kompetitiven zur Erlebnisgesellschaft, in: Zeitschrift für Soziologie 25, S. 71-82.
G. Schulze [1992], Die Erlebnisgesellschaft. Kultursoziologie der Gegenwart, Frankfurt a. M. (Neudruck 2005).
SINUS SOCIOVISION [2003], Sinus Milieus International 2003.
G. Therborn [1995], European modernity and beyond. The trajectory of European societies 1945-2000, London, Kap. 11.
E. Todd [1990], L'invention de l'Europe, Paris (Kap. 13; «La crise terminal du catholicisme»).
（トッド [1992]『新ヨーロッパ大全』1、2、石崎晴己、東松秀雄訳、藤原書店）.
M. Tomka/P. M. Zulehner [2000], Religion im gesellschaftlichen Kontext Ost (mittel) europas, Ostfildern.
WORLD ECONOMIC FORUM AND GALLUP INTERNATIONAL VOICE OF THE PEOPLE SURVEY. Umfrage 5. 1. 2004.
WORLD VALUES STUDY [1981-2000], Offizielle Homepage. Umfragen.

第2部

社会の階層秩序と不平等

第2部は、ヨーロッパの社会的な不平等と社会的なヒエラルヒーの変化をとりあつかう。この変化は、様々な方法で研究することができる。

　第一の手がかりとして、社会的な状態の不平等、すなわち所得、資産、教育、住宅、平均寿命の不平等を問題にする。ここでは第二次世界大戦以来、社会的な状態の不平等が先鋭化したのか、または緩和されたのかを検討する。

　第二の手がかりとして中心に置かれるのは、人間の相互の交際における社会的な差異である。この差異には、日常の行動の多様性が含まれている。日常の行動によって、人々は自分のある特定の社会環境を確認し、他の環境の人々と一線を画している。この日常行動には、消費行動、日常の礼儀作法や儀式、言語の使用や高度の文化とのつきあいの程度、新聞の購読や旅行、議論や衝突、価値や規範、協会やクラブへの所属といったものがある。1945年以降、こうした社会的な差異は先鋭化したのか、あるいは緩和し個々人にはしだいに感じられなくなっていったのかが問題になる。

　第三の手がかりとして検討するのは、移動の機会の配分についてである。すなわち教育の機会や職業選択の機会、また高所得の、影響力の強い、信望のある社会的地位へのチャンスがどうなったかについてである。ヨーロッパ人にとって1945年以来移動の機会が広がったのかどうか、またこれがどのように配分されたのかが問われている。

　第四の手がかりとして、不平等についての同時代の理解、社会的・政治的なそれについての同時代の議論の変化を論じている。その際、意識された不平等の激しさとその原因だけでなく、同時代人がその不平等のどの次元に特別な重要性を認めているかも問題である。

　これらすべての手がかりを、以下の三つの章で検討する。まず第6章ではエリート、知識人、そして最も重要な社会環境を取り扱う。

第6章 エリート、知識人、社会環境

エリート

研究状況

　20世紀後半のエリートの歴史に関する研究は、とりわけ4つのテーマに取り組んでいる。第二次世界大戦終結時のヨーロッパの政治体制の大きな転換と1989～90年のソビエト連邦の巨大な勢力圏の崩壊後のエリートの連続性と交替は、政治的にしばしば大変な論議を呼び起こし、頻繁に研究される1番目のテーマである。例えばナチスのエリートが1945年以後、また東中欧と東欧のコミュニズムのエリートが1989～90年以後、交替したのかどうかという問題は、学界だけではなく一般社会も関心をもっている。2番目の、同じく典型的なテーマは、エリートの孤立性と開放性をめぐる問題である。これに関しても、研究がしばしば取り組まれていて、ヨーロッパのエリートがアメリカのエリートより閉鎖的かどうか、ヨーロッパの民主主義国家のエリートはヨーロッパの独裁国家のエリートより開放的かどうかが比較され追究されている。3番目の、同じく典型的なテーマは、エリートの権力である。これについて、エリートは内的に均一で互いに結びついていて、C. ライト・ミルズがその古典的作品で20世紀半ばのアメリカのエリートについて行ったように、ただひとつの権力エリートとして語ることができるのか、あるいは、様々なエリートのグループ——すなわち、政治家、大企業家、官僚のトップグループ、高級将校——はヨーロッパでは互いに際だっているだけではなく、権力をめぐって争っているかどうかという問題である。最後に4番目のテーマは最近しばしば提起されているもので、問題になっているのはヨーロッパのエリートの能力である。適切な政治的・経済的な決定を下す能力、適正な職業教育と専門知識、国際競争能力、逆に言えばエリートの不適格の危険、エリートの腐敗をめぐる問題である。

世間がエリートを信頼するかまたはむしろ信用しないかは、強くそのことに依存している。

これまでヨーロッパ全体の、または西ヨーロッパだけにかぎっても、エリートの歴史についての概論はない。あるのは個々のヨーロッパの国のエリートについてであり、もっともいい場合でも2つまたは3つの大国の比較で、その場合も特定のエリート、つまり政治的なエリート、経済的なエリートまたは行政のエリートに関するものだけである。

エリートという言葉のもとに、通常は国の指導的立場にあるもの、すなわち政治、経済、行政、軍隊において、しかしまた教会、団体、労働組合、文化、大きな学問機関において戦略的な決定を下す指導的な人々が考えられている。個別に何がもっとも強力でもっとも威信のある地位であるかは、決定するのがしばしば容易ではなく、国ごとの事情によって違っており、あるいはまた20世紀のうちに変化している。例えば議会の議員は、民主的な西ヨーロッパでは国の政治的なエリートに属している。それに対してコミュニズムの東ヨーロッパではそうではない。なぜなら、そこでは議会の議員は戦略的な政治的決定に参加するのではなく、通常ただ喝采するだけだったからである。

ヨーロッパのエリートの変化

20世紀後半にヨーロッパのエリートは、かなり変化した。その際、体制転換の際の劇的でしばしば紛争の火種を抱えたエリートの交替と、ゆっくりとしたあまり人目を引かない変化を区別しなければならない。

大転換の時代

ヨーロッパのエリートは、20世紀後半に三つの劇的な体制転換を経験した。(1)右翼独裁国家から民主主義国家への大転換。とりわけ第二次世界大戦末期の西ヨーロッパと東中欧。それから再び1970年代のスペイン、ポルトガル、ギリシャ。(2)東ヨーロッパの戦後期のコミュニズム独裁国家の成立。(3)最後に1990年代初めのコミュニズム独裁国家から民主主義国家へ。20世紀後半、大多数のヨーロッパ諸国のエリートは、この大転換のうち少なくとも一つを経験している。しかも東中欧やドイツは3つすべてを経験した。ただ少数のヨーロ

第6章 エリート、知識人、社会環境

ッパ諸国、イギリス、アイルランド、スウェーデン、スイスではこうした体制転換は起こらなかった。コミュニズム体制からポストコミュニズムの権威主義的体制への移行は、ロシアのようなわずかな国に限られているように思われる。

権威主義とファシズムの独裁国家から民主主義国家への大転換は、とりわけ微妙な歴史的なテーマである。というのはエリートに属している人の多くが独裁国家の戦略的な決定に、部分的には犯罪にも参加し、それにより罪を負っているからである。もっとも他方ではエリートに属している人のうち、抵抗も行っているか、または少なくとも体制を支えてはいなかった人もいた。大多数のヨーロッパの国では、独裁国家から民主主義国家への移行において、エリートは、決して完全に交替しているわけではない。交替したのは一般に、政治の首脳部だけで、それに対して行政、司法、軍部、経済、教会の上位の地位にある者は交替しなかった。このエリートの専門的知識は、かけがえのないように思われた。おまけに政権は野党の反民主的なエリートを避け、古いエリートを民主主義国家に統合させようとした。独裁国家終焉の後でドイツとイタリアの内閣に席を持っていたのは、ほとんど何の罪もない人ばかりだった。ドイツの国会議員の中でもイタリアの国会議員の中でも、この時期、新入生議員が以前や以後よりも多かった（Best/Cotta [2000] 504 ページ）。ドイツ連邦共和国の政治エリートのごくわずかのものだけが、しかし、それだけにいっそう評価は定まらないのだが、ナチス政権下の地位により罪があったのではと疑われた。それに対して企業家、高級官僚と教授たちは、ドイツ西部では占領軍によってたいていの場合、短期間解雇されただけで、アデナウアー時代にほとんどが再び任用された。イタリアでは、ナチス体制によって占領されていない南部でファシズムの時代と共和制のエリートの連続性は特に高かった。しかしナチス政権によって占領されたイタリア北部でも、野蛮な粛清の後は、エリートに所属している人に対する裁判所の判決はわずかであった。まもなく終わる君主制だけでなく連合国も、そしてイタリア共産党（KPI）さえもエリートの交替を抑制した。フランスではヴィシー政権から第四共和制への大転換の際に、行政エリート、司法、大企業家、教会が同様に広範囲に手つかずのままだった。

権威主義的な体制と右翼独裁国家から民主主義国家への移行期におけるエリートの交替は、たいていの国では人道的に行われた。エリートのメンバーの殺

害は、フランスと北イタリアでナチス占領の終了直後の野蛮な粛清の時だけであった。有罪とみなされた政治エリートに属している人の刑罰は、ふつうは裁判所、ニュルンベルク裁判所のような特別裁判所、またはオーストリアの人民裁判所で下された。特別裁判所は以前ナチス政権によって占領された諸国では、そしてオーストリアでも、当該国の政権によって設置されたが、ドイツの場合は連合国によって設置された。これらの裁判所によって、エリートに所属している何人かは、死刑の判決を受けた。死刑はたいてい執行されたが、一部、フランスのペタン元帥のようにセンセーショナルな場合は停止された。

　二番目の体制の大転換、すなわち、ヨーロッパ東部のコミュニズム体制の樹立に際しては、エリートの交替は、独裁国家から民主主義国家への大転換に比べ、より広範囲で比較にならないほど残忍であった。クロアチアでは、右翼独裁政権がチトーのコミュニズム政権に直接取って代わられたのだが、その際、ウスタシ政権の首脳部だけでなく教会エリートのメンバーも一部は大量射殺により殺害され、一部は軍事即決裁判または公開裁判後に処刑されるか、投獄されるか、追放された。ハンガリーでは、ホルティ政権のエリート、または矢十字党員は、たいていソビエト占領軍による大量追放で国外に放逐されるか、あるいは終戦頃またはコミュニズム政権初期の人民裁判所の公開裁判によって逮捕されしばしば処刑された。ドイツのソビエト占領地区（SBZ）では、野蛮な粛清は起きなかった。しかし、そのためにナチス政権の有罪者だけでなく、多くのドイツ人が、恣意的にソビエト連邦の収容所に抑留され、その死亡率は高かった。その他にソビエト連邦の軍事法廷とドイツの特別法廷が、ナチスのエリートの追放と処罰を行った。エリートの入れ替えは、政治家、経営者、大地主、司法界、警察官、高級将校に集中していて、学界や取り替えがききにくい自由業ははるかに少なかった。それにもかかわらず、ヨーロッパ東部でも経済のエリートと行政のエリートには連続性があった。

　東中欧のコミュニズム政権から民主主義国家への三番目の大転換でも、同じように政治と経済で権力を行使する地位にいる人が交替した。教会のエリートだけがその地位にとどまった。というのも、彼らはたいてい評判を落としていなかったからである。ポストコミュニズムの諸政党が、コミュニズム体制下では通常下位の地位でしか活躍していなかった政治家、経営者、高級官僚（マネージャー）を権力

第 6 章　エリート、知識人、社会環境　　143

の座につけた。彼らは戦略的な決定に参加しておらず、それゆえ狭義のエリートに属していなかった。多くの連続性があるが、エリートの連続性は少なかった。連続性の程度は、専門的な能力を高度に身につけた対抗エリートが育っていたかどうかにかかっていた。連続性が比較的少なかったのは、東ドイツである。東ドイツでは、新しいエリートに属している人の多くが、西ドイツ出身で、住民は西ドイツに支配されるようになったという印象を長い間引きずった。

　この三番目の転換は、コミュニズム政権の権力掌握より、はるかに人道的に行われた。殺人は犯されず、死刑はどこでも行われなかった。ルーマニアのチャウシェスクと妻の処刑をひとまず度外視すればであるが。訴訟手続きは概して稀であった。ドイツだけでドイツ民主共和国のエリートに属していたわずかな人に対して訴訟が行われ、他の東中欧の民主主義国家では行われなかった。

エリートの変化

　しかしエリートは政治的な大転換の後だけに変わったわけではなかった。エリートの構造はこの種の大規模な転機なしでも 20 世紀後半に変わった。

　ヨーロッパのエリートの社会的な構成の変化は、非常によく調査されている。国会議員と政治家の社会的な出自や地域的な出自は、広い範囲で一定のままだった。ただ 20 世紀前半においてだけ、他の社会階層にある程度、国会議員や政治家への道が開かれていたと確認できたが、しかしそれ以後はほとんどなかった。自由主義的な西側とコミュニズムの東側との間の政治的な競争も、それをなにも変えなかった。コミュニズムの東側では、議会がしばしば社会的により幅広く構成されていたが、その議会は政治的な影響力を何も持っていなかった。ヨーロッパでの女性参政権の一般的な導入後さえ、政治エリートの女性の数は非常に遅々としか増加しなかった。20 世紀の最後の 20 年間になってようやく、西ヨーロッパの議会と西側の政権のなかで女性の数が、はっきりと伸びた（Best/Cotta [2000]）。

　政治エリートの専門化の過程は、どちらかといえばヨーロッパの政治エリートの社会的な隔離をさらに促進した。それはとりわけ政治エリートをますます大学卒ばかりにさせ、大学卒ではない人たちを減少させた。専門化した政治エリートの養成は、たいていわずかな専門分野に集中したが、どの分野に集中す

るかは国によって異なっていた。政治エリートの専門化については、その他に「牛の歩みのような昇進」も考慮されなければならない。つまり、政治家の政党や団体のなかだけでの経歴、他の職業からの新入りの減少という事情である。政治家になる公務員の数も増加した。彼らは多くの国で容易に勤務から抜け出せるし、しばしば政党の引き立てにより出世し、それゆえより容易に政治的な経歴に殺到することができる。政治の専門化ということには、政治家が、ますます専門化された手足となる組織や助言組織、調査報告者、政治顧問、スピーチ・ライターに依存することであり、メディア、選挙マネージャー、世論調査機関に頼ることである。政治エリートのこの専門化の過程が始まったのは、確かに20世紀後半になってからのことではないが、しかしこの時期に決定的に進展した。その進展はヨーロッパの国会議員についてのきわめて広範囲の調査でフランス、イタリア、イギリス、ドイツ、オランダ、ノルウェー、フィンランドにおいて、国による明らかな違いがあるにもかかわらず、印象的に証明された（Best/Cotta [2000]; Best [2003]）この専門化、それと同時に起こった西ヨーロッパの政治エリートの閉鎖化は、西ヨーロッパの政治エリートへの信頼の危機の本質的な理由と見なされている（Best [2003]）。

　経済エリートも同様に変化した。大企業においては20世紀後半にヨーロッパのほとんどどこでも、家族経営者が減少した。家族経営者とは彼が指揮する企業を所有もしている人のことである。家族経営者は、企業を経営しているだけでもはや所有していない経営者に取って代わられた。もっとも経済エリートのこうした変化は新しいことではなかった。すでに第一次世界大戦以前に経営者の台頭は、特にドイツで、ヨーロッパの外ではアメリカ合衆国と日本でも始まっていた。この変化は20世紀後半になって広い範囲で終了した。この変化はたんなる財産関係の変化以上のものだった。それゆえ、経営者の台頭は経済エリートも変えた。なぜなら彼らの経歴や他のエリート層との密接な関係、さらには彼らの価値が、家族経営者のものとは別のように見えたからである。家族経営者と違って、経営者はほとんどいつも大学教育を受けていた。経営者は他のエリートの一部、または少なくとも他の市民階層の一部とより強く結びついていた。社会的な出自、結婚と職業教育が、経営者をとりわけ高級官僚と自由業に所属している人に結びつけた。同時に彼らは家族経営者とくらべると経

第6章　エリート、知識人、社会環境　　　　　　　　　145

済的な環境から出ているものがわずかであった。経営者は他のエリートのポスト、とりわけ行政のトップへ、さらにまた専門化の進んだ政治の分野へも、より気軽に移動することができた。この転身は個々のヨーロッパ諸国でそれぞれ異なるやり方で実行された。この転身は特にフランスでは頻繁で、《Pantouflage》（民間企業に就職したグランゼコール出身者）という独自の言葉が考案された。最後に経営者の価値も、家族経営者の価値とは別なものに見えた。彼らが所有していない企業とのきずなは、家族経営者よりわずかであった。彼らの成功のシンボルは、率いている企業の単なる成長ではなく、とりわけ給料、出世、企業の株価であった。国家の経済政策と労働組合の力に対する態度は、家族経営者に比べて柔軟なこともまれではなく、国際性も家族経営者のそれに比べると顕著だった。

　最後に、東ヨーロッパではもっと広範な変化が起こった。社会的に隔離された長老支配の政治エリートは、住民の信頼を広範囲に失った。1940年代後半と50年代初頭の東ヨーロッパの政治エリートは、西ヨーロッパの政治エリートよりも社会的にかなり開かれていた。しかしその後は、彼らは西ヨーロッパのエリートとますます似通ってきた。80年代にはドイツ民主共和国のエリートはドイツ連邦共和国（旧西ドイツ）の政治エリートと同じくらい大学卒で占められていた。女性は東ヨーロッパでは、西ヨーロッパと異なってエリートの地位が広範囲に閉ざされたままだった。世代交代も遅れていた。若い政治家が政治権力の影響力のある地位につくことはまれであった。ソビエト帝国が崩壊したときに、かなり閉鎖的だった東ヨーロッパの政治エリートは、西ヨーロッパよりもはるかに大きな信用危機に苦しんだ。

相　　違

　20世紀後半のヨーロッパのエリートは、お互いに非常に異なっており、互いの結びつきはごく限られたものだった。特に二つの相違が20世紀後半のエリートの歴史に特徴を与えていた。一方では、第二次世界大戦後、自由主義的な西側のエリートとコミュニズムのエリートの間に、すでに言及された著しい相違が生じていた。他方では、エリートの間には、しばしばはるかに古くから

の国ごとの違いがあった。とりわけ教育機関が根本的に異なっていた。イギリスの政治エリートと経済エリートの教育では、今もなおパブリックスクールと質の高いオックスフォード大学とケンブリッジ大学が支配的であった。それらからしばしば一生続くネットワークが発展した。フランスではエリートの大部分は、ほかとは隔絶した高度に選抜的なグランゼコールの出身者から成り立っている。グランゼコールの中には、1945年になってようやく設立された国立行政学院（ENA）がある。そこからも一生続く人間関係の網が生じた。それに対してドイツでは他のヨーロッパ諸国と同様に、そのような選り抜きの学校や大学は存在しなかった。それゆえ政治のトップの地位への道は、社会的に同様ではなかった。イギリスもフランスも、首相と大臣はたいてい上層階級出身であった。しかし、ドイツの首相はむしろ中間層の出身であった（Hartmann [2003]）。

収　　　斂

　この相違と同時に、20世紀後半に重要な収斂もはっきりしてきた。その収斂は、第一にはエリートが似たような大学教育を受けていることが多いということ、第二にはドイツとイタリア、後にはスペインとポルトガル、最後に東中欧のエリートに民主主義の体制と価値がしだいに貫徹したこと、第三にさらにそれを越えてヨーロッパの国家の枠を越えたエリートの形成もみられたことが関係している。

　エリートの大学教育と専門化は、すでに19世紀末に始まり、結果として政治エリートの社会的構成も、経済エリートや行政エリートのそれも、類似のものに導いた。したがって20世紀後半にほとんどどこでも高い大学教育が見られ、農業環境出身の政治家、すなわち農民や貴族出身の政治家の減少が確認でき、また政治の首脳部における公務員の増加が認められる（Best/Cotta [2000]）。政治エリートの出世の方法は似ていた。政治家は通常およそ40歳ではじめて政治の公職に就き、政治で生計を立てた。それ以前、彼らは通常、政治以外の職業で働いていた。政治における女性の割合は、長い間、国によってかなり異なっていたが、これも90年代に同じようになり始めた（Hartmann [2003];

Geissler [2006]; Kaelble [1986]）。戦間期にはまだあったドイツとフランス、イギリスとのちがい、すなわちすでに早くから経営者によって特徴付けられるドイツ経済と、家族経営者によって特徴付けられるフランスとイギリスの間の大きな違いは、減少した（Kaelble [1986]）。2000年頃にはヨーロッパのトップ企業の圧倒的多数が、経営者によって経営されていた。行政のエリートについても類似点がますます増えているのが認められる（Page/Wright [1999]）。

　収斂には20世紀後半の国家の枠を越えたヨーロッパ・エリートまたはグローバル・エリートの成立も含まれている。彼らは一部は多国籍企業の最高クラスのなかで、一部は国家の枠を越えた学界のなかで、一部は国家の枠を越えた文化界で、すなわち建築家、指揮者、ソリスト、画家、彫刻家のなかで成立した。

　ヨーロッパ連合と直接結びついたエリートについての研究は、今まで少なかった。すなわち欧州議会議員、委員会の議長と委員、欧州理事会のメンバー、さらにヨーロッパ連合の高級官僚、ルクセンブルクの欧州司法裁判所の裁判官、欧州中央銀行理事会のメンバー、ヨーロッパの民間公益団体の専門家や首脳部については、ほとんど研究されていない。これらのヨーロッパのエリートがどのくらい統一性があるか、どのくらい結びついているか、民主主義、国際平和、市場経済の方針、社会保障とヨーロッパのヨーロッパ化について共通の価値がどのくらい強くなっているかが、これまでのところ明らかではない。

ヨーロッパの特殊性

　20世紀後半に、エリートの一連のヨーロッパ的特徴が形成された。もっともこのエリートは、19世紀と20世紀初期のヨーロッパのエリート、すなわち貴族的な特徴を持ち、閉鎖的で帝国的なエリートとは異なっていた。

　まず最初に、体制転換後のエリートの罷免と追放の経験があげられる。かなり前のフランス革命を度外視すれば、20世紀初頭においては、その経験はほとんど未知のことだった。20世紀の間に圧倒的多数のヨーロッパ諸国がこれを経験した。ただし、どのようにこの経験が整理され、ヨーロッパの民主制への信頼に影響を及ぼしたのかについては、比較の観点からは今まで研究がほと

んどなされていない。ヨーロッパと同じくこの種の経験にはなじみがないわけではないアジア、アフリカ、ラテンアメリカのエリートと関係づける比較研究もない。

　二番目の違いは、アメリカ合衆国との比較ではあまり目立たないが、むしろラテンアメリカやトルコや多くのアフリカとアジアの国々との比較で明らかになる。ヨーロッパにおいては20世紀後半、政治エリートがどこでも支配的なエリート集団になった。軍事エリートは、ますます政治エリートの下に置かれ、彼らに統制された。以前はまだヨーロッパでは、エリート間の権力の配分は、しばしば別な様相であった。ドイツ、スペイン、ポルトガル、ギリシャでは軍事エリートは、支配していないときでさえも、はるかに大きな影響力を所有していた。当時は、イギリス、フランス、それに一連のかなり小さな国々でしか、政治エリートの優位は保証されていなかった。行政エリートに対しても、政治エリートはますます影響力を獲得した。オーストリアまたはイタリアのように政党得票率に応じた役職配分によるか、ドイツまたはフランスのように与党の政治的傾向によるか、あるいはイギリスまたはデンマークのように閣僚の腹心の部下によるかは別として、行政の首脳部は政治的に占められた（Page/Wright [1999]）。行政エリートの古典的な独立性は、そのためにかなり弱まった。政治エリートが経済エリートを明確に統制していたのは、コミュニズムの時代の東欧だけであった。西欧では経済エリートは独立性を守り、20世紀末にはむしろさらに強化した。それにもかかわらずヨーロッパの政治エリートは、経済エリートに対してしばしばアメリカ合衆国よりもより多くの行動の余地を手に入れた。それによって、20世紀後半における他のエリートに対する政治エリートの権力維持と権力増大は、ヨーロッパの重要な特殊性である。

　さらなる特殊性はヨーロッパにおける超国家的なエリートの成立である。超国家的なエリートは、確かにしばしば各国の政権に任命されていた。しかし、ヨーロッパ委員会の首脳部やヨーロッパ議会の議員やルクセンブルクの欧州司法裁判所の裁判官や欧州中央銀行の部局長の決定の独立性は、そのことによってはほとんど左右されなかった。このヨーロッパ・エリートは、各国のエリートとは別の行動をする。ヨーロッパ・エリートは、民主主義的な統制からひどく切り離されていて、世間ではしばしば過小評価されているが、驚くべき権力

を持っていた。しかし、その権力は主に交渉や妥協から発生するものであって、官僚的な命令権や対決から生じることはまれだった。ヨーロッパ・エリートは、他のエリートよりもはるかに専門家の助言に依拠していた。こうしたことにもかかわらず、彼らにはヨーロッパ・エリートの権力や地位の表章は欠如している。いずれにせよ、彼らはこれまでシンボルとか儀式をほとんど作り出さず、共通の職業教育制度も一生続く共通のネットワークも生み出さなかった。

知識人

　知識人(インテリ)とは、教育を受けた独立的人格の持ち主と理解されている。彼らは公衆に大きな影響力を持っているが、政治エリートにも経済エリートにも行政エリートあるいは教会のエリートにも所属しているとは感じておらず、また彼らの公的な影響力を業界団体や労働組合あるいはNGOのような大きな組織を通じて行使してもいない。ヨーロッパの知識人の歴史についてきわめて重要な本を書いたクリストフ・シャルルによれば、3つのレベルが区別されなければならない。すなわち反対者として、批評家として、しかしまた政権と行政の顧問や擁護者としての知識人の政治的な役割を区別しなければならない。その他に、政治エリート・経済エリートと市民階級との絡み合いの程度、共通の交際や婚姻のグループ、共通の社会的な出自と教育、共通の価値と生活規範、高い階層との結びつきの程度、同時に現在の活動の余地。最後に、需要があり、科学技術を革新し、強制力があり、法的・文化的な規則を持っているような知識を生み出す人としての知識人の役割。その背後には以下のような認識がある。知識人をもっぱら政治的なプレーヤーとして、あるいは政権に対する積極的な公然たる批判者としてのみみるなら、知識人を理解することができないし、さらには、知識人を自分の市場をもった知識生産者としてのみ、あるいは、単に市民階級の一部でしかないと見なすなら、同じくほとんど知識人を理解できないという認識である。

　クリストフ・シャルルが19世紀について書いたように、われわれの時代の知識人の概観も、今まで存在していない。20世紀の知識人についての成功した本は、国別の歴史である。一番有名な例、ミシェル・ヴィノックの知識人史

は、完全にフランスに集中している。ミシェル・トレビッシュのヨーロッパの知識人についての非常に賞賛に値する論文集も、基本的に各国別の叙述を集めたものである。ヨーロッパを代表する国際的影響力を持つ知識人は、今まで伝記の対象にはなっていない。

知識人の変化

　ヨーロッパの知識人は20世紀後半に著しく変化した。一番多く書かれていることは、知識人の衰退である。これはしばしば残念がられていることなのだが、その納得のいく証明がなされているわけではない。確かに再三再四、知識人の政治的影響力が全盛期より少なくなる時代があった。全盛期とは、啓蒙主義の時代、1848年の三月革命以前の時期と革命期、第一次世界大戦後の時期と第二次世界大戦後の時期、西ヨーロッパ諸国の1960年代と中欧の80年代である。21世紀初頭の現在も、知識人の全盛期ではない。しかし、知識人が再び大きな政治的な意味を持つことも、十分に考えられる。今までまだ民主主義的ではなかった東欧における民主主義の主導者として、ヨーロッパの市民と各国のエリートの間で増大する不信を調整し、あるいはブリュッセルのヨーロッパの権力の中心と今までまだ非常に不完全なヨーロッパの公衆の間の関係を解きほぐす仲介者として。

　実際に20世紀後半に3つの永続的な変化が起こった。ファシスト体制やナチス体制ならびにコミュニズム独裁のもとで幾人かの知識人が取り返しのつかない役割を演じたが、彼らの役割を困難と痛苦のなかで根本的に見直すうちに、知識人は変化した。知識人が独裁国家のイデオロギーの解釈学者や宣伝者として巻き込まれたこと、それにより犯罪的で非人間的な体制の安定化に全く新しい連帯責任を負ったことは、20世紀の苦い経験である。独裁国家の知識人の役割の根本的な見直しは、ナチス体制については20世紀後半に時間をかけて、しばしば困難に直面しつつ遂行された。ソビエト帝国の独裁に対しては、根本的見直しはたいていより速く、より激しく行われた。知識人の政治的役割を問い詰めることは、第一次世界大戦以前には、そして両大戦間期でもまだ、まれなテーマであった。

　今までまだほとんど根本的に検討されたことがない2番目の重要な変化は、

第6章　エリート、知識人、社会環境

公衆に関係することである。知識人は公衆へのアクセスの可能性に決定的に依存している。公衆へのアクセスがなくては、知識人は活動的になることができない。公衆の変化がいろいろな理由で知識人を決定的に直撃した。19世紀のメディアへのアクセス、出版社、新聞、雑誌へのアクセスは交渉によって決められ、その際、西側諸国では政府は通常何の役割も演じなかった。これにたいして、20世紀に普及した新しいメディアに対して、すなわち、ラジオ、映画、レコード、テレビに対しては、知識人は、かなり弱い立場にあった。編集組織は以前より費用がかかり、知識人と関係のない職業の役割がはっきりとより重要になった。ラジオ局とテレビ局の参入統制において、政権の影響力が以前より強くなった。それゆえ知識人は、しばしばこうしたメディアのさまざまの強制に屈した。さらに、この新しいメディアの報酬で生活するのも、前より難しくなった。それゆえ知識人はしばしば別の生活戦略を開発しなければならなかった。彼らは新しいメディアのなかでポストを引き受けて、それだけますますメディアの強制に屈服するか、あるいは教師、文化公務員、教授として、公務で地位を手に入れるかした。この場合、彼らは別の強制にさらされた。アクセスがオープンなインターネットが知識人の影響力に新しい活力を与えることができるかどうかについては、これまでのところまだ予見できない。

　20世紀後半の知識人の第三番目の変化は、国際化であった。これはまったく新しい過程というわけではなかった。18世紀と19世紀の古典的な知識人も国際的で、外国語をマスターしていて、当時一番重要であった言語であるフランス語で話し合った。他国に多く旅行し、他国の知識人から学んだ。国内政権への彼らの批判は、同時にグローバルな政治に向けられていた。なぜならば政権はイギリスとフランスのように世界強国であったか、あるいはスペイン、オランダ、ベルギーまたはポルトガルのようにグローバルな役割を演じていたからだった。18世紀のヨーロッパの啓蒙主義は、知識人のプロジェクトであり、彼らの国際性のシンボルだった。

　もっとも、こうした知識人の国際性は19世紀後期と20世紀初期に後退した。知識人は今やとりわけ国民の言語で書き、自分の国に影響を与えようとした。彼らの批判は、自国の政権、教会、経済に向けられた。第一次世界大戦は、国民的知識人の戦争でもあった。その後、20世紀の独裁国家によって亡命に追

いやられた多くの知識人は、亡命先の環境になじむのが難しかった。かれらはそれだけ非常に国民文化に結びついていた。

20世紀後半の国際化は、一見すれば、18世紀の国民国家以前の知識人の国際性への回帰のように見えた。知識人は再び国際的な言語を学び、たんに読むだけでなく、話すことも学んだ。だから彼らは、他国の知識人との密度の濃い対話に踏み込むことができた。外国滞在が、フランス、イタリアにおいて、しかし今やアメリカ合衆国でも、再びより頻繁にヨーロッパの知識人の経験に属するものとなった。しかしこの新たな国際化は18世紀の国際化とは別のものだった。自国の言語、公衆、文化との結びつきは確かに消えなかったが、しかし例えばローマ・クラブの報告あるいはハーバーマスとデリダのマニフェストのような、国際的なマニフェストが頻繁になった。知識人の国際的な協力は増加した。知識人の批判の対象も、より国際的になった。ヨーロッパ各国は、ヨーロッパのグローバルな役割の終焉と脱植民地化とともに、中位レベルの国家に下降した。それゆえ、知識人が好んで批判を向ける対象、またしばしば知識人の国際的な忠誠の対象は、各国政府の他に、新しいグローバルな権力の中心である超大国のアメリカ合衆国とソビエト社会主義共和国連邦になった。

相違と収斂

相違

20世紀後半のヨーロッパの知識人は、5つの異なる種類に分けられる。5つの種類はすべてのヨーロッパ諸国にいるが、国ごとに種類の比重が違っている。

一番有名なのは、疑いなく、そのために「知識人（インテリ）」という言葉が新しく考案されたタイプ、すなわち、政治参加するゼネラリストであった。このタイプはもともとフランスとその首都パリに密接に結びついていた。この知識人は、半分文士で、半分政治的な文筆家であり、いずれにせよ専門家ではなかった。彼らは政界と政治的エリートからは隔絶したところに身を置き、通常政府の職を引き受けず、経済や教会に対しても距離を保っていた。同時に彼らは国の世論に影響力の強い役割を演じた。彼らはほとんどいつもある政治的な環境に属し、時にはジャン・ポール・サルトルやシモーヌ・ド・ボーヴォワールまたはピエ

第 6 章　エリート、知識人、社会環境　　　　　　　　　　　153

ール・ブルデューのように左翼の環境に、時にはレイモン・アロンのように右翼の環境に属した。しかし彼らはつねに自分が属する政治的な環境のなかである種の自主性を維持していた。彼らはある潮流に属するものとしても、個人としても同じように活動した。彼らはマニフェストに署名し、特定の雑誌、出版社、本のシリーズを作り出し、その際、文学、音楽、絵画、特定の都市地区、レストラン、カフェやリゾートを好み、独特の生活スタイルを発展させた。知識人のこのタイプは、自分の本や論文の成功によって生活した。そのため彼らはフランス社会では、非常に重要な役割を演じた。なぜならヒエラルヒー的に構築された強大なメンバーを持つ政党、労働組合、利益集団が存在しておらず、政治的潮流がより強く個々の人間と非公式なグループに依存していたからである。知識人のこのタイプは、フランスではドレフュス事件で遅くとも 1880 年代に発生し、エミール・ゾラがその体現者となった。このタイプは、第二次世界大戦後ではアルベール・カミュ、ジャン・ポール・サルトル、レイモン・アロンとアンドレ・ジイドがその体現者であった。しかしこのタイプは他のヨーロッパ諸国でも生まれた。イタリアのウンベルト・エーコ、ドイツのギュンター・グラスとハインリッヒ・ベル、イギリスの T. S. エリオットは同様にこのタイプに分類されてしかるべきである。

　知識人の第二のタイプは、世論と政治に関与し、影響力の強い専門家であった。公共的な成果の基礎となるのは、自分の職業分野の専門知識であったが、しかし同時に政治的な関与でもあった。核兵器の議論における物理学であろうが、環境生態学の議論における生物学であろうが、ナチズムの過去の取り組みの議論における歴史学であろうが、この関与は自分の専門領域の政治的な結果に関係していることがまれではなかった。しかし知識人のこのタイプは、もっぱら専門学界に登場する専門家にとどまるのではなく、同時に一般の政治についても態度を表明した。知識人のこのタイプで国際的に有名な人物は、20 世紀後半のヨーロッパでは哲学者のアンドレ・グリュックスマンとカール・フリードリッヒ・ヴァイツゼッカー、社会学者のピエール・ブルデュー、アンソニー・ギデンズとラルフ・ダーレンドルフ、物理学者のイェンス・ライヒ、経済学者のグンナー・ミュルダール、歴史家のフランソワ・フュレ、ハンス・ウルリッヒ・ヴェーラーなどである。知識人のこの第二のタイプは、第一のタイプ

よりも政治的な環境や特定の生活様式との結びつきがはるかにわずかであった。彼らはたいてい政治的な影響力を発揮する集団的な道具、すなわちマニフェストも一般政治の雑誌も出すことはなかった。また、決まったカフェやレストランに居続けることもなかった。彼らはそのような公然たる大げさな生活様式を持たなかった。彼らは通常専門家として受け取る給料で生活し、本の印税や論説執筆料で生活してはいなかった。知識人の第一のタイプのように政府に原則的に反対というわけでもなかった。彼らは政府の顧問や大臣にさえなり、また企業顧問にもなることができた。彼らは、高度に組織された政党機構、強大なメンバーを誇る労働組合、強力な団体が政治的世論を支配する社会のなかでも、影響力が強かった。彼らはこれらの組織に通常欠けているもの、すなわち鑑定力を持っていた。

知識人の第三のタイプは、政治に関与する影響力のあるアマチュアであった。このタイプは専門知識人のように専門知識にもとづくのではなく、ゼネラリストであった。彼らは多くの政治問題に意見を言うことができた。しかし彼らは第一のタイプとは異なり、何がなんでも特定の政治的環境に結びついているというわけではなかった。彼らはある雑誌、ある研究所またはある出版社の政治的な方向の一部ではなく、通常は独立独歩の人であった。政治的には自分独自の態度をとり、政治陣営の間を何の困難もなく渡り歩いた。それにもかかわらず彼らは世論の中で権威ある地位を持っていた。彼らは政治や経済の権力に対して正反対の極にいるわけではなかった。彼らは通常作家としての収入で生活し、またしばしば資産だけで生活した。このタイプは20世紀後半にはどちらかというとまれになった。イギリスではアーノルド・J. トインビー、ドイツではゼバスティアン・ハフナーがこのタイプに属した。

20世紀後半のヨーロッパの知識人の第四のタイプは、東中欧の体制批判者だった。彼らは通常古典的な知識人と同じように、政治的個人的な友人の緊密な地域的ネットワークを構築した。体制批判者の運動は、交友範囲そのものだった。彼らの権威は、ヴァーツラフ・ハヴェルやギョルギ・コンラートのように作家としての業績に基づいていた。しかし彼らは物理学者のローベルト・ハーヴェマン、または歴史家のブロニスワフ・ゲレメックのように、コミュニズム体制に批判的な分野の専門家でもあった。彼らにとって完全に決定的だった

第6章　エリート、知識人、社会環境

のは、他のすべての知識人のタイプのように、政治的な関与であった。その際、彼らは古典的な知識人よりもはるかに原理的に体制反対の立場であった。ギョルギ・コンラートはこれを「反政治」と呼んだ。世論のなかでの彼の役割と権威は、体制に対し原理的に反対であることに依存していた。その体制が消滅すれば、彼らは公的な権威を失うか、あるいはブロニスワフ・ゲレメクやヴァーツラフ・ハヴェルが成功したように、作家や政治家として世論のなかで別の役割を演じなければならなかった。体制批判者は、自国の世論にアクセスする道がしばしば閉ざされていた点でも他のタイプの知識人と異なっていた。地下の批判的な世論は、それが実際に最も早く公然化したポーランドにおいてさえ、いつも非常に制限されていた。それゆえ体制批判者の影響力は、自国の世論に依存しているのではなく、西側における受容により決まった。西側世論の高い評判なしでは、彼らは自国でもしばしば何の重要性も持たなかった。さらに知識人のこのタイプは生活するにも仕事をするにも、他のタイプより精神的負担が大きく、危険だった。スターリン主義の時代の体制批判者は死を、それ以後は逮捕を、覚悟しなければならなかった。あるいは少なくとも自国の諜報機関に苦しめられながらの難儀な生活を覚悟しなければならなかった。

　第五のタイプは、戦間期にジュリアン・バンダが「知識人の裏切り」という有名な表現を考案した類の知識人である。それはすでに言及された知識人で、彼らは他の知識人のタイプのように権力の悪用に対して個人的に批判的な距離を守るのではなく、どのような動機からであれ、いつも、独裁国家の権力者または非民主的な政党の権力者に完全に奉仕した。彼らは公式的な政治的・文化的イデオロギーを再生産し、解説し、そうしたイデオロギーに正当性を与えた。彼らは、知的な自由行動の余地の外観を広めることもまれではなかった。それなしには、これらのイデオロギーが知的でアカデミックな環境に受け入れられるのが難しかったからである。彼らは通常、政治エリートと密接な関係にあり、社会的な交際ではほとんど政治エリートの一部であった。しかし、彼らの権威は専門知識や作家としての成功に基づいていた。哲学者マルティン・ハイデガーと国法学者カール・シュミットは、ナチス政権の著名で公式的な知識人の役割を引き受けることを期待していた。しかし永続的なチャンスはなかった。作家エズラ・パウンドはファシズムのイタリアで政権を支える役割を演じた。歴

史家ユルゲン・クスチンスキーや作家ヘルマン・カントはドイツ民主共和国でこの役割を果たした。こうした知識人は必ずしも独裁国家の国で生活する必要はなく、民主主義国家でも、重大な結果は招くであろうがファシストまたはコミュニズム政権の公式な支持者として態度を表明できた。たとえばスターリン主義は、民主主義的な西ヨーロッパでこの種の知的な支持を見出した。転向、すなわち、独立したヨーロッパの知識人の古典的な役割への悔恨の念でいっぱいの、しばしば劇的な回帰は、同様にこのタイプに属していた。それは、ヨーロッパの知識人の特定世代にとっては標準の経歴にさえ属していた。独裁国家に奉仕するこの半ば公式の知識人は、きわめて評価の定まらない、しばしば悲劇的なタイプでもある。このタイプは世論に政治的に関与する知識人のヨーロッパ的伝統に本来的には矛盾するのだが、ヨーロッパの知識人の歴史の現実の一部であった。彼らを民主主義国家における半公式の政党知識人や政府の知識人と混同すべきではない。というのは、これらの知識人は大々的な懺悔の行動や個人的更迭の痛苦なしに、権力とかなり大きな距離を保つことができ、政治的な誤りで非難されることがありえても、人権侵害や戦争やジェノサイドへの幇助の廉で非難されることはなかったからである。

収　　　斂

こうした大きな違いと同時に、20世紀後半にはヨーロッパの知識人に収斂もあった。第一の収斂は、すでに言及された市場の国際化や知識人のコンタクトの国際化と関係があった。啓蒙主義の知識人に比較してではなく、世紀前半の知識人に比較してだが、ヨーロッパの知識人は他の国々や他の大陸の世論に対して開放的で、自国国境を越えた刺激を受け入れ、他国できわめて重要な経験をした。第二次世界大戦後、ヨーロッパに戻ってきた亡命者は、この過程で先駆者の役割を演じた。もっともこの国際化には、明らかな限界もあった。知識人のためのヨーロッパ化された書籍市場やメディア市場はなかった。ヨーロッパのベストセラーリストはほとんど似ていなかった。せいぜい、漸次的な変化をみることができるにすぎない。本当に全ヨーロッパ的な声望を獲得した知識人もわずかだった。ポーランドの歴史家ブロニスワフ・ゲレメク、フランスの社会学者ピエール・ブルデュー、イギリスの社会学者アンソニー・ギデンズ、

ドイツの哲学者ユルゲン・ハーバーマスとイタリアの文学研究者ウンベルト・エーコは、20世紀後半における周知度からして、このヨーロッパ的声望を獲得した知識人にほぼ近づいたといえよう。

　第二の収斂。知識人のヴァリエーションの幅は、政治的な理由から減少した。というのもヨーロッパでは1945年の、それから再び1970年代前半の、権威主義的でファシズム的な体制の終焉とともに、最終的にはソビエト帝国の崩壊で、知識人の最後の二つのタイプ、独裁国家の体制批判者と半公式の知識人が消え去った。最後にアマチュア知識人も、20世紀後半には同様にますます稀少になった。それは一部はヨーロッパの社会で金利生活者の姿が消えたからであり、また一部は専門的知識の重要性が非常に増大し、アマチュア知識人はもはや持ちこたえることができなくなったからである。

　第三の収斂は、間接的にブリュッセルの欧州委員会に由来していた。欧州委員会は、多くの専門家を政治的な諮問に動員した。というのはスタッフが制限されており、仕事や知識の「アウトソーシング」が委員会の哲学の一部になる時代に、諮問が爆発的に増えたからである。それゆえ欧州委員会は、たくさんの各国行政当局よりもはるかに強く専門家による鑑定に依拠した。無数の専門家委員会、報告、白書、大々的な会議が欧州委員会のイニシアチブで誕生した。それに並行して、欧州委員会は、約180億ユーロの大規模な研究予算を整えた。この研究プログラムの目標は、とりわけヨーロッパのネットワークとそれによるヨーロッパの専門家世論を作り上げることであった。疑いもなく欧州委員会には、ヨーロッパの知識人を新しく造り出す目標はなかった。しかし専門家への諮問とヨーロッパのネットワークの創出により、欧州委員会はヨーロッパレベルで政治的に関与する知識人のための道も準備した。

ヨーロッパの特殊性

　知識人のヨーロッパ的特殊性は、今までほとんど研究されていない。というのは、専門家はとりわけヨーロッパ域内の各国の違いに取り組んできたからだった。それにもかかわらず3つの特殊性を比較的最近の歴史の中から見出すことができる。

第一の特殊性。知識人はヨーロッパで発明された。というのはここではその決定的な前提条件、すなわち、多くの政治的権力中枢の間の競争、国家と教会の分離、大学の自治や世論が発展したからである。それゆえ知識人とその役割の同一視も、ヨーロッパでは今日までとりわけ強い。世論は通常、政治に責任をもって関与する知識人を期待した。ヨーロッパの知識人の、政治的権力、また経済と教会に対する距離と独立は、ヨーロッパでとりわけ強い特徴となっており、いずれにせよアメリカ合衆国、または日本、中国、インドよりも強かった。政治、経済、教会は知識人のこの役割を自覚していた。妥協点を見出して知識人を利用し、あるいは知識人を敵対者としてねらいを定めた。シミュエル・アイゼンシュタットはそれにとどまらず、権力に対する知識人の距離はすでに古代の枢軸時代以来あると指摘しているが、それによればヨーロッパは確かに中国やインドとは違わないが、日本とは異なっている。

　ヨーロッパの知識人のさらなる特殊性は、20世紀後半におけるその地域限定性であった。ヨーロッパの知識人は、わずかな例外を除いてヨーロッパ大陸内部でしか読まれず、たいていは自国の外では一度も読まれなかった。彼らは、どちらかといえば世界中で傾聴され読まれるチャンスのあった一連のアメリカの知識人とは異なっていた。それはたんに英語が国際語になったからというだけではなく、アメリカ合衆国が世界強国として特別な関心を獲得し、アメリカの政治的な知識人がヨーロッパの知識人よりも自国政府の全世界的なはるかに重要な決定に影響を及ぼすことができたからでもあった。アメリカ合衆国以外では、20世紀後半のたいていの知識人は、ヨーロッパの知識人同様、地域限定的で、中国とインドの知識人が、またアフリカとラテンアメリカの知識人が、同程度に地域限定的だった。もちろんヨーロッパの知識人の特殊性は、ヨーロッパが世界的に中心であった時代の世界的な役割からの没落の経験にあり、今ではわずかに地域や各国の中でだけ傾聴され読まれるに過ぎない知識人への没落の経験にあった。

　第三のヨーロッパの特殊性は、独裁国家支持の痛ましい経験であり、ヨーロッパの知識人のこの根本的な失敗の克服であった。北アメリカやインドの知識人にはこの経験がなかった。なるほど中国、ラテンアメリカやアラブ世界と日本でも、知識人が独裁国家の奉仕者だったし、人権の侵害や戦争を支持した。

第6章　エリート、知識人、社会環境

しかし、東アジア、アラブ世界、おそらくはラテンアメリカでも、知識人に対する期待はあまり高くはなかった。ヨーロッパの特殊性は、ヨーロッパの知識人に対する高い期待とかれらの部分的に深い道徳的な堕落の間の特に激しい矛盾にあった。この矛盾との取り組みは、知識人の道徳的危機に対するヨーロッパの敏感さを育み、再転向や懺悔の文化をもたらした。しかしときには独裁国家における知識人の影響力発揮の機会に対する疑念も引き起こした。

社会環境

　社会的な階級環境は、いつも社会史のひとつの主要テーマであった。労働者、市民階級、小市民階級について、また職員、土地貴族と農民については、E. P. トムソン、ユルゲン・コッカ、ミシェル・ペロー、ハインツ・ライフによって、社会史の輝かしい作品が書かれた。もっとも研究は通常19世紀と20世紀初期のこれらの階級環境の発生と絶頂期に集中していた。20世紀後半は、しばしばなおざりにされた。20世紀後半について研究したのは、少数の社会学者と歴史家である。アンリ・マンドラス、エリック・ゴールドソーペ、モニク・ド・サン・マルタン、ヨーゼフ・モーザー、エックハルト・コンツェ、ハネス・ジーグリスト、ジェラール・ノワリエルはほぼ全員一様に、これらの階級環境の没落を、すなわち労働者階級、農民環境、貴族環境の没落を描いた。市民階級の発展についてだけ、論争が続いている。もっともこれらの環境は、たいてい一つの国だけに関して、あるいはせいぜい二つか三つの国を比較して研究された。例外はクリストフ・シャルルのヨーロッパの市民階級についての著作とテンフェルトのヨーロッパの労働者と労働運動についての著作である（Charle [2007]; Tenfelde [2005]）。次の節の中心におかれるのは、これらの社会環境が20世紀後半の経過の中で衰退したのかまたは維持されたのかという問題である。

市民階級

　市民階級（ビュルガートゥーム）が過去半世紀に政治的なアクターとして、下に向かってはっきり

と区別され、内に向かって絡み合った社会環境として、はたして解消されたのか、変化しあるいは維持されているのかどうかは、歴史家、社会学者、知識人によって様々に評価されている。かなりの人が市民階級の終焉が来たと見た。「以前、大市民階級と呼んでいた階級は、私たちのところにはもはや存在していない」とギュンター・グラスは1988年に考えていた。「この階級は第一次世界大戦後に消滅した。インフレーションの打撃を受け、その後、国民社会主義に打ちのめされて」と[1]。他の人の見解では、市民階級は、これには通常、経営者、自由業、高級公務員、ギムナジウム教師、大学教授らが含められているが、自らの地位を堅持しえているとされる。この階級は公的に誓われた共通の価値によって結合し、政治的なアクターとして以前より強力だと（Siegrist [1997]; Siegrist [2001]; Vogel [2005]; Wehler [2001]）。もっとも、1950年代以降の市民階級の変化をより正確に見ると、これら矛盾する見解はそれほど対立的な印象を与えない。

市民階級の変化

ヨーロッパの市民階級は、20世紀後半に激しく変わった。これを3つの異なる時代に分けることができる。1950年代と60年代、市民階級の再安定化の時代。60年代後半から80年代まで、市民階級の根本的な転換の時代。90年代、変化した市民階級の安定化の時代。

1950年代と60年代

1950年代と60年代はヨーロッパ西部では、市民階級の再安定化の時代であった。市民階級はそれ以前に深刻な危機を経験し、おまけにアクチュアルな脅威に直面しているのに気づいた。市民階級は第一次世界大戦と世界恐慌によって信用危機に陥った。市民階級は労働運動からだけでなく、多くの失望した知識人と自らの隊列からも攻撃された。というのは、この階級が効率のよい経済も、国際的な安全保障も、統合された安定的な社会を造りだすことも理解していなかったからである。さらに市民階級の一部は戦時中とナチスのヨーロッパ占領期に、深刻な存在の危機を経験した。ユダヤ人の市民階級の大部分は殺害されるかあるいは追放された。非ユダヤ人の市民階級でも、ポーランドのよう

第6章　エリート、知識人、社会環境

な国々ではナチス政権によって目的意識的に多くの命が奪われた。さらに爆撃と追放によって、ヨーロッパの多くの国で市民階級に属している人が、その財産、この環境の「存在理由」を失った。終戦直後、日常的な食料調達が崩壊した国々では、しばしば市民階級の社会的な区別も消え去った。市民階級の女性も買い出しに行き、小さな畑を耕作し、農民のところで絨毯、家具、ピアノ、その他の市民階級固有の品物を食料品と交換しなければならなかった。ナチス政権から利益を得て、協力した市民階級に属した者は、第二次世界大戦後、世論の一部で評判を失墜させられた。さらに1950年代と60年代に、ヨーロッパ東部のコミュニズムの政府は、市民階級を社会環境として計画的に取り除こうとした。最後に、非植民地化も市民階級の脅威になった。というのもそれにより海外での多くの見込みのある立身出世のチャンスがなくなったからであった。

　この危機にもかかわらず、あるいはこの危機のため、1950年代と60年代に西ヨーロッパでは市民階級は安定化した。50年代と60年代の比類ない経済ブーム、西ヨーロッパの安定した平和、さらに冷戦も、市民階級の信頼を再び高めた。労働運動は、市民階級をもはやあまり根底的には批判しなかった。自らの隊列の批評家は前よりもおとなしくなった。新しい進歩信仰と未来信仰が生じ、そこから市民階級も利益を得た。

　この再安定化した市民階級は、19世紀と20世紀初期の市民階級とまだ非常に似ていた。用語がすでにそのことを示していた。「市民階級」と「ブルジョアジー」は、まだ日常用語の表現だった。市民階級の経済的な基盤は、相変わらずかなり安定的だった。家族企業と所有者企業は今日よりまだかなり多かった。とりわけフランスとイギリスの大経営で、経営者企業による家族企業の本格的な駆逐はようやくまだ目前に迫ったにすぎなかった。市民階級も、未だに社会のほかの社会層、すなわち労働者環境、農民、小市民階級、職員からはっきりと際だっていた。その財産は相変わらず社会のほかの社会層からの鮮明な分離線であった。財産分配は今日よりかなり不平等で（第7章参照）、生産手段の所有が市民の財産のなかでまだとりわけ大きな役割を果たしていた。市民階級のひとつの重要な構成要素、すなわち、財産だけで生活し特定の職業を持たない金利生活者は、少なくともフランスやイギリスのような国ではまだ数が多く、インフレーションと戦争による破壊ですでに広範に駆逐されていたドイツ

とは違っていた。一般に、市民階級には、まだ階級環境を自覚した大衆的な工業労働者階級と層の厚い小市民階級とが対峙していた。

アカデミックな教育も、相変わらず市民階級と下層との区別をはっきりさせた。成人のごくわずかのパーセントしか大学で学ばなかった（第13章表13-1参照）。当時の成人就業者全体のなかで、したがって戦前と戦間期の卒業生を含めても、大学卒業者の割合はまだはるかに低かった。それゆえ、排他的なアカデミックな教育により支えられたエリートとしての市民意識は、まだ現実と矛盾しなかった。さらに消費によっても相変わらずはっきりとした社会的な境界線が引かれていた。ある家族が市民階級に属するかどうかは、生活態度、車やテレビの所有、本、外国への休暇旅行、衣服、それになんといってもまだ奉公人がいるかどうかからも、容易に見分けることができた。

ヨーロッパの市民階級は、さらに相変わらず共通の価値の世界を持ち、それをしばしば世論でも訴えていた。すなわち、さまざまの家族価値観、職業に就いている夫と専業主婦の妻の間の役割配分、両親の、とりわけ母親の子供に対する濃密な慈しみ、外部に対する家族の閉鎖性、合理的で節約を重んじる家政態度、財産譲渡のための家族の重要性、人生の各段階間の市民階級にふさわしい移行、また社交の場に娘を紹介する特別な儀式も。教育、とりわけ大学教育の重要性、エリート養成の重要性。個人的業績とセルフコントロール、人生の中心としての出世と仕事。国家に対する職業的独立の中心的な役割、自由業と同様の経営者の自治、教授や聖職者の自治、芸術家や知識人の自治と個人主義も。最後に、すべての人間の、少なくとも法の下の、基本的平等の根本的要請とすべての人の人権と市民権の要求、政府と行政の議会によるコントロールの要求。

さらに市民階級の内部の結びつきが相変わらず存在した。それは、一部は排他的な結婚の範囲によって、一部は共通の大学教育と古典的教養によって、一部は親密なクラブの付き合いによって、人とのつながりや常連仲間によって、市民の礼儀作法によって、オペラ、劇場、コンサート、博物館などのような共通の出会いの場所によって、もたらされた。市民階級は、主として自分の階層から仲間を集めた。内部的な結合と社会的な境界線は、たんに生活実態だっただけでなく、望まれもした。市民階級は自分の独自性を完全に自覚し、たいて

いは特殊な社会的な階級にとどまろうと望んだ。

1960年代後半から80年代

　もっとも1960年代後半以降、市民階級は非常に変化し始めた。古典的なヨーロッパの市民階級とはかなり異なった、別の市民階級が徐々に成立した。この別の市民階級は、労働者環境や農民環境との古い緊張関係がますます少なくなった。というのはこの二つの環境はわずかになったからであった。19世紀と20世紀初期の市民階級を特徴づけ、1950年代と60年代にはまだ完全に存在していた意識、すなわち、反乱を起こす労働者への不安と遅れた農民への軽蔑は、しだいに現実的な根拠を失った。

　同時に市民階級は小さな洗練された少数派のままにはとどまらなかった。市民階級のすべての職業が急速に膨張した。ヨーロッパの市民階級は、社会でわずかな割合しか占めない市民階級から、人口の3分の1から半分が属する市民階級へと飛躍した。若い世代に占める大学生の割合を目安とすれば、そうなった（表13-1参照）。この傾向が続けば、市民階級の割合は近いうちに1900年頃の古典的な工業社会の工業労働者の割合よりも高くなる。そして大衆市民階級が成立することになる。ヨーロッパではその数は1億人以上に増加しうる。その結果として社会的な交際、自己理解、そこでの個人の位置がどうなるかは、今までほとんど考察されなかった。もちろん、その調査もない。

　そのうえ、生活態度、教育、財産といった市民階級と下の層を分けていた社会的な区別の境界線もぼんやりし、変化した。奉公人は民間人の家政から消えた。自動車の所有、テレビ、ダイニングルームと子供部屋、外国旅行、背広、婦人用スーツ、メーキャップと香水、書籍、レストラン、バター、ワイン、シャンパンは、もはや市民階級特有のものではなかった。これらの眼に見える社会的な境界線は、自動車のブランド、旅行先、香水、衣服のブランドまたはワイン産地の選択の際の繊細な違いに置き換えられた。その違いはあまりにも繊細で、事情通にしか見分けられないこともまれではなくなった。

　1950年代までは市民階級の社会的な区別に決定的だった大学教育は、そのためにはますますわずかしか有効でなくなった。大学教育はすでに19世紀後半以来膨張していたが、今や新しい次元に到達した。2000年頃には多くのヨ

ーロッパ諸国で同世代のほとんど半分が大学に通っていた（第13章教育参照）。それによって大学は古い排他的な性格を失った。フランスのグランゼコールやイングランドのオックスブリッジといった教育システム内部にあった境界線も、多くのヨーロッパ諸国で、市民階級を社会的に区別するものではなくなり、市民階級はこの境界線を横切っていた。さらに大学卒業生と非大卒者の教育の隔たりも、明らかにわずかになった。終戦直後、大学卒業生は、ほとんどのものが小学校卒という社会に直面したが、大学と小学校の間に中等教育水準がしだいに扇形に広まった。純粋な小学校卒は、ますますまれになった。それによって、少数の大卒教養人と小卒国民あるいは非識字との間の巨大な古い社会的な隔たりは、過去のことになった。

同様に財産も、下層との社会的な区別の手段としての明確さのかなりのものを失った。市民階級だけでなく、他の市民も財産をますます持つようになり、家や自動車の所有者になり、生命保険、住宅貯蓄契約および有価証券を所有した。資産の配分は不平等のままだったが、しかし不平等性は弱まった（社会の不平等に関する第7章参照）。とりわけ財産所有の社会的な結果が変化した。資産が市民階級に提供し、その生活態度を非所有者から根本的に区別していた社会保障を、住民の多数は別の方法で手に入れた。彼らは資産による保障の代わりに、現代的な福祉国家から保障を獲得した。同時に19世紀後半と20世紀初期のヨーロッパの市民階級の典型である金利生活者は、財産によって生活し職業を持たなかったが、その金利生活者が第二次世界大戦後ますます消えていった。

外に対する市民階級の社会的な境界線のこの不明確化により、市民階級内部の社会的な境界線が、とりわけ消費と生活態度で以前よりはっきり見えるようになった。市民階級の個々の職業集団は、自動車のブランド、休暇旅行の目的地や衣服で、また、新聞、音楽、家具、読書、余暇の活動、レストラン、居酒屋などの選択で、互いに非常に異なっていた。社会的区別に関するピエール・ブルデューの調査は、1980年代のフランスの高い階層の内部の違いを実例を使ってきわめて印象的に示している。高い階層の内部的違いは、基本的には他のヨーロッパ諸国でも異なってはいなかった（Bourdieu [1984] 212ページ）。市民階級の通婚圏と社会性がいくぶんか開放的になったかどうかについては、十

分に調査されていない。

　さらに市民階級の価値が変化した。確かに仕事、業績と出世、教養と大学教育が相変わらず高く評価されていた。しかし家族の価値観は変わった。男性と女性の間の古い対立は、弱まった。市民階級の中では、女性と男性の教育と仕事の平等が、たとえ女性がかならずしも就職を選択肢としないとしても、完全に受け入れられた。2000年頃にはヨーロッパの大学では、すでに男性よりたくさんの女性が勉強していた（第13章参照）。父親と母親の役割は、今や以前よりもいくぶん対立的ではなくなった。男性の社会性と女性の社会性の間の分離は変化した。女性が男性の社会性に入り込み、それを変化させた。市民階級でも、社会の他の部分でそうであったように、多様な家族モデルが経験された。その上、市民階級にとって家族は、はっきりと影響力を失った。家族は次世代への財産の継承の際にもはや基本的な役割を果たさなかった。というのは経済と自由業において、家族経営が以前よりまれになったからであった。娘や息子の配偶者選択や職業選択の際に、家族の役割が弱まった。ヨーロッパ市民階級のなかでの他の諸価値、とりわけ国民、国家、国家権力、民主主義の重要性については、われわれはあまりにもわずかしか知らない。

　最後に、ヨーロッパの市民階級は20世紀中頃以前よりも強く国際化した。企業家だけでなく、高級官僚、学者は、仕事の分野でより国際的になった。もっとも医者や弁護士はほとんど国際化しなかった。同時に市民階級の国際化は、世紀前半とはいくぶん違ったことを意味していた。国際化はもはや、植民地的世界支配やヨーロッパの諸帝国、あるいは戦争中の占領と結合したものではなかった。それは国際的な商業と輸出、国際組織とEUとはるかに強く結びつき、大学の専門教育や研究の国際化により強く関係していた。

1990年代

　1990年代はトレンドの転換をもたらさず、どちらかといえば70年代以降のトレンドの継続であった。しかしひとつの発展が以前よりも明らかになった。第一次世界大戦以来、ヨーロッパの市民階級に連続的に、たとえ形は様々でも付きまとっていた戦争の経験が、後退した。市民階級はもはや存在を脅かす敵ではなかった。市民階級の権力は以前よりも、いずれにせよ貴族や君主の権力

によって制限されていた19世紀と20世紀前半に比べれば、制限されていなかった。貴族はもはや政治権力をめぐる真剣なライバルではなかった。貴族のいわば最後の避難用城塞、すなわち外交と軍隊の中でさえ、20世紀中頃以来、貴族の割合はごくわずかにまで低下した。労働運動の力も同じように1970年代以来連続的に下降した。フランスやイギリスやイタリアのようなかなりの国では劇的に、ドイツまたはオーストリアのような他の国ではゆっくりと、しかしはっきりと低下した（第10章社会運動参照）。ソビエト帝国の崩壊により、市民階級のいない社会という別の選択肢もスクリーンから消えた。東中央ヨーロッパ社会では、再びゆっくりと経済的な、そして知的な市民階級が成立した。総じて、今や市民階級の影響力がノーマルなこととみなされた。だれも、自分の社会またはヨーロッパの他のどこでも、それを揺さぶろうとは考えなかった。

もっとも、他の社会と全く同じように市民階級も、以前あまり知られていなかった脅威に直面した。市民階級の環境も失業を免れることができず、自分たちの子孫の市民階級としての出世を巡っても不安を免れなかった。大学での専門的職業的教育の成功は、もはや無条件には職業での成功や出世につながらなくなった。自分の成人した娘や息子が職業での成功と出世の市民階級的価値を実現できるかどうか、市民階級の地位を自分の家族の中で維持できるかどうかは、もはや最初から確定的なことではなかった。娘や息子の下降への不安が市民階級の中で高まった。

ヨーロッパの相違と収斂

ヨーロッパの市民階級の相違は20世紀後半、1989～90年まで減退しなかった。この時期は、新しい根本的な相違の時代であった。違いのこれほどの明確さは、18世紀後半の市民階級の成立以来、いまだかつてなかった。ヨーロッパ西部では、市民階級は1950年代と60年代の間に再び安定化した。それに反してヨーロッパの東部では、市民階級はコミュニズム体制によってほとんど廃止された。それは、ナチス政権によってヨーロッパの市民層に付けられた前述のひどい打撃の後に行なわれた。市民階級のいるヨーロッパの半分と、市民階級のいないヨーロッパの半分というのは、新しいとりわけ明確な相違であった。

第6章 エリート、知識人、社会環境

さらに19世紀と20世紀初期にヨーロッパの市民階級を特徴付けていた違いは、20世紀後半も相変わらず影響し続けた。ユルゲン・コッカは19世紀と20世紀初期のヨーロッパの市民階級を3つのタイプに区別した。第一に、豊かな成功した強い西ヨーロッパの市民階級。これは開放的で商業化した下降しつつある貴族と密接に結びついていた。その教養市民層は、フランスを例外にして、比較的弱く、後になってようやく出世した。第二に、中央ヨーロッパの市民階級。これは後になってようやく経済的に成功した。これは、とりわけエルベ川以東では政治的に強力で、特権によって保護され、わずかしか商業化していなかった貴族によって、ほとんど排除されていた。教養市民層の部分はすでに早くから特別に尊敬され、政治的に影響力があり、強い国家を志向していた。第三に、東ヨーロッパの市民階級。これは、中央ヨーロッパと同じように強い貴族にはねつけられ、経済的にあまり成功していなかった。教養市民階級としてもたいして尊敬されなかったし、特に統一性がなかった。また、西ヨーロッパや中央ヨーロッパの市民階級より、民族的にははるかに分散していた（Kocka [1988]）。この19世紀から20世紀前半にいたる長期の違いは、20世紀後半に影響し続けた。経済市民階級と教養市民階級は社会での重要性が異なった。だからイギリスの「中産階級」とドイツ連邦共和国の市民階級は、1950年代と60年代でも完全に異なっていた。ドイツの教養市民階級は相変わらず、イギリスの教養市民階級より、自己の社会的地位に対しはるかに高い期待を持ち、教育による上昇について特別な態度をとっていた。また、下層に対してより鋭い境界を求めていた。むろんイギリスの教養市民階級は、ナチス体制後のドイツの市民階級が被ったような、甚だしい信用危機を経験しなかった（Vogel [2005]）。フランスとドイツの市民階級の古くからのさまざまな違いも、残ったままであった。ドイツの市民階級の生活様式は、フランスの市民階級より控えめで、あまり挑発的ではなかった。ドイツの市民階級は財産でもフランスほど際立つことがなく、「グランゼコール」のような共通のエリート学校によって緊密に結びつくこともあまりなかった。上昇者に対する社会的な閉鎖性もあまりなかった（Kaelble [1991a] [1991b]）。

にもかかわらず、20世紀後半は、単純に相違だけが目立つ時代だったのではない。同じように収斂も著しかった。1960年代後半以降、市民階級を変化

させた発達は、西ヨーロッパのいたるところに浸透した。市民階級的な職業は、どこでも膨張した。中間層と下層に対する市民階級の社会的な区別はどこでも消え、もっと繊細な社会的な違いに変わった。家族の価値は、同じような方向で発達した。貴族と市民階級の関係のかつての違いは、ほとんど機能していなかった。というのは貴族階級は中央ヨーロッパや西ヨーロッパでもかつての重要性を失ったからである。市民階級内部の民族的な区別は、東部ヨーロッパでは以前より弱まり、西部ヨーロッパでは少し強くなった。東部ヨーロッパに再び成立した市民階級は、民族的分断がかなり少なかった。というのは、民族がホロコーストと戦後の追放の後では昔のように重要な役割を演じなかったからである。同時に西ヨーロッパには、新しいインド人、中国人、トルコ人の市民階級が成立した。これらの市民階級は土着の市民階級とあまり結びつかなかった。東ヨーロッパの民族的に分裂した市民階級と西ヨーロッパの民族的にはっきり均一な市民階級の違いは、こうした方法で少し弱まった。

ヨーロッパの特殊性

市民階級はヨーロッパの特殊性のひとつであった。その特殊性は、確かにヨーロッパ諸社会のすべてにおいてではないが、重要な影響力のあるところで発展した。市民階級の構成要素となる職業グループは、確かに別の社会にも存在していた。ヨーロッパの特殊性は、共通の社会的、経済的、政治的な価値と規範によるこの職業グループの既述の結びつきにある。こうした価値や規範は、公的な議論でも擁護され、宣伝された。

20世紀後半、ヨーロッパの市民階級の特殊性に属したのは、コミュニズム体制による、しかしまた自国と占領された国々でのナチス体制による、解任、追放、さらには粛清の経験や記憶であった。北アメリカの高い社会層も日本の高い社会層もそうした経験をしなかった。もっともヨーロッパの市民階級のこの経験は、19世紀から20世紀初期の比類のない全盛期とは明確に矛盾するものだったが、1990年代には目に見えて色あせ、もうほとんど思い出されなかった。

第6章　エリート、知識人、社会環境

労働者の環境

　市民階級の環境と異なって、歴史家と社会学者が労働者の環境が衰退しているのかどうかを論争することはまれで、せいぜいそれがいつ起こったのかが論争になるだけである。古典的なヨーロッパの労働者の環境はとりわけ3つの機能を持っていた。第一に、個人的な危機状況における相互的連帯による緊急援助の環境だった。すなわち、家族の一員の死、重い病気、失業または高齢による貧窮の際に、国家や教会の援助が役に立たないか、または尊厳を失わせる場合の緊急援助の環境だった。第二に、労働者の環境は生活様式とともに、労働者に社会の中で自己尊厳と品位を得られるようにした。社会の中では、彼らは、市民階級と小市民階級によって、教育や社会的な生活、あるいは社会的な尊敬から、排除されていた。教育施設、ミュージックホール、シャンソン文化、休日、デモンストレーション、食堂、遠足、特別な衣服、特別な消費などが、社会的な自己尊厳と品位を取り巻いていた。第三に、プロレタリア的な労働者の環境は、労働運動、労働組合運動、そして社会主義諸政党の担い手でもあった (Tenfelde [1988])。もっともこれら3つの機能は、かならずしもいつも重なり合っていたわけではない。労働者の環境は、例外なく社会主義であったというのではなく、しばしば教会と結びつき、あるいはまた保守、しばしば極右の潮流にも近づきやすかった。反対に社会主義の運動は労働者の環境だけでなく、他の社会環境にも、すなわち職員、小市民、知識人にも依拠していた。そのうえ労働者の環境は、重要なヨーロッパ諸国ではすでに戦間期に、それから再び冷戦の時期に、社会主義の環境とコミュニズムの環境へと政治的にひどく分裂した。それゆえ労働者の環境の政治的な統一性を過大評価することも、ヨーロッパの社会主義運動の社会的な基盤を単純化することもできない。それにもかかわらず、ヨーロッパの労働者の環境の成立が、なぜヨーロッパに最初に社会主義が大衆運動として存在し、それからヨーロッパモデルに従って世界のどこかよその場所に引き継がれ、変化したのか、についてのかなりの部分を説明している。逆に、労働者の環境の衰弱は、なぜ最近何十年かに労働組合運動が以前の強さを相当に失ったのかについても、非常に良く説明する。

1950年代と60年代のヨーロッパに工業労働者の環境が引き続き存在したということは、議論の余地がない。この労働者の環境の基礎は工業であった。工業雇用は当時ヨーロッパのどこでも全盛期だった。この時期だけ、ヨーロッパでは全体として工業部門が最大の雇用部門だった。当時ようやく工業部門が、農業部門にとってかわった。というのはようやくその当時、ヨーロッパの南部、東部、北部の周辺が、一部は計画経済によって、一部は市場経済によって、工業化され、同時に古い工業国が引き続きなお強い工業部門を持っていたからである（第3章労働参照）。

　1970年代と80年代以降、ヨーロッパの労働者の環境は、様々な理由から徐々に弱まった。

　第一の、どちらかといえば経済的な理由は、既述のこと、すなわち西ヨーロッパ全域でみられた工業雇用の後退であった。この後退はたいてい劇的ではなかったが、はっきりと認められた。ILOの国際労働事務局の見積もりによれば、1970年代と80年代には、ヨーロッパの工業と手工業の雇用は、とりわけ北ヨーロッパと西ヨーロッパでかつての50％以上から40％をかろうじて上回る水準にまで低下した。OECDの見積もりによれば、西ヨーロッパの工業と手工業の雇用は、1960年にはまだ38％だったが、1999年にはもう29％にすぎなかった（ILO [1997] 214ページ以下；OECD [1985] 36ページ；OECD [2000] 40ページ）。狭義の労働者の割合は、どちらかといえばさらに激しく減少した。さらに構造の変化によってプロレタリア的な労働者の環境は弱まった。土着の熟練した男性工場労働者の数は、減少した。その代わりに非熟練労働者、女性労働者、外国人労働者の数が増大した。これらの労働者は古いプロレタリア的な労働者の環境の生活様式にたいして、ほとんど反応しなかった（Mendras [1986] 35ページ以下；Noiriel [2002]）。特に地中海の東部と南部からの新しい移民は、ヨーロッパの労働者の環境を激変させた。

　その上、プロレタリア的な労働者の環境は、実質所得の上昇によって、とりわけ1950年代と60年代のブーム以来変化した。実質所得の上昇は、労働者の生活水準、居住状況、食物、衣服、家具、調度、余暇と旅行の著しい改善をもたらした。ぎりぎりの困窮は、労働の日常では弱まった。それによって古い労働者文化の本質的な機能、困窮状況での実際的な日常的連帯は、以前ほど緊急

第6章　エリート、知識人、社会環境　　　　　　　171

ではなくなった。また同時に生活水準の上昇の結果として、市民階級と中間層に対する消費の社会的な境界線が、あまりはっきりと引かれなくなった。日常の生活の仕方でも、除け者にされることや労働者環境の独特な制限も、あまり認められなくなった。労働者の家庭が市民階級の家庭から鋭く区別されるプロレタリアの特殊性は、後退した。家族の生活の中心としての台所は、また市民階級や中間層の社会で普通になっていたように、ソファーと壁面を覆うユニット戸棚にますます取り替えられた。20世紀前半に労働者の家庭だとすぐにわかったような食事にはラード、ジャガイモ、豚肉、ビール、シュナップス、まれに果物などがあったが、それが他の社会と類似のものになり、逆にしばしば他の階層にもまねされた。プロレタリアの衣類、例えば「ハンチング帽」や青い作業着は消えた。それは、他の階層も買うような仕事服やデパート製標準服によって取り替えられた。生活必需品に対する家計支出の相違は減少した。フランスの熟練労働者の家計は、1950年代に食料にまだ家計予算の約半分を支出しなければならなかった。それは自由業の人の家計の2倍くらい高い割合だった。それに対して1980年頃は4分の1くらいにすぎず、より高い職業の人のだいたい1倍半に過ぎなかった（Herpin/Verger [1988] 114ページ）。小型自動車としばしばそれにともなう休暇旅行の普及、みんなのためのデパートやスーパーマーケットの普及が、さらに大型集合住宅建設や多くの新しい消費対象も、社会的な均等化のように作用した。

　プロレタリア的な労働者の環境の減少のさらに決定的な原因は、現代的な福祉国家の成立であった。これは戦後の時代になって初めて実現された（第11章福祉国家参照）。福祉国家は個人の生活の危機、病気、両親の片方の死、失業、高齢の貧困が決まった場合の社会的な安全性を改善した。福祉国家は同様に、古いプロレタリアの労働者文化の日常的連帯がもはや以前ほどあまり緊急に必要ではなくなることに本質的に貢献した。第二次世界大戦以来の社会保険の中央集権化によって、例えばフランスの「共済組合」のような個々の職業集団のより古く、非国家的な、自由意志による保険が隅に追いやられた。それによって、より古いプロレタリア的な労働者の環境の重要な日常の支えが意味を失った。

　最後に、労働者の子供の中等教育と高等教育からの排除が後退した。まだ

1950年頃には、ヨーロッパの大学進学における労働者の子供のチャンスは非常に悪かった。当時100人の労働者の子供のうち1人も大学生ではなかった。2000年頃には大雑把なヨーロッパの平均で、労働者家族の子孫の10%少しが大学に進学していた。機会の平等はなかったが、それでもはっきりと改善されていた。この変化にとって決定的だったのは、大学生の数と大学の巨大な膨張であった。つまり、大学生の中で労働者の息子や娘の割合が非常に上昇したというわけではなく、それは低いままであった（第13章参照）。

第二次世界大戦以来の都市の拡張が同様に、プロレタリア的な労働者の環境をどちらかというと弱くした。19世紀後半と20世紀前半のヨーロッパの都市の発展は、社会環境の分離と純労働者地区の形成をもたらし、さらにしばしばほぼ純粋な労働者都市さえも作り出した。それに対して1950年代と60年代以降の都市計画は、都市の区域のこの古い社会的な境界線をぼやけさせた（第12章都市参照）。労働者はもはや労働者だけと一緒に暮らすことはなくなった。

さらに新しいメディアと新しいレジャー産業は、古いプロレタリア的レジャー文化を端に押しのけた。戦間期以降新しく成立したメディア、すなわちラジオ、映画、テレビ、レコード、ポケット版書籍のような特定の社会環境とは結びつかないメディアが、下層に対する市民環境の社会的な境界線を不明瞭にしただけでなく、上層に対する労働者の環境の境界線をも不明瞭にした。例えばプロレタリアのラジオと映画、労働者レコードと労働者文庫のような労働運動の囲い込みの試みは、押し通すことができず、すでに基本的には戦間期に失敗した（第8章のメディアについて）。スポーツでも古い社会環境の境界線がこじ開けられた。イングランドでは、かつて圧倒的にプロレタリアのスポーツであったサッカーが、労働者以外でも人気になった。例えばカーニバルや都市の地区祭りのような古くて新しい、様々な社会環境全体を覆う地域活動が、増加するかまたは新たに考案された。

少なくともドイツでは、政治的な決定もプロレタリア的労働者環境を後退させることに貢献した。ワイマール共和国の間の社会民主主義とコミュニズムのサブカルチャーの激しい分裂は、労働者文化にネガティブな影響を及ぼした。労働運動の破壊またはナチス政権による抑圧と地下運動は、労働者文化をさらに弱体化させた。第二次世界大戦後、ドイツ社会民主党（SPD）とドイツ連邦

第6章　エリート、知識人、社会環境

共和国の労働組合は、以前のたくさんの労働者協会を再建しないことを決めた。例えば労働者福祉事業、労働者救護組合、新しい故郷のように、なお存続した労働運動文化のかなり古い組織も、労働者環境の支柱としての独自の性格を広範囲に失い、他の多くの組織と同じように慈善組織や住居建設会社になった。

相　　違

　一番はっきりと違っていたのは、1989年までは西ヨーロッパと東ヨーロッパの労働者環境であった。もっともこの相違は根本的に変化した。50年代から60年代まで、東ヨーロッパ内の社会的な区別は、様々な理由から西ヨーロッパにくらべてわずかであった。市民階級と小市民階級の抑圧と財産没収によって、東ヨーロッパでは、当時まだ西ヨーロッパに存在していたような際だった社会的な境界線が消え去った。さらに消費財の中央集権的なコントロールによって、自動車、外国旅行、食事、衣服による公然たる贅沢品や露骨な社会的区別は後退し、それらの不足がみんなに共通した。教育機会は、労働者の子供にとって東部ヨーロッパのどこでも目的意識的に改善され、労働者の子供を大学教育から排除することによる明確な社会的な境界線は著しく弱められた。新しい権力エリートと経済エリートに属している多くの人は、労働者環境出身で、そのよりよい上昇の機会を象徴していた。社会的な境界線としての所有は、企業の国有化と家屋所有の価値低下によって減少した。東部ヨーロッパの福祉国家は、たくさんの社会的な保障をもたらした。東ヨーロッパの労働中心の社会は労働者に、以前は排除されていた多くの特典を与えた。例えば休暇プログラムやその他の文化プログラム、そして能力向上教育の機会などである。

　もっとも1970年代と80年代の経過の中で労働者環境の東と西の違いがはっきりと変化した。労働者環境は東ヨーロッパの方が西ヨーロッパよりも一般的に強く維持された。その決定的な要因は、東ヨーロッパでは工業部門の就業が減少したのではなく、その割合が維持されたことであった。その上外国人労働者が移民として入ってくることも、西ヨーロッパよりはるかに少なかった。さらに実質所得と消費の可能性についても、その上昇が西よりかなり低かった。それによって社会的な境界線は、ゆっくりと不明瞭になっていった。東ヨーロッパの社会保障の先進性は、西ヨーロッパの現代的な福祉国家の普及とともに

溶けて消え去った。その後、退職後の老齢期の社会的な相違は、東ヨーロッパでは西ヨーロッパよりもどちらかというとより激しくなった。教育の機会は東ヨーロッパでは西よりもゆっくりと改善した。というのは中等学校や大学がそれほど急速に膨張しなかったからである。それゆえ1980年代には東ヨーロッパの労働者の子供は通常、大学での勉強への機会が西よりわずかであった。最後に、市民階級の古い社会的な区別は、新しい、しかしすくなくともそれと同じように厳しい社会的な区別に取り替えられた。党や国家の幹部グループと知識階級は、外国旅行によって下のものと区別され、また、一般とは区別された有利な購入可能性、あるいは国家的な休暇プログラムや文化プログラムへのアクセスのよさによっても、下のものとはっきり区別された。

農民の環境

19世紀と20世紀前半のヨーロッパの社会を特徴づけ、戦後の時代にもまだ存在していた第三の環境、すなわち農民の環境も、同じように最近数十年で弱体化した。この環境の弱体化にも経済的な原因だけではなく、社会的、政治的なものがあった。

ヨーロッパの農民の環境の経済的な基礎は、まだ戦後の時代や1950年代でもしばしば広範囲の経済的な自給自足だった。ヨーロッパの農民は、たいていはファーマーや農業経営者ではなかった。ファーマーあるいは農業経営者は利潤最大化の原則に従って農業経営を行い、生産物を市場で売りさばいたが、農民は主として自分の需要のために生産した。彼らは作った食料の多くをほどんどみずから消費しただけでなく、衣服の大部分を自分で生産し、暖房のための手段を自分で調達し、自分の家や仕事の道具の修繕も自ら行なった。彼らは、家の建築さえ、いつも建築業に任せるわけではなく、自立的に行なうこともまれではなかった。確かに彼らは生産物の一部を市場または協同組合で売っていた。しかし彼らにとっては自給の原則がまだ支配的で、仕事の方法すべてがそれによって、大きく特徴付けられていた。

彼らの仕事の方法は、都市の労働とは非常に異なっていた。非農民的な労働とは異なり、労働と余暇との明確な分離がまだなかった。農民の労働は、絶え

第6章　エリート、知識人、社会環境

間のない負担を意味した。もちろん、一日のうちでも、一週間でも、特に一年間あるいは人生全体でも、仕事の集中するときと比較的楽なときの独特のリズムがあったのだが。さらに農民の労働に特徴的だったのは、専門化がわずかなことであった。農夫と農婦はゼネラリストで、植物生産も動物生産も営み、多数の生産物を作り出した。彼らは同時にたくさんの修理も行うことができた。専門化がわずかなため、農民は正式な職業教育をわずかしか受けていなかった。学校教育はしばしばごくわずかで、ときおりはまったく学校教育を受けていなかった。職業知識は、自分の家族内で伝えられるか、または下男として実際の仕事で習得した。農民経済はいつも自己の農場での家族全員の激しい肉体的負担も意味した。子供は早い年齢から、主婦、未婚の家族メンバーや高齢者と同じように、労働過程に入れられた。

　農民の広範囲な自給自足と特殊な仕事の方法が、特殊な生活様式ももたらした。戦後の時代まで、裕福な農民の階層を除外すれば、農民の生活水準は都市の生活水準よりはるかに下であった。新鮮な水、電気、バスルーム、暖房のある住居設備は、一般的に都市の水準以下であった。1970年頃でもまだフランスのイル=エ=ヴィレーヌ県では、農家の半数で水道水がなかった。農家の3分の1は部屋がただ一つしかなかった。農家の4分の1以上で、床は踏みつけられた地面だけでできていた（Huebscher [1983]）。農民の食物は、しばしば自分の土地の生産物に偏る傾向があった。農民の健康状況は19世紀とは異なって、しばしば都市住民より下だった。というのは栄養の摂取はしばしば不健康で、医者の治療は不十分だったからである。それゆえ田舎の平均余命は、都市よりも通常短かった。田舎の実質所得は、自給自足の程度が高いため測定するのが難しいが、しばしば都市より低かったように見える。農民世帯はこれらすべての理由から、都市の消費に、とりわけ家庭用器具、ラジオ、テレビ、レコード、本のような新しい耐久消費財で、もちろん旅行でも、歩調を合わせることができなかった。

　農民の社会的な関係と農民の家族は、都市とはかなり異なるように見えた。とりわけ集村型ではなく分散型の農家の地域では、農民の生活を強く特徴付けるのは社会的な孤立であった。家族との結合が強かった。職業継承の割合が高く、それにともなう農民の生活様式と貧困の連続性は高かった。1953年でも

フランスでは農民の息子の60％が再び農民になった。農民生活の孤立の結果として、農村生活からの脱出と上昇の機会がわずかだった。というのは他の職業の教育と情報の機会あるいは可能性が、あまりにも少なかったからであった。結婚の範囲もほとんど農民の家族に限定されていた。未婚率は高く、それも農民の環境を去る機会が少ないことを証明していた（Huebscher [1983]）。

こうした農民の環境は西ヨーロッパでは歴史的に唯一無二の大転換のなかで後方に追い立てられた。それは今日、ヨーロッパの農業では周辺現象とみなされている。この甚だしい大転換は、残念ながら今までほとんど研究されていない。このヨーロッパ社会の徹底的な変化については、ただフランスに関してだけ、歴史家によるかなり集中的な研究がある。ドイツに関しては民族学者による研究だけである。

農民の環境の減少は、なんといっても経済的条件が決定的であった。自給自足の程度が高い伝統的な農民経営は、現代的な農業経営により取り替えられた。現代的農業経営の中では、農場主は比較的わずかな生産物の経営を利潤最大化の原則に従って運営し、生産物を他のあらゆる生産者同様、市場で売りさばいている。その際にしばしば資本集中的に生産し、現代的な簿記原則で経営している。現代的な農業の徹底的な実現には、一方では、第二次世界大戦以降の西ヨーロッパ農業の抜群な生産上昇が不可欠であった。植物生産でも動物生産でも生産性の数値が、ヨーロッパの農業史で前代未聞の速さで高く上昇し、工業よりも早かった。この歴史的に一度限りの生産性増大の中で、農産物の自給を達成しただけでなく、西ヨーロッパが世界の最も重要な農業輸出業者の一つになった。他方でヨーロッパのどこでも農業部門就業者の割合が急速に低下しただけではなかった。歴史上初めて農業経営の数もはっきりと減少した。それゆえ経営のやり方、生産性、企業数において、最近数十年間は、ヨーロッパ農業の前代未聞の大転換の時代である。

この大転換は、農業の労働形態に深刻な影響を与えた。農業経営者は、以前の農民とちがって経営指導者であり、それは農業以外の手工業とサービス業にも存在したのと同じであった。彼らは一定の農産物の生産のスペシャリストになった。彼らの学校教育は長くなり、基礎学校教育の他に、しばしば中等学校教育も含んでいた。農業経営者は、しばしば職業の専門教育も受けていて、絶

え間のない継続教育と経営相談を通して、特別な生産分野についての知識を最新の状態にしている。農業経営者は農民と違ってひとつの職業であった。農業経営者は、職業活動において、工業やサービス業の職業と原則的にはもはや異ならなかった。それによって経営と家族の関係も変化した。伝統的な意味の家族経営では家族すべてが自分の経営で働かなければならなかった。しかし、西ヨーロッパの農業経営からはこの家族経営がますます減った。

　農民の生活様式も根本的に変化した。農民の実質所得はたいていの西ヨーロッパ諸国で連続的に上昇した。農業経営者の生活水準は、都市の生活水準と同じになった。住宅の質はもはや著しくは異ならなかった。新鮮な水と電気の供給は、バスルームとトイレの付いた住居設備と同様に、都市の世帯のようであった。農業世帯は都市世帯のように市場に組み入れられていた。農業世帯は生産財を買っただけでなく、まったく都市世帯と同じように市場で、食料、衣服、暖房用資材、家具も買った。冷蔵庫、テレビ、洗濯機、冷凍庫のような耐久消費財の使用の違いは、過去数十年間で完全に消えた。田舎の生活にとりわけ重要であった自動車や冷凍庫のような特定の耐久消費財について、農業世帯の所有状況は都市世帯より明らかによかった（Huebscher [1983]）。

　生活の仕方も根本的に変化した。農民のかつての社会的な孤立状態は自動車により打開され、多くの活動の中心が村から小都市へと変わった。それにはもちろん、青少年や高齢者のような自動車を完全には利用できない年齢層にとっての、決定的な不利益が伴っていた。少なくともフランスに関して報告されていることだが、家族の生活様式について、家族内に激しい衝突が生じた。その衝突は一部は農民の経済的な行動をめぐるものであった。また一部は、農民の経営に対する家族の関係をめぐるものであった。農民の子供はますます農場を去った。1977年には、フランスの農民の息子の3分の1しか農民の職業を選ばなかった。さらに3分の1は労働者になった。さらに驚くべきことに、3分の1がサラリーマン、公務員、手工業者、小商人になり、農民の子息の約20人に1人がより高い階層に出世した。結婚の範囲も開かれた。農業経営者と都市の女性の結婚、農業経営者と他の職業出身の妻の結婚は相当に頻繁だった（Huebscher [1983] 496ページ；Moulin [1988] 254ページ）。農民の経済様式や生活様式の大転換によって、ほとんどの農村で農業経営者が少数派になったが、こ

うした大転換の後で、農業経営者の生活様式と村の生活がそもそも都市とまだ異なっているのかどうかについては、議論の余地がある。しかしいずれにせよ農業経営者の生活と都市の生活の違いは非常に減少した。

小市民の環境

　ヨーロッパの社会と政治の4番目の環境は、今まで扱ってきた環境よりもヨーロッパの社会と政治をわずかしか特徴づけなかったのではない。小市民階級、すなわち規模の小さい自営の手工業者、商人、飲食店主、運送業者、漁師。19世紀から1950年代と60年代まで、ヨーロッパのこの環境は、とりわけ5つの性質で特徴付けられている。それはゲオフ・クロッシックとハインツ・ゲーアハルト・ハウプトがはっきりさせたものである（Crossick/Haupt [1998]）。

　小市民階級の性質として、とりわけ経済的に自立していることを欲し、自分の店を営もうとすることがあるとされてきた。小市民階級の独立性は、とりわけ所有に基づき、それが経済的な利得の機会と社会的な安全性に結びついていた。それゆえ小市民階級は、市民階級と同じように、労働者と小職員層とは所有によって違っていた。市民階級とは異なって、小市民階級の価値に対立するのは、公務員やサラリーマンの官僚的な出世であり、また教師や教授の教養の世界であった。その上、小市民階級は、経済的な市民階級と異なり、たいてい地方に根を下ろしていた。顧客は通常町の中か周辺の農村にいた。もちろん小市民階級は、工業化以来、そして大工業経営・大商業経営の成立以来、いつも大企業の圧倒的な競争の脅威に直面していた。手工業者にとっては大工業の生産者が、小商人にとってはデパート、チェーンストア、ショッピングセンターが、運送業者にとっては鉄道や郵便が脅威だった。こうした競争は通常自分の地元からではなく、大都市や首都や外国からやって来た。同時に小市民の経済活動の自立はいつも信用依存によって脅かされていた。小市民階級の経営に対する銀行の信用であれ、その逆に小市民階級の顧客への貸付であれ、脅威となりえた。それゆえ小市民階級はいつも経済的な自立と安全を保障する財産の混合であり、また一方の大企業による困難と脅威、他方の自分の顧客の経済的な弱さによる困難と脅威の混合であった。

第6章　エリート、知識人、社会環境

　さらに小市民階級を特徴付けるのは社会的な移動性であり、それは一般に考えられているよりもはるかに大きかった。19 世紀についての研究が、しかしまた 20 世紀についての研究でも繰り返し示されたのは、小市民階級では何世代以上も長く続く家族営業の伝統は、決して支配的ではないということである。反対に、小市民階級にとっては様々な方向への高い社会的な移動性が定めであった。農民や労働者あるいは市民階級に属している人たちよりも、小市民階級は他の社会階層からの出身がしばしばであった。逆に、小市民階級の息子や娘が、この社会環境にとどまることはまれであった。その点は、農民の息子や娘とまったく別だった。多くのものが労働者階級に下降したが、多くのものが上昇した。小市民階級は、市民階級、企業家および自由業、高級官僚、教師、教授の重要な出身環境であった。小市民階級の経歴は、多くの交替によって特徴付けられていた。それはまた自立と賃金依存性の間の交替によっても特徴づけられていた。小経営の生存期間は一般にあまり長くなかった。長続きする家族経営はごくわずかの、かなりきちんとした階層のなかでのみ維持されている。もっとも小市民階級の公のイメージに強い影響を及ぼしているのは、このタイプの家族経営である。

　家族は小市民階級にとって中心的な役割を演じた。小市民階級の経営は、家族の資源で労働集約的に仕事をした。小市民階級の経営は家族経営であり、夫婦が、あるいはしばしば子供やその他の家族のメンバーも一緒に仕事をした。小市民階級の家族経済は、家族の安価な労働力なしにはしばしば競争力がなく、それなしにはとりわけ危機を生き延びられなかったであろう。夫婦関係と親子関係は、小市民階級では特別な方法で経営によって特徴を与えられていた。夫婦の労働関係は国によりさまざまであった。フランスのようなかなりの国では、妻が顧客との関係を引き受け、公衆に主人が見えることは少なかった。家族生活、家族経営、小企業と私的な家族世帯が、しばしばお互い密接に混ざっていた。さらに小市民階級の経営には、しばしば徒弟、職人も家族のように組み込まれていた。そこには特別に密接な結びつきと責任関係があった。もちろん相互の衝突もあったが。

　小市民階級は独自の文化を発展させた。小さな都市ではその独自の文化が決定的な影響力をもった。この文化は、体操クラブや射撃クラブ、歌のクラブや

音楽協会、そして読書クラブや飲食店などでの常連の集まりを基盤にしていた。小市民的な文化はある価値世界を成立させた。そこでは家族、個人の財産、人格的な信頼、独立心と地域アイデンティティーが中心的な役割を演じていた。この文化には、政治的な価値観と見解も属していた。もちろんそれらは、小市民階級の社会的・経済的な側面と違って、国によって非常に様々であった。小市民階級は、かなりの国の労働運動の中で重要な役割を演じた。別の国々では政治的な自由主義の決定的な基盤であった。さらにまた別の国々では政治的な保守主義を支えた。それはまたナチズム運動の発展の社会的な基盤でもあった。小市民階級の政治文化は、どこでも重要であった。それはそれぞれの国民的環境に大きく依存していた。

　小市民階級が労働者の環境からどのくらい強く自分を際立たせようとしていたのかは、議論の余地がある。かなりの歴史家は、労働者の環境に対する社会的な境界線が小市民階級の環境の中心的な問題だと論じた。別の歴史家たちは、小市民階級が飲食店主、小売業者、小規模な手工業者として労働者の環境の中に強く統合されており、労働者の環境のための重要なネットワークを意味しており、さらには労働運動の政治的な代弁者にさえなることもまれではなかったと論じた。初期の社会主義の国会議員が飲食店主や小売り商人だったことは、稀ではなかった。

　この古典的なヨーロッパの小市民階級の環境は、農民の環境ほど広範囲には消えなかった。しかし20世紀後半の間に、根本的に変化した。小経営の数は、ヨーロッパのどこでもかなり減少した。小市民階級の世帯数は減少した。小市民階級の社会的な移動性も変化した。労働者の上昇の機会がよりよくなった。農民の環境からは、別の社会環境に移ったものと上昇する人がより多く出た。市民階級は社会の別の部分から自己のメンバーをより多く調達した。その上、小市民階級の経営はかなり女性中心になった。というのはブティックや店の多くは、女性によって経営され、家族によっては営まれなかったからである。一般に家族の結びつきが弱まった。両親と子供またはその他の家族のメンバーが協力して働く家族経営は、かなりまれになった。家族経営が一番残っているのは、移民の小市民階級の環境であった。地方の文化は、数の上で以前より弱くなった小市民階級ではもはやあまり強い影響を与えられなくなった。移住して

きた小市民階級を問題にすれば、地方の文化への影響はとくになかった。とりわけ小市民階級は保守的または自由主義的な政党の基盤としての古い政治的重要性も失った。

要約　ヨーロッパの特殊性の終わりか？

　社会環境は、20世紀後半のヨーロッパで激しく変化した。1960年代までは存在していた古い労働者階級、たいていは都市の工業労働者は、ヨーロッパの西側では70年代以降、ヨーロッパの東側では90年代以降、非常に減少した。同様に農民の環境も、50年代のヨーロッパではまだしばしば出会うものだったが、その後、残りごくわずかにまで消えた。小市民階級、すなわち小売り商人、飲食店主、運送業者、漁師も同様に2000年頃には、もはや1950年代のように多数ではなかった。市民階級とサラリーマンだけが減少しておらず、反対にむしろ膨張していた。市民階級は2000年頃にはヨーロッパ社会を以前よりもより強く特徴付けた。というのは、社会的影響力と政治的な権力をめぐる市民階級の以前の競争相手、とりわけ貴族階級と組織労働者が、今やかつての重要性をほとんど持たず、それらは市民階級に対してもはや実際の社会的な対極をなすものではなくなったからである。同時に市民階級も非常に変化した。薄い上層階級から、幅の広い大衆市民階級になった。それはもはや下層との間に鋭い社会的な境界線を引かなかった。またとりわけ家族生活のなかで、しかし政治においても、それは1950年頃とは別の価値観にしたがった。

　こうしたことによってヨーロッパの明らかな特質が解消されたのだろうか。社会的な区別と激しい緊張の中で相互に持場が与えられていた階級環境の比類のないヨーロッパ的世界が、過去のものになったのだろうか。疑いもなく、これらの様々な環境の間の社会的な区別が今日のヨーロッパを特徴づけることは、はるかに少なくなっている。確かにそれぞれの社会環境の多くの機関、建物、生活様式が維持され残っている。さらにヨーロッパのプロレタリア的な労働者の環境の減少の後も、ヨーロッパ外の諸社会よりも強い労働組合があり、その結果としてより強い経営者団体、そして別の賃金関係がある。確かにますます他の社会的な階層に社会的な基盤を求めている労働者政党もある。しかし労働者政党は、政治的な陣営として、他の社会に対する賃金依存者の古い境界線を

引き続き利用しようとしている。同様に市民階級への古い訴えを政治的に鋳直して利用しようとする市民階級の政党も、引き続き存在する。たいていのヨーロッパ諸国には、市民階級がかつて下層に対し厳しい社会的な境界線を引き維持する手段となった諸機関が今でも存在している。国家による統制下に置かれた大学、そしてフランスとイギリスのようなかなりの国ではエリートのギムナジウムとエリートの大学さえある。さらにヨーロッパ社会には、市民階級が社会的な境界線を引く手段となった別のたくさんの手段がある。すなわち、食事、飲料、衣服、内装趣味の洗練、それに芸術、音楽、映画、文学の分野の教養の洗練など。昔の社会環境の建物も決して消えたわけではない。市民の住宅街は、労働者地区、農民の村と同様にまだ存在しており、ヨーロッパの都市と村に北アメリカや日本の都市や村とはまったく別の特徴を与えている。しかし社会環境は、もはや19世紀から20世紀中頃までのようには強く市民を結びつけていない。社会環境の変化とともに、ヨーロッパ社会の重要な社会間の境界線もぼやけた。

　もっとも社会的な不平等、社会的な区別、社会的な移動性の制限は、ただ変化しただけで、弱まったわけではない。上層と下層の間の不平等、社会的な区別、移動の障害は、以前のように深刻である。上層階級の贅沢と貧困の間の対立は、決して消えていなかった。両方とも20世紀の終わりに、どちらかといえば増加した。下層と中間層の教育機会と上昇機会の境界は、子孫を再び上層階級にとどめることになる上層階級の特権的な機会と同様に、維持された。昔の環境の生活様式の衰退と互いの社会的な境界線の不明瞭化は、平等な社会を創り出さなかった。さらに重要なこと。社会的な不平等と社会的な移動性の中で、ヨーロッパ社会は特別な特徴を生じさせた。それについて次の章で取り組む。

注
1)　フランソワーズ・ジルー／ギュンター・グラス『私の言い分を聞いてください——パリ・ベルリン往復』パリ、1988年、88〜90ページ、ギュンター・グラス。

第6章 エリート、知識人、社会環境

文　献

エリート

M. Bach [2005], Europa als bürorkratische Herrschaft. Verwaltungsstrukturen und bürokratische Politik in der Europäischen Union, in: G. F. Schuppert/I. Pernice/L. Haltern Hg., Europawissenschaften, Baden-Baden, S. 575-611.

B. Bertin-Mourot/M. Bauer [1996], Vers un modèle européen de dirigeants? Une comparaison Allemagne/France/Grande-Bretagne, in: Problèmes économiques no. 2. 482, 21. 8., pp. 18-26.

H. Best [2003], Der langfristige Wandel politischer Eliten in Europa 1867-2000. Auf dem Weg der Konvergenz? In: S. Hradil/P. Imbusch Hg., Oberschichten-Eliten-Herrschende Klassen, Opladen, S. 369-400.

H. Best/M. Cotta [2000], Parliamentary representatives in Europe 1848-2000. Legislative recruitment and careers in eleven European countries, Oxford.

P. Birnbaum [1985], Les élites socialistes au pouvoir. 1981-1985, Paris.

H. Bresc/F. D'Almeida/J.-M. Salmann Hg. [2002], La circulation des élites, Paris.

E. Bussière/M. Dumoulin eds. [1998], Milieux économiques et intégration européenne en Europe occidentale au XXe siècle, Arras.

C. Charle [2001], La crise des sociétés impériales, Allemagne, France, Grande-Bretagne (1900-1940): Essai d'histoire comparée, Paris.

C. Charle [1997], Légitimité en péril. Eléments pour une histoire comprarée des élites et de l'Etat en France et en Europe occidentale (XIXe-XXe siècle), in: Actes de la Recherche no. 116-117, Themenheft «histoire de l'Etat», mars, S. 39-52.

N. Frei [2001], Karrieren im Zwielicht. Hitlers Eliten nach 1945, Frankfurt a. M.

R. Geissler [2006], Die Sozialstruktur Deutschlands, 4. Aufl., Opladen.

M. Hartmann [2000], Class-specific habitus and the social reproduction of the business elites in Germany and France, in: The sociological review 48, pp. 241-261.

M. Hartmann [2003], Nationale oder transnationale Eliten. Europäische Eliten im Vergleich, in: S. Hradil/P. Imbusch Hg., Oberschichten-Eliten-Herrschende Klassen, Opladen, S. 273-298.

M. Hartmann, Elitesoziologie [2004], Eine Einführung, Frankfurt a. M.

K.-D. Henke/H. Voller Hg. [1991], Politische Säuberung in Europa. Die Abrechnung mit Faschismus und Kollaboration nach dem Zweiten Weltkrieg, München.

N. Herpin/D. Verger [1998], La consommation des français, Paris.

D. Herzog [1990], Der moderne Berufspolitiker. Karrierebedingungen und Funktion in westlichen Demokratien, in: Hans Georg Wehling eds., Eliten in der Bundesrepublik, Stuttgart, S. 28-51.

H. Kaelble [1986], The Rise of the Managerial Enterprise in Germany, c. 1870-c. 1930, in: K. Kobayashi/H. Morikawa eds., The Development of Managerial Enterprise, Tokio, pp.

71-86.
E. C. Page/V. Wright [1999], Bureaucratic elites in Western European states. A comparative analysis of top officials, Oxford.
H. W. Schröder/W. Weege/M. Zech [2000], Historische Parlamentarismus-, Eliten und Biographieforschung, Köln (HSR, Beihefte Nr. 11).
L. Sklair [2001], The transnational capitalist class, Oxford.
G.-H. Soutou [1994], Les élites diplomatiques françaises et allemandes au XXe siècle, in: R. Hudemann/G.-H. Soutou Hg., Eliten in Deutschland und Frankreich im 19. und 20. Jahrhundert, München.
A. Tarrius [1992], Circulation des élites professionnelles et intégration européenne, in: Revue européenne des migrations internationales 8, S. 27-56.
D. Ziegler, Hg. [2000], Großbürger und Unternehmer. Die deutsche Wirtschaftselite im 20. Jahrhundert, Göttingen.

知識人

A. Bachoud/J. Cuesta/M. Trebitsch, eds. [2000], Les intellectuels et l'Europe, Paris.
C. Charle [1996] , Vordenker der Moderne. Die Intellektuellen im 19. Jahrhundert, Frankfurt.
S. N. Eisenstadt [2003], Transcendental vision, centre formation and the role of intellectuals, in: S. N. Eisenstadt, Comparative civilizations and multiple modernities, 2 vols., Leiden, vol. I, pp. 249-264.
M.-C. Granjon/N. Racine/M. Trebitsch, eds. [1997], Histoire comparée des intellectuels, Paris.
W. Lepenies [1985], Die drei Kulturen, Soziologie zwischen Literatur und Wissenschaft, München.
N. Racine/M. Trebitsch, eds. [2004], Du genre en histoire intellectuelle, Paris.
F. Ringer [1992], Fields of knowledge, Cambridge .
M. Trebitsch,/M.-C. Granjon, eds. [1998], Pour une histoire comparée des intellectuels, Paris.
M. Winock [2003], Das Jahrhundert der Intellektuellen, Konstanz.

市民階級

V. R. Berghahn, ed. [1995], Quest for Economic Empire. European Strategies of German Big Business in the Twentieth Century, Oxford 1995.
P. Bourdieu [1984], Die feinen Unterschiede, Frankfurt a. M.
C. Charle [2007], La bourgeoisie en Europe au XXe siècle, in: J. Winter, ed., Encyclopedia of history.

第6章　エリート、知識人、社会環境　　　　　　　　185

R. Jessen [1999], Akademische Elite und kommunistische Diktatur. Die ostdeutsche Hochschullehrerschaft in der Ulbricht-Ära, Göttingen.

P. Guillaume, ed. [1998], Histoire et historiographie des classes moyenne dans les sociétés développés, Talence.

H. Joly [1996], Patrons d'Allemagne. Sociologie d'une élite industrielle 1933-1989. Paris.

H. Joly [2000], Kontinuität und Diskontinuität der industriellen Elite nach 1945, in: D. Ziegler, Hg., Großbürger und Unternehmer. Die deutsche Wirtschaftselite im 20. Jahrhundert, Göttingen, S. 54-72.

H. Kaelble [1991a], Nachbarn am Rhein. Entfremdung und Annäherung der französischen und deutschen Gesellschaft seit 1880, München, Kap. 9.

H. Kaelble [1991b], Die oberen Schichten in Frankreich und der Bundesrepublik seit 1945, in: Frankreich-Jahrbuch, S. 63-78.

A. Kidd/D. Nicholls, eds. [1998], The Making of the British Middle Class? Studies of regional and cultural diversity since the 18th century, Phoenix.

Chr. Klessmann [1994], Relikte des Bildungsbürgertums in der DDR, in: H. Kaelble/J. Kocka/H. Zwahr, Hg., Sozialgeschichte der DDR, Stuttgart, S. 254-270.

J. Kocka, Hg. [1988], Bürgertum im 19. Jahrhundert, 3 Bde., München (dort für die Zeit seit 1945 jeweils nur knapp: Kocka über Europa, Merigi über Italian, Tanner über die Schweiz, Jarausch für die Rechtsanwälte in Deutschland bis ca. 1950).

J. Kocka [2004], The middle classes in Europe, in: H. Kaelble, ed., The European Way. European societies in the 19th and 20th centuries, New York/Oxford, pp. 15-43.

H. Mendras [1986], La seconde révolution française 1965-1984, Paris.

H. Mendras [1997], L'Europe des européens. Sociologie de l'Europe occidentale, Paris.

N. Herpin/D. Verger [1988], La consommation des français, Paris.

M. De Saint Martin [1993], L'espace de la noblesse, Paris.

M. De Saint Martin [2000], Vers uns sociologie des aristocrates déclassés, in: Cahiers d'histoire 45, S. 785-801.

H. Siegrist [1994], Das Ende der Bürgerlichkeit? Die Kategorien «Bürgertum» und «Bürgerlichkeit» in der westdeutschen Gesellschaft und Geschichtswissenschaft der Nachkriegsperioden, in: Geschichte und Gesellschaft 20, S. 549-583.

H. Siegrist [1994], Der Wandel als Krise und Chance. Die westdeutschen Akademiker 1945-1965, in: K. Tenfelde/H.-U.Wehler Hg., Neue Wege der Bürgertumsforschung, Göttingen, S. 289-314.

H. Siegrist [2001], History of bourgeosie, middle classes, in Encyclopedia of the social and behavioral sciences, N. J. Smelser/P. B. Baltes, eds., Amsterdam, pp. 1307-1314.

J. Sperber [1997], Bürger, Bürgertum, Bürgerlichkeit, bürgerliche Gesellschaft: Studies of the German (upper) middle class and the sociocultural world, in: Journal of Modern History 69, pp. 271-229.

R. Vogel [2005], Bürgertum oder Akteure der Zivilgesellschaft? Bildungspolitische Interessenpolitik von Großunternehmern und Hochschullehrern in Britannien und Westdeutschland (1945-1965), Phil. Diss. HU Berlin.

Wehler, Hans-Ulrich [2001], Deutsches Bürgertum nach 1945. Exitus oder Phönix aus der Asche, in: Geschichte und Gesellschaft 27, S. 617-634.

O. Zunz, Olivier/L. Schoppa/N. Nawatari, eds. [2002], Social contracts under stress. The middle classes of America, Europe, and Japan at the turn of the century, New York.

小市民階級——職員層

G. Crossick/H.-G. Haupt [1998], Die Kleinbürger. Eine europäische Sozialgeschichte des 19. Jahrhunderts, München.

J. W. Falter [1990], Arbeiter haben erheblich häufiger, Angestellte dagegen sehr viel seltener NSDAP gewählt als wir lange Zeit angenommen haben, in: Geschichte und Gesellschaft, 16 (auch ders [1991], Hitlers Wähler, München).

R. Geissler [1996], Die Sozialstruktur Deutschlands. 2Aufl., Opladen, Kap. 6.

J. Kocka Hg. [1981], Angestellte im europäischen Vergleich, Göttingen.

J. Kocka [1981], Die Angestellten in der deutschen Geschichte 1850-1980. Vom Privatbeamten zum angestellten Arbeitnehmer, Göttingen.

M. König/H. Siegrist/R. Vetterli [1986], Warten und Aufrücken. Die Angestellten in der Schweiz, 1870-1950, Zürich.

J. Mooser [1993], Arbeiter, Angestellte und Frauen in der nivellierten Mittelstandsgesellschaft, in: A. Schildt/A. Sywottek, Hg., Modernisierung im Wiederaufbau. Die westdeutsche Gesellschaft der 50er Jahre, Bonn.

G. Schulz [2000], Die deutschen Angestellten seit dem 19. Jahrhundert, München.

R. Torstendahl [1991], Bureaucratisation in Northwestern Europe, 1880-1985, London.

H. A. Winkler [1972], Mittelstand, Demokratie und Nationalsozialismus, Köln.

O. Zunz et al., eds. [2002], Social contracts under stress, The Middle classes of America, Europa, and Japan at the turn of the century, New York.

労働者

S. Berger/D. Broughton, eds. [1995], The Force of Labour. The Western European Labour Movement and the Working Class in the 20th Century, Oxford.

P. Erker [1995], Ernährungskrise und Nachkriegsgesellschaft. Bauern und Arbeiterschaft in Bayern, 1943-1953, Stuttgart.

P. Fridenson [1990], Le conflit social, in: L'histoire de la France, vol. 3 L'état et les conflits, A. Burguière/J. Revel Hg., Paris.

R. Geissler [2006], Die Sozialstruktur Deutschlands, 4Aufl., Wiesbaden, Kap. 9.

P. Hübner [1994], Konsens, Konflikt und Kompromiß. Soziale Arbeiterinteressen und

第6章　エリート、知識人、社会環境　　　　　　　　187

Sozialpolitik in der SBZ-DDR 1945-1979, Berlin.
P. Hübner [1999], Arbeiter in der SBZ-DDR, Essen.
ILO [1997], Economically active population, vols. 5, Geneva.
W. Kaschuba/G. Korff/B. J. Warneken, Hg. [1991], Arbeiterkultur seit 1945-Ende oder Veränderung?, Tübingen.
H. Mendras [1986], La seconde révolution française 1965-1984, Paris.
J. Mooser [1993], Arbeiter, Angestellte und Frauen in der nivellierten Mittelstandsgesellschaft, in: A. Schildt/A. Sywottek, Hg., Modernisierung im Wiederaufbau. Die westdeutsche Gesellschaft der 50er Jahre, Bonn.
G. Noiriel [2002], Les ouvriers dans la société française XIXe-XXe siècle, Paris.
OECD [1985], Historical Statistics, 1960-1983, Paris.
OECD [2000], Historical Statistics, 1970-1999, Paris.
G. Schildt [1996], Die Arbeiterschaft im 19. und 20. Jahrhundert, München.
K. Tenfelde [1988], Vom Ende und Erbe der Arbeiterkultur, in: S. Miller/M. Ristau, Hg., Gesellschaftlicher Wandel. Soziale Demokratie. 125 Jahre SPD, Köln, S. 155-172.
K. Tenfelde, Hg. [1991], Arbeiter im 20. Jahrhundert, Stuttgart.
K. Tenfelde [2005], Arbeiter, Arbeiterbewegungen und Staat in Europa des «kurzen» 20. Jahrhunderts, in: P. Hübner et al. Hg., Arbeiter in Staatssozialismus, Köln, S. 17-34.

農民

A. Bauernkämper [1993], Landwirtschaft und ländliche Gesellschaft in der Bundesrepublik in den 50er Jahren, in: A. Schildt/A. Sywottek, Hg., Modernisierung im Wiederaufbau. Die westdeutsche Gesellschaft der 50er Jahre, Bonn, S. 188-200.
A. Bauernkämper [1994], Von der Bodenreform zu Kollektivierung. Zum Wandel der ländlichen Gesellschaft in der Sowjetischen Besatzungszone und DDR 1945-52, in: H. Kaelble/J. Kocka/H. Zwahr, Hg., Sozialgeschichte der DDR, Stuttgart, S. 119-143.
A. Bauernkämper [2002], Ländliche Gesellschaft in der kommunistischen Diktatur, Zwangsmodernisierung und Tradition in Brandenburg 1945-1963, Köln.
B. Brüggemeier/R. Riehle [1986], Das Dorf, Frankfurt a. M.
P. Erker [1989], Revolution des Dorfes?, in: M. Broszat et al. Hg., Von Stalingrad zur Währungsreform, 1989 (P. Erker [1990], Ernährungskrise und Nachkriegsgesellschaft. Bauern und Arbeiterschaft in Bayern 1943-1953, Stuttgart).
M. Gervais et. al. [1987], La fin de la France paysanne: de 1914 à nos jours, Paris .
F. W. Henning [1979], Landwirtschaft und ländliche Gesellschaft, Bd. 2: 1750-1976, Paderborn .
R. Huebscher [1983], Destruction de la paysannerie?, in: Y. Lequin, Hg. [1983], Histoire des francais XIX-XXe siècles: la société, Paris, S. 483-529.
A. Humm [1999], Auf dem Weg zum sozialistischen Dorf? Zum Wandel der öffentlichen

Lebenswelt in der DDR und der Bundesrepublik Deutschland 1952–1969, Göttingen.
A. Ilien/U. Jeggle [1978], Leben auf dem Dorf. Zur Sozialgeschichte des Dorfes und zur Sozialpsychologie seiner Bewohner, Opladen.
W. Kaschuba/C. Lipp [1982], Dörfliches Überleben, Tübingen.
U. Kluge [1989], Vierzig Jahre Agrarpolitik in der Bundesrepublik, 2 Bde., Hamburg.
H. Mendras [1984], La fin des paysans, Paris.
A. Moulin [1988], Les paysans dans la société française de la révolution à nos jours, Paris.
W. Roesener [1993], Die Bauern in der europäischen Geschichte, München.

第7章　生活状態の社会的不平等と移動機会

　前章の社会環境間の境界線と上下の階層秩序の変化では、社会的不平等の歴史の一部しか扱われなかった。本章では、さらに二つの中心的な側面を扱う。一方では、個人の生活状態の不平等性の変化、他方では、個人の移動機会の変化、とりわけ職業移動の変化および社会的な上昇と下降の変化。

研究状況

　生活状態の社会的な不平等と社会的な移動性は、理論的には互いに結びついているが、歴史研究では通常分けられている。社会的な不平等と社会的な移動機会は、理論的には、社会選択において正反対に結びついていると論じられる。多くの不平等の社会と厳格な上下の階層制を持つ社会は、もしも同時に、その社会が移動の機会、教育の機会、とりわけ上昇の機会を提供するならば、通常ただその場合にのみ、耐えられるとみなされる。そのような可能性がないなら、通常よりよい機会とより多くの社会的平等をめぐる紛争が生じるか、または潜在的な上昇者が移住する。それに対して、不平等がわずかで階層秩序がフラットな社会は、通常、移動の機会がわずかでも、むしろ受け入れられる。この二つの選択の正反対のあり方は、ヨーロッパ史の研究では非常にまれにしか一緒に研究されていない。

　20世紀後半の社会的状態の不平等と移動機会の歴史について、1945年以降のヨーロッパに関する概観は、これまでまだ出版されていない。それらについてはもっぱら社会学者や経済学者だけが本を書いているので、二つの問題領域においては、歴史家に研究のきわめて重要な概念と方法を短く説明することが必要になる。

社会的な不平等の変化——生活状態の不平等

　生活状態の不平等についても、すべての側面を取り扱うことはできない。われわれはただ所得と財産だけを、1945 年以降の相当多くのヨーロッパ諸国についてある程度よく概観することができる。それに対して、住居の状態、健康管理、および平均余命の不平等の進展、そして犯罪による脅威の進展は、45 年以降のヨーロッパ全体についてほとんど概観できない。そのためこの章では、所得と資産の分配の変化に限定しなければならない。社会的な不平等のもうひとつの側面だけ、すなわち教育機会は、第 13 章で論じられる。

　他の章のように、以下の節でも本書の二つの中心問題を取り上げる。まず最初に第二次世界大戦以降の所得と資産の分配の長期的な進展を追跡し、その際、ヨーロッパでは過去 50 年から 60 年の間に所得と資産の違いがどちらかといえば激化したのか、またはどちらかといえば緩和されたのかについて検討する。この問題は特に歴史的な関心を持つ経済学者が研究してきた。その後で、経済学者によってはまれにしか追跡されない問題だが、この章の二番目の赤い糸、すなわち、ヨーロッパの特殊性について検討する。

所得と資産の分配の指標

　所得と資産の分配の発展についての従来の研究結果は、そこで使われている指標を知っている場合にのみ、理解できる。そのため一般的な利用者のためにこの指標について短く述べておく。急ぐ読者はこの節をとばすことができる。

　所得と資産の分配についての文献を理解するためには、分配基準の基本理念を理解することが必要である。一番重要な分配基準は、所得または資産の受取人をその所得または資産の高さによって分類する。例として図 7-1 は水平軸に 1998 年の西ドイツの所得受取人を所得の高さにより並べ、垂直軸には国民の所得を描く。それにより、特徴的な分配曲線が生じる。このグラフの対角線は完全平等というまったくの幻想状態を意味する。対角線からの曲線の偏差が、分配の不平等の程度または歴史的な変化を認識させる。対角線から曲線がずれるなら、不平等が増大する。曲線が対角線に近づくなら、不平等が緩和する。

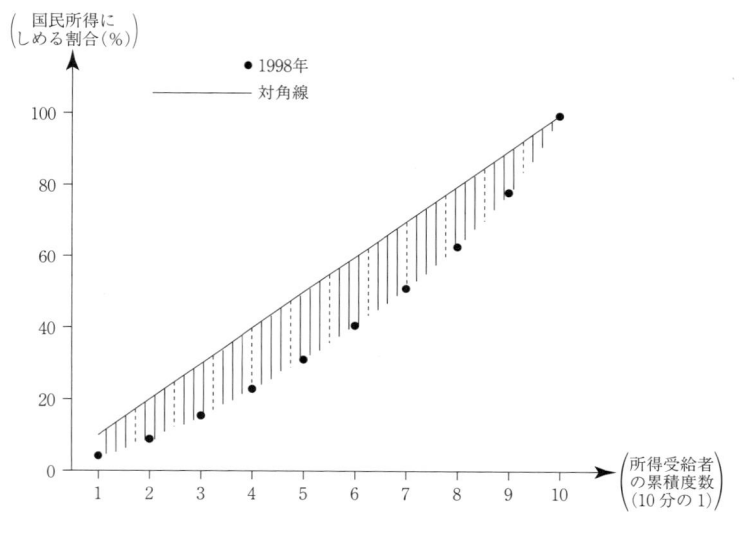

第 7 章　生活状態の社会的不平等と移動機会　　　　191

図 7-1　ドイツ連邦共和国の所得分配、1998 年

　多くの社会や異なる時点の同じ社会を比較しようとしても、この曲線は視覚的に区別するのが困難で、正確な比較はできない。そのためこの曲線をひとつの指標、ただひとつの数字、すなわちジニ係数で把握する。ジニ係数は、曲線と対角線の間の面積（図 7-1 に細かい平行線を付けている）と、対角線・水平軸・垂直軸でつくる三角形の面積との割合で表わす。もし所得と資産が絶対的に平等に分配されるなら、ジニ係数はゼロ、所得と資産が絶対的に不平等ならジニ係数は 1 になる。しかしこれら 2 つの数値は、実際には生じない。ジニ係数が増加すると、不平等の激化を示し、ジニ係数が減少すると、不平等の緩和を示す。異なる社会の不平等の相違も、ジニ係数でよく読み取れる。

　もっともジニ係数には、複雑な過程をただ一つの数字に簡略化するという欠点がある。この理由のために、細分化された基準、いわゆる 10 分の 1、5 分の 1 が生じた。ここでも所得の受給者は所得の高さによって並べられ、それぞれ 10％や 20％のグループに分けられ、それからそれぞれのグループが国民所得のどの程度の割合を手に入れるかが計算される。一番上の 10％、すなわち所得受給者の一番上の 10％の所得割合が増大し、一番下の 10％、すなわり所得受給者の一番下の 10％の所得割合が減少すると、所得の不平等は高まる。表

表 7-1　ヨーロッパ、アメリ
（税引き前個人所得。1910～70年、

a）所得階層最上位（10%あるいは20%）の所得が国民所得に占める割合
（1910～70年、上位10%、1980～90年、上位の20%）

	1910年	1920年	1930年	1940年	1950年	1960年	1970年	1980年	1990年
ヨーロッパ									35.6
ベルギー	—	—	—	—	—	—	—	35.1	—
デンマーク	—	38.9	39.9	36.8	28.6	27.3	32.0**	—	—
ドイツ*	40.5	—	36.5	36.0	36.0	39.4	33.7	35.3**	36.4**
フィンランド	—	50.9	48.3	38.3	32.8	30.5	30.2	31.4	31.9
フランス	—	—	—	—	36.2	34.0	29.3	38.4	38.4
イギリス	—	—	—	38.8	33.2	29.1	27.5	35.6	38.2
オランダ	—	—	—	—	36.1	31.8	29.5	34.7	34.7
ノルウェー	29.8**	—	38.2**	—	28.6	27.2	24.7	32.8	33.3
オーストリア	—	—	28.4	—	22.6**	24.9	24.7	—	—
スウェーデン	—	39.2	44.5	33.7	28.8	25.9	24.0	30.8	31.8
スイス	—	—	—	—	37.3	37.8	32.3	—	—
ハンガリー	—	—	—	—	—	20.2	15.9	18.6	20.9
非ヨーロッパ諸国									
アメリカ合衆国	—	—	—	—	28.9	27.0	28.4	37.3	39.8
日本	—	—	—	—	—	25.2	23.2	—	—

注：1）＊ 1950～70年は旧西ドイツのみ。
　　2）＊＊断絶のため比較できない。
　　3）すべての西ヨーロッパ諸国（フランスを除く）については、P. Flora et al. [1987]: State, Economy, and
　　4）その他のすべての国。1910～70年は、M. Sawyer [1976], Income Distribution in OECD Countries.
　　5）1980、90年については、Income distribution in OECD Countries, prepared by A. B. Atkinson et al.
　　6）ドイツの1980～90年は、I. Becker, [1999] Zur Verteilungsentwicklung in den 80er und 90er Jahren, in:
　　7）ハンガリーの1962～87年は、R. Andorka et al. [1992], Social Report, Budapest, 75ページ（家計所得。
　　8）データ収集の時点は国によって様々である。表に示されている年は、近似の年にすぎない。実際の値は

7-1は所得分配のこの基準を利用している。資産分配の際に、少数派の手にかなりの財産が集中しているなら、この基準はより大きな差を示す。その際は、最も豊かな5%の財産分配、または最も豊かな1%の資産分配が追跡される。表7-2は資産分配の配分割合を示している。

　その他に第二のよく使われる分配基準があることにも触れておこう。それは絶対的な不平等と絶対的な平等という極端な場合を見ようとするものではなく、逆に平均からの差異をはかろうとするものである。貧困の定義がそれである。所得が国の平均よりかなり下で、およそ平均所得の半分ぐらいしかない家計が、貧しいとみなされている。

第7章　生活状態の社会的不平等と移動機会

カ合衆国、日本の所得分配
1980～90年の家計の可処分所得）

b）所得階層の下位の20%の所得が国民所得に占める割合

	1910年	1920年	1930年	1940年	1950年	1960年	1970年	1980年	1990年
西ヨーロッパ									
ベルギー	—	—	—	—	—	—	—	4.2	4.2
デンマーク	—	1.4	0.2	0.1	4.6	4.2	3.9	—	—
ドイツ*	—	—	—	—	—	1.8	3.9	10.5**	9.6**
フィンランド	—	—	—	—	0.1	3.5	2.1	4.5	4.3
フランス	—	—	—	—	—	2.8	3.8	3.1	3.0
イギリス	—	—	—	—	—	9.7	5.6	3.5	2.5
オランダ	—	—	—	—	—	2.2	2.4	4.4	4.1
ノルウェー	3.8**	—	2.1**	—	0.6	2.0	4.8	4.1	3.9
オーストリア	—	—	—	—	4.6	4.2	4.9	—	—
スウェーデン	—	1.7	—	3.2	4.6	6.3	8.4	4.0	3.3
スイス	—	—	—	—	0.1	2.4	9.5	—	—
非ヨーロッパ諸国									
日本	—	—	—	—	—	7.8	8.7	—	—
アメリカ合衆国	—	—	—	4.1	3.7	3.7	3.8	2.1	1.9

Society in Western Europe, 1815-1970. Bd. 2, Frankfurt a. M., 641ff ページ以下を参照。
27 ページ以下。OECD Economic Outlook, Occasional Papers July.
[1996], OECD Paris, 49 ページ。
WSI-Mitteilungen 3, 210 ページ（それゆえ純等価所得は傾向だけが比較可能）。
下位の所得集団については割合がなかった）。
4年前またはその後のものである可能性がある。

　最後に重要なのは、所得分配でどの所得が問題にされているかに注意することである。税金や社会保険料を差し引かない総所得は、純所得に比べるとあまり現実的なイメージを与えない。個人所得、すなわち単身家計なのか家族と一緒の家計かどうかを区別しない個人の所得は、いわゆる純等価所得よりも現実的なイメージを与えない。純等価所得では、個人別ではなく家計別の所得が調査されている。ここでも税金や社会保険は差し引かれ、さらに決まった規則に従って、子供や他の被保護者の財政的な負担が考慮に入れられる。家計所得の分配と純等価所得の分配は、通常かなり異なるが、しかし現実に近い。

表 7-2　1902～79 年のヨーロッパとアメリカ合衆国の資産分配

(単位：%)

a) 資産所有者の最も豊かな 1%の財産の全資産に占める割合

	1902～13	1920～29	1930～39	1950～59	1960～69	1970～79
ヨーロッパ						
ベルギー	—	—	—	—	28	—
デンマーク	—	—	—	—	—	25
ドイツ	31	—	—	—	—	28
（西）						
イングランドとウェールズ	—	61	54	45	31	32
フランス	50	45	—	31	—	26
スウェーデン	—	50	47	33	24	21
スイス	—	—	—	—	43	30
アメリカ合衆国	—	36	28	28	29	25

b) 資産所有者の最も豊かな 5%の資産の全資産に占める割合

	1902～13	1920～29	1930～39	1950～59	1960～69	1970～79
ヨーロッパ						
ベルギー	—	—	—	—	—	47
デンマーク	—	—	—	—	—	47
ドイツ	51	—	—	—	—	—
（西）						
イングランドとウェールズ	—	82	77	71	56	56
フランス	80	65	—	53	—	45
スウェーデン	—	77	70	60	48	44
スイス	—	—	—	—	63	53
アメリカ合衆国	—	—	—	—	—	43

資料：Kaelble [1987] 52 ページ。スウェーデンについては、R. Spånt: Wealth Distribution in Schweden 1920-1983. In: E. N. Wolff (Hg.) [1987]: International Comparison of the Distribution of Household Wealth, Oxford, 60 ページ (1920, 1930, 1951, 1966, 1975)。
スイスについては、W. Ernst [1979]: Die Wohlstandsverteilung der Schweiz. Diessenhofen 1983, 204 ページ。

所得と資産の分配の進展

　第二次世界大戦以来の所得分配の進展の研究は、しばしばクズネッツ曲線と呼ばれるテーゼに影響を受けた。クズネッツ曲線はアメリカのノーベル賞受賞者のシモン・クズネッツに基づき名づけられた。クズネッツ曲線は、工業化の間に、所得分配の不平等がますます激化したこと、裕福な人々は国民所得のますます大きな割合を、貧乏な人はますます小さな割合を得たこと、しかし、工業化の後は、過去数十年においても、逆方向の進展、すなわち所得の不平等の

第7章 生活状態の社会的不平等と移動機会

緩和が始まったことを示した。国民所得に占める裕福な人の割合は再び低下し、国民所得に占める貧乏な人の割合は上昇した。このクズネッツ曲線の最初の部分、すなわち所得の不平等の激化の時期については、今まであまり多くのことが知られていない。この時期の進展については、わずかな国でしか証明されていない（Kraus, [1981]; Lindert/Williamson [1985]）。それに比べて、クズネッツ曲線の二番目の部分、所得の不平等の緩和は、ヨーロッパとヨーロッパ外のかなりの数の工業社会について証明されている。このクズネッツ曲線の部分は、第二次世界大戦以降の時代にも当てはまる。デンマーク、旧西ドイツ、フィンランド、フランス、イギリス、オランダ、ノルウェー、オーストリア、ハンガリー、スウェーデン、スイスについては、カナダや日本と同じく、戦間期から1970年まで、所得分配のはっきりとした緩和が証明された（表7-1参照）。これらすべての国で、トップランクの所得の受給者は、国民所得に占める割合を減らした。表7-1a）では所得受給者の一番上の10％あるいは20％が示されている。同時に一番貧乏な人々は、表7-1b）の下位の20％から見て取れるように、国民所得に占める割合を増やした。それに対して、一般的に中間の所得集団の所得割合はわずかしか変わらなかった。それゆえ表7-1では中間の所得集団は記載されていない。調査のある限りでは、工業国の中で、所得の違いを激化させる逆の傾向が明らかに、しかも長期に、認められる国はなかった。ただアメリカ合衆国でのみ、この進展が停滞した。

確かに所得格差の緩和傾向が続く期間は、様々な国でまちまちだった。緩和の程度も国ごとに違っており、最後でもかなり違った所得不平等性を維持したままであった。しかしこの傾向はほとんどいたるところで観察できる。そのためクズネッツ曲線は、長い間研究関心の中心に置かれていた。

この傾向は、国民所得に占める抽象的で統計的な割合にだけ認められるわけではない。社会的なグループ間で、資格・学歴の違う集団間や職業間、男女の間で、所得の違いが最近数十年間に少し緩和された。もっともこうした所得の違いはあまり調査されておらず、ヨーロッパ全体について追跡するのはなおさら困難である。

クズネッツ曲線を巡る今までの議論は、とりわけ所得の不平等の緩和をどう説明するかをめぐるものである。その経過の中で議論が集約していき、大体二

つの陣営が分離された。一方の側は、とりわけ政治的な要因、政治的な権力配分の変化と新しい政治的な決定を強調する。それに対してもう一方の側は、所得不平等の緩和を、とりわけ労働市場や労働力の発展から説明しようとする。

まず最初に工業国の所得不平等の緩和に対する政治的な説明について。とりわけ二つの徹底的な社会的変化が、繰り返し持ち出された。一方では、20世紀の経過の中で雇用者と労働組合の間の権力のバランスが変わり、例えばフランスの人民戦線や1930年までのドイツのワイマール共和国のような短い例外の時代を除外すると、労働者組織の影響が戦間期より、第二次世界大戦後はるかに大きくなったということが論証された。その議論によれば、労働組合の圧力の増大が、被雇用者の国民所得における所得の割合を相当に高めた。所得の不平等は、それによって著しく緩和された。もっともこうした議論に対しては、労働組合の組織力と交渉力は様々な工業国で非常に違っており、それらによっては国際的に貫徹する所得不平等の緩和の持続的傾向を説明できないという議論が繰り返し出された。それは、フランスのように労働組合が弱いと悪名高い国が、ドイツ連邦共和国（旧西ドイツ）のように労働組合の交渉力が非常に強いと悪名高い国より、所得不平等の緩和が明らかだという議論と整合しないのである（第10章参照）。

二番目の政治的な説明は、別の世俗的な政治的方向転換、すなわち第二次世界大戦以降の現代福祉国家の勃興を巡るものであった（第11章参照）。その議論によれば、全住民への最低所得の社会的な安全保障と金額保証によって、そしてまた年金と賃金継続支給を平均所得と連結することによって、福祉国家は、第二次世界大戦後、国民所得の中に占める最貧層の所得割合が著しく増加することに決定的に貢献したとされている。一方では平均所得、もう一方では社会扶助受給者と年金生活者の所得の間の違いは、1950年代と60年代以降の現代的福祉国家の成立を通して、緩和した。最貧層の所得割合の増加がはっきり確認できる（表7-1参照）。この議論に対して、確かに福祉国家はなぜ最貧層の所得割合が改善されているのかを説明するが、なぜ裕福な人の所得割合が減少するのか説明されていないという正当な反論が出された。現代的福祉国家は、1945年以後、結局ただ就業者と年金生活者の間の所得の再配分をもたらしただけで、職業に就いている人たち同士の所得再分配にはほとんど貢献しなかっ

第7章　生活状態の社会的不平等と移動機会

たのではないかと考えられている。それにもかかわらず、この第二の議論はクズネッツ曲線を部分的には説明している。

　以上と全く異なっているように見えるのは、労働市場と労働力の発展から所得の不平等性の緩和を説明しようとする議論である。最初の影響力のある説明の発端は、再びノーベル賞受賞者、ヤン・ティンバーゲンに由来する。ティンバーゲンは最初のノーベル経済学賞の受賞者の一人として、国際比較のなかで所得不平等の緩和傾向を立証した。とりわけ北アメリカと西ヨーロッパの北の部分（イギリス、オランダ、スウェーデン、デンマーク、ドイツ）を1930年代と50年代について分析した（Tinbergen [1978]）。20世紀、特に第二次世界大戦以降の時代は、一方で、教育の膨張、すなわち高度な資格を有する労働力供給の増大、他方で、経済の技術進歩に基づく高度な資格を有する労働力需要の増大、これら供給と需要の間の競争によって特徴づけられた。彼が当時概観できた20世紀の長いスパンについては、この競争は一方的だった。すなわち、高度な資格をもった労働力の供給が、需要よりも急速に伸びた。そのため比較的高い階層の所得は、全体の国民所得ほど急速には増加しなかった。そのため国民所得に占める比較的高い階層の所得割合は通常減少し、所得の違いはどちらかといえば緩和された。ティンバーゲンの議論は確かに今日でも妥当する。というのは、大学の教育研究職という労働市場の狭い部分を考慮に入れないならば、現在まで教育分野の膨張は続き、大学卒業者の供給は需要を上回ったからである（第13章参照）。もっとも大学卒業生の過剰が作用するにあたって完全に決定的だったのは、1970年代までの経済的繁栄局面で、それにもかかわらずほとんどすべての大学卒業生が職場を見つけたことであった。

　二番目の全く別な議論は、就業者の発展傾向から出ている。すなわち、すべての工業社会では20世紀の経過の中で、賃金・給与の取得者の割合が、著しく増加した。同時に就業者のなかで自営業が占める割合は、低下した。賃金や給与の取得者のなかでの所得の違いは、自営業者の間ほどは激しくなかった。そのためヨーロッパで給与や賃金の取得者が社会全体に広がるにつれて、所得の違いの緩和をもたらした。もっともこの緩和は、貧乏な人と裕福な人の間というより、むしろ中間的所得層のなかで見られた。

　三番目の議論は、ペーター・リンデルトとジョフ・ウィリアムソンに由来す

る（Lindert/Williamson [1985]）。この二人の経済史家はクズネッツ曲線の第二の部分、所得不平等の緩和を国際的に包括的に証明しただけではなかった。彼らはその主要原因を労働市場と労働力の発展の中に見た。彼らは3つの説明を提供する。

第一に工業社会の所得の違いは、工業部門、すなわち現代的でダイナミックでそれゆえ所得が高い部門と、伝統的な農業・サービス部門との間の巨大な所得の不平等が、20世紀の経過の中でますます取り除かれていったために、減少した。それは部分的には伝統的な就業活動の減少によるものであり、また部分的には農業の生産性の上昇とそれにともなう農業所得の上昇にもよるものであった。ウィリアムソンとリンデルトは、所得格差の緩和の二番目の説明を、現代的工業国で安い労働力のストックが減少していることに見ている。不熟練労働力が以前よりわずかになり、高くなり、それによって所得の違いが縮小した。それゆえ工業化されていない所得の低い国からの安い労働力の国際的な移住は、リンデルトとウィリアムソンによれば、安い労働力の枯渇を解消していない。女性労働力のストックも、1950年代以降、北ヨーロッパと東ヨーロッパで以前より多く活用されている（第3章を参照）。三番目の説明。労働力の質は、とりわけ第二次世界大戦以降、ますます改善している。労働力教育の徹底的な、しばしば過小評価されている変化の中で、大学卒業生のごく小さな少数派とものすごく数の多い基幹学校（小学校高学年から中学生にあたる）だけの卒業生の間に極めて大きな教育格差があった社会から、階段状に何段もの職業教育水準を持つまったく別の社会が生まれた。この社会の中では、基幹学校卒業者が少数派に陥った（第13章参照）。職業教育ないし専門教育のこうした違いも、所得格差の緩和を著しく推進した。リンデルトとウィリアムソンはとりわけこの3つの発展の非逆行性を強調した。彼らの目には所得不平等の緩和傾向は逆戻りするものではなかったし、所得不平等が改めて拡大することは予期されなかった（Lindert/Williamson [1985]）。

しかし過去約20年間にまさにこのことが起こった。所得分配の傾向は1980年代と90年代に反転した。クズネッツ曲線は終わった。所得不平等の緩和は終わった。逆の傾向が、たいていのヨーロッパ諸国で始まった。所得の違いは再び激化した。この新しい激化は、とりわけ最下層と最上層の所得グループで

第7章　生活状態の社会的不平等と移動機会　　199

観察できた。ヨーロッパの一連の国々、ベルギー、ドイツ、フィンランド、フランス、イギリス、ノルウェー、スウェーデン、ハンガリーに関して、しかしアメリカ合衆国でも証明されたのは、所得グループの上位層、表7-1 では所得階層の最上位10％が国民所得に占める割合を増やし、最下層の所得階層、表7-1 では所得階層の下位20％の所得が、国民所得に占める割合を下げた。とりわけ A. B. アトキンソンたちの「ルクセンブルク研究」の業績で、この新しい傾向が明らかになった（Atkinson [1996]）。こうした変化の程度は様々な国で違っていた。すでに1989年以前に、最もはっきりしていたのは、イギリスとアメリカ合衆国、それにハンガリーだった。これに対してこの傾向はオランダでは上層所得グループでは全く観察されなかった。それに反して、ドイツでは1970年代に観察され、それよりわずかだが1990年代にも見られた（Becker/Hauser [2003] 83ff ページ以下）この研究での所得の定義は、クズネッツ曲線が証明されたものとは異なることを考慮に入れなければならない。観察期間もまだ短く、この傾向がどのくらい長く続くか見なければならないだろう。

　不平等が大きくなる傾向は、貧困の研究でも証明されている。失業者、一人家族、移民と若い成人層の新しい貧困が生じ、不熟練労働者、農村の召使い、家内労働者、小農、高齢者の古典的な貧困を背景に押しやった（Leibfried [1991]; Leibfried/Leisering [1995]; Hauser [1993]; Atkinson [1982]）。ヨーロッパのいたるところで、たとえば1980年代以降のドイツ連邦政府の貧困報告、イギリスの「貧困レポート」、フランスの国立統計経済研究所（INSEE）の調査、イタリアの政府中央統計局（ISTAT）の調査、ハンガリーのアンドルカのグループの調査などのような貧困調査が、貧困のはっきりとした増加を証明した。ここには社会的な不平等の最近の発展からのきわめて厳しい挑戦がある。

　所得格差の拡大には、様々な理由があり、経済的、社会的理由、ならびに政治的な理由があった。もっともそれらはこれまであまりよく調査されなかった。5つの側面が重要な役割を演じているように見える。

　まず第一に、クズネッツ曲線は、ある特定の歴史的な時代の比較に基づいていた。その比較は、曲線にとりわけ都合のいい時代に関するものだったが、同時に普通ではない歴史状況に依拠していた。クズネッツ曲線は、たいてい二つの経済史的に極端な状態の比較に基づいていた。一方の1930年代と40年代、

すなわち現代工業社会の最悪の経済危機の時代と現代ヨーロッパのもっとも荒廃した戦争の時代、他方の1950年代と60年代、すなわち比類のない好況局面、これら二つの時代の比較に基づいていた。クズネッツ曲線がもっと普通の経済史の時代との比較でも証明されるのか、非常に疑問である。

　第二に、所得不平等の緩和のたいていの説明は、永続的な要素によるものではなかった。それゆえそうした説明は永続的には当てはまらなかった。労働組合の交渉力は、連続的に強くなったのではなかった。全く反対に、1980年代以降、ヨーロッパの一連の国々で、労働者組織の弱体化が顕著に見られた。イギリスのような古典的な労働組合の国でも、フランスのような労働組織の弱い国でも（第10章を参照）。福祉国家は、所得格差の初期の緩和のもうひとつの理由であった。それは1970年代に十分に拡大した。しかし、それ以来、世論で危機に陥った（第11章参照）。したがって、所得格差のいっそうの緩和への刺激は、福祉国家からはなかった。安い労働力ストックのさらなる減少と不熟練労働力の連続的な高騰も同様に、問題にならなかった。まったく反対に、安い労働力の大量の移住があった。ヨーロッパへはとりわけ東欧、地中海南部、地中海東部から、アメリカ合衆国へはとりわけラテンアメリカから（第8章参照）。そのため、所得の多い地元の人と所得の少ない移民の間の所得格差は、工業国ではどちらかといえば再び悪化した。

　緩和の理由がほとんどなくなっただけではない。第三に、逆に所得格差を激化させる一連の経済的理由が、発生した。そのもっとも影響力のある理由は、失業率の上昇であった。それは1980年代以降、ほとんどすべてのヨーロッパで連続的に上昇し、1990年代終わりには就業者の約10％という重大きわまる水準にまでに進んだ（第3章参照）。こうした高い失業率は、結果として最貧の所得グループの所得収縮を相当にひどいものにし、また継続的にした。たいていのヨーロッパ諸国で、失業者の所得は低下し、一般的な所得の発展の後方に取り残された。さらに所得不平等の激化の経済的な理由には、社会のまさに正反対の極にプラスに作用するひとつの理由があった。繁栄局面で蓄積され1980年代と90年代にしばしば遺産として残された財産は、不動産価値の上昇ならびに有価証券の価格上昇の局面では、金持ち層、富裕層にこれまで以上に確実な所得を与えた。そこに1980年代と90年代のトップグループの所得の国

第7章　生活状態の社会的不平等と移動機会

民所得に占める割合の上昇の原因がある。トップクラス経営者の給与の不釣合いに大きな上昇が、さらなる原因であった。もっとも、すべてのヨーロッパ諸国でそうだったのではない。ティンバーゲンが所得格差の緩和要因として挙げた経済的な要因も、変化した。教育部門の膨張は、1950年代や60年代の繁栄局面の需要を越えてさらに突出し、大学卒業者の中の失業率が上昇した。大卒ではじめて就職しようとする人々の労働市場は、分裂した。極端に需要がある労働市場の大学新卒者は非常に高い給料でスタートし、高額所得者の国民所得に占める所得割合を引き上げた。それに対して労働力が供給過剰な労働市場の大学新卒者は、少ない給料や任期契約でやっとのことで苦しい生活を送っているか、または失業していた。大学教育を受けた新卒者のなかでのこの厳しい対照的所得も、所得格差を激化させた。

　所得不平等の増加の4番目の、どちらかといえば社会的な理由は、家族と結婚モデルの変化と関係していた（第2章家族参照）。二つの異なる新しいモデルが、意図せずして所得の不平等の激化に貢献した。一方で、一人親家族、通常は母子家庭が、しばしば離婚の結果として、はっきりと増加した。それらは新しい貧困の重要な構成要素で、住民の最も貧しい階層の所得が弱くなることに貢献した。それに対して別のモデルは、どちらかといえばトップグループの所得割合を強くした。子供のいない結婚。二人の配偶者が稼ぎながら、子供への支出による負担はなく、そのため高い世帯所得を得ている。この結婚のタイプは、1960年代と70年代に増加し、1980年代と90年代に裕福度および所得の著しい増加を記録した。所得階層の最上層5分の1には、このタイプの家計が頻繁に見られ、高額所得層の国民所得に占める割合を大きくした（Becker [1999]; Atkinson [1996]）。

　5番目の理由は、介入国家の変化に関係があった。介入国家は二つの理由から1980年代以来、必ずしも意図的ではなかったが、所得の不平等を推進した。一方で、老齢年金、失業援助、社会扶助、子供手当、家族への補助金といった移転給付は、繁栄の局面で大きく増え続け、最貧の住民層にいくらかより大きな所得割合を提供した。しかし、1980年代と90年代に移転給付は削減されるか、一般の所得水準と同じような速度では増えなかった。このためこの移転給付受給者の所得とそれが全所得に占める割合は減少した。もう一方で、介入国

家はトップグループの所得割合の増加も支援した。1980年代と90年代に、上層の所得は、はっきりとした税の軽減を経験した。それは部分的には国家の意識的な負担軽減政策の結果であり、部分的には税金回避の結果であった。確かに多くのヨーロッパ政府は、この減税から投資活性化、職場の増加、失業の緩和を期待した。より多くの職場を作り出すために、一時的により多くの不平等が甘受された。失業率が下がれば、長期的観点では貧しい所得階層の所得喪失も再び緩和するのではないかと期待された。

資産分配

　クズネッツ曲線は所得の分配だけでなく、資産の分配にも適用され、議論された。確かに、ドイツも含め多くの国では、それは調査されていない。そのため所得分配と同じように正確には、資産分配の進展を概観できない。しかし大まかな傾向を評価することはできる。

　ここでもいくつかの一般的な注釈が必要である。資産の分配は所得分配とはまったく別の物質的な生活条件の側面を扱う。それは住民の一部分の生活状態しか把握しない。課税されているものだけ、したがってかなり大きな資産だけが国家により把握されているにすぎないからである。ここで依拠している調査では、たいてい住民のぎりぎり過半数しか対象になっていない。さらに資産の社会的な不平等は、所得よりもはるかに激しい。資産所有者の最上層5％が、例えば1950年代のイギリスの場合、イギリス国民の資産の3分の2以上を持っていた（表7-2）。それに対し、イギリスの所得分配の最上層10％でも、国民所得の約3分の1しか占めていなかった（表7-1）。したがって資産分配は、住民の小さな部分しか把握していないだけでなく、とりわけ非常に際立った社会的な不平等を把握している。

　クズネッツ曲線の命題は、資産分配の場合、所得分配よりも説得力があった。社会的な不平等の緩和の傾向は、より明確で、より印象的であった。フランス、イギリス、スウェーデン、スイスについて、さらにアメリカ合衆国でも、最上層グループの財産をみると、非常にはっきりと資産集中の減少が証明された。1910年代と20年代から70年代までに、最も豊かな人の資産の集中は半減した。最も豊かな5％の手にある資産についても、集中の減少は、それほど急激

ではないが、しかしはっきりしていた。確かにわれわれはこの進展をあまり多くの国については知らない。しかしイギリス、スイス、フランスのような異なる国で、資産の集中の緩和が証明された（表7-2参照）。同様にドイツ連邦共和国（旧西ドイツ）でも、最も豊かな資産所有者5分の1の手にある資産の割合は、見積もりによると1973年の78％から98年の63％へと激減した（Hauser/Becker [2003] 22ページ）。資産集中の緩和は、戦間期すでに確認されていたが、とりわけ1950年代と60年代の繁栄の時代に貫徹した。それはヨーロッパの国々の間に見られた財産集中の大きな違いも取り除いた（表7-2参照）。

とりわけ1950年代と70年代の経済的な繁栄の時代に進行した財産集中のこの緩和には、経済的、社会的、政治的な理由があった。資産の非集中化の最初の重要な原因は、大量消費の普及の間に進んだ家計支出の基本的な変化に関係があった（第4章参照）。食事や衣服のような直接の必需品に対する家計支出は低下し、住宅、職業教育、輸送や社会保障の支出が増大した。これらすべての増大する支出は、資産の分配に影響した。住宅のための支出は、家賃だけに向けられたのでなく、かなりの程度住居の所有に向けられた。輸送のための支出は切符だけでなく、車の購入にも当てられた。これもまた資産の構造を変えた。社会保障の支出はかなりの程度生命保険と有価証券に、教育の支出は一部は教育保険に向けられた。こうした新しい家計支出は、資産分配を変化させ、より小さな資産所有者の数を増やし、生産財の比重を減らした。生産財の集中はそれまではいつも集中度の高いものだった。新しい家計支出は、家の所有、生命保険、有価証券の所有および耐久消費財のような種類の資産の重要性を強化した。こうした種類の資産の分配では、不平等の度合いが少なかった。加えて第二次世界大戦以降、生産財の個人所有が農業の減退によっても劇的に減少した。

二番目の、政治的な理由は、ヨーロッパの非常に多くの国で、政府がこうした資産の非集中化を推し進めたことに見られる。かなりの国々、例えばイギリスでは、第二次世界大戦後に導入された資産税と相続税によって資産の集中が緩和された（Atkinson/Harrison [1978]）。もっともヨーロッパ全体では、この要素を過大評価すべきではない。というのもヨーロッパのかなり多くの国々では、例えばフランスのように、資産税が少ないかまたはまったく徴収されていなかったが、それにもかかわらず財産集中の激しい緩和が見られたからである。そ

れに対してむしろより重要だったのは、資産形成の政策であり、住宅所有のための補助金や減税、それに生命保険であったはずである。これらは、集中度のわずかな資産種類を増加させた（Becker [1999]）。

もっとも1970年代以降、逆方向に作用する要素も効果を発揮した。それは資産の分散化にどちらかといえばブレーキをかけた。平均余命が延びた結果、死亡や遺産による財産の分配が以前より少なくなった。同時に出生率が減少し、何十年か後に財産の相続数を減少させた。実質所得の急激な上昇の終了により、私的資産形成が以前より難しくなった。そのため資産の非集中化は、ドイツも含め、わずかの国でしか継続しなかった（Glatzer/Hauser [2002]）。たいていの国では資産集中が停滞し始めるか、または再びわずかに上昇し始めた。ヨーロッパの資産分配の変化をきちんと比較できるような調査は欠如している。

生活状態の不平等に見られるヨーロッパの共通性

所得と資産の分配の不平等におけるヨーロッパの共通性はただちには目に入ってこない。というのはヨーロッパ諸国の間でかなりの相違が存在していたからである。スカンディナヴィア諸国では、所得の違いは、20世紀後半に、他よりもわずかであった。しかしそれに対して、イギリスでは、しかしまた南ヨーロッパの諸国でも、所得の違いが、ヨーロッパの標準からすればとりわけ著しく、ドイツ、フランス、南東欧はどちらかといえばその中間だった（Sapir [2004] 表7-1）そうした違いと同時に、5つのヨーロッパの共通点が挙げられる。

第一にヨーロッパ内部の違いは、20世紀後半の所得分配でも資産分配でも、ある限定された範囲でしか見られなかったことが、注意を引く。これまでの研究で観る限り、所得受給者の最上層の10％が、例えば1970年代に、国民所得の4分の1よりはるかに少ないところはどこにもなく、また国民所得の3分の1以上のところもどこにもない。ハンガリーの場合だけ、1989～90年以前はこの範囲から外れていた。別な例。資産所有者の最も豊かな1％が、資産の3分の1以上を所有しているところはどこにもなく、資産の5分の1よりわずかしか所有していない国はどこにもなかった。統計的な意味では類似性を語ることはできないが、違いの程度は限定されていた。社会の他の分野では、ヨーロッパ内部の違いは顕著だった。

第 7 章　生活状態の社会的不平等と移動機会

　第二に、クズネッツ曲線とそれからの反転は、第二次世界大戦後のヨーロッパではとりわけはっきりと現れた。アメリカ合衆国はこうした変化があまり顕著ではなかったように見える。理由は、アメリカ合衆国では所得格差の緩和ならびにその再度の激化のいくつかの基本的な要素が、ヨーロッパとは異なって作用したことにある。所得格差の緩和は、アメリカ合衆国ではヨーロッパよりも弱いままだった。なぜなら福祉国家があまり強く確立されておらず、住民の最貧層への移転給付がわずかなものにとどまっていたからである。しかしまたアメリカ合衆国では、一方の自給自足経済的な、貧しく小さな、農業・手工業・小商人の経営と、他方の現代的な工業、サービス業の分野の対立が、あまり極端ではなかったので、結果として、その対立の消滅が所得の違いをヨーロッパほどはっきりと縮小することができなかった。1980年代以降の所得格差の再先鋭化は、アメリカ合衆国ではヨーロッパより弱かった。というのは、この社会は、ヨーロッパの高い失業率を80年代以降経験しなかったからである。さらにアメリカ合衆国では、福祉国家の移転給付はヨーロッパのように著しく低下しなかった。なぜなら移転給付が一度もヨーロッパほど高くなったことがなかったからである。

　第三に、ヨーロッパの所得分配は、所得格差の再先鋭化にもかかわらず、不平等さはアメリカ合衆国よりいくぶんわずかだった。その原因は最上層所得にあるのではなかった。最上層グループの所得分配はアメリカ合衆国でもヨーロッパと違わなかった。しかし、最貧層の所得受給者の所得割合がヨーロッパでは20世紀の後半ずっとアメリカ合衆国よりはっきり高かった。このヨーロッパの特殊性は第二次世界大戦後徐々に形作られ、現在まで維持された。それは、東ヨーロッパと同じように西ヨーロッパにも、もちろんニュージーランド、カナダ、イスラエルにも、さらに韓国と日本のような東アジアの国々にも、存在した。しかし、それに対してアメリカ合衆国、ラテンアメリカ、トルコを含む近東には、それが存在しなかった（Bertola [2004]; Bertola ほか [2006]）。これに関する決定的な説明は、他の地域よりも力強く発達し、維持されているヨーロッパの福祉国家である。

　ちょうど逆なのはヨーロッパと日本の関係である。われわれが持っている情報では、日本の所得分配は、20世紀後半、ほとんどすべてのヨーロッパ諸国

より著しくわずかしか不平等でなかった。日本の一番貧しい所得グループは、ヨーロッパのほとんどすべての国より、国民所得のより大きな割合を持っており、一番豊かな所得グループはヨーロッパのほとんどすべての国より小さな割合しかもっていなかった。20世紀最後の20年間に、ヨーロッパと日本の多くの比較がなされたが、この違いについてはほとんど議論されていない。これは、日本のはるかに少ない失業率、日本の企業の平らなヒエラルヒー、日本のコンセンサス社会、日本の二重経済と関連づけることができる。しかし日本に対するヨーロッパのこの特殊性については、よい説明をわれわれがまだ待っているところである。

　第五に、資産分配では確かに20世紀後半、ヨーロッパでも、基本的にアメリカと同じ発展を経験した。資産集中は少し減少した。ヨーロッパの特殊性は、今までに調査されたヨーロッパ諸国では、資産集中の減少の程度が、アメリカ合衆国よりもはるかに印象的だったということにある。それによって同時にヨーロッパの特殊性も消えた。第二次世界大戦直後はまだ、イギリスやフランスやスイスのようなヨーロッパの社会では、資産の集中がアメリカの社会よりかなり著しかった。このヨーロッパの特質は20世紀後半の経過の中では維持されなかったように見える。ヨーロッパの繁栄期に耐久消費財を持つ現代的消費社会が実現し、生活水準が上昇したことが、ヨーロッパとアメリカの社会を似たものにした。

社会的な移動性

　第二次世界大戦以降の社会的な移動性の歴史についての研究は、とりわけ二つの問題を追究している。一方で、ヨーロッパ社会では上昇の機会が改善されたのか変化しないままなのか、そして、下降の危険が強まったのか二次的なものにとどまっているのかということに、研究の関心がある。他方で、アレックス・ド・トクヴィルやヴェルナー・ゾンバルトのような、すでに19世紀の社会学者を駆り立てた、古典的な問題に取り組んでいる。すなわち、アメリカ合衆国では社会的な上昇の機会が、ヨーロッパより良好なのかどうか、そして、アメリカ合衆国のこのリードは第二次世界大戦後も維持されているのか、新し

第7章　生活状態の社会的不平等と移動機会

く生じているのか、または消えたのか。

　社会的な移動性の歴史の研究には、特定の重点と盲点がある。それは実際の上昇と下降に集中し、それらのイメージや神話を扱うことはまれである。その上、それは社会的な上昇と下降、特に職業上のキャリアの上昇と下降を扱っており、所得や所有や教育や生活態度ではかれば見えてくるようなその他の種類の上昇と下降にはあまり関心が持たれない。こうした諸側面はせいぜい概括的に総括されているだけで、しかも社会階層間の上昇と下降として研究されている。加えて研究は長い間男性に集中しており、女性の社会的な上昇と下降についてはごく散発的な研究があるだけである。そうした研究はほとんどがヨーロッパのより豊かで工業的な部分に集中し、周辺部分への関心は少ない。

　第二次世界大戦以来の社会的な移動性の歴史は、とりわけ社会学者によって研究されている。歴史家は今までこのテーマに対しほとんど言及に値する貢献をしてこなかった。19世紀と20世紀初期の社会的な移動の歴史的な調査において歴史家が普通に使う資料、すなわち個人の戸籍関係文書、国民投票、企業や公的な行政の人事記録などは、情報保護の強化によって、第二次世界大戦以降の時代については、ますます入手できなくなっている。

　社会的な移動性の研究は、独特な語彙と多数の計量方法を発達させた。それはスペースの理由からここでは説明することができない。研究の主な結果を理解するためには、それを必ずしも知る必要はない。ひとつの方法だけについて少し説明する。なぜなら、それが20世紀の社会的な移動性の歴史の研究に特徴的になったからである。社会学者によって開発されたコーホート分析がそれである。そのために、ある時点での社会学のアンケートが利用される。質問の対象者を年齢集団によって区分する。年輩の回答者からより若い回答者への変化を、歴史的な進展と同一視する。年輩の回答者の上昇率が低く、より若い回答者の上昇率が高いならば、最近では移動性が増えたと結論される。この方法には問題がある。異なる年齢コーホートの社会的な移動性は、様々な歴史的な文脈によって影響されており、それらから純粋に分離されているわけではない。戦争、経済恐慌、繁栄局面のような特定の大事件は、様々なコーホートに同時に作用している。コーホート分析のもうひとつ別の問題は、年輩の回答者の申告は、はるかに以前の過去のため、より若い人の回答者よりしばしばあまり正

確でないということにある。このような理由で、コーホート分析からは、きめの粗い傾向しか推定できない。正確そうに見える統計の結果を、過度に利用するべきではない。

社会的な上昇と下降の変化

19世紀と20世紀の近代産業社会における社会的な上昇と下降の変化については、長い論争がある。通常二つの基本的な立場がある。一方ではどちらかといえば楽天主義的な論拠が押し出される。近代産業社会が徐々に浸透していくに従い、職業の移動性がますます大きくなり、それにともない社会的な上昇や社会的な下降もますます頻繁になるという。他方ではどちらかといえば悲観的なイメージがある。大企業、大きな官僚機構、専門職的なキャリアの固定化、福祉国家を特徴付ける諸規則などの成立により、社会的な上昇と下降は、ヨーロッパ史の大改革の段階、とりわけ産業革命と比較すれば、ますますまれになったとする。

第二次世界大戦以降の社会的な移動性の進展についての研究は、これら二つの立場のどちらも証明していない。研究の主な結果によれば、社会的な上昇の頻度も社会的な下降の頻度もほとんど変化がなく、ヨーロッパ社会の開放への傾向性も閉鎖への傾向性も見て取ることができない。エリクソンとゴールドソープのこの種の最新の包括的な研究は、そのことをとくにはっきりさせている。この研究は西ヨーロッパと東ヨーロッパの8つの国々、イギリス、フランス、アイルランド、スウェーデン、ハンガリー、ポーランド、ドイツを比較している。これらの国々には全体を合わせればヨーロッパ人のかなりの部分が住んでいた。これによって、この研究はヨーロッパ諸国の非常に異なったタイプを扱っている。それは1970年代初期の調査に基づき、1905年から40年の間に生まれた年代を比較し、したがって30年代と60年代の間の就業者を比較している。それは世代間、父親と息子の間、7つのかなり大きな職業グループの間の移動性を調査している（Erickson/Goldthorpe [1992]）。ヨーロッパ諸国間の比較でこれまでで最も詳細で最も包括的なこの研究は、確かに個々の国でみられた移動性の割合の変化を示しているが、これら諸国の全体では示していない（Almendinger/Hinz [1997]; Müller [2001]）

第7章　生活状態の社会的不平等と移動機会

確かにこの種の研究には限界がある。それらは確かに1970年代初期の社会学の多数の調査を比較のために名人芸的に利用しているが、しかし20世紀後半の初期の部分しか扱っていない。この時期の決定的な社会的諸変化は、別の章で扱われたように、例えば工業社会からサービス産業社会への移行、職業・専門教育の急速な拡大、移民、例えば労働者のような大きな職業グループの縮小などであり、それらが社会的な移動性に強い効果があったのに違いないのだが、貫徹するのは徐々にであり、作用するのは遅くになって初めてである。それに対して農民のような当時すでに激しく減少していた職業グループについては、移動の割合のはっきりした変化がエリクソンとゴールドソープの研究でも認められる。しかし全体としては、20世紀後半全体の社会的な移動の傾向を判断するにはまだ早すぎる。われわれは、1980年代または90年代の社会学のアンケートが比較され分析されるまで待たなければならない。

女性の歴史的な移動性の研究は、移動性研究のなかの継子で、数もすくないのだが、それでも第二次世界大戦以降のかなりはっきりした変化を証明した。それらの研究は、女性の教育機会が1940年以降かなり改善され、若い女性の教育機会が若い男性の機会とほとんど差がないという結論に達した（第13章も参照）。こうした研究によると若い女性の職業機会も改善されたが、男性のそれとは依然として非常に異なっていた。それゆえ女性の職業機会と移動機会の改善にもかかわらず、職業機会における性別間の深い溝は埋まっていなかった（Handl [1988]; Federspiel [1999]）。

収　　斂

ヨーロッパの諸社会が社会的な上昇と下降に関して過去数十年の間に20世紀初期やましてや19世紀よりも似通ってきたかどうかは、これまでのところ正確には答えることができない。なぜなら研究が今までほとんどこの問題を提起してこなかったからである。それにもかかわらず1960年代と70年代のヨーロッパ諸社会の類似性を示唆することが相当たくさんある。エリクソンとゴールドソープの研究は、ヨーロッパ諸社会の移動の割合が相互に接近したこと、そして1950年代と60年代の社会的な移動の割合が以前より似ているとの印象を視覚的に伝えている（Erickson/Goldthorpe [1992] 74ページ参照）。1910年頃生

まれた世代では、40年頃生まれた世代よりも、ヨーロッパ諸国の間の違いがまだかなり大きかった。イギリス、フランス、スウェーデンに関する詳細な比較で、エリクソンとゴールドソープは、フランスとイギリスの社会的な上昇と下降が1970年代初期までの何十年かの間に同じようになったことを示した（Erickson/Goldthorpe [1992]）。1960年のドイツ連邦共和国とフランスと、70年代のドイツ連邦共和国とイギリスの間をペアにして比較した結果も、同じような結論になった（Mayer [1980]; König/Müller [1986]）。これらの研究の主旨は、全体としてこれらの社会で社会的な上昇と下降が似通ったというものである。これらの研究が当然にも残存している相違点に関心を集中している——相違のほうが知的には魅力的なので——としても。

上昇機会におけるアメリカ合衆国の先進性

アメリカ合衆国の上昇機会がヨーロッパよりも良好だということは、第二次世界大戦のはるかに前から、ヨーロッパで議論され始めた。1830年代のアメリカは人口何百万人かの小さな国だったが、当時そこを旅行したトクヴィルは、古いヨーロッパよりも上昇機会がはるかによいという印象を持って戻ってきた。その後、ヨーロッパの社会学者のほとんどの大家が、アメリカ合衆国のこの先進性を表明した。第二次世界大戦後もこの議論が続いた。しかし、シモーヌ・ド・ボーヴォワールは1947年にアメリカ旅行から帰国したとき、非常に懐疑的な意見を述べた。「アメリカの生活に非常に特徴的な『上への激しい動き』は、社会の階段をある世代の低い階級から次の世代ではより高い階級へと押し上げたが、それはほぼ終わった」[1]。

それに対してラルフ・ダーレンドルフは、その20年後、上昇機会におけるアメリカ合衆国の先進性が相変わらず見紛うことなく存在していると見た。彼は、「アメリカ社会の移動性が歴史によってほとんど変わっていないという主張も、今やアメリカにはヨーロッパよりも上昇機会は多くないという主張も、今まで完全には証明されていない。相変わらず多くのことが、すべてのアメリカ旅行者の直接の経験を支持している。すなわち、この国は、ヨーロッパの硬直した階層構造の中では動きのとれない人々の上昇を可能にしている」という見解を非常に決然と堅持した[2]。

第7章　生活状態の社会的不平等と移動機会

　議論は激しく続いていたが、社会学者は初めてこの命題を経験的に調べ始めた。それに関する最初の重要な試みをシーモア・マーティン・リプセットが1959年に出版した本で行なった（Lipset/Bendix [1959]）。彼は、社会的な上昇機会においてアメリカの著しい先進性を経験的に示すものは何もないと、論じた。大衆的移動性、つまり労働者の非肉体労働の職業への上昇率は、すべての工業社会でほぼ同じであった。工業化が世界で貫徹すればするほど、リプセットの目には、上昇機会がますます同じようになった。

　ヨーロッパに対するアメリカ合衆国の上昇機会の先進性というイメージに対する、実証に裏打ちされた最初の攻撃は、多くの批判を受けた。リプセットは第一に、あまりに粗い指標を利用しており、肉体労働の職業から非肉体労働の職業への単純な上昇は、上昇機会の先進性や後進性についての説得力があまりないと、非難された。別のアメリカの社会学者たちが示したのは、比較的高い層の上昇率は、とりわけ大学の教育研究職で、1950年代と60年代にアメリカ合衆国ではヨーロッパよりもかなり大きく、この意味でアメリカ合衆国は事実、上昇機会の先進性があったということである。たとえ教育システムが簡単には比較できないにしても、アメリカ合衆国の大学部門のより強い膨張を示す数値は、この議論を証明している（第13章を参照）。リプセットに対して出された第二の反論は、工業化が社会の移動性の一様化に簡単にはつながらないということである。19世紀後半と20世紀前半の、すなわち本来の産業革命後のヨーロッパとアメリカに関する研究は、むしろアメリカ社会の上昇先進性を完全に証明した（Kaelble [1983] を参照）。最後に、再三再四出された議論は、純粋に統計的な移動率調査が、社会的な移動性の歴史の一部しか扱っていないということだった。移動性の歴史の別の、本質的な、政治的にきわめて効果の大きな部分は、アメリカ人の彼らの社会の上昇機会の大きさに対する信念であり、皿洗いから百万長者になれるという神話の信念であった。この神話はアメリカ人のアイデンティティーの重要な一部を形成し、ヨーロッパの労働者にみられるよりもアメリカの労働者の階級意識が少ないことと、労働組合と労働者政党を組織する態度もより弱いことに、本質的に貢献した。

　第二次世界大戦以降の時代に関しては、もちろん、比較的最近の研究がリプセットの結果を広範囲に証明した。スウェーデン、イギリス、アメリカの比較

でエリクソンとゴールドソープは、核心部分で1970年代初期のリプセットの研究結果に非常に近かった。確かに彼らは、リプセットと違ってアメリカとヨーロッパ社会の間にたくさんの相違を見出し、工業化が現代の諸社会間の移動性の違いを調整したというイメージを決して支持しなかった。しかし、彼らの非常に詳細な研究で、リプセットよりもはるかにきめ細かな指標を使用して、アメリカ合衆国の上昇の先進性が証明できないことを示した（Erickson/Goldthorpe [1985]）。したがって、ヨーロッパ人のよりわずかな移動性とよりわずかな上昇機会という、特殊ヨーロッパ的な道は、1970年代のアメリカ合衆国と比較する場合には、証明されなかった。例えば日本のような他の非ヨーロッパの工業国を考慮に入れ、20世紀最後の20年間も研究されるとすれば、この結論を維持できるかどうかは未解決である。ヨーロッパ全体の移動性の割合を計算してみれば、そして、アメリカ合衆国全体と個々のヨーロッパの国々――これはしばしばニューヨークより小さいのだが――とを誤って比較するようなことがなければ、この結論とは違ったことになるのかどうか、ということも未解決である。この問題は確かに終わっていない。しかし現在の研究は、ヨーロッパの特別な社会的固定性を証明してはいない。

まとめ

総括的にいって、20世紀後半の社会的な不平等や移動性の二つの全く異なる時代が、区別されなければならない。最初の時代、1950年代と70年代の間は、たいていのヨーロッパ諸国で所得と財産の相違がはっきりと減少した。これは西ヨーロッパについては証明され、東ヨーロッパでも推測される。国民所得の中から、裕福な人は以前よりいくぶん少なく、貧乏な人はいくぶん多くを受け取った。女性の所得は、男性の所得に少し近づいた。ヨーロッパ規模の調査はないのだが、所得の増大や、近代的な福祉国家と近代的な健康分野の制度とともに、住居の質の社会的な違いと健康の備えの不平等も減少したということから出発することができる。結核、コレラ、チフスのような貧困が原因の病気は、いずれにせよ流行する寸前で減少した。社会環境の間に綿密に引かれた境界線も、鋭さがなくなった。同時に教育の機会が非常に改善された。特に女性についてそうだったが、下層に関してもそうであった。ごくわずかの長年専

第7章　生活状態の社会的不平等と移動機会

門的に教育を受けた少数派と多数の国民学校卒業者の間の激しい対立の古典的なモデルは、消滅した。高等教育や中等教育の資格をもつものが、増大した（第13章参照）。もっともこの時代には、上昇の機会は、改善されなかった。体制転換後の、そして古い経済・政治・文化エリートの排除の後の東ヨーロッパでは、新しい上昇機会は、政治的な重荷によって間奏曲にとどまった。だがこの上昇機会の停滞は、社会的な不平等の緩和に直面してたいてい我慢された。

　1970年代と80年代以来、この発展が反転した。財産分配の不平等は、たいていの西側諸国ではもはや緩和しなかったし、東ヨーロッパではソビエト帝国崩壊の前後に増加した。所得の違いはほとんどすべてのヨーロッパで再び激しくなり、経済、この抜きん出て最大の就業部門では男女間でも、そうであった。失業による脅威でも同様に違いが激化し、しばしば性別間でもそうであった。新しい形態の貧困が起こった。失業者、一人親家族、移民、麻薬依存者の貧困。社会的な不平等の他の分野——住居、健康、犯罪からの保護——が、ヨーロッパ全体としてどのように進展したかについて、われわれは知らない。そうした不平等は所得と福祉国家に強く依存している。所得がもうわずかしか増えず、福祉国家が通常もはや拡大されなかったので、これらの他の社会的な違いが再び増えることは、排除できない。もっとも教育機会の違いはさらに緩和された。それは女性でもっともはっきりとしていた。しかし、下層や新しい移民についてはわずかだけであるか、どこでもそうだったというわけではなかった。ヨーロッパ全体で上昇の機会も改善されたのかどうかは、われわれは今まで知らない。それは1980年代にヨーロッパ東部で悪化した。50年代の上昇者によって上昇機会が遮断されたことが、80年代末の政権に対する抗議の決定的な内的理由であった。西側ヨーロッパの上昇機会がどのように進展したのかは、不明確である。もしそれが増加したとすれば、社会的な不平等の激化はより耐えやすくなったであろう。もし上昇機会が減少したのであれば、それは、不機嫌、将来に対する悲観論の原因の一つであるだろうし、1980年代と90年代以来の政治エリートと経済エリートに対するヨーロッパ人の不信の増大の原因のひとつであろう。

注

1) シモーヌ・ド・ボーボワール『アメリカ 昼も夜も。旅行日記』ハンブルク、1988年。302〜304ページ。
2) R. ダーレンドルフ『応用された啓蒙——アメリカの社会と社会学』フランクフルト・アム・マイン 1968年。78ページ。

文　献

1．所得と財産の分配

A. Alesina/E. L. Glaeser [2004], Fighting poverty in the US and Europe. A world of difference, Oxford.

J. Alber/T. Fahey [2004], Perceptions of living conditions in an enlarged Europe, Luxembourg.

R. Andorka et al. [1992], Social Report, Budapest.

A. B. Atkinson [1982], The Economics of Inequality, 2nd. ed., Oxford. (アトキンソン『不平等の経済学』佐藤隆三、高川清明訳、時潮社［初版訳］、1981年).

A. B. Atkinson et al. [1996], Income distribution in the OECD countries. Paris.

A. B. Atkinson/A. J. Harrison [1978], The Distribution of Wealth in Britain, Cambridge.

A. B. Atkinson/J. Micklewright [1992], Economic transformation in Eastern Europe and the distribution of income, Cambridge.

I. Becker [1999], Zur Verteilungsentwicklung in den 80er und 90er Jahren, in: WSI Mitteilungen, 3, S. 205-214 und 5, S. 331-337.

I. Becker/R. Hauser [2003], Anatomie der Einkommensverteilung. Ergebnisse der Einkommens-und Verbrauchsstichproben 1969-1998, Berlin.

K.-D. Bedau [1998], Auswertung von Statistiken über Vermögensverteilung in Deutschland, DIW. Beiträge zur Strukturforschung Heft 183, Berlin.

K.-D. Bedau/B. Freitag/G. Göseke [1987], Die Einkommenslage der Familien in der Bundesrepublik Deutschland in den Jahren 1973 und 1981, Berlin.

G. Bertola [2004], Earnings Disparities in OECD Member Countries: Structural trends and institutional influences, in: Income Disparities in China-An OECD Perspective, Paris.

G. Bertola/R. Foellmi/J. Zweimuelle [2006], Distribution in Macroeconomic Models, Princeton.

Y. S. Brenner/H. Kaelble/M. Thomas eds. [1991], Income Distribution in Historical Perspective, Cambridge.

J. Delhey [2001], Osteuropa zwischen Marx und Markt. Soziale Ungleichheit und soziales Bewusstsein nach dem Kommunismus, Hamburg.

P. Flora et al. [1987], State, Economy and Society in Western Europe, 1815-1970. vol. 2, Frankfurt a. M. (フローラ『ヨーロッパ歴史統計　国家・経済・社会　1815-1975』下、竹岡敬温監訳、原書店、1987).

W. Glatzer [1989], Die materiellen Lebensbedingungen in der Bundesrepublik Deutschland, in: W. Weidenfeld/H. Zimmermann Hg., Deutschland-Handbuch, Bonn, S. 276-291.

W. Glatzer/R. Hauser [2002], The distribution of income and wealth in European and North American societies, in: Y. Lemel/H.-H. Noll eds., Changing structures of Inequality. A Comparative Perspective, Montreal, pp. 187-217.

P. Gottschalk/B. A. Gustafson/E. Palmer [1998], Changing patterns in the distribution of economic Welfare: an international perspective, Cambridge.

M. Haller [1987], Positional and Sectoral Differences in Income. The Federal Republic, France, and the United States, in: W. Teckenberg, Comparative Studies of Social Structure, Armonck, pp. 172-190.

R. Hauser [1993], Armutszonen und Armutspolitik in der Europäischen Gemeinschaft, aus: B. Schäfers Hg., Lebensverhältnisse und soziale Konflikte im neuen Europa, Frankfurt a. M., S. 218-231.

R. Hauser [2000], The Personal distribution of income in an international perspective, Berlin.

R. Hauser/I. Becker ed. [2003], Reporting on Income Distribution and Poverty. Perspectives from a German and a European Point of View, Berlin.

H. Kaelble [1987], Auf dem Weg zu einer europäischen Gesellschaft. Eine Sozialgeschichte Westeuropas, 1880-1980, München.（ケルブレ [1997]、『ひとつのヨーロッパへの道――その社会史的考察』雨宮昭彦・金子邦子・永岑三千輝・古内博行訳）.

H. Kaelble [2000], Der Wandel der Einkommensverteilung während der zweiten Hälfte des 20. Jahrhunderts. Gedanken zu einer Trendwende, in: S. Ryall/A. Yenal Hg., Politik und Ökonomie. Festschrift für Gerhard Huber, Marburg, S. 227-242.

F. Kraus [1981], The Historical Development of Income Inequality in Western Europe and the United States, in: P. Flora/A. J. Heidenheime eds., The Development of the Welfare States in Europe and America, New Brunswick, pp. 187-236.

S. Kuznets [1967], Modern Economic Growth. Rate, Structure, and Spread, New Haven.（クズネッツ [1968]『近代経済成長の分析』（上下）、塩野谷祐一訳、東洋経済新報社）.

S. Leibfried [1991], Towards a European Welfare State? On Integrating Poverty Regimes into the European Community, in: Z. Ferge et al., eds. Social Policy in a Changing Europe, Westview, pp. 227-259.

S. Leibfried/L. Leisering [1995], Zeit der Armut. Frankfurt a. M.

P. Lindert/J. G. Williamson [1985], Growth, Equality and History, in: Explorations in Economic History, 22, pp. 341-377.

L. Mertens, Hg. [2002], Soziale Ungleichheit in der DDR. Zu einem tabuisierten Strukturmerkmal der SED-Diktatur, Berlin.

M. Sawyer [1976], Income Distribution in OECD Countries, in: OECD Economic Outlook, Occasional Papers July.

T. M. Smeeding et al., eds. [1990], Poverty and income distribution in comparative perspective, New York.

A. Sapir et al. [2004], An Agenda for a Growing Europe: The Sapir Report, Oxford University Press, Oxford, 2004 (co-authored with Philippe Aghion, Giuseppe Bertola, Martin Hellwig, Jean Pisani-Ferry, Dariusz Rosati, Jose Vinals, Helen Wallace and Marco Buti, Mario Nava, Peter M. Snith). Italian translation published by ll Mulino, Bologna.

J. Tinbergen [1978], Einkommensverteilung. Auf dem Weg zu einer neuen Einkommensgerechtigkeit, Wiesbaden.

2. 社会的な移動性

J. Almendinger/T. Hinz [1997], Mobilität und Lebenslauf. Deutschland, Großbritannien und Schweden im Vergleich, in: S. Hradil/S. Immerfall Hg. [1997], Die westeuropäischen Gesellschaften im Vergleich, Opladen, S. 247-285.

R. Erickson/J. H. Goldthorpe [1985], Are the American rates of social mobility exceptionally high? New evidence on an old issue, in: European Sociological Review 1, pp. 1-22.

R. Erickson/J. H. Goldthorpe [1992], The Constant Flux. A Study of Class Mobility in Industrial Societies, Oxford.

R. Federspiel [1999], Soziale Mobilität in Berlin des 20. Jahrhunderts, Berlin.

D. B. Grusky/R. M. Hauser [1984], Comparative Social Mobility Revisited: Models of Convergence and Divergence in 16 Countries, in: American Sociological Review 19, pp. 19-38.

M. Haller ed. [1990], Class Structure in Europe. New Findings from East-West Comparisons of Social Structure and Mobility, Armonk/London.

J. Handl [1988], Berufschancen und Heiratsmuster von Frauen, Frankfurt a. M.

S. Hillmert/K. U. Mayer Hg. [2004], Untersuchungen zum Wandel von Ausbildungs-und Berufschancen, Wiesbaden.

J. Huinink/K. U. Mayer [1993], Lebensläufe im Wandel der DDR-Gesellschaft, in: H. Joas/M. Kohli Hg., Der Zusammenbruch der DDR, Frankfurt a. M.

H. Kaelble [1983], Soziale Mobilität und Chancengleichheit im 19. und 20. Jahrhundert. Deutschland im internationalen Vergleich, Göttingen (英語訳：1985、スペイン語訳：1995).

H. Kaelble [2001], Social mobility, in: P. N. Stearns ed., Encyclopedia of European Social History, vol. 3, New York, pp. 19-26.

H. Kaelble [2001], History of social mobility, in: International Encyclopedia of the Social and Behavorial Sciences, N. J. Smelser/P. B. Balthes eds., Amsterdam, pp. 14345-14348.

W. König/W. Müller [1986], Educational systems and labour markets as determinants of worklife mobility in France and West Germany: a comparison of men's career mobility, 1965-1970, in: European Sociological Review, vol. 2 no. 2, September, pp. 73-96.

S. M. Lipset/R. Bendix [1959], Social Mobility in Industrial Society, Berkeley.
K. U. Mayer [2001], The paradox of global social change and national path dependencies: Life course patterns in advanced societies, in: A. E. Woodward/M. Kohli eds., Inclusions and exclusions in European societies, London, pp. 89-110.
K. U. Mayer [1980], Berufstruktur und Mobilitätsprozeß, in: H.-J. Hoffmann-Nowotny, eds., Soziale Indikatoren im internationalen Vergleich, Frankfurt a. M., S. 97-134.
K. U. Mayer/S. Hillmert [2004] , Neue Flexibilitäten oder blockierte Gesellschaft? Sozialstruktur und Lebensverläufe in Deutschland 1960-2000, in R. Kecskes/M. Wagner/C. Wolf Hrsg., Angewandte Soziologie, Wiesbaden, S. 129-158.
A. Miles/D. Vincent eds., Building European society. Occupational change and social mobility in Europe, 1840-1940, Manchester.
W. Müller [1986], Soziale Mobilität: Die Bundesrepublik im internationalen Vergleich, in: M. Kaase Hg., Politische Wissenschaft und politische Ordnung, Opladen, S. 339-554.
W. Müller [2001], Social mobility, in: International Encyclopedia of the Social and Behavorial Sciences, N. J. Smelser/P. B. Balthes eds., Amsterdam.

第8章　移民

　国際的な移民とそこから生じたマイノリティーは、第二次世界大戦後、ヨーロッパでは完全に変化した。ヨーロッパは、世界中に移民を送り出す大陸から、最も重要な移民受け入れ大陸の一つに変わった。ヨーロッパには時には、典型的な移民大陸のアメリカ合衆国よりも多くが移住してきた。移民の社会構造と職業、移民と移民受け入れ政策の理解は、激変した。移民とそこから生じたマイノリティーは、高度に政治的なテーマになった。それは選挙戦を左右し、政府声明と社会的な運動のなかで重要な位置を占めた。それゆえ、アメリカ合衆国の移民モデルへのヨーロッパのまなざしは、移民大陸としてヨーロッパへの他者のまなざしと同じように変化した。

研究状況

　国際的な移民の重要性は一般に歴史研究では、相変わらずどちらかといえば過大評価というより過小評価されている。裕福なヨーロッパの西側部分が、20世紀後半に、計画なしにまた欲せずして、移民のグローバルな目標になったことが、しばしば見落とされている。もっとも専門文献の状況は、本書が取り扱う他のテーマより、いい状態にある。ヨーロッパの移民の歴史については、いくつかの叙述がある。18世紀から現在までの長期の視点についてのクラウスJ. バーデの見事な概論。その他、1945年以後の時代について社会学と政治学のヨーロッパの概観。これはハインツ・ファスマンとライナー・ミュンツの本、ライナー・オーリンガー、カーレン・シェーンヴェルダー、トリアダフィロス・トリアダフィロポウロスの本、サラ・コリンソンの本などがある。最後に、世界史的概観の研究書としてディルク・ヘルダー、ティモシー・ホールトン、ジェフリー・ウィリアムソンのもの、それにスティーブン・カッセルズの本がある。それはヨーロッパの移民をグローバルな文脈に位置づけている（Bade [2000]; Fassmann/Münz [1996]; Ohliger/Schönwälder/Triadafilopoulos [2003];

Collinson [1993]; Hoerder [2002]; Castles [2003]; Halton/Williamson [2005])。

　1945年以降の移民のすべての変化に関連して、しばしば考慮されていない二つの重要な連続性を忘れるべきでないだろう。第一に、あまり工業化されていないヨーロッパ周辺部からの移民は、何も新しいことではなかった。それはすでに19世紀後半の工業化とともに始まった。ドイツではこの連続性がしばしば見落とされている。なぜなら19世紀後半と20世紀前半の移民は、政治的な理由からドイツに背を向けたからである。イタリアとドイツの間の戦争の勃発とともに、たいていのイタリアの移民は、1915年にイタリアに帰った。ポーランドの移民は、20年代のドイツとポーランドの間の国境紛争のために、ポーランドに帰るか、さらにフランスまで移動した。ナチス政権が戦時の巨大な軍備のためにドイツ経済に強制的に押し込んだ外国人労働者は、1945年には約1100万人に上ったが、彼らも同様に、第二次世界大戦後、ほとんどすべてが出身国に帰った。それゆえ、連邦共和国の最初の何年かは、誤って、一種の外国人移民の午前零時のように見えた。それに対して他のヨーロッパ諸国における連続性は、はるかに明確である。例えばイギリス、フランス、ベルギー、あるいはスイスでは、戦間期の外国人就業者の割合はただわずかに低下しただけだった。ヨーロッパの発展では、連続性がどちらかといえば普通だった。

　第二にほとんどすべてのヨーロッパ諸国は、非常に移民が増えたにもかかわらず、1990年代まで移民国家であるとは考えていなかった。外国からの移民は、法律上はたいてい外国人のままだった。移民政策に対するこのほとんど閉鎖的な密集方陣への唯一の突破口は、EU市民の権利であり、EUのすべてのほかの国で働く権利と開業する権利であった。しかしそれは、経済的な権利しか与えなかった。市民権の中心的政治的なもの、すなわち完全な選挙権とそれによる完全な意味での移民は、他のEU加盟国のEU市民にも禁じられたままだった。

戦後の時期

　戦後の時期とその前の戦時ほどヨーロッパ人が動いた時代は、20世紀の他の時代にはなかった。移動がこれほど多くの強制、非人間性、苦しみと結びつ

いた時期も、他にはなかった。同時に戦後の時期には、その後の時代や戦前の時期と同様に、普通の労働移動もあった。その際、強制移住と労働移動はいつも互いに完全に分けられるわけではない。

強制移住

戦争の結果の無理やりの移住は、とりわけ戦後の時期を特徴づけた。強制移住の4つの形が、ヨーロッパで何百万人もの人間を路上に追い出した。

何百万人もの「難民（displaced persons）」、すなわち、ナチス戦時経済のため強制的に連行された労働者は、戦後の時代に再び故郷の国に帰るか、あるいは故郷の国が危険なときは、さらに移動した。ドイツ領土だけで終戦時に約1100万人の外国人強制労働者と経済に投入された戦時捕虜がいた。彼らの出身地は、ポーランド、ソビエト連邦、ついでフランス、さらにベルギーやオランダであった（Bade [2000] 299 ページ）。この強制労働者が短期間のうちには故郷に帰らなかったとしても、彼らの強制労働の経験は多くのフランス人、オランダ人、ベルギー人、ポーランド人、ソビエト市民の記憶に残り、第二次大戦後何十年もドイツに対する政策に影響を及ぼした。

戦争による無理やりの強制移住の後のもうひとつの大量の移住は、何百万人もの捕虜、強制収容所の生き残りの囚人、被追放民、強制移住者、疎開民と爆撃から逃げた人々であった。彼らはすべて戦後たいてい家族のもとや故郷に戻るか、または政治的な理由から、とりわけ東ヨーロッパのコミュニズムの支配で故郷に帰ることができなかったときには、海外にさらに移動した。ユダヤ人の強制収容所の生き残りは、最初、ドイツの収容施設にとどまり、その後、たいていアメリカ合衆国に移住した。何百万人もの捕虜が1940年代後半に家族のもとに戻った。ドイツではこの数が約500万人だった。さらにたくさんの疎開民がいて、彼らも同様にかなりの部分が故郷に帰った。その上、ドイツの都市出身の強制的に田舎に疎開させられた人々、ドイツの爆撃を前に子供用の収容所に連れてこられたイギリスの疎開していた子供達、爆撃から、戦場から、さらにドイツの占領から逃げていたフランス、オランダ、ベルギーの疎開民や難民。総数はドイツだけで1000万人と見積もられた（Bade [2000] 299 ページ以下）。この無理やりの移住も、ヨーロッパ人の頭に何十年も深刻な体験として

残った。後に何が彼らに作用したかについては、わずかしか調査されていない。

それに対して、はるかに正確に調査され、長期にわたる結果をもったのは、戦争の結果としての第三の強制移住であった。第二次世界大戦終了時点での新しい国境の線引きによって、何百万人もの難民と被追放民が、故郷を去らなければならなかったか、または東ヨーロッパの共産党支配から西に逃げた。この移住のタイプに数えられるのは、ポーランドとロシアの領土になった以前のドイツ領からのドイツ人の難民と被追放民、ソ連領になったかつてのポーランド領からのポーランド人移住者、チェコスロヴァキア北部からのドイツ系難民、ルーマニアとスロヴァキアからのハンガリー系難民、ユーゴスラヴィアからのイタリア系難民、ソ連に併合されたフィンランド南東部からのフィンランド人難民、コミュニズムになったポーランド、チェコスロヴァキア、ハンガリー、ルーマニア、ブルガリアおよびソ連に占領されたドイツからの難民であった。それはドイツだけでも1200万人で、ポーランドでは300万人がこの難民だった（Bade [2000] 299 ページ以下）。

この移動がまたたくさんの傷跡を残した。ドイツ連邦共和国の場合には、何百万人もの難民と地元住民の間の離反が社会的に明確であっただけではなく、当時は克服が難しいように見えた。この難民の一部分は政治的にも別の組織を作った。彼らは独自の政党を創り、1953年の連邦議会選挙に初めて出馬し、投票の6%を獲得し、連邦議会で独自の党派を形成した。他の諸国でも被追放民と地元民の間の社会的な障壁が発生した。この難民の統合は戦後すぐの時代には解決するのが難しい課題のように見えた。

最後に同様に非常に精確に調査されているものとして、第四の、政治的強制に起因する移住があった。それは数の上ではかなり少なかった。しかし政治的・文化的には、きわめて重要であった。すなわち、亡命者の帰還といわゆるドイツの「知的な賠償」、連合国への技術者と自然科学者の流出。ナチス政権からヨーロッパの西部と北部、トルコ、アメリカそして中国に逃げなければならなかった多くの政治家、学者、芸術家のうちで、第二次世界大戦後、わずかのものだけが、永続的にか、あるいは規則的な滞在のため、ドイツとオーストリアに戻ってきた。その中には非常に影響力のある人物がいた。例えば政治家としてブラント、クライスキー、詩人・劇作家としてブレヒト、学者としてフ

レンケルまたはクチンスキー。また逆に、一部は自発的に、一部は強制的に、自然科学者と技術者の移民がアメリカ合衆国、ソビエト社会主義共和国連邦、イギリス、フランスの軍事産業に行ったが、その数は大きくはなかった。しかし、彼らも、移住した国で、とりわけロケット製造の発展のために大きな役割を果たした（Ciesla/Judt [1996]）。

労働移民

しばしば多くの苦しみと結びついた、戦争によって引き起こされた何百万人もの強制移住の他に、戦後の時期には普通の労働移民も存在した。彼らは以前のようにヨーロッパの裕福な部分に集中した。戦後時代の終わりの1950年に、フランスではおよそ180万人の外国人が、国の小さいベルギーでもおよそ40万人、さらに小さな国スイスでおよそ30万人、ルクセンブルクでおよそ3万人の外国人が働いていた（表8-1）。それは今日の比率からみてさえ、非常に多かった。しかも、この外国人就業者の3分の1から半分が、1970年代初め、すなわち50年代と60年代の長期の経済的なブームによる巨大な需要吸引作用の終わった後でも、これらの国で生活していた。こうした普通の労働移民は、すでにのべたように、これらの国では長い伝統をもつものであった。19世紀後半に工業化とともに始まり、20世紀にはいるまで、わずかしか減らなかった。こうした外国人労働力の出身地の地理的分布は、戦後の時代に、それ以前の数十年とほとんど同じように見えた。

しかし、戦後の時代の「ノーマルな」移民には、繁栄したアメリカへの新しい移民の波もあった。それは、戦争で破壊されて将来が不確かなヨーロッパの悲惨な物質状況からの逃走であり、またトランスアトランティックな兵士の結婚にも関係があった。しかしナチス、戦争犯罪人、マフィアのような戦争成金、またはその他の独裁国家支持者で罪を問われた人々のひそかな逃亡もたくさんあった。ドイツ連邦共和国では外国への移民は、1949年に頂点に達した。27万人以上がこの年に連合国西側占領地区を去った。そのうちおよそ17万人がアメリカに向かった。とくに多かったのはアメリカ合衆国だが、カナダ、ブラジル、アルゼンチンも多かった。ドイツ人の外国への移民で歴史的な頂点は1880年代だったが、一年当たりで見れば、49年ほど多くの人がドイツを去っ

たことはなかった。似たような展開は他の古典的な海外移民国、イギリス、スペイン、スウェーデン、イタリアにもあった。もっともこの移民の波は、戦後の時期の現象にとどまった。すでに1950年代初期には、このアメリカへの移民は再び退潮した。戦後の時期は、これまでで最後の大きなヨーロッパの海外移民の波であった。これは、この間に忘却のかなたに去った。

1950年代と60年代のブーム

　移民とマイノリティーの歴史でも、1950年代と60年代の経済ブームは、正常への復帰であり、戦争の影からの脱出であった。しかも同時に経済ブームは、移民の発展を促進し、それを変化させた。

　移民に対する戦争の直接的結果は、すでにブームの前に、あるいはその間になくなった。「難民」（displaced persons）、ナチス経済の強制労働者、強制収容所の収容者の生存者は、ブームの最初数年のうちに最終的にそれぞれの国に戻るか、またはさらに移動した。とどまったのはわずかしかいなかった。難民と疎開民の過半数は、経済ブームの間に経済的に統合された。もちろん統合は、既存の社会への単なる適応を意味しない。難民も地元民も、たんに変化した社会に慣れただけではなく、それを一緒に創りだした。難民がブームの原動力になることも、まれではなかった。彼らは企業を興し、学界や政治でイニシアティブを発揮し、地方レベルでは彼らの移民により宗派の新しい混合も生み出した。それは宗派環境と教会の相互の開放に非常に貢献した。確かに難民の一部は、逃亡や社会的没落の悲痛な経験のトラウマから立ち直ることができなかった。一部は地元民から排除された。しかし、政治的に統合されていない難民少数派のもっともセンセーショナルな目印、すなわちドイツ連邦共和国内の独自政党としてのBHE（故郷被追放民と公民権被剥奪者の連合）は得票率を減らし、すでに1957年の第3回連邦議会選挙で5%条項に引っかかった。被追放民省も1969年には解散された。残ったのは、被追放民の利益組織であった。それは一部は伝統の保護育成を行った。だが一部は東中欧の事実上の国境線に対する敵意を表明した。しかし、それは被追放民と難民の一部しか組織することができなかった。戦争の結果たくさんの被追放民が移り住んだヨーロッパの他の

部分でも、1950 年代と 60 年代に、統合が同じように迅速に行われた（Benz [1992]; Benz [1995]; Schulze/Rainer [2001]; Ther [1998]）。

労働移民

同時に経済ブームの中で、ヨーロッパの周辺部分からの労働移民が、再び移民の中で支配的になった。もちろん 1950 年代と 60 年代の経済ブームは、この移住を多くの観点で変化させた。それは、工業化したヨーロッパ中心部への大量の労働移民の新しい時代をもたらした。

経済ブームの四半世紀の間に移民受け入れ国における外国人就業者の割合は、それ以前もそれ以後もなかったほど増えた。それは 1950 年と 70 年の間に西ヨーロッパで三倍になった。外国人就業者の今日の割合（外国人居住人口の割合ではなく）の水準には、急増した経済ブームの間に、ほぼ達していた。ブーム

表 8-1　西ヨーロッパ諸国の外国人居住人口、1950～2000 年

（単位：千人、および住民に占める％）

	1950		1970/71		1982		1990		2000	
ドイツ[1]	568	1.1	2,976	4.9	4,667	7.6	5,338	8.4	7,297	8.9
フランス	1,765	4.2	2,621	5.1	3,660	6.7	3,607	6.3	3,263	5.6
イギリス連合王国	*	*	2,000	3.6	2,137	3.8	1,904	3.3	2,342	4.8
スイス[2]	285	6.1	1,080	17.4	926	14.4	1,127	16.7	1,384	19.3
ベルギー	368	4.3	696	7.2	886	9.0	903	9.0	862	8.4
オランダ	104	1.0	255	1.9	547	3.8	692	4.6	668	4.2
オーストリア	323	4.7	212	2.8	303	4.0	482	6.2	758	9.3
イタリア	47	0.1	*	*	312	0.6	469	0.8	1,388	2.4
スウェーデン	174	1.8	411	5.1	406	4.9	484	5.6	477	5.4
スペイン	93	0.3	148	0.4	183	0.5	279	0.7	896	2.2
ギリシャ	31	0.4	15	0.2	60	0.6	173	1.7	*	*
デンマーク	*	*	*	*	102	2.0	161	3.1	259	4.8
ノルウェー	16	0.5	76	2.0	91	2.2	143	3.4	184	4.1
ポルトガル	21	0.2	32	0.4	64	0.6	108	1.1	208	2.1
ルクセンブルク	29	9.8	63	18.5	96	26.3	109	28.2	*	*
アイルランド	*	*	137	4.6	232	6.6	80	2.3	127	3.3
フィンランド	11	0.3	6	0.1	13	0.3	26	0.5	55	1.1
リヒテンシュタイン	3	21.4	7	33.3	9	34.1	11	38.1	11	37.5
西ヨーロッパ[3]	3,785	1.3	10,728	3.2	14,685	4.2	16,085	4.5	19,208	5.2

注：1) 1950～90 年：西ドイツ。1991 年以降：東ドイツと西ドイツ。2) 季節労働者を除く。3) 合計されているのは、使用できるデータがあり、記載されている国だけ。＊データが使用できない。

資料：1950～90 年については、H. Fassmann/R. Münz, Hg. [1996], Migration in Europa. Historische Entwicklung, aktuelle Trends und politische Reaktionen, Frankfurt a. M., Table 1.1; OECD. [2002] Trends in international migration. Continuous reporting system on migration, 27. Jg., 295 ページ。

終焉の時、1970年には、西ヨーロッパで約1000万人の外国人がいた。

特に高かったのは、スイスへの移民の割合であった。しかしベルギー、フランス、スウェーデン、ドイツ連邦共和国（旧西ドイツ）でも、当時住民の約5％に上昇した。もちろんこの統計は完全には比較できない。というのはすべての移民が外国人として登録されたわけではなかった。イギリス連合王国、フランスの以前の植民地からの移民、あるいはドイツ連邦共和国（旧西ドイツ）ではドイツ系の東ヨーロッパからの移民は、簡単に帰化することができた。それゆえ外国人の統計には含まれていなかった。移民の流入はヨーロッパどこでも見られたわけではなかった。それは西ヨーロッパの経済的にダイナミックな部分に限定されていた。南ヨーロッパ、スペイン、ポルトガル、イタリア、ギリシャへも、またフィンランドへも、当時、まだほとんどだれも移住しなかった。なぜならこれらの国はまだあまりにも貧しく、移民にとって仕事がなかった（表8-1参照）。ヨーロッパの東の部分では、取り立てて言うほどの移民は計画されなかったし、許可されなかった。

移民の起源と社会構造

1950年代と60年代の労働移民は、以前と同じようにヨーロッパ自体から、とりわけヨーロッパの周辺部からやって来た。もっとも、伝統的に多い東ヨーロッパからの移民は、鉄のカーテンによってほとんど完全に遮断された。フランスでは、1968年でも外国人の3分の2以上はヨーロッパ人で、特にスペイン、イタリア、ポルトガル、ベルギーからの、そしてあいかわらずポーランドからの移民が多かった。アフリカからの移民、そのなかではアルジェリアからの出身が多かったが、その数は、移民の4分の1たらずだった。同様にドイツ連邦共和国の外国人労働力のなかでも、ヨーロッパ人が、1970年ブームの終焉時に圧倒的に多かった。移民の5分の4はヨーロッパ出身で、とりわけイタリア、ユーゴスラヴィア、ギリシャ、スペインからだった。移民の約6分の1しか、トルコ出身ではなかった。

ヨーロッパ共同体の算定によると、1969年の外国人労働力の4分の1強がEC自身の加盟国の出身で、さらに4分の1がその後になってヨーロッパ共同体に加入した他のヨーロッパ諸国、すなわちスペイン、ギリシャとポルトガル

だった。地中海のイスラム教地域出身の移民は、当時、約5分の1に過ぎなかった。それは主としてトルコ、アルジェリア、モロッコ、チュニジアの出身だった（Données socials [1981] 47 ページ；Flora [1983] 43 ページ；Werner/König [1984] 表8）

　ヨーロッパとヨーロッパ外の移民の社会構造と考え方は、この外国人雇用の拡大の時期には、地元住民とまだ極めて異なっていた。1970年代でも、移民は、不熟練かまたは教育水準の低かったものの比率が、非常に高かった。移民は主に男性で、地元の人よりもはるかに若い人・未婚者の割合が大きかった。1950年代と60年代に行なわれたアンケートから明らかになったことは、移民は、移民受入国で限られた期間だけ働き、その後たいていは再びヨーロッパの周辺部にある出身国に帰りたいとしていた（Données socials [1981] 49、58 ページ）。だから、1950年代と60年代の移民で後の時代よりはるかに多かったのは、家族なしでやってきて、ヨーロッパ工業諸国には限られた時間しかとどまらないつもりの若い男性労働者だった。

　その結果、1950年代と60年代に入ってきた移民は、公的にはまだ異常にコストが割安だった。移民はまだ多くは企業の安い集合宿泊所に住んでいて、その後の時代よりもはるかにわずかしか住宅市場を必要としなかった。それゆえ、外国人のための賃貸料や住宅建設ための公的補助金は、まだ比較的わずかであった。外国人就業者が家族と一緒に来ることはまだまれで、外国人の子供が学校に通うこともほとんどなく、教員や特別な教材のための費用もまだ取るに足りないものだった。しかしとりわけ外国人の労働力は地元民に比べて、はるかに高い割合で国家的社会保険の掛け金の支払い者であり、その受益者はわずかだった。外国人のごく少数しか、年金が支払われる高齢者ではなかった。

移民政策

　1950年代と60年代の外国人労働者に対する政策も、その後の時代とははっきり異なっているように見えた。すべてのヨーロッパ諸国において、外国人政策の構想は、流動性のある労働力の予備を調達することであり、再び速やかに整理でき、故郷の国に送り返すことのできる労働力の調達であった。外国人労働者の永続的な統合について、ヨーロッパの世論が議論することはまだ少な

った。同時に、外国人嫌いと速やかな外国人の国外追放を支持する極右の政治的な流れも、まだまれであった。しかしそのほかにヨーロッパのかなり多くの国では、特定の集団に対して開放的で迅速な移民受け入れ政策があった。ドイツ連邦共和国ではドイツ民主共和国出身の移民に対し、フランスではアルジェリア出身のフランス人の引揚者に対し、イギリス連合王国では崩壊したイギリス連邦からの引揚者に対し、ベルギーとオランダではコンゴとインドネシアからの引揚者に対してであった。それゆえ西ヨーロッパの重要な部分に特徴的なことは、外国人に対する流動的な労働力ストックの政策と他の何百万人もの引揚者に対する開放的な移民受け入れ政策との明確に分かれた政策であった。こうした政策の矛盾はほとんど注目を集めなかった。

1950年代と60年代の外国人政策は、主として国民国家的なものにとどまった。ヨーロッパ共同体内部の外国人政策の調整は、ほとんどなかった。そのため帰化政策の古い違いは、まだ比較的はっきりと維持されていた。フランスは伝統的に低い出生率で、帰化への経済的な強制が働いたため、これまで同様、帰化の数が比較的多かった。それに対して、ドイツ、スイス、オーストリアあるいはスウェーデンは、出生率が伝統的に高く、外国への移民が多く、帰化の数は非常にわずかだった。

1970年代と80年代

1970年代と80年代は、移民の歴史の中で徹底的な変化を意味した。

第一に移民の増加が変化した。1973年と74年の西ヨーロッパ全体の募集ストップとともに、外国人就業者の数はわずかしか上昇しなかった。しかもかなりの国で、例えばスイスでは、外国人就業者の数が著しく減少した。それにもかかわらず入ってくる外国人住民の数は増加した。1970年と90年の間の西ヨーロッパの外国人総数は、約1100万人から1600万人に上昇した。増加が特に多かったのは、ドイツ連邦共和国、オランダ、オーストリアで、それに対して特に少なかったのはイギリス連合王国、スイス、スウェーデンであった（表8-1）。外国人の総数を上昇させたのは、今やとりわけ家族だった。

それによって、外国人の住民の生活様式が、基本的な観点でますます地元住

第8章 移民

民に同化してきた。移民はますます家族で生活した。それゆえ、彼らからも福祉国家の給付が要求された。彼らの子供は、学校施設を利用した。労働の日常は、ますます地元の人に似てきた。移民の労働の特定経済分野への偏り、すなわち当初の手仕事への、とりわけ不熟練労働への集中、農業、建設業への集中、そしてサービス業の汚い仕事への集中は少し減少した。外国人の就業者は、今やたいていの産業部門とサービス業部門で増えた。移民の子供の教育は、改善した（第13章参照）。小売り商人、旅行代理店の所有者、手工業の修理業者といった外国人小市民階級や、企業家、医者、技師、小説家といった外国人市民階級さえ生まれた。それは確かにすべての移民集団に当てはまらなかったが、しかしかなりの移民集団にも見られた。ドイツのトルコ人の社会、イギリス連合王国のインド人の、フランスのアルジェリア人の社会は、この方法でますます社会的な階層分化を進め、完全な社会に近くなり、その点でも地元の人の社会にますます似てきた。行政、裁判、軍隊および大学と学校などの職業は、外国人に対しまだどこでも閉ざされていた。

　移民の性格は変化した。不熟練の手工業者は、2、3年間、移民として受け入れ、それから再び別の移民に取り替えることが可能だった。熟練とより高い資格の職業では、このローテーションの原則は大きな困難に直面せざるを得なかった。というのはこうした職業では、それに固有の知識や必要な語学の知識も短い時間では学ぶことができなかったからである。受け入れ国にとって、移民はしばしばもはや取替えが利かなかった。移民自身もますます長期的なパースペクティブをもち、さらには最終的な定着の展望さえ射程に入れた。

　1970年代と80年代には、新しい移民の出身地域が決定的に変わった。とりわけヨーロッパ外の移民のウェートが、非常に高まった。その際、プル要因とプッシュ要因が同時に作用した。決定的なプル要因。ヨーロッパ経済の労働力需要にとって、かつてのヨーロッパの周辺部からの移民、すなわちスペイン、ポルトガル、ギリシャ、ユーゴスラヴィア、アイルランドからの移民ではもはや十分でなかった。というのは周辺部が急速に発展し、これらの国からの移民が減少したからである。それゆえ外国人の労働力募集は、1970年代と80年代、ますます地中海の東部と南部のイスラム教地域に、部分的にはいくつかのヨーロッパ諸国の以前の植民地に、手を伸ばすようになった。これにつぎのような

プッシュ要因が加わった。アフリカと近東の人口圧力の増大、アフリカとヨーロッパの間の経済格差の増大、輸送、とりわけ空輸の低廉化、増える残酷な独裁国家からの逃亡、ジェノサイドからの逃走。その際に、ヨーロッパの国々の間に新しい相違が生じた。その違いは、それぞれの国の植民地の過去と関係があった。

こうしたヨーロッパ外からの移民の結果、西ヨーロッパには宗教の新たな多様性が生じた。今やイスラム教もヨーロッパの宗教になった。それには1990年にヨーロッパでおよそ2000万人の信者が属している。そのうち約800万人はバルカン半島とブルガリアの地元のイスラム教徒であり、オスマン帝国の遺産である。約1200万人が西ヨーロッパに移住したイスラム教徒である。西ヨーロッパ諸国のうち、キリスト教の二つの宗派が強くない国では、イスラム教が二番目に大きな宗教集団となった。イスラム教は、移民の他のヨーロッパ外の諸宗教よりもはるかに重要であった。宗教のこうした新しい多様性は、ヨーロッパの日常に新しい文化的な多様性をもたらした。しかしまたそれは異なる生活様式と教会組織によって新しい緊張も生み出した。

ほとんど気づかれなかったのは、移民の新しい形態であった。それはもはやより貧しい地方からより豊かな地方に向かうのではなく、豊かなヨーロッパ諸国の間で行われた。経営者、研究者、知識人、大学生、実習生の移民、それに定年退職後の南部への移民。この移民は研究が少ない。われわれは教育移民が増加したこと、ヨーロッパの大学にいるヨーロッパの外国人大学生が1980年と95年の間だけで、約12万人から約35万人に増加したことしか知らない。（第13章の教育を参照）われわれは、ヨーロッパ諸国間の移民には、たんに貧しいシチリア人のドイツへの移動、あるいは専門教育を受けていないポルトガル人女性のフランスへの移動だけではなく、フランスの大学へのイギリス人大学生の留学、オランダへのフランス人経営者の移動、オランダ人年金生活者のイタリアのトスカーナへの移住もあることを知っている。しかしヨーロッパ全体に関する正確な数字について、われわれは知らない。

移民政策も1970年代と80年代に根本的に変わった。それはこの時代にヨーロッパ化を開始した。外国人就業者の流入ストップは、1973年と74年にヨーロッパ共同体のたいていの加盟国で調整され同時に行われた。ヨーロッパ共同

第8章　移民

体のほとんどどこでも、この時点から、外国人の就業者数はごくわずか増えるにとどまるか、もはや全く増加しなかった。同時に、ヨーロッパ共同体の労働市場は、ヨーロッパ共同体の市民にますます自由化された。とりわけ1986年以来の域内市場構想は、ヨーロッパ共同体の他の国で働いたり、企業を設立したいヨーロッパ人のハードルを下げた。大学卒業を相互に承認することは、すでに1999年のボローニャ宣言の前に促進されていた。さらにヨーロッパ連合はシェンゲン協定、マーストリヒト条約、とりわけアムステルダム条約によって移民政策の権限を徐々に獲得した（Bade [2000]）。

　飛躍的に増加したのは、移民のテーマの政治化であった。それは二つの方向において強まった。一方で、ヨーロッパにおける移民の社会的・政治的な統合政策の提案、したがって純粋な労働力予備の政策から一線を画す提案、これらの数が著しく増加した。統合政策へのこうした衝動の原因は、人道主義的な種類のものだけではなかった。1970年代と80年代に紛れもなく示されていたのは、外国人の移民はたんに一時的なものだけではなく、多くの移民が国にずっととどまっているということであった。ヨーロッパ経済が外国人就業者をもはや断念できないことも明らかであった。多数の提案はなされたが、大まかに二つの方向に分けることができた。外国人のそれぞれのヨーロッパ諸国への完全な言語的・社会的・政治的な適応。これによって、外国人を、普通のフランス人、ベルギー人またはイギリス人にすべきだとする。他方では、それぞれの社会がもつ基本価値の受容。この場合、移民の言語、生活様式、文化は維持され、移民は移住社会に適応するよう強制されるべきではないとされる。それゆえ、移民の実際的な統合のための提案は、非常に多岐にわたった。それは移民の物質的な状況と教育の改善から、地方公共団体の選挙権と二カ国語の授業、さらには、より迅速でより簡単な国籍取得、移民受入国の決定にまで達していた。移民統合政策は、決定が困難な問題に直面することもまれではなかった。例えばフランスにおけるスカーフをめぐる紛争、すなわちイスラム教のシンボルとしてのスカーフの着用をめぐる衝突、あるいはドイツのキリスト十字架像の判決をめぐる衝突。移民政策は選挙戦のテーマになった。

　同時に政治的な外国人敵視の傾向、外国人の厳格な国外追放と国境の完全な閉鎖を求める傾向ももちろん激化した。外国人憎悪は、重要な選挙戦のテーマ

になった。例えばイギリス連合王国の国民戦線、フランスの国民戦線、ドイツの共和党のような新しい極右政党が生まれた。これら極右政党は選挙戦をほとんどもっぱら外国人憎悪に基づいて行ない、ヨーロッパの議会の中でいくつかの議席を獲得した。

1980年代後半と90年代

　1980年代後半と90年代には、新しい進展がくっきりと浮かび上がってきた、それは1989～90年の変革と大いに関係がある。もちろんこの時代の発展傾向がすべての点で新しいのではない。すでに述べたとりわけ三つの傾向は、継続した。

連　続　性
　外国人就業者は、70年代初めにブレーキをかけられはじめたが、少なくとも公式統計では増加が続いた（表8-1を参照）。同時に多くの西ヨーロッパ諸国で、外国人住民はさらに増え続け、とりわけ家族の移住によって増加した。もっとも、外国人就業者の数の停滞は錯覚だということを支持する事実もある。公式統計では把握できない非合法な就業者は、東ヨーロッパと中国の国境の開放とともに、またアフリカとヨーロッパの間の経済的格差のいっそうの拡大とともに増大した。何百万人もの違法労働者が、ヨーロッパで働いていた。それゆえ、事実上1990年代のヨーロッパの外国人就業者は、70年代と80年代より多かった。その当時はヨーロッパと東アジアのコミュニズム体制の境界がまだ厳しく管理され、外国への移住がきわめて難しかった。

　1990年代の教育移民の増加、すなわち他のヨーロッパ諸国で勉強する学生の増加も、すでに70年代と80年代に見られたと同じ程度で推移していた。

　1980年代後半と90年代の三番目の連続性は、ヨーロッパ連合の他の加盟国に居住するための移動の障害のいっそうの削減、学位の標準化と相互承認のゆっくりとした進展、職業資格関係の試験と監督の難儀を極めた開放、他の国のヨーロッパ人に対する社会保険システムのゆっくりした開放、こうした新しい種類の移民に対する国家官僚機構の順応の困難さなどである。ヨーロッパ連合

の政策、ジャック・ドロール委員長時代の「域内市場」構想、ヨーロッパ連合の新しい条約などが、移動性に対するこうした障害の撤廃を推進し、同じように移民の現実の経験から学んだ移民自身の圧力も、移動障害の撤廃を推し進めた。

新しい進展

しかし1980年代後半と90年代は、ヨーロッパの移民史に新しい展開ももたらした。最初の、もちろん一時的な新しい進展は、政治的な難民と政治的な庇護を求める人の激しい増加であった。これは、一部はソビエト帝国の崩壊、ルーマニアの独裁体制の崩壊、ユーゴスラヴィアの内戦に関係したものであり、一部はアフリカや近東の残酷な独裁体制の増加と関連があった。それはヨーロッパ諸国に新しい決断を迫った。というのはこうした移民は通常環境に順応するのではなく、可能な限り彼らの国に戻りたがっており、しかし同時に正常な生活も望んでいたからである。また、政治的な庇護を求める人に長期滞在の見通しを与えるべきかどうかをめぐっても、政治的に激しい対立があったからである。政治的な庇護を求める人の流入は、その時々に重要な政治のテーマになった。

二番目の新しい進展は、古典的な東西移民の復活だった。それはすでに19世紀と20世紀前半にヨーロッパ内部の移民の主要な流れであった。それは東ヨーロッパのソビエト支配によって広範囲に禁止され、ソビエト帝国の崩壊後再び進行し始めた。もっとも、以前の移動の形態が単純に繰り返されたのではない。もはや魅力的ではない西ヨーロッパの工業中心地と西ヨーロッパの農業への移動や西ヨーロッパの大学への歴史的な教育移民が、再開したのではない。新しい東西移動は、たんなる経済的な移住だけではなかった。ポストコミュニズムの独裁国家と内戦が生じたところならどこでも、それはしばしば政治的な逃走でもあった。すぐ前で言及した庇護を求めている人のかなりの部分が、東ヨーロッパと南東ヨーロッパからやってきた。さらに新しい東西移動では、19世紀と20世紀前半よりもユダヤ人の移住がはるかにまれだった。というのはユダヤ人のたくさんの部分が、ホロコーストによって命を失ったからであり、加えてイスラエルとアメリカ合衆国がユダヤ人の魅力的な移住目標になったか

らである。新しい東西移動で第二次世界大戦以前よりはるかに多かったのは、東ヨーロッパから西側へのきわめて有能な人の移住、すなわち頭脳流出であった。部分的には、きわめて有能な人が農業、建設業、家事の不熟練の職場に一時的に移動した。しかし他方ではきわめて有能な人がヨーロッパとアメリカの大学に移った。それはしばしば東ヨーロッパ諸国にとって重大な喪失であった。

　三番目の新しい進展は、以前のヨーロッパの周辺部、すなわちスペイン、ポルトガル、イタリア、ギリシャ、アイルランド、フィンランドなどへのヨーロッパ外からの移民であった。とりわけ1990年代以降、これらの国でも、新しい移民を経験した（表8-1）。移民の一部は、東ヨーロッパ、ロシア、ウクライナ、ルーマニアからやって来た。一部は地中海南部、近東から、さらに一部はサハラ砂漠以南のアフリカ諸国からやって来た。非合法で非常に危険な、人身売買者によって活用された海上ルートの移民のやり方も、まれではなかった。この移民は、ヨーロッパのダイナミックな中心部と遅れた周辺部の間の昔の溝が埋まり、周辺部諸国でも豊かさがました印であった。

　四番目の進展は、完全には新しくなかったが、1990年代に歴然としたものである。トランスナショナルな移民環境の成立がそれで、これはさまざまな国で生活し、それゆえある国では移民として、別の国では少数派として表現できるほど単純ではなかった。これらの移民は国際的な家族関係の中で生活し、それにより様々な国の都市と結びつきをもち、異なる文化を同じようによく知り、二つの言語をマスターし、二つの国のパスポートを持っていることもまれではなかった。こうしたトランスナショナルな環境は、ヨーロッパ社会の様々な階層の中で進展した。国際的な研究所を持つ国際的な専門家の環境でも、国際的な経済環境でも、しかしまた国際的な労働環境でも、そうした進展があった。それらは国際的な協調と情報伝達の橋であった。それらはヨーロッパ諸国を互いに結びつけたが、ヨーロッパをヨーロッパ外の社会と結びつけることもまれではなかった。

第8章 移民

相違と収斂

相　違

　一番目の、古い対立が存続していた。一方、移民がすでに工業化以来、仕事を見つけていた、工業化され、成長が力強く豊かなヨーロッパ諸国と、他方、移民が流出するが、ほとんど入ってこない、あまり工業化されていない、貧しい周辺部のヨーロッパの国々との対立。1980年代までは、この周辺諸国に、イタリア、スペイン、ポルトガル、ギリシャ、アイルランドが入っていた。

　二番目の、新しい対立は、第二次世界大戦以来、西ヨーロッパの移民流入諸国と東ヨーロッパのコミュニズム諸国の間で生じた。東ヨーロッパの国境は、コミュニストの権力掌握以降、ますます完全に封鎖されコントロールされて、広範囲に移民がないままだった。それにより国際的な移民の長期的伝統が遮断された。東ヨーロッパ内部のチェコ、ドイツ民主共和国、ハンガリーの工業地域への移民も、東ヨーロッパから西側への、とりわけドイツやオーストリアへの、しかしフランスへの移民も、同じように中断された。西ヨーロッパの工業諸国では、外国人の割合がこれまで知られていない高い水準まで上昇したのに対し、東ヨーロッパの国民国家では、わずかな外国人しか許可されず、しかもしばしば狭い地区に隔離された状態であった。ヨーロッパに深刻な社会的相違を生み出す転轍器が据えられた。単に就業者の構造だけではなく、外国人に対する考え方やネーションのイメージは別々に発展した。ソビエト連邦内だけは、多くの移民があった。とりわけロシア人の非ロシアの、西や南のソビエト連邦の共和国への移動、ヨーロッパの部分、とりわけエストニア、ラトヴィア、ウクライナへの移動があった。もちろんこの移民は、西ヨーロッパとはまったく別の性格をもっていた。それは支配的な共和国から従属している共和国への移住であった。それによって、それは移民に、西ヨーロッパの周辺部から中心部への移民とはまったく別のステータスを与えた。

　三番目のヨーロッパ内の相違は、移民が流入した国々の間にしか存在なかった。それは、部分的に古く、部分的に新しかった。すなわち、移民の出身地の地域的相違。たいていの移民受け入れ国はすでに19世紀後半以来、それぞれ

独自のヨーロッパ人の移民をもっていた。それは1980年代までわずかしか変わらなかった。フランスへはヨーロッパ人の移民が、とりわけしばしばイベリア半島のスペインとポルトガルからやって来た。それに対し、ドイツ連邦共和国（旧西ドイツ）とオーストリアへは、とりわけしばしばユーゴスラヴィア、ギリシャ、トルコから、イギリス連合王国へはしばしばアイルランドから、スウェーデンへはとりわけしばしばフィンランドから。

　第二次世界大戦後に生じた決定的に新しい違いは、ヨーロッパ外の移民の出身地にあった。いくつかの国では、ヨーロッパ外からの移民はしばしば昔の植民地出身だった。フランスへはマグレブとフランス語圏のアフリカから、イギリス連合王国へはカリブ海とインド、パキスタンから、オランダへはスリナムから。それに対しドイツ連邦共和国へは、そのようなポストコロニアルの移民は来なかった。ドイツへのヨーロッパ外からの移民のほとんどの出身地がトルコだったが、ここは植民地ではなかった。しかしドイツには東ヨーロッパからの大量の移民があった。それは何世紀ものドイツ人の植民地域・影響圏からの移民であり、ロシア、ポーランド、ルーマニアからの移民であった。これはまったく、東中欧、東欧で崩壊した非公式帝国ドイツの影響が後になって現れたものとみなすことができる。

　しばしば見落とされている三番目のヨーロッパの違いは、国際的移民ではなくそれぞれの国の国内移民に関係がある。国内移民の頂点とそれによる都市化の頂点がヨーロッパのどこでも同じ時期だったというわけではない。ヨーロッパの一部分は、1945年以降それを経験した。フランスとイタリア、スペインとアイルランド、フィンランドが同じように。これらの国では、国内移民、すなわち農民の大量離村と都市への移住が、50年代または60年代以降ほど激しかったことは以前には決してなかった。しかしそれはヨーロッパに普通のことではなかった。他の重要なヨーロッパ諸国、とりわけイギリス連合王国、スウェーデン、ベルギー、同じくスイスやドイツ（1945年以後の大量の逃走と追放を除外するなら）のような古い工業国では、国内移民の頂点は、長い19世紀にあった。

　最後に、重要な、とりわけセンセーショナルな、非常に議論された四番目の相違があった。ここでは個々に追究することができないが、その違いはそれぞ

第8章　移民

れの国の移民政策における激しい対立から生じた。ここでも19世紀から続く古い対立と、1945年以後の新しい相違が入り交じっていた。すでに19世紀に生じたきわめて有名な古い相違は、国籍の性格の違いであった。国籍は、両親の国籍に、つまり血統に基づいている。この血統主義は、移民した国で育った外国人の子供を、外国人として除外する。他方、追加的に出生地に基づくものとする出生地主義があり、それは外国人の住民の子供の帰化を容易にした。このヨーロッパ内の著しい相違の好例は、1990年代までのドイツ連邦共和国とフランスだった。フランスは血統主義と出生地主義を組み合わせ、帰化の長い伝統があった。ドイツ連邦共和国は血統主義だけを適用し、それゆえ移民に対してはるかに閉鎖的だった。フランスの国籍法は、ナポレオン時代に生まれた。当時、フランスの出生率が異常に激しく低下し、同時に著しい移民の需要があった、それに対し、ドイツ国籍法は20世紀初期に生まれた。当時はヨーロッパのナショナリズムがますます民族主義的になり、おまけにドイツがまだ移民送り出し国であった。第二次世界大戦以降、ドイツの国籍法はもはや時代のコンテクストにあわなかった。それゆえ国籍に関するフランスとドイツの著しい相違は、20世紀終わりに緩和された。

　はるかにわずかしか知られていないが移民政策の根本的で古い違いは、ヨーロッパの国民国家の国籍法のヨーロッパ外での有効性に関してであった。それは一見すると驚くようなテーマである。19世紀と20世紀初期、ヨーロッパの国民国家が完全に確立した時代の教科書のイメージでは、ある国民を別の国民から区別する中心的な道具、すなわち国籍が、かならずしもすべてのヨーロッパ諸国で国民と一致しているのではない、ということが気づかれないようにごまかされている。ヨーロッパの植民地帝国の国籍は、国民を区分するのに役立っただけではなく、国民国家の領土外の植民地で生活する個人にも、しかもそこでは地元住民にも有効であった。それに対して植民地をもたないヨーロッパ諸国では、通常国籍は国民国家の領土の市民に限定された。このヨーロッパ内部の決定的違いは、植民地帝国の崩壊の時代になってはじめて、はっきりと目に見えた。植民地崩壊でたくさんのインド人、パキスタン人、アルジェリア人、ブラックアフリカの人々、スリナム人がヨーロッパのパスポートでヨーロッパの母国に移住してきた。有色市民のいるヨーロッパ諸国と有色マイノリティー

のいないヨーロッパ諸国の間に、鋭い対照が生じた。

　最後に、ヨーロッパ諸国は、移民に対する統合政策、帰化政策の実行において、同様にまた学校政策、社会政策、地方公共団体の政策でも、違っていた。違いは西ヨーロッパ内部でも大きかったが、西ヨーロッパと東ヨーロッパの間ではさらに大きかった。

収　　斂

　同時に移民においては、収斂も進んだ。西ヨーロッパ社会はますます似たようになった。

　第一番目の収斂。ちょうど今描写してきた相違の多くは、1990年代に緩和された。たくさんの移民がいる工業化された豊かな国と移民のいない周辺諸国の間の違いは、減少した。というのは90年代以来ヨーロッパの周辺の南部、イタリア、スペイン、ポルトガルでも移民の流入が始まった。移民の多い西ヨーロッパと移民がわずかで厳格に統制されていた東ヨーロッパの間の違いも、90年代に減少した。というのは今や東中欧も移民を経験した。たくさんの違いにもかかわらず、移民はヨーロッパ共通の経験となった。

　移民の社会構造も同様に似ていた。1970年代と80年代には、どこでも、家族のいない単身労働者だけでなく、たくさんの家族も移住してきた。移民は個々のたいていは不熟練の仕事だけでなく、幅広い多様な職業で働いた。小市民階級も市民階級さえもいた。さらにヨーロッパどこでも、宗教的な多元性が増大する傾向があった。とりわけイスラム教徒の数が増加する傾向があった。その上、西ヨーロッパのたいていの国では移民のリズムも似ていた。1950年代と60年代は外国人の割合が、とりわけ労働者の移民により突然増加した。70年代と80年代にはヨーロッパ中心部のたいていの国で、調整された募集ストップが観察される。その後、就業者のブレーキがかかりながらの増加。それは、いたるところで家族だけに限定された。

　最後に、政策のはっきりした収斂もあった。個々の国の間の違いは、減少した。フランスとドイツの間に見られたヨーロッパの好対照な違いは、1990年代の移民政策で緩和された。というのはドイツは国籍取得を容易にし、フランスは困難にしたからである。その背後に移民法についての多くの交流と移転が

あった。しかしすでに言及したように、とりわけ70年代以降、ヨーロッパ連合の加盟国の移民政策が徐々にヨーロッパ化し始めた。90年代にはヨーロッパ連合自身の移民政策と庇護政策が始まった。それによってEUの移民政策が、二重の顔を持つことになった。一方ではたいていのEU加盟国諸国で、別のEU諸国出身の外国人がますます地元の人と対等に扱われ、したがって外国人と受け止められることはますますわずかになった。他方ではヨーロッパ連合は、これまでどおりみずからを移民受け入れの文明とは見ていなかった。その点、欧州委員会はまだしばしば国民国家の政府以上であった。外国人移民の事実上の大量流入と移民受け入れ政策の拒否との間の基本的な矛盾は、ヨーロッパに共通だった。

ヨーロッパの特殊性

同時に移民と新しいマイノリティーには、紛れもない特殊性があった。その点ではヨーロッパはアメリカ合衆国や日本やソビエト社会主義共和国連邦のような別の工業社会と違っていた。

最初のヨーロッパの特殊性は、すでに初めに言及した劇的な大転換だった。これは他のどの文明もこのように短い時間に経験したことがなかった。ヨーロッパは19世紀と20世紀前半、世界中に移民を送り出す、世界史的にも例のない大量移民の大陸であった。それは、中国、インドまたはアラブ世界からの移民よりはるかに多かった。それに対して20世紀後半、ヨーロッパは世界の最も重要な移民吸引極の一つになった。それはアメリカ合衆国や近東と同じ程度に重要で、ロシア、あるいは日本や南アフリカよりはるかに重要だった。たしかにヨーロッパ人は20世紀後半もさらに引き続き域外へ移住したし、ヨーロッパへの移民も必ずしもいつも同じように多かったわけではない。それにもかかわらずこの大転換は比類がなかった。それにはヨーロッパの自己理解の決定的な変化と、ヨーロッパの他者にたいする態度の根本的な変化が伴った。

しばしば忘れられているもうひとつのヨーロッパの特殊性は、北アメリカとだけ違っているもので、アジアまたはアフリカの古い文明に対して存在しているものではなかった。特定地域と結びついた古い土着のマイノリティーの共存

がそれである。例えばアルバニア、ボスニア、マケドニアからブルガリア南部の帯状地帯のバルカンのイスラム教徒。それに加えて、たいてい都市に生活し、おそらくはその一定の市区を特徴づけているが、地域とは結びつきのない移民マイノリティー。土着のマイノリティーは伝統的にはヨーロッパの東側の部分でとりわけ多かった。このマイノリティーは社会主義の覆いの中でさらに存在を続け、1989年と90年以後、ルネッサンスを経験した。しかしこのタイプのマイノリティーはヨーロッパの西側部分でも方々に存在した。例えばバスク地方、スコットランド、コルシカ島、フリースラント、ソルブ人地域に。逆に、移民マイノリティーはとりわけ西ヨーロッパでしばし見られたが、東ヨーロッパでも生まれていた。1989年と90年以前では特にヨーロッパのソビエト連邦所属の共和国のなかのロシア人マイノリティーとして、そして1990年以後はまた新しい移民マイノリティーとして。それゆえマイノリティーの紛争は、アメリカ合衆国のそれとはちがって見えた。ヨーロッパのマイノリティー紛争は、移民マイノリティーが自己理解を発達させ、組織し、政治世論の中で社会の一員としての権利を実現しようとする歴史であっただけでなく、同時に、とりわけ19世紀後半以降に現れた、地域全体の政治的・文化的統制を要求する、たいていはかなり古い伝統的な民族間紛争であった。それは北アメリカではインディアン保留地の形でしか発生しなかった。

　最後に、アメリカ合衆国と比べた、第二次世界大戦後のヨーロッパの新しい特殊性を忘れるべきでない。20世紀前半ではアメリカの移民もヨーロッパの移民も、まだ似たような地域の出身であった。とりわけイタリア、ポーランド、アイルランドから。彼らはいずれにせよヨーロッパ人で、通常キリスト教会に所属していた。これらの移民の類似性は大西洋の空間の統一性を強めていた。それに対して1960年代以来、西ヨーロッパとアメリカ合衆国への移民の故郷の地域はますます違ってきた。アメリカ合衆国への移民は、今やとりわけラテンアメリカとアジアの出身で、それに対しヨーロッパの移民は地中海の南側と東側の出身だった。そこからさらに根本的な違いも生じた。アメリカ合衆国への移民は基本的にキリスト教会の多様性の強化に導いた。しかし、イスラム教徒のヨーロッパへの移民はアメリカ合衆国へのそれよりはるかに大量だった。ヨーロッパでは、大きな移民国、すなわちフランス、ドイツ、イギリス連合王

国に、2000年頃、約1000万人のイスラム教徒が生活し、ヨーロッパ全体では約2000万人だった。その一部は古くから住み続けているものであり、一部は移住したイスラム教徒であった。それに対し、アメリカ合衆国には約400万人しかいなかった。それによって、移民の出身地域と宗教で見られたヨーロッパとアメリカの古い共通性は弱まった。

　最後にヨーロッパ人は、政治的な観点でも移民に対して特別な態度を取っていた。一方で、西ヨーロッパの諸国では、外国人に対して国境の開放を行った。これは近代世界史では初めてのことであった。ヨーロッパ連合の加盟国間のパートナーシップ的統合により、周辺のヨーロッパ諸国にも豊かなヨーロッパへの国境が完全に開かれた。域内市場と徐々に成立した共通のEU連合市民権により、ヨーロッパ連合内部の移動制限は原則的には取り除かれた。それにより他のEU国への移住は、EU市民にとって、19世紀後半や20世紀の古典的な移民国であるアメリカ合衆国の住民より、易しくなった。アメリカ合衆国は移民を厳しい監督下に置いているからである。他方で、ヨーロッパはヨーロッパ連合外の出身の外国人に対して、彼らを受け入れる移民地であると理解されることは拒否し続けている。迅速な国籍取得に賛成する世論の強い潮流にもかかわらず、たいていのヨーロッパの政府は、外国人移民を厳格にコントロールするだけでなく、帰化制限の政策も続けている。

文　　献

K. J. Bade [1990], Neue Heimat im Westen. Vertriebene, Flüchtlinge, Aussiedler, Münster.

K. J. Bade [2000], Europa in Bewegung. Migration vom späten 18. Jahrhundert bis zur Gegenwart, München.

K. J. Bade/J. Oltmer [2004], Normalfall Migration, Bonn.

W. Benz [1992], Fremde in der Heimat: Flucht, Vertreibung, Integration, in: K. Bade Hg., Deutsche im Ausland-Fremde in Deutschland, München, S. 374-386.

W. Benz Hg. [1995], Die Vertreibung der Deutschen aus dem Osten, Frankfurt a. M.

I. Britschgi-Schimmer [1996], Die wirtschaftliche und soziale Lage der italienischen Arbeiter in Deutschland, Essen.

R. Brubaker [1994], Staats-Bürger. Frankreich und Deutschland im historischen Vergleich, Hamburg.

S. Castles [2003], The age of migration. International population movements in the world,

3rd. ed., Houndsmill.
B. Ciesla/M. Judt ed. [1996], Technology transfer out of Germany after 1945, Amsterdam.
S. Collinson [1993], Europe and international migration, London.
Données sociales [1981], édition 1981, Paris.
P. C. Emmer [1993], Intercontinental migration as a world historical process, in: European Review 1, pp. 67-74.
A. Escudier Hg. [2003], Der Islam in Europa. Der Umgang mit dem Islam in Frankreich und Deutschland, Göttingen.
W. Fase [1994], Ethnic division in Western European education, Münster.
H. Fassmann/R. Münz Hg. [1996], Migration nach Europa 1945-2000, Frankfurt a. M.
H. Fassmann/R. Münz [1994], European East-West Migration 1945-1992, in: International Migration Review 28, pp. 520-538.
P. Flora [1983], State, Economy, and Society in Western Europe 1815-1975, Bd. 1, Frankfurt.（フローラ［1985］、『ヨーロッパ歴史統計　国家・経済・社会　1815-1975』上、竹岡敬温監訳、原書店）.
T. J. Halton/J. G. Williamson [2005], Global migration and the World economy. Two centuries of policy and performance, Cambridge.
U. Herbert [2003], Geschichte der Ausländerpolitik in Deutschland, Bonn.
D. Hoerder [2002], Cultures in contact.World migrations in the second millennium, Durham.
D. Hoffmann [2000], Vertriebene in Deutschland, München.
C. Joppke [1999], Immigration and the Nation-State: the United states, German and Great Britain, Oxford.
R. Kastoryano/A. Portes [2006], Immigrant transnationalism in Europe and the United States, in: Toqueville Review 27, pp. 51-60.
H. Kleinschmidt [2002], Menschen in Bewegung. Inhalte und Ziele der historischen Migrationsforschung, Göttingen.
R. Leboutte ed. [2000], Migrations and migrants in historical perspective, Brussels.
H. Mahnig [1998], Integrationspolitik in Großbritannien, Frankreich, Deutschland und den Niederlanden. Eine vergleichende Analyse, Neuchatel.
J. Motte Hg. [1999], 50 Jahre Bundesrepublik-50 Jahre Einwanderung. Nachkriegsgeschichte als Migrationsgeschichte, Frankfurt a. M.
R. Münz [1995],Where did they all come from? Typology and geography of European mass migration in the 20th century, in: Demographie aktuell No. 7, Berlin.
R. Münz/H. Fassmann [1992], Patterns and trends of international migration in Europe, in: Population and Development Review 18, pp. 457-480.
R. Münz u. a. [1997], Zuwanderung nach Deutschland, Frankfurt a. M.
P. Muus [2002], Migration and Immigrant policy. Immigrants from Turkey and their participation in the labour market, Utrecht.

K. Nerger-Focke [1995], Die deutsche Amerikaauswanderung nach 1945, Stuttgart.

G. Noiriel [2002], Etat, nation et immigration. Vers une histoire du pouvoir, Berlin/Paris.

R. Ohliger/K. Schönwälder/T. Triadafilopoulos eds., [2003] European Encounters: Migrants, Migration and European Societies since 1945, Aldershot.

R. Penninx/J. Roosblad [2000], Trade unions, immigration and the immigrants in Europe, 1960-1993, Berghahn.

B. Santel [1995], Migration in und nach Europa, Opladen.

S. Sassen [1996], Migranten, Siedler, Flüchtlinge. Von der Massenauswanderung zur Festung Europa, Frankfurt a. M.

A. Schmelz [2000], Politik und Migration im geteilten Deutschland während des Kalten Kriegs, Opladen.

D. Schnapper/F. Heckmann [2003], The Integration of Immigrants in European Societies. National Differences and Trends of Convergence, Stuttgart.

K. Schönwälder [2001], Einwanderung und ethnische Pluralität. Politische Entscheidungen und öffentliche Debatten in Großbritannien und der Bundesrepublik von den 1950er bis zu den 1970er Jahren, Essen.

R. Schulze/R, Rainer [2001], Zwischen Heimat und Zuhause. Deutsche Flüchtlinge und Vertriebene in (West-) Deutschland 1945-2000, Osnabrück.

Peter Stalker [2000], Workers without frontiers, International Labour office, Geneva.

J.-D. Steinert [1995], Migration und Politik. Westdeutschland-Europa-Übersee, 1945-1961, Osnabrück.

I. Sturm-Martin [2001], Zuwanderungspolitik in Großbritannien und Frankreich: ein historischer Vergleich 1945-1962, Frankfurt a. M./New York.

P. Ther [1998], Deutsche und polnische Vertriebene. Gesellschaft und Vertriebenenpolitik in der SBZ/DDR und in Polen 1945-1956, Göttingen.

H. Vermeulen [1997], Immigrant policy for a multicultural society. A comparative study of integration, language and religious policy in fiveWestern European countries, Amsterdam.

P. Weil [2002], Qu'est-ce qu'un français. Histoire de la nationalité française depuis la révolution, Paris.

A. Werner/I. König [1984], Ausländerbeschäftigung und Ausländerpolitik in einigen westeuropäischen Industriestaaten, Nürnberg.

E. Wolfrum [1996], Zwischen Geschichtsschreibung und Geschichtspolitik. Forschungen zu Flucht und Vertreibung nach dem ZweitenWeltkrieg, in: Archiv für Sozialgeschichte 36, S. 500-511.

第3部

社会と国家

以下の5つの章は、社会・国家間の関係と緊張を扱っている。各章はこのテーマにつぎの二つの異なる視点から接近する。最初の二つの章は、政府、および国の行政に影響を及ぼす、非国家的アクターに、関するものであり、メディア、世論、社会運動、市民社会を扱っている。それに続く三つの章は、逆に、政府の社会への作用を取り上げる。すなわち、三つの大きな社会的分野、社会保障、都市計画、教育における作用を扱う。

第9章　メディアとヨーロッパ世論

　メディアは、20世紀の後半、それまでの時代よりもはっきりと、社会・文化を特徴づけた。以前よりも明確に、日常の経過、人々の個人的空間、家族の価値、仕事の価値、毎日の人間相互間の交流の価値に、影響を与えるようになった。メディアは以前より、いっそう、個々人の消費を左右した。というのも、メディアにおける広告は、しだいに磨きをかけられ、買い手について以前より良い情報を手に入れていたからである。またメディアはヨーロッパにおける政治世論にも、重要な役割を演じるようになった。政治的議論やその社会にむかっての表明、議会討論、公的演説が、以前に比べ、よりいっそう、メディアにおいて、特にテレビにおいて、行われるようになった。それゆえ、メディアは、独立した第四の権力として、現代民主主義にとって欠くことのできない支柱と見なされるようになった。もちろん、時に、少数の巨大コンツェルンがメディアを支配し、メディアにおける意見の多様性がもはや保障されないとき、メディアが現代民主主義を脅かすものとみなされることもしばしばである。

　もっとも、メディアだけが、社会に以前よりも影響を与えているのではない。むしろ社会もまた、メディアに以前より強い影響を与えている。視聴率の調査は、ますます、メディアを、社会の影響下に置くことになった。加えて、利害集団、社会運動、ネットワーク、教会、企業、都市、大学は、より多くの影響をメディアに与え、その広報活動を専門化させるようになった。さらにまたメディアにおいては、ジャーナリストだけが発言の機会を得ているわけではない。様々な社会的グループのメンバーたちが、記事を書き、トークショーに出、インタビューを受け、投書をしている。また新たなメディア・コミュニケーション学の独立した専門家らも、メディアを批判し、同じように影響を与えるようになった。そしてついに、20世紀の終わりには、インターネットによって、従来のメディアをはるかに上回るレベルで市民が自立性と参加性を保持するメディアが、誕生することとなった。

20世紀の後半、メディアは国際化した。この過程は、もちろん、非常に様々な形態で多様な作用を伴いながら進展した。作品の国際化、とくに音楽、テレビ映画や劇映画の作品の国際化。メディアでのプレゼンテーションの国際化、すなわち政治ニュースショー、テレビショー、クイズ番組、トークショー、通信社、広告などの国際化。メディア所有の国際化、すなわち、世界的巨大メディア・コンツェルンの出現——ただし商業的理由から、それはメディアの国民的性格にはほとんど手をつけてこなかったが。そして、なんといっても公衆の国際化があげられる。いくつかのナショナルなメディアと国際的なメディアを視聴する国境横断的な視聴者・読者層が成長した。ただ、その成長の過程は一様でなく、それぞれ独自に考察しなければならない。

この章は、二つのテーマと取り組んでいる。一方では、ヨーロッパ・メディアの社会史であり、メディアによる社会的行為への影響、メディアの社会的力、そしてまたメディア利用者の歴史、マスメディアの世界での彼らの選択と頑固さを扱っている。他方では、ヨーロッパ世論の歴史、様々な政治と文化に関する世論を取り扱う。これらの中には、専門家の世論、文化世界での世論も含まれる。その場合、世論は、政治権力に対する批判的潜在能力としてだけではなく、むしろ権力のプレゼンテーションのための舞台としても理解されている。

研究状況

メディア史は、社会史の伝統的テーマではない。最近になってはじめて、社会史家・メディア研究者がこれについて基礎的な論文を書くようになった。(Requate [1999]; Schanze [2001]; Schildt [2001]; Schulz [2000]; Weisbrod [2001]; Wilke [2000])。またこれまでメディア史は、とりわけナショナル史として、把握されてきた（Charle [2004]; Chartier/Martin [2005]; Marßolek [2001]; Hickethier [1998]）。メディアのヨーロッパ史は、これまで存在せず、また、個々のメディアに関しても同様である。映画についてのみ、二つのヨーロッパ的叙述があるにすぎない（Sorlin [1994]; de Grazia [2005]）。

ヨーロッパ世論の研究も、同じように、最近、とりわけ社会科学者によって、集中的に推進された。もっとも、それらの研究は現代メディア分析であり、歴史家の関与はわずかなものであった（Eder/Kantner [2000]; Gerhards [2002];

Kaelble [2002]; Klein u. a. [2003]; Meyer [2004]; Peters u. a. [2005]; Requate/Schulze Wessel [2002]; Risse [2004]; van den Steeg [2003]; Trenz [2002]; Wessler [2004])。したがって、1945年以降のヨーロッパ世論の歴史に関する歴史的概観も、メディア史と同じく、これまで欠如している。

戦後の時期

　戦後の時期、つまり戦争終了直後から50年代初頭の時代は、多くのヨーロッパ諸国においてメディア史における重要な転機であった。独裁を体験した諸国においては、ほぼすべてのメディアが新たに創設された。ドイツ、イタリア、オーストリアにおいては、重要なラジオ局、新聞、雑誌は、その創設をこの時代以前に遡れるものはほとんどない。ナチス体制によって占領された西ヨーロッパ諸国においては、重要な新聞、ラジオ局が新たに創りだされるか、あるいは再建された。フランスにおいては、ル・モンドが1944年、レ・タン・モデルヌが45年、国際ラジオ・フランスが45年、クリティークが46年、新たに創設され、オランダにおいてもテレグラフが49年に創設された。西ヨーロッパにおいては、意見の多様性、ジャーナリズムの高い独立性が、独裁・占領体制下の言論・思想統制に代わって、実現された。これに対して、東ヨーロッパ諸国においては、出版、文化、ラジオの状況は、コミュニストへの権力移動によって、同じように、しかし逆の方向に、変化した。新たに、しかしほとんど政府と一体化したコミュニズムの新聞・雑誌が創刊され、既存の言論組織は政治的に政府と結び付けられ、意見の多様性は取り壊されてしまった。

　さらに、戦後の時期は、メディア・ブームの時代でもあった。読者と聴衆の数が増加した。新聞発行部数が増え、ラジオの聴衆が多くなった。本、レコードの売れ行きが以前より良くなった。重苦しい独裁と占領の時代の後、政治的情報を求める関心、他の多くの娯楽を求める欲求、またゆっくりとではあるが購買力の増加、これらが聴衆と読者の増加をもたらした。同時に、戦後の時期に、メディアは限定的なものではあるが、国際化を体験した。一方では、メディアのヨーロッパ的提携の創出に向けた助走的試みがなされた。他方では、軍人向け放送、とりわけアメリカのAFNが、ヨーロッパにおいても聞かれるよ

うになった。それらは、特に若者に強い影響を与えた。それは、古い世代と一線を画そうとする若者たちにとって、彼らの生活スタイルの一部ともなった。もっとも、すでに当時についてアメリカ化を云々するのは行き過ぎであろう。戦後の時期のヨーロッパにおいては、新聞・雑誌やラジオだけでなく、映画や音楽も、なおヨーロッパ製が決定的重要性を持っていたからである。第二次世界大戦後、メディアは、圧倒的にナショナルな枠組みで組織されていた。国際的なメディア・コンツェルンは、ヨーロッパにおいていまだ何の役割も演じていなかった。

同時に、戦後の時期は、連続性によっても特徴付けられている。戦後の時期、技術的革新は、いまだほとんど起きてはいなかった。新しい形のメディアは、生まれていなかった。大衆新聞・雑誌は、基本的には、すでに第一次世界大戦以前に発達したものであった。ラジオ、映画、レコードは、すでに戦間期に定着していた。少なくとも、ヨーロッパの西側部分においては、民間メディアと公的メディアが分かれて存在していた。新聞・雑誌、本、音楽、映画は、民間によって担われ、これらからは国家的コントロールが取り除かれていた。しかし、ラジオは公的なものとされ、国ごとに異なった方法で、政府によって、部分的には市民社会によって、コントロールされた。しかし、とりわけ注意すべきことは、戦後の時期、男女の新しいメディア人、新しい出版者とジャーナリストは、非常に限定的なものであったということである。幾人かの華々しいメディア経営者が新しく台頭したというのは、事実と違う。多くのジャーナリスト・出版者は、すでに戦間期に、その職にあった。彼らは、ドイツ、オーストリア、イタリアでは、すでに独裁体制下、メディアで働いていた。彼らは、これらの国々で、時に確信から、時に楽観主義から、民主主義に順応していったのである。

戦後の時期、ヨーロッパ世論の兆候が生まれた。ヨーロッパについて、またアメリカやソビエト連邦に対するヨーロッパの特殊性について、議論が活発になった。アンリ・ブルグマンやドゥニ・ドゥ・ルージュモンのような強烈なヨーロッパ熱狂家だけでなく、むしろまたトーマス・マンやT. S. エリオット、シモーヌ・ド・ボーボワールのような同時代の多くの重要な知識人も、この議論に参加した。歴史家はとくにヨーロッパ理念の歴史について書いた。この時

代、ブリュージュにヨーロッパ大学講座(コレージ)が準備された。これはヨーロッパ専門家を養成し、ひいてはヨーロッパ世論の重要な前提を構築するためのものとされた。それは、1950年に創設された。

　戦後の時期、さらにヨーロッパ・シンボルが生まれた。戦時期には忘れられていたが、白地に緑のEの文字をあしらったヨーロッパ旗が、ヨーロッパ運動によって作り出されていた。今日の、青地に12の星をあしらったヨーロッパ旗は50年に発表され、55年、ヨーロッパ評議会によって採用された。また最初のヨーロッパ郵便切手が発行された。ヨーロッパ・ポスター、ヨーロッパ諸国の国旗を花束のようにヨーロッパ・ブーケにしつらえたものが多かったが、それが頻繁に印刷された。ギリシャ神話の雄牛を連れたエウロペ（ヨーロッパ）が、風刺画として、また絵画や彫像としても使われた。重要な歴史的人物も、ナショナルなシンボルからヨーロッパのシンボルに解釈し直された。とりわけ、カール大帝がそれで、その名は、1950年以降授けられることになるアーヘンのヨーロッパ・カール賞にはめ込まれた。ヨーロッパ的政治儀式も生まれた。ヨーロッパに関する条約の署名は、それにふさわしい宮殿において行われた。若いヨーロッパ人によって、ヨーロッパ諸国間の国境柵が開放されたことなども、この儀式の一つである。これらのシンボルや儀式の多くは、市民社会や社会運動の内部から生れたものであり、上からの、各国政府や国際組織によるものではなかった。

　国際的なヨーロッパ文化の場面は、火山が爆発するかのように拡大した。大きなヨーロッパの文化祭典のほとんどが、この時代に生まれた。ザルツブルク音楽祭は、第二次大戦中はナチス体制の軍事鍛錬の催しになってしまっていた。しかし、1945年に新たに創設された。46年、ロカルノ映画祭、カルロヴィ・ヴァリ映画祭、ブレーゲンツ音楽祭が誕生した。戦時期には実施されなかったベニス・ビエンナーレも、46年に復活した。47年、アビニョンの演劇音楽祭、カンヌ映画祭、エディンバラ音楽祭、エディンバラ映画祭が創設された。

　1950年ベルリン映画祭、53年サン・セバスティアン映画祭、55年カッセル現代国際芸術祭ドキュメンタが、始まった。さらに50年、ヨーロッパ規模のラジオ・テレビのための基盤組織、ヨーロッパ放送連盟が創立された。この組織は、54年、ユーロ・ヴィジョン（欧州交換中継放送）を開設した。多くの西

ヨーロッパ諸国がこの連盟に加わった。ユーロ・ヴィジョンはヨーロッパ石炭鉄鋼共同体と異なり、ヨーロッパの経済統合ではなく、文化統合を目指した。ユーロ・ヴィジョンは、大きなコンサートやスポーツの催し、ヨーロッパ・チャンピオンの競技大会、そして数は少ないが、エリザベス二世戴冠に見られるような代表的な政治的出来事を中継した。またこれらと非常に似た目的設定のもと、1954年、R. シューマンとドゥニ・ドゥ・ルージュモンによってヨーロッパ文化財団が設立された。それは、ユーロ・ヴィジョンと同じように、ヨーロッパの文化統合を支援すべきものとされた。それははじめジュネーブで、後にはアムステルダムで、国境の枠を越えたヨーロッパ芸術プロジェクトに財政援助を行った。

　もちろん、こうしたヨーロッパ世論の出発は、明らかに限界も持っていた。新しいヨーロッパのシンボルも、その普及はわずかなものであった。またこの時期、重要なヨーロッパ的広がりを持ったメディアは、まだ生まれていなかった。新しい国境横断的な文化世論は小さなサークルに留まったままで、本格的な世論にも政治的な世論にも発展していなかった。それぞれの国のメディアは、ヨーロッパに関する交渉・事件を、通常、国内の視角から伝えており、自らの国の政治家、国の利益を前面に押し出していた。世論においては、国内の議論、紛争、決定、政治家個人に関することが、いまだ支配的であった。ヨーロッパ専門家の世論も、弱いものであった。ただ、ほんのわずかの社会科学者、歴史家、法律家だけが、ヨーロッパに関する仕事を行っているにすぎなかった。文化祭典は、国際的であろうとした。しかし必ずしも、それがヨーロッパ的であったわけではない。忘れてはいけないことは、当時、もしヨーロッパ世論があれば、それによって批判され支持され、あるいは影響を与えられたであろうようなヨーロッパの中央決定機関が、まだ存在していなかったということである。政治権力の中心という対極を欠いた世論は、必ずしも完全な世論にはなりえなかった。

1950年代から70年代

　1950年代から70年代までの時期、つまり急激な経済発展の時代、そしてこ

第9章 メディアとヨーロッパ世論

の本で取り上げられた多岐にわたる社会変革が起こった時代は、メディアの歴史においてもまた根本的な変化を体験した時代であった。というのも、テレビが、新しいマスメディア、中心メディアとして、ヨーロッパで認められるに至った時代だからである。55年ごろ、テレビ機器を持っていたのは、ヨーロッパの世帯の中ではわずか16分の1、西ヨーロッパの世帯では7分の1であった。東ヨーロッパの世帯では、ほとんどが持っていないという状態であった。しかし1965年ごろには、西ヨーロッパですでに10世帯のうちおよそ9世帯が保持するようになっていた。当時、東ヨーロッパの世帯では、なおその所有はほんのわずかの世帯に限られていた。しかし、東ヨーロッパでも、75年ごろには約3分の1が、85年ごろにはほぼすべての世帯がテレビを保持するようになった[1]。テレビは、西ヨーロッパで60年代に、東ヨーロッパで80年代に、マスメディアの地位を獲得するに至った。

もっとも、アメリカと比較すれば、ヨーロッパにおけるテレビの浸透は遅れた。そのための技術的前提は、早くから準備されていたにもかかわらずである。その理由は、かならずしも明確ではない。1950年代、60年代の急激な経済発展の後の時代になってはじめて、西ヨーロッパの人々は、このメディアのために十分な購買力を獲得した（第4章消費と生活水準を参照）。またその時代に、西ヨーロッパの諸政府は、テレビのための公共施設投資に必要な財政力を持てるようになった。ようやく70年代になって、コミュニズム下の諸政府においても、テレビが、西側と競争する体制の政治プロパガンダのためにも、政権の安定のためにも、重要だという認識が浸透した。

テレビは、急速にメディアの中心となった。というのも、それは、しのぎを削るたくさんの番組のなかで、動く映像、ニュース、生の報道をすべて結びつけて提供したからである。テレビは、娯楽においても、政治的情報においても、メディアの中心的役割を担うようになった。映画は1950年代にはまだ4〜5万もの映画館を持ち、全盛時代にあった。しかし、これが駆逐されることになった。もちろん、駆逐される度合いは、ヨーロッパ内で大きな相違があった。北ヨーロッパ、すなわちイギリスやスカンディナヴィア諸国、および旧西ドイツ、オランダ、スイス、オーストリアにおいては、すでに1960年代に映画の衰退が始まった。しかし、南ヨーロッパでは、またフランスでもなお、映画はその

地位を維持し、東ヨーロッパ諸国においては、むしろいっそう広まっていた。1980・90年代になってはじめて、ヨーロッパ全土において、映画館が閉鎖されることになる。それは、多くのホールを伴った複合映画館が生まれてきたからだけではない。映画観客数が減少したからでもある（表9-1参照）。その結果として、西ヨーロッパではすでに70年代に、大衆映画の生産がはっきりと減少した。アメリカ映画は、この危機をはるかにうまく切り抜け、コストを抑えて製造し、映画内容を国際化させ、70年代以降、ヨーロッパ市場を征服し始めた。この時期以降、西ヨーロッパにおいて国際的に成功を収めた大衆映画は、圧倒的にアメリカ製のものとなった。ヨーロッパの大衆映画は、ほとんどが、国内的な規模での成功しか収めなくなった。これ以降、人々の間で、ヨーロッパの映画とテレビ映画のアメリカ化が語られることになる。これは、ヨーロッパ映画にとって、今日に至るまで影響が残る深刻な変化であった。ただ、非常に限られた知的観客向けの知的映画の分野のみで、ヨーロッパ映画制作者が強さを維持し、成功を収めた。とりわけフランス映画がその先頭にある。

　反対に、テレビに駆逐されなかったメディアとして、ラジオ、新聞、本、雑誌、劇場があげられる。これらのメディアは、まったく反対に、テレビが確立した1970年代以降、ほぼまったく同じように急速に成長したのであった（表9-1参照）。これらのメディアは、一方では、経済ブームの時期、成長しつつある購買力によって利益を得たが、他方では、テレビにはない長所を持っていた。

表9-1　ヨーロッパのメディア、1955～95年

年次	本	映画	ラジオ	テレビ	新聞	雑誌
1955	124,886	44,391	66,240	8,568	1,949	—
1965	198,162	48,992	102,703	58,560	1,851	—
1975	265,277	53,964	158,987	116,810	1,499	6,018
1985	362,166	—	246,032	154,333	1,600	7,266
1994	470,531	27,119	351,802	219,050	1,792	4,488

出典：UN Statistical Yearbooks; 1957, 1960, 1966, 1967, 1968, 1977, 1978, 1981, 1985-86, 1988-89, 1993, 1995.
注：本：新刊・新版数。映画：映画館数（1995年の数は94年のもの）。ラジオ：ラジオ受信数（単位1000人、ただし1955年の数は53年の、85年の数は86年のもの）。テレビ：テレビ機器数（単位1000台、1955年の数は56年のもの）。新聞：日刊新聞数（1965年の年のみ統計のある約700の連邦共和国内の地方新聞数を除く）。雑誌：雑誌数。

第9章　メディアとヨーロッパ世論

ラジオは、トランジスタラジオの発明によって持ち運びができるようになり、自動車の中や浜辺でも聴取が可能になった。また超短波の利用で、受信の質がはるかに良くなった。ラジオは、家族みんなが自分だけの番組を聞けるほど、手ごろな値段になった。テレビと異なり、ラジオ番組の選択権は、もはや家庭内の権力問題ではなくなった。ラジオは、テレビよりも早く、特定の聞き手の環境（地域ごと、その土地ごと、あるいは主婦、青少年、文化愛好家のそれぞれ）に適応した。

新聞はたしかに再三再四、危機の時代を体験した。しかし、つねに持ちこたえ、様々な理由から、テレビによって恒常的に駆逐されることはなかった（表9-1参照）。ラジオと同様に、新聞は様々なところに持ち運べた。満員のバスや、待合室においてさえも利用可能であった。またテレビより、個々の地域の読者の求めにぴったりと合わせることができた。青年雑誌から女性マガジンまで、ゴルフ雑誌から素人細工の雑誌まで、スポーツ新聞から建築雑誌まで、多様な生活分野向けの専門雑誌が登場した。新聞はさらに、定期購読、広告や公的告知からの収入など、テレビとは違う財政的基盤をもっていた。この財政基盤はテレビコマーシャルの発展、1980年代以降のインターネットの普及によって、はじめて脅かされることになる。また新聞は、テレビよりもいっそう強く、調査ジャーナリズムを発展させた。政治や経済のスキャンダルの解明では、むしろ新聞の独壇場が続いている。だから、ドイツにおいては週刊誌シュピーゲルが暴くスキャンダルはあるが、公共全国テレビARDの暴くスキャンダルなるものは存在しない。

このようなメディアの発展は、たくさんの重要な社会的・政治的結果をもたらした。メディアは人々の家庭本位の傾向を強め、人々を飲み屋や通りでの日常的世論から、プライベートな領域に後退させた。もともとは飲み屋で聞いたり見たりしたラジオ、テレビは、プライベートなメディアとなった。レコードは家庭内で聴かれた。そして家族は、夜、家の外で誰かと会う代わりに、テレビの前に集まるようになった。家庭での時間の進行は、とりわけ夜、テレビによって強く左右された。もちろん、テレビだけでなく、自動車や冷蔵庫のような耐久消費財も、人々を家庭本位と核家族の中へと後退させることに拍車をかけた。

さらにまた、上の世代の文化とは一線を画していた青少年文化もまた、メディア、とりわけラジオ放送、トランジスターラジオ、レコードによって、独自性が強められた。青少年文化にとっては、音楽が中心的なものだった。メディアによってはじめて、ロックが、そして後にはポップ・ミュージックが、大衆文化となるにいたった。このことは、けっして大都市の現象に留まるものではなく、むしろ小都市や農村にも広がっていった。さらにそれ以上に、個人化への過程もメディアによって促進されることになった。マスメディアは、非常に多様な価値や生活様式、環境や文化について、服装や人前での態度について、価値や論争点について、情報を提供した。だから、人々は自らの個人的な生活様式と独自の価値観を作り上げていくことが、より容易になったのである。最後にマスメディアは政治情報や社会情報も拡大した。より良い情報によって、社会的承認を勝ち取ることが容易になった。現代マスメディアの利用者は、より容易に意見交換が可能となった。同時に、現代メディアはまた、人々の間の社会的・政治的合意をも強めることになった。というのは、公共マスメディアだけでなく民間マスメディアも、自らが、その読者・視聴者に、さらにはラジオ・テレビの諮問委員会に受け入れられるためには、平均的な大衆の好みや中間的な政治位置を語っていかなければならなかったからである。その際、いずれが最初にあったのか、すなわち、政治・文化情報、娯楽への強い需要が先にあったのか、それとも、マスメディアの側からのかなり大きな供給が先にあったのかを決定するのは、難しい。もっとも、メディアの否定的影響、暴力的行為を刺激することや、社会的コンタクトのための能力、家族・社会環境に対する責任といった面での否定的影響も、見通すことは困難である。

　しかし、同時にまた、社会のメディアへの影響力も強まった。テレビにとって、視聴率、アンケートの重要性がますます大きくなった。メディアおよび広報活動への影響力の行使の方法も、専門化がいっそう進んだ。世論に効果のある政治活動のためのメディアの活用、とりわけテレビの活用は、まず最初、学生運動によって意識的に行われ、その後、社会運動に引き継がれ、さらに発展させられた。

　しかしそれに反して、この時代においては、メディアの国際化は限定的なものにとどまった。メディア所有においても、視聴者においても、国際化は確認

第9章　メディアとヨーロッパ世論

できない。ただ二つの方向においてのみ、国際化が始まったにすぎなかった。西ヨーロッパでは、メディアのアメリカ化が強まった。アメリカテレビの様々なプレゼンテーションの形態、すなわちクイズ番組、トークショー、ニュースショーなどが、いち早くヨーロッパのテレビの勃興期に借用された。アメリカのテレビは、それ以前にスタートしており、それゆえモデルとしての機能を果たしたのである。さらにまた、1970年代以降は、作品面においてもアメリカ化が進展していった。アメリカ映画が、ヨーロッパの劇場においても、テレビ番組においても、ますますいっそう、優勢な地位を占め始めた。なぜなら、それらが安価なコストで提供され、アメリカの映画配給会社が市場を席巻し、さらにアメリカが衛星中継に関する技術的独占も保持していたからである。加えて、アメリカの放送局AFNは、ヨーロッパの多くの国々で大きな影響力を持ち続けた。これに対して、ヨーロッパのメディアで、国際的な、ヨーロッパ規模の影響力を勝ち得たのは、まれだった。この点で、ルクセンブルク・ラジオは例外だった。

　もっとも、アメリカ化はこれらの分野に限定されていた。新聞雑誌においても、ラジオ番組においても、テレビ番組においても、アメリカ化は進展しなかった。映画分野においても、ドキュメンタリー映画においては、ヨーロッパが支配的地位を占め続けた。

　メディアの国際化、とりわけラジオの国際化をもたらしたのは、なんといっても冷戦だった。西ヨーロッパのラジオ放送局、ヴォイス・オブ・アメリカ、ラジオ・リバティ、ラジオ・自由ヨーロッパ、国際ラジオ・フランス、BBCワールド・サービス、ドイッチェ・ヴェレなどは、1950年代以来、鉄のカーテンを超えて、東ヨーロッパの聴衆に向けて電波を送り、逆に東ヨーロッパの放送局は、西ヨーロッパの聴衆に向けて発信した。

　しかし、この国際化は非常に限定されたものであった。そこからは、ヨーロッパ世論形成のための推進力は生まれなかった。むしろ逆に、ヨーロッパ世論は、非常にわずかしか展開しなかった。それは、生成しつつあったヨーロッパの中央決定機関、ヨーロッパ共同体が、80年代始め、何回かの拡大の後、（ソビエト連邦を除く）ヨーロッパ人口の約三分の二を包摂するようになり、さらに西ヨーロッパ社会がますますいっそう同化する傾向を示していったのとは対

照的であった。メディアは、ヨーロッパについて放送することはまれだった。放送するとしても、あいかわらず主にナショナルな視野からであった。ヨーロッパに関わる決定についてのルポルタージュにおいても、国の政治家、国のテーマが前面に押し出された。ヨーロッパ・メディアは、依然として生まれていなかったのである。ヨーロッパ的規模のラジオ・テレビの基盤形成への最初の試み、先に言及したヨーロッパ・ラジオ放送連盟は、この時期、危機に陥っていた。というのも、新しい世界的規模でのテレビ中継技術、衛星放送技術が、アメリカによって支配されており、それゆえ、アメリカが、指図する権限を持っていたからである。

　知識人も、ヨーロッパ文化やヨーロッパ社会に関する議論から、ほとんど身を引いていた。彼らにとって、ヨーロッパ石炭鉄鋼共同体やヨーロッパ経済共同体は、経済的なものでありすぎたし、文化的要素があまりにも少なく、またあまりにも保守的、役所的で、地理的にも範囲が狭すぎるものだったからである。知識人の多くにとって、それらは、社会運動の中から生まれたものではなく、下からの要素があまりにも少なかった。加えて、彼らは、しばしば別の地理的空間の中で思考していた。冷戦期、大西洋沿岸の西側ヨーロッパは、東ヨーロッパ・ソビエト空間との対決において、その中心となっていた。共通のヨーロッパ空間なるものは、ひたすら続くように見えるヨーロッパの分断状況を前にするとき、政治的にも文化的にも現実性をもっていないように思われた。この時代、よく議論され、一般的に馴染みのあった将来像において、ヨーロッパは、ただ、周縁的な役割しか演じていなかった。アメリカが、そして別の未来像においては、ソビエトが、未来像の中心を占めていた。

　ヨーロッパ専門家の世論も、ほとんど存在しなかった。歴史学は、この時代、国際化を始めていた。しかし、新しく有力になりつつあった国際的なアプローチというのは、あくまで国ごとの比較であって、全体としてのヨーロッパという視点は、ほとんど歴史家の間で共有されてはいなかった。

　この時代、また新しいヨーロッパ的シンボルも、ほとんど生み出されてはいなかった。1950年代以降に発行されたヨーロッパ切手は、当初、デザイナーの試作品のようなものであった。後になってヨーロッパの古典的な風景、芸術、発明、思想家が、描写されることとなった。さらに各々の国は、それぞれ自ら

第 9 章　メディアとヨーロッパ世論

の国ごとにヨーロッパ切手を発行していた。共通のヨーロッパ切手が発行されるのはまれだった。ヨーロッパ評議会がこの時期に創ったシンボル、5月5日のヨーロッパ記念日（1964年）、ヨーロッパの歌（72年）は、依然として馴染みのないままであった。ヨーロッパの記憶の場所が作られ、偉大な歴史的人物のヨーロッパ的解釈が進められた。しかし、そうしたことが実質的に大きく発展したわけではなかった。ブリュッセルにおいても、ストラスブールにおいても、人々の間でヨーロッパ的シンボルとして知れ渡るようになる建築は、創作されなかった。

　周知のものとなった公的な政治儀礼といえば、幾夜にもわたる交渉の後、かろうじて妥協を見出した政治家たちの疲労困憊した集まりであり、すし詰め原理に従ってとられた、国家や政府首脳らのそっけない集団写真であった。ヨーロッパ委員会の議長は、ヨーロッパの世論において、ヨーロッパ議会の議員と同じく、知名度がないままであった。市民の3分の2が選挙に行った1979年の最初のヨーロッパ選挙の後でさえもそうだった。国際的な政治儀礼がヨーロッパ世論に感情を刺激する非常に強い作用を持つこともありえた。たとえば、エリゼ条約締結のためのランス大聖堂でのド・ゴールとアデナウアーの邂逅のように。しかし、それはあくまで関係する二国間の相互的なものにとどまっていた。

　劇場、美術館、コンサートも、同じように、ヨーロッパ化はわずかなものでしかなかった。ヨーロッパ諸言語の翻訳も、書籍の出版状況と比べると、十分になされてはいなかった。ヨーロッパ読者層なるものも、存在しなかった。ベストセラーのリストも、国ごとに異なっていた。ただ、ほんのわずかな本のみが、ヨーロッパ的広がりを持って、ベストセラーの位置を獲得するのみであった。そのベストセラーも、そのほとんどがアメリカ人の著者によるもので、ヨーロッパの著者によるものはまれであった。大きな影響力を持つヨーロッパ的文化政策も、まだ存在しなかった。ヨーロッパ経済共同体のそれも、ヨーロッパ評議会のそれも、さらにはヨーロッパの諸政府のものもである。

　しかし、この時代、多くの国際的な、またしばしば二国間的な文化交流センターが設立された。ドイツの側からだけでも、たとえばフィレンツェのヴィラ・ゾッカリやメナッジョのヴィッラ・ヴィゴーニ、パリやロンドンのドイツ

歴史研究所、ベルリンの芸術アカデミー交流プログラムなどである。また国際的な映画・劇場・音楽などの祭典も、数が増えた。フランクフルトの国際書籍メッセも、大きな発展を遂げた。だが、もちろんこのような文化交流の場から共通のヨーロッパ文化世論なるものは生まれなかった。知識人、芸術家、芸術・スポーツの保護者(メセナ)の活動が、ヨーロッパ的な影響力を持つことはなかった。同じベストセラーを読み、同じ知識人の演説に耳を傾け、同じ音楽に聞き入り、ヨーロッパ製の同じ映画を見るという意味でのヨーロッパ公衆は生まれていなかった。ヨーロッパ文化世論は、文化シーンでは、ほとんど望まれもせず、育まれてもいなかったのである。

1980年以降の国際化とヨーロッパ化

これに対して、1980年代以降の、ヨーロッパのメディアと世論の歴史の第3期は、まったく異なる様相を呈するようになった。そこでは、三つの決定的な変化が起こった。メディアのいっそうの民営化、メディアのさらなる国際化、ヨーロッパ世論の発展である。

テレビ、ラジオの民営化は、ヨーロッパ・メディアのあり様を大きく変えた。1980年代、民間のテレビとラジオは、ヨーロッパにおいて、ほんの小さな役割しか担っていなかった。だが、2000年ごろには、視聴者のほとんどは、民間のテレビやラジオを視聴するようになった。この民営化は、とりわけメディア供給を飛躍的に増大させることになった。それは長時間番組を持つテレビ局の増加、ラジオ局の増加をもたらした。そして、これまでもずっと民営だった様々なメディア、すなわち雑誌、新聞、本、音楽、映画においても、その多様性がいっそう拡大した。それゆえ、メディア供給の幅は非常に広いものとなった。それぞれのメディアは、民営化によってお互いを排除しあうのではなく、むしろすべてのメディアが伸張した。テレビだけでなく、ラジオ、劇場、新聞、雑誌などすべてのメディアが拡大したのである（表9-1参照）。映画ですら、この時代、ふたたび成長した。

しかしそれに対して、テレビ・ラジオ放送の質は、民営化によって改善されたわけではない。同様に、顧客の直接的な参加も増えたわけではなかった。し

第9章　メディアとヨーロッパ世論

たがって、民営化のもたらした衝撃はけっして過大評価されてはならない。なぜなら、ヨーロッパのほぼどの場所においても、民営化が全面的に進んだわけではなかったからである。ほぼあらゆる所で、公共放送が維持されていたし、また逆に、すでにそれ以前の時代に、音楽や映画の製作部門などと同じように、印刷メディアのような重要なメディアは、広範に民営化されていたからである。

そのうえ、メディア供給の多様性の増加は、なにも公的メディアの民営化だけに帰せられるものではない。それはまた深部に渡る技術的変化とも関係していた。文章や画像、そして後には、音楽を作り出すことは、電子データ処理技術の急速な発展によって変化した。本や新聞・雑誌は、より容易により安価に作り出されるようになった。それらは、もはやタイプライターとタブレーター・キー台の分業によって生み出されるのではなく、パソコン画面で1人の人間によって作り出されたからである。メディア供給のいっそうの多様化は、簡単で安価な、しかも同時に高い品質を伴った文章や画像のコピー技術と、後にはまた、コピー機器さらにインターネットによる音楽のコピーとも、深く関係するものであった。メディア企業は、部分的には、自らの製品の拡散を制御できなくなった。これまでの紙やレコードとは別に、フロッピーディスクや文章・画像・音楽用のCD、映画用のDVDなど、文章・画像の新たな媒体が登場した。これらの新たな媒体も同様に、生まれてまだ10年から20年にしかならないが、メディア供給の多様性を増大させたのである。

この民営化のもう一つのまったく別の帰結は、公的領域と私的領域の境界の移動であり、また公的メディアと私的交流との間にあった境界の移動であった。この移動はいまなお進行中であり、それゆえ、その影響はまだはっきりと見極めるのが困難である。テレビだけでなくラジオでも、印刷・音楽メディアにおいても、メディア供給が多様化を推し進めたことは、人々を、より、私的空間に後退させていくことになった。というのも、これらすべてのメディアは、通常、公的領域ではなく、むしろ、家庭で見聞きされるものだったからである。同時に、特にインターネットによって、新しい種類の公的領域が誕生した。この新しい公的領域は、家庭に開かれているだけではなく、私的領域を通って公的領域に繋がっていくものであった。それは、インターネット上の討論場、インターネット雑誌、チャット・ルーム、自身で作り上げたウェブ・サイト、ネ

ット上の取引、政治動員のためのメール網に繋がり、また、娯楽だけでなく学問や政治面の新しい公的空間に繋がっていった。家庭が、公的空間となった。

　この時代の第二の重要な変化は、メディアとその製作物の、さらにメディア所有者と観客や聴衆の国際化であった。メディアの国際化は、公的領域においては、特に、文章、画像、音楽、テレビ、映画、また音楽CD、専門雑誌などのさらなる国際化としてあらわれることとなった。国際的なメディアが、ヨーロッパにおいて頻繁に見聞きされるようになった。公共の国際メディア、たとえば、BBCワールドサービスや国際ラジオ・フランス、あるいはドイッチェ・ヴェレは、民間の国際メディア、たとえば、ファイナンシャル・タイムズや、ル・モンド、新チューリッヒ新聞、メトロ、アメリカのCNNと同じように、ヨーロッパにおいてその視聴者圏を拡大していった。

　このようなメディアの国際化には、様々な原因があった。それは部分的には、メディア所有の国際化がもたらしたものであり、メディアの民営化の結果でもあった。民間のメディア・コンツェルンは、もはや一国的な企業ではなく、ベルテルスマンやタイム・ワーナー、ソニー、マードックのように国際的なメディア・コンツェルンへと発展していた。ただ、公共のテレビ・ラジオ放送機関の場合は、それほど強く国際化しているわけではなかった。

　メディアの国際化は、加えて政治的にも望まれたものであり、EUの新たなメディア政策の結果でもあった。さらにそれ以上に、メディアの国際化は科学技術変化の帰結でもあった。衛星テレビは、ケーブル受信やパラボラアンテナを通して、テレビ視聴者のために番組の多様性を高めただけではなく、視聴者をも国際化したのである。他国の放送局も、以前より著しく容易に受信できるようになった。それによってArte、BBC、CNNは、国際的な視聴者を獲得した。またインターネットによっても、部分的には自動電話やファックスによっても、文章、画像、音楽の国際的な拡散が格段に容易に、しかも低廉になった。商品輸送とは違い、インターネットを通じる拡散には、情報の移動を妨げることができる国境はほとんど存在しなかった。インターネット上の国境を構築しようとする少数の政府、中国、サウジアラビアなどのような政府は、プロバイダーと複雑な特別の契約を取り決めなくてはならなかった。そうして結ばれた契約も、その有効性はまだ明らかではない。もっとも、このような国際化過程

第9章　メディアとヨーロッパ世論

の中で、インターネットの伝える中身が必ずしも国際化されたわけではなく、むしろ、インターネットが地域的・地方的なアンデンティティーの強化に利用されることがありえたということも、看過してはならない。

　この時代は、ヨーロッパ世論の発展にとって決定的な推進力をもたらした。知識人は、すでにベルリンの壁崩壊以前に、再びヨーロッパについて議論することを始めていた。リヒャルト・レーヴェンタール、エドガー・モラン、レミ・ブラーグ、ジャック・デリダ、ユルゲン・ハーバーマス、アンソニー・ギデンズ、ギョルギー・コンラート、ブロニスワフ・ゲレメクのような知識人らが、その先陣をきった。ヨーロッパなるものの議論のこの新たな覚醒の理由としては、ソビエト帝国の崩壊とヨーロッパ分断の終焉、ますますヨーロッパ全体を代表するようになったヨーロッパ共同体の更なる拡大、ジャック・ドロールの下でのヨーロッパ統合の再活性化、さらにまた東・東南アジアの台頭、第一世界と第三世界の区分の終焉などがあげられる。

　加えて、この時代、ヨーロッパの専門家世論も生まれた。ヨーロッパ専門家が、会議、雑誌、意見書についてヨーロッパ的ネットワークを発展させ、EUの決定に影響を与えた。とりわけ、経済学者、法律家、政治学者が、そうした専門家世論を作り上げていった。国境横断的な研究を行っていた歴史家も、その視点を変化させた。全体としてのヨーロッパという視点が、「ヨーロッパ建設」のような国際的シリーズやヨーロッパ史に関する新たなハンド・ブックによって、取り入れられた。またヨーロッパ史家の「連絡グループ」とルネ・ジローによって1989年に創立された「ヨーロッパ・アイデンティティー」のネットワークが生まれた。さらに、歴史家は、以前よりもいっそう熱心に、ヨーロッパとヨーロッパ以外の社会の間の移動、結びつき、文化的な出会い、お互いの印象について研究を始めた。

　同時に、新たな、そして部分的には成功を収めることになるヨーロッパ・シンボルも開発された。深紅のヨーロッパ・パスポート、EUに継承される青地に12個の星のヨーロッパ旗、そしてヨーロッパ歌、また5月9日の「ヨーロッパ記念日」、そして2002年以降もっとも広範に普及したヨーロッパ・シンボル、すなわちユーロの紙幣とコインなどが、それである。ストラスブールには、建築技術的に傑出した建物がヨーロッパ議会のために建設された。ブリュッセ

ルには、ヨーロッパ地区が生まれた。この地区にはヨーロッパ委員会の高層ビルのほか、ヨーロッパ議会やヨーロッパ評議会のビルが立ち並ぶ。EU 創設者をめぐる神話が、特にロベール・シューマンやジャン・モネ、そして部分的にはウィンストン・チャーチルについても、創られた。またヴェルダンのような国民的な戦争記念碑が、ヨーロッパ的な平和を記念するものに解釈し直された。ベルリンの壁の崩壊は純粋にドイツの事件ともなしえたのだが、これもヨーロッパ的に記念すべき大事件と捉えられるようになった。ブリュッセルとアーヘンにヨーロッパ博物館の建設が構想され、何十万もの訪問者のための重要な記憶の場所が計画された。ヨーロッパ憲法条約の構想によって、さらに重要なヨーロッパ・シンボルが定められようとしている。

　もっとも、戦後の時期と違い、これらのシンボルのほとんどは、下からのものではなく、社会運動によって見いだされたものではない。むしろ、EU によって上からのイニシアティブで決められたものである。さらに、これらのシンボルは、必ずしもすべてが成功を収めたわけではない。ヨーロッパ記念日やヨーロッパ歌は、ブリュッセルのヨーロッパ地区あるいはストラスブールのヨーロッパ議会の建物と同じように、ヨーロッパ人にまだ知られていない。ヨーロッパ切手はまれにしか発行されていない。ヨーロッパ憲法条約も 2005 年、暗礁に乗り上げた。だがそれにもかかわらず、この時代、ヨーロッパ・シンボルは以前よりもはるかに普及した。

　個々の国のメディアは、三つの観点においてヨーロッパ化した。第一に、EU 報道が国内メディアにおいても、より頻繁になった。1990 年代以降、EU の決定権限がますます新しい分野に拡大されていったからである。EU は、強力な決定中枢の機関に発展し、批判的世論の対象にもなった。加えて、数多くのヨーロッパ住民投票キャンペーンにおいて、ヨーロッパのテーマが、メディアにおいて揉みにもまれた。そこでは EU の利点だけでなく弱点もまた議論の的となった。いずれにしろ、メディアは、EU について以前よりもかなり頻繁に報道するようになったし、視聴者のこれまでよりも強い関心に直面した。

　ヨーロッパ報道は非常に重要なものとなり、ヨーロッパの各国のメディアで、同一のヨーロッパに関する見出しがいたるところで同時に出現することもまれではなくなった。ヨーロッパ報道の仕方は、ますます今までと違ったものにな

第9章 メディアとヨーロッパ世論

った。もっぱら国内的な観点からのみなされることは少なくなった。ヨーロッパ的観点からなされる度合いが強まっていった。全体として見ればEUは、1950年代から70年代までと比べ、メディアにおいてその重要性を増していった。しかもそれは、ヨーロッパ外の世界のニュースを犠牲にしてではなく、むしろ、他のヨーロッパ諸国のニュースを犠牲にしてである（Eder/Kantner [2000]; Gerhards [2002]; Kaelble [2002]; Meyer [2004]; Peters u. a. [2005]; Risse [2004]; van den Steeg [2003]）。

確かにメディアのEUへの関心は、持続的に増えていったわけではない。むしろ逆に、多くの点で、再ナショナリズム化という事態さえ見受けられた。なるほどEUの権限は、ますます広範囲に及び、市民の日常とますます多く関わるものとなった。しかし、ヨーロッパ評議会の決定は、報道機関に対し、EUの代表者によってではなく、そのつど各国の首相や国家元首によって、ほとんどの場合、意図的に各国の国旗の前で、説明され解釈された。ヨーロッパレヴェルの市民社会は、通常、市民を公的に動員するということを行わず、それゆえ、この傾向に逆らわなかった（第10章参照）。

第二に、すでに言及した民間・公的メディアの国際化が、ヨーロッパ化に貢献した。確かに、この国際化は、多くの方向に進みえた。ヨーロッパ・メディアのアメリカ化やアジア化の方向、あるいはまたグローバリゼーション化もありえた。しかし少なくとも、ヨーロッパ・メディアのヨーロッパ化が一つの発展方向であった。BBCやRFI（国際ラジオ・フランス）、ファイナンシャル・タイムズ、ル・モンド、ドイッチェ・ヴェレは、ヨーロッパにおいても、以前よりより多く聴取され、読まれた。

第三に、国境の枠を越えたヨーロッパ・メディアの創設が繰り返し試みられた。最も有名なプロジェクトは、ドイツ・フランスのテレビ番組アルテである。それは1992年から放送を開始し、つねにヨーロッパ化の野心をもち、最近では、他のヨーロッパ諸国においても地歩を得ようと計画している。さらに、「ヨーロッパ・ニュース」が設立された。これはヨーロッパ報道専門テレビで、約20のヨーロッパの公法テレビ局によって運営されている。1993年以降、様々なヨーロッパ言語で、ヨーロッパに関する報道を放送し、2005年の当社の報告によれば、その視聴者は約800万人に達している。そして、「ユーロ・

スポーツ」、「ユーロピアン」、Liber（ヨーロッパ研究図書館ネットワーク）、「カフェ・バベル」など、民間による、国境横断的なヨーロッパ・メディアも生まれた。もっとも、その成功の度合いはまちまちである。このような三つの発展の中でも、現在までのところ、それぞれの国のメディアの内容のヨーロッパ化ということが一番重要な発展である。ほとんどの視聴者・読者に届いているのは、これだからである。

　また文化シーンも、1980年代以降、変化した。劇場・映画・音楽・文化などの祭典が、その性格は基本的に変わっていないとしても、飛躍的に増加した。「オデオン・ヨーロッパ劇場」のような新たな企画が、パリで生まれた。それは、フランスの文化大臣ジャック・ラングよって提案され83年以降、ジョルジオ・ストレーラーによって指揮された。映画・演劇祭、その他の文化の祭典は、地方政治の中心になった。80年以降、都市間において、新たな競争が起きた。その競争は非常に活発になっただけではなく、文化や学問をめぐって、そのほかにスポーツをめぐっても激しくなった。都市間競争はもはや工場誘致をめぐるものにとどまらなかった。都市は、この競争の中、進んで、文化祭典に財政援助をした。都市はもちろん、催しにも影響力を行使した。文化マネージャーという新たな職業も生まれ、その結果、新しい専門教育分野、文化科学が生まれた。

　ヨーロッパの文化シーンは、確かに意識的にヨーロッパ的であるというよりも、むしろ、国際的なものであった。しかし、それは1980年代以降、EUの文化政策の開始によっても、影響を受けた。EUは、すでに70年代以来、ヨーロッパ文化に関する声明を発表していた。それは80年代には、80年のヨーロッパ文化空間宣言、89年のヨーロッパ文化憲章へと引き継がれた。しかしEUは、80年代以降になって文化政策に関する権限を持つようになった。それは、86年の単一議定書の採択によって可能となり、マーストリヒト条約とアムステルダム条約によって拡大された。したがってEUは、80年代になって初めて決定を下すようになったのである。EUは、書籍価格を規制し、著作権に影響力を行使ししはじめた。EUは、「カレイドスコープ」、「アリアーネ」、「ラファエル」のようなたくさんの文化プログラムも始めた。これらは、2000年に「プログラム2000」にまとめられた。これらすべては、ヨーロッパのそ

れぞれの国の文化の結びつきを強めるという目的を持っていた。もっとも、2億ユーロにも満たないわずかな予算によってなのだが。このプログラムの中で最も有名なプロジェクトは、EUによって、85年から懸賞付で行われるようになったヨーロッパ文化都市コンクールと、99年以降、これまで約30の東西のヨーロッパの都市が栄光を勝ち取ったヨーロッパ文化首都コンクールである。

確かに、ヨーロッパ世論は、ナショナルな世論という意味では発展しなかった。1990年代以降、むしろ逆の傾向さえあった。ジャック・ドロールが内部市場の計画で成功したような、ヨーロッパ世論の動員は、彼に続く委員会議長にはできなかった。ヨーロッパ議会選挙への参加も、一貫して減少した。それは、ヨーロッパ議会が、自らをヨーロッパ世論の中に位置付けることに成功しなかったことの象徴であった。政治家、EU官僚、ヨーロッパ専門家によって担われたEUの拡大と深化と、市民たちが描くヨーロッパ像との間に、乖離が生じた。その隔たりは、2005年のフランス、オランダでのEU憲法国民投票における拒否で露呈した。しかし、これまで見てきたヨーロッパ世論の諸兆候は、1980年代以降、むしろ全体としてはいっそう強まったのである

相違と収斂

メディアおよび世論が変化する一方で、ヨーロッパの社会の間の相違と収斂も変化した。

ヨーロッパ周縁部のメディアは、第二次世界大戦後、特に最初の何十年間か、ヨーロッパの豊かな部分と、なお著しく異なっていた。ヨーロッパの非常に貧しい国々においては、メディアと中道的な世論の発展のための基本的な前提条件が、ヨーロッパの豊かな部分と比べ、はるかにわずかしか存在しなかった。非識字率はまだ高く、生活水準も低かった。農村的自給自足経済も広範に存在していた。したがって、印刷メディアだけでなくラジオやテレビも、周縁部の諸国では、すなわち、ポルトガル、スペイン、ギリシャでも、ブルガリアやルーマニアなどバルカン諸国でも、またトルコでも、西ヨーロッパや東中欧に比べ、はるかにわずかしかなく、ソビエトに比べてさえも、少なかった。1970年ごろにおいても、これらの諸国では、新聞、そしてまたラジオ、テレビの普

及は、せいぜいのところヨーロッパ平均の半分にしか達してはおらず、多くのところでは、さらにそれをかなり下回る状態であった（UN [1983] 422 ページ以下）。これらの国々においては、世論は、なお口頭によるものであり、地域的であり、個人的な出会いに大きく依存していた。一連の国では、世論は、独裁体制によっても制限されており、またゆがめられてもいた。

だが、このようなヨーロッパ内における相違は、1980 年代・90 年代において、少しずつではあるが、緩和された。というのは伝統的にあった非識字が克服されたからである（教育についての第 13 章を参照）。独裁体制は崩れていき、またマスメディア、とりわけラジオやテレビは非常に割安になった。ラジオやテレビが、南や東のヨーロッパにおいても、生活水準の最低必需品になった。

第二の根本的な相違は、第二次大戦後、自由主義の西側世論とコミュニズムの東ヨーロッパにおける世論との間に生まれた。この相違は、ただ西側と東側の世論間の対立にあるのではなかった。それはむしろ、世論と政府の間にある緊張と絡まりあいの違いにあった。

西ヨーロッパにおいては、自立した世論が存在していた。それはすべての国で、個別の、なかばは相互に結びついた、政治・経済・学問・文化・教会の多様な世論から成り立っており、また専門家世論からも成り立っていた。政府や国の行政機関、しかしまたメディア所有者も、世論に影響を与えようと試みた。しかし世論は、全体として、その独立性を保持することに成功した。非常の場合には、政府と衝突してさえも。政府は、世論のこうした多様性を一つにまとめようなどと、真剣には試みなかった。西ヨーロッパの世論は、ヨーロッパの次元だけではなく、西側の次元、グローバルな次元も持っていた。大国の政府、国連や世界銀行のような国際組織も、世論に影響を与えようと試みた。しかし、西ヨーロッパの世論は、国際的知識人、専門家によって、さらに国際的市民社会によって担われており、その自立性を保持した。

これに対し、東ヨーロッパにおいては、政府と政権党が、包括的で画一的な、政府によってコントロールされ演出された、公式世論を作り上げていた。それは、政府によって、情報の独占や検閲を通して、しかしまたあらかじめ前もってなされる内部検閲によって、実現された。許されるのは、限定的で、表面上だけの自由な批判であり、政権の独占に対抗することは許されなかった。内向

第9章 メディアとヨーロッパ世論

きの、外に向かっては主張されない、同様に厳しくコントロールされた世論、好ましくないジャーナリストや知識人に対する報復措置のようなものも存在した。

だが、このような統制された世論に対して、1960年代、70年代以降、対抗世論が生まれた。それは雑誌や、本、パンフレット、市民運動、芸術展、非合法の会合、講義やゼミで、展開された。この対抗世論は、常に非常に小さな集団によってのみ担われた。そしてそれは、政府によって禁止されていたテーマだけでなく、しばしばもっと自由な世論の諸形態も、議論した。この世論は、統一的なものではなく、むしろ様々な教会や学問や芸術のグループから構成されていた。こうした対抗世論は、部分的には、純粋にナショナルな世論だと自認していた。しかしそれは、国境の枠を越えた世論の一部とも認めていた。対抗世論は、すべての場合に、西側世論と関係を持っていた。

そしてこのような世論と共に、プライベートなコミュニケーションのネットワークが発展した。それは政治目標や自らのメディアを持つ、完全な意味での組織的世論ではなかった。むしろ、居酒屋や仕事場や自由時間に生まれ、住民の大部分によって担われた。対抗世論は、とりわけ、より良い人生のイメージと取り組んでいた。それは、ソビエト帝国崩壊後はじめて、政治的重要性を獲得した（Niedermüller [2002]; Beyrau [2000]）。それゆえ、西側と東側における世論の決定的な相違は、メディアの濃密さや、これまで見てきたテレビのような新しいメディアの普及の遅れではなく、むしろ、一方には世論に対する政府の非常にさまざまなコントロールがあり、他方には世論のなかに政府への多様な批判があることにあった。このようなヨーロッパ内における相違は、ソビエト帝国の崩壊と共に、ふたたび消滅した。

最後に、とくに1980年代以降、メディアの国際化の中で、新たな相違が生まれてきた。それは、政府と言語の役割におけるものであり、特にフランスとイギリスとの間で、この相違が目に付く。もちろんこの相違は、他のヨーロッパ諸国でも見出されるものである。

フランスのメディアの国際化は、主に、政府がイニシアティブをとって進められた。フランス政府は、しばしばヨーロッパ共同体と密接に連絡をとりながら、また自らのイニシアティブでも、メディアのヨーロッパ化を追求した。こ

の政策の核心的要素は、アメリカのメディア分野における優位に対するヨーロッパの強化であった。

　この政府のイニシアティブは、フランス語、ドイツ語、イタリア語のように、自らの国語が国際的に地位を下げ、それゆえ、ヨーロッパのメディアの国際化において厳しい言語障壁にぶつかることになる諸国によって、分かちもたれた。大規模な国家的支援がなければ、このようなメディアの国際化は、前進しなかった。「ヨーロッパ放送連盟」や「ユーロ・ビジョン」、そして後には Arte が、しかしヨーロッパ文化憲章も、その最もよく知られたプロジェクトだった。「オデオン・ヨーロッパ劇場」、カンヌ映画祭、エクサン・プロヴァンス演劇祭のような地域的な試みも、その一環だった。

　これらの動きと反対なのが、イギリスにおけるメディアの国際化であった。イギリスにおける国際化は、拡大を続ける世界的言語、すなわち英語に依拠した。国際化は、既存の国民的イギリス・メディアの国際的拡大によって、すなわち BBC ワールドサービスの拡大によって推進され、またファイナンシャル・タイムズが最も成功した例であるが、イギリスの書籍・雑誌の読者層の国際化によって進められた。このイギリスの道は、もっぱらヨーロッパに向けられたものではなく、むしろ北アメリカや、インド、アフリカ、オーストラリアの巨大な英語圏の公衆に向けられたものであった。ヨーロッパは、主たる舞台ではなかった。国による支援、国によるイニシアティブは、限られたものでしかなかった。それゆえ、イギリスにおいては、国がイニシアティブをとり助成する国際的な映画・演劇・音楽祭は、わずかしか生まれなかった。

　もちろんこの二つの道、フランスの道とイギリスの道は、すっきり区別できるものではない。フランスの国際的なメディア政策もまた、ル・モンドや国際ラジオ・フランスのような国民的メディアとともに歩み、これら国民的メディアが国際的な顧客を拡大し、フランス人以外の多くの読者を持った。逆に、イギリスもまた、ヨーロッパ諸政府がとるメディア・イニシアティブにも参加した。しかし、基本的傾向は、双方の国において、異なっていた。

ヨーロッパの特殊性

　ヨーロッパにおけるメディアの発展は、部分的には、20世紀後半、すべての大陸で似通って進展することとなった世界的傾向によって特徴付けられた。すなわち映画やテレビ映画でも、またインターネットでも、アメリカの指導的地位のもとに行われた。しかし、同時に、一連の顕著なヨーロッパ的特殊性も存在していた。

　第一に、政府・市民社会によって監視される公法上のラジオ・テレビ局は、21世紀においても、なおヨーロッパの特殊性であり続けている。それらは、一方では、たくさんのアジア、アフリカ、ラテンアメリカの国々の国営ラジオ・テレビ局とは異なって、政府に対して独立性を保持することができた。もちろん、ヨーロッパ諸国の間で、政府に対する独立性の程度は異なっている。しかし、通常は政府によって直接に操作されることはなかった。他方では、公法上のラジオ・テレビ局は、アメリカとは違い、民間のラジオ・テレビ局と並存していた。そして、それらは、市場に対しても平均的な大衆的趣向に対しても、大きな独立性を保持していた。公共放送局は、ラジオ・テレビの質について重要な役割を果たし、1980年代以降続く民間部門の急激な上昇にもかかわらず、近い将来においても、おそらく維持されるだろう。

　第二に、メディア分野で活動する人々の自己理解もまた、ヨーロッパにおいては、いくぶん違ったものであった。このことは、ジャーナリストだけでなく、知識人や専門家など、メディアに直接携わらなくてもメディアを通して活動している人々にも当てはまる。ジャーナリストは、ヨーロッパにおいて、違った自己理解を持っていた。19世紀にアメリカで生まれ、20世紀の後半のウォーターゲート事件などの大スキャンダルにおいて華々しい活躍を見せた純粋な調査ジャーナリストは、ヨーロッパ大陸においては、アメリカほどは価値を認められなかった。もちろん調査ジャーナリズムに対して、唯一のヨーロッパ・モデルがあるわけではない。むしろ、それに対応するのは、いくつかのジャーナリストの職業である。たとえば、ドイツやフランスの週刊新聞、『ツァイト』や『ヌーヴェル・オブセルヴァトゥール』で成長した、独立した世界観を持っ

たジャーナリストは、ヨーロッパでは、アメリカに比べ、きわめて大きな重要性を持った。特定政党寄りのジャーナリスト、あるいは教会や労働組合といった環境と結びついたジャーナリストもまた、同じように、ヨーロッパでは、アメリカより大きな役割を担っていた。政党・労働組合は、確固とした党員、組合員に基づいており、それゆえ、この確固とした部分をメディアによって統合する必要があったからである。このような政治的・社会的環境との結びつきは、個人化の進展によって弛緩していったのだが（第5章参照）、政党寄り・教会寄りのジャーナリストは、この環境に留まっている人々を繋ぎとめるために、あいかわらず重要であった。

　さらに第三に、純粋なイデオローグやプロパガンダ専門家もまた、ヨーロッパ・ジャーナリストに数えなければならない。彼らは、20世紀のヨーロッパにおける独裁の中で成長し、20世紀後半には特にコミュニズム的独裁や、さらにイベリア半島の右翼独裁においても、見受けられた人たちである。このようなヨーロッパのプロパガンダ・ジャーナリズムが、たとえフランコ体制やサラザール体制の終焉後、そしてソビエト帝国の崩壊後、姿を消してしまったとしても、それらをヨーロッパ史の中から追放することはできない。それは、歴史の暗黒の側面に属する。

　さらに古典的メディアすなわち本が、ヨーロッパにおいては、アメリカや日本よりもはるかに大きな発展を遂げていた。1985年ごろ、ヨーロッパ全体で、住民一人あたり約700冊の本が出版されていた。アメリカや日本では、その数は、大雑把に言ってその半分ほどでしかなく、ラテンアメリカや中国、アラブ世界ではもっと少なかった（Kaelble [1997] 第4章参照）。このようなヨーロッパの優位はただ北ヨーロッパの読書嗜好の強さからだけでは、説明されない。すでに述べたように、メディアが長期にわたってあまり利用されてこなかった南ヨーロッパにおいてさえ、アメリカよりもはるかに多くの本が読まれていた。したがって、この古典的印刷メディアは、ヨーロッパ人の日常生活にとって、アメリカ人やアジア人やアラビア人にとってよりも、きわめて大きな意味を持っていた。このことはヨーロッパが辿った政治的な歴史と密接に関係している。近代民主主義は、ヨーロッパにおいては、18・19世紀、アンシャン・レジームに抗して、人々を政治的に動員することによって成立したが、その際、印刷

第9章　メディアとヨーロッパ世論　　273

メディアが重要な役割を果たした。そのようなアンシャン・レジームに対応するものは、アメリカにおいてはなかった。独裁や占領のような20世紀ヨーロッパの体験——これをヨーロッパにおいて免れえたのは、わずかな国々だけだった——は、印刷メディアの重要性を増させた。なぜなら、ヨーロッパにおいては、このような独裁体制に対する批判も、大部分が印刷メディア、雑誌のほか、特に本によって担われたからである。

　しかし、印刷メディアは、ヨーロッパ人の日常において、次の理由からも重要な役割を担った。印刷メディアは、個人や家族の特に成長を遂げたプライベートな領域を担う要素であり、また国家に対する隔離を担う要素であり、信頼と孤独の領域の創造を担う要素でもあった（第5章価値参照）。本や新聞を読むことは、プライベートな領域の核心的構成要素であり、外界との特別なコミュニケーションの核心的構成要素であった。

　ヨーロッパのメディア史の、そしてヨーロッパ世論の歴史の第四の特殊性は、その国境横断的な性格であった。ヨーロッパのメディアは一般的に、わずかな例外を別にすれば、他の諸国や自らの国以外の空間と、アメリカのメディアよりも多くの係わり合いを持っていた。さらに、ヨーロッパにおいてのみ、これまで立ち入って見てきたように、国境横断的な世論が発展した。このようなメディアの特別なヨーロッパの国境横断性には、いくつかの理由がある。それは部分的には、ヨーロッパ諸国の空間の狭さが関係している。国家的空間の狭さは、絶えず出会う他の諸国に関して、より正確な情報を入手するよう強いた。またメディアの国境横断性は、ヨーロッパ統合とその国際的な権力中枢、EUが、ヨーロッパ人の日常生活に対して、非常に大きな重要性を持つようになったことも関係していた。しかしまた、独裁体制下のメディアに関するヨーロッパの特別な体験も、関係していた。コミュニズム下の東ヨーロッパにおいて、体制批判者が強力になった重要な要因は、自国の外のメディア、西側民主主義体制下のメディアにおける彼らの登場であった。国境横断的な西側世論がなかったならば、中欧の体制批判者が自らの国でその政治的重要性を獲得することは、ほとんどまったくなかったであろう。ヨーロッパ人は、自らの国の外のメディアも価値をもつことを学んだ。

　第五の特殊性。ヨーロッパは、ヨーロッパ植民地帝国の崩壊の後においても、

メディアと世論の重要なグローバルな回転盤であった。ヨーロッパは、本や新聞の最大の生産者であっただけではなく、本や新聞の世界への最大の輸出元でもあった。1998 年、ヨーロッパは本を、US ドルにおいて 58 億ドル輸出し、世界輸出の 54％を占めていた。これに対し、アメリカの本の輸出は、21 億ドル、世界輸出の 20％でしかなかった。しかも新聞、雑誌の輸出においては、ヨーロッパは、世界の輸出全体の 69％も占めたが、アメリカは、わずか 14％でしかなかった（UNESCO [2000b] 14, 18 ページ）。同時に、ヨーロッパほど、たくさんの本がこれほど多くの言語に翻訳され、さらに再輸出されているところは、他のどこにもなかった。世界で翻訳された本の 88％が、ヨーロッパ内で刊行された（UNESCO [2000a] 375 ページ）。ヨーロッパのこのようなグローバルな役割は、ヨーロッパが、アメリカと並び、世界で最も重要な教育の場であり、全世界から、ほぼアメリカと同じ数の、たくさんの学生を受け入れていることと密接に関係している（UNESCO [1993] 3.335 ページ以下；[1999] II. 486-488 ページ）。

　だがヨーロッパ・メディアのグローバルな役割はまた、ヨーロッパが旅行者に持つ魅力の大きさとも関係している。ヨーロッパは、20 世紀後半、世界最大の、しかも人気抜群の観光地となった。旅行者のうち、正確に算定することはできないが、かなりの部分が文化観光の旅行者であり、美術館、コンサート、古い都市や城や教会を訪れた。もちろん、このようなヨーロッパのグローバルな情報伝達の役割は、アメリカとは基本的に違っていた。ヨーロッパ文化の背後には、超大国が存在しなかったからである。それゆえ、ヨーロッパ文化は、あまり政治的に注目を引くようなこともなく、それだけにまた、超大国なら不可避的に受けるような批判も少なかった。しかしいずれにせよ、ヨーロッパをただ、アメリカ化されアジア化された中間的文化の、過度の影響を受けた受動的な犠牲者としてのみ見るならば、それは非現実的だろう。ヨーロッパは、脱植民地化の後は、植民地時代とは全く違った仕方で、メディアと国際的世論においてグローバルな役割を演じたのである。

注
1) この見積もりは、1957〜95 年『国連統計年鑑』に基づくものであり、世帯数を、人

口数の約3分の1とする大まかな推計に基づいている。

文　献

D. Beyrau [2000], Die befreiende Tat des Wortes, in: W. Eichwede Hg., Samizdat. Alternative Kultur in Zentral-und Osteuropa, Bremen, S. 26-37.

C. Charle [2004], Le siècle de la presse (1840-1939), Paris.

R. Chartier/H.-J. Martin, eds. [2005], Histoire de l'édition française, 4Bde., Paris.

V. Conze [2005], Das Europa der Deutschen. Ideen von Europa in Deutschland zwischen Reichstradition und Westorientierung (1920-1970), München.

K. Eder/C. Kantner [2000], Transnationale Resonanzstrukturen in Europa. Eine Kritik der Rede vom Öffentlichkeitsdefizit, in: M. Bach Hg., Die Europäisierung nationaler Gesellschaften, Wiesbaden, S. 306-331.

U. Frevert [2003], Eurovisionen. Ansichten guter Europäer im 19. und 20. Jahrhundert, Frankfurt a. M.

Ph. Gassert [2008], Modern Times and the Mass Media, in: Competing Modernities, hrsg. von Kiran Patel und Christof Mauch, Munich.

J. Gerhards [2002], Das Öffentlichkeitsdefizit der EU im Horizont normativer Öffentlichkeitstheorien, in: H. Kaelble/M. Kirsch/A. Schmidt-Gernig Hg., Transnationale Öffentlichkeiten und Identitäten, Frankfurt a. M.

M. Göldner [1988], Politische Symbole der europäischen Integration. Fahne, Hymne, Haupstadt, Paß, Briefmarke, Auszeichnungen. Frankfurt a. M.

M. R. Gramberger [1997], Die Öffentlichkeitsarbeit der Europäischen Kommission 1952-1996. PR zur Legitimation von Integration. Baden-Baden.

Victoria de Grazia [2005], Irresistible empire. America's advance through twentiethcentury Europe, Cambridge, Mass.

K. Hickethier [1998], Geschichte des deutschen Fernsehens. Stuttgart/Weimar.

K. Hickethier [2003], Medienkultur. Medienwissenschaft. Eine Einführung. Stuttgart/Weimar.

K. Hickethier [2003], Medien in Deutschland: Film. Konstanz.

H. Kaelble [2002], The historical rise of a European public sphere?, in: Journal of European Integration History No. 2, 8, S. 9-22 (仏語訳 [2004]: Un espace public européen? La perspective historique, in: R. Frank ed., Gouvernance et identités en Europe, Brüssel/Bruylant/Paris, S. 159-173; ドイツ語訳 in: H. Kaelble [2001], Wege zur Demokratie. Von der Französischen Revolution zur Europäischen Union, Stuttgart/München, Kap. 9).

H. Kaelble [2003], Gibt es eine europäische Zivilgesellschaft?, in: Jahrbuch des Wissenschaftszentrums, S. 267-284.

D. Kevin [2003], Europe in the Media. A Comparison of Reporting, Representation, and

Rhetoric in National Media Systems in Europe. Mahwah, N. J./London.
A. Klein u. a., Hg. [2003], Bürgerschaft, Öffentlichkeit und Demokratie in Europa, Opladen.
H. J. Koch/H. Glaser [2005], Ganz Ohr. Kulturgeschichte des Radios in Deutschland, Köln.
B. Kohler-Koch [1992], Interessen und Integration. Die Rolle der organisierten Interessen im westeuropäischen Integrationsprozeß, in: M. Kreile, Hg., Die Integration Europas. Opladen, S. 81-119.
T. Lindenberger, Hg. [2005], Massenmedien im Kalten Krieg, Köln.
I. Marßolek [2001], Radio in Deutschland 1923-1960. Zur Sozialgeschichte eines Mediums, in: Geschichte und Gesellschaft 27, S. 207-239.
J. H. Meyer [2004], Europäische Öffentlichkeit aus historischer Perspektive, in: U. K. Preuß/C. Franzius, Hg., Europäische Öffentlichkeit. Baden-Baden.
P. Niedermüller [2002], Kultur, Transfer und Politik im ostmitteleuropäischen Sozialismus, in: H. Kaelble/M. Kirsch/A. Schmidt-Gernig, Hg., Transnationale Öffentlichkeit und Identitäten im 20. Jahrhundert, Frankfurt a. M., S. 263-302.
P. Nora [1988], Les «lieux de mémoires» dans la culture européenne, in: Europe sans rivage. Symposium international sur l'identité culturelle européenne, Paris, pp. 38-42.
E. Parinet [2004], Une histoire de l'édition à l'époque contemporaine, Paris.
L. Passerini, Hg. [2003], Figures d'Europe-Images and myths of Europe, Brüssel.
M. Pastureau/J.-C. Schmitt [1990], Europe. Mémoire et emblèmes, Paris.
R. Peters u. a. [2005], National and transnational public spheres: the case of the EU, in: S. Leibfried/M. Zürn eds., Transformations of the state, Cambridge, pp. 139-160.
R. Poignault/F. Lecocvq/O. Wattel-De Croizant eds. [2000], D'Europe à l'Europe-mythe et identité du XIXe siècle è nos jours, Tours.
J. Requate [1999], Öffentlichkeit und Medien als Gegenstände historischer Analyse, in: Geschichte und Gesellschaft 25, S. 5-32.
J. Requate/M. Schulze Wessel Hg. [2002]., Europäische Öffentlichkeit. Transnationale Kommunikation seit dem 18. Jahrhundert, Frankfurt a. M.
T. Risse [2004], Auf dem Weg zu einer europäischen Kommunikationsgemeinschaft: Theoretische Überlegungen und empirische Evidenz, in: C. Franzius/U. K. Preuß: Europäische Öffentlichkeit, Baden-Baden, S. 139-154.
H. Schanze [2001], Integrale Mediengeschichte, in: ders., Handbuch der Mediengeschichte, Stuttgart.
A. Schildt [2001], Das Jahrhundert der Massenmedien. Ansichten einer zukünftigen Geschichte der Öffentlichkeit, in: Geschichte und Gesellschaft 27, S. 177-206.
W. Schmale [1996], Scheitert Europa an seinem Mythendefizit? Bochum.
A. Schulz [2000], Der Aufstieg der «vierten Gewalt». Medien, Politik und Öffentlichkeit im Zeitalter der Massenkommunikation, in: Historische Zeitschrift, Bd. 270, S. 65-97. (特に1945年以前の歴史について).

C. Shore [2000], Building Europe. The cultural politics of European integration, London.
P. Sorlin [1994], European Cinemas, European societies, 1939-1990, London, pp. 81-110.
M. van den Steeg [2003], Bedingungen für die Entstehung europäischer Öffentlichkeit in der EU, in: A. Klein et al.: Bürgerschaft, Öffentlichkeit und Demokratie in Europa, Opladen, S. 169-190.
P. Sticht [2000], Culture européenne ou Europe des culture? Les enjeux actuels de la politique culturelle en Europe, Paris.
H.-J. Trenz [2002], Zur Konstitution politischer Öffentlichkeit in der Europäischen Union. Zivilgesellschaftliche Subpolitik oder schaupolitische Inszenierung, Baden-Baden.
UN. Statistical Yearbook.
UNESCO [2000], Cultural diversity, conflict and pluralism.World cultural report,UNESCO Paris, p. 375.
UNESCO [2000], International flows of selected cultural goods, 1980-98, Paris.
UNESCO [1993, 1999]. Statistical Yearbook. (『ユネスコ文化統計年鑑』[1980-1999] ユネスコ・アジア文化センター監訳　原書房).
J. Wehner [1997], Das Ende der Massenkultur? Visionen und Wirklichkeiten der neuen Medien, Frankfurt a. M.
B. Weisbrod [2001], Medien als symbolische Form der Massengesellschaft. Die medialen Bedingungen von Öffentlichkeit im 20. Jahrhundert, in: Historische Anthropologie 9, S. 270-283.
H. Wessler [2004], Europa als Kommunikationsnetzwerk. Theoretische Überlegungen zur Europäisierung der Öffentlichkeit, in: L. M. Hagen, Hg., Europäische Union und mediale Öffentlichkeit, Köln.
J. Wilke [2000], Grundzüge der Medien-und Kommunikationsgeschichte von den Anfängen bis ins 20. Jahrhundert. Köln.

第10章　社会運動、社会紛争、市民社会

　メディアと共に、社会運動、市民社会もまた、政府およびに行政に影響を与えようとする第二の社会的アクターである。それらも、20世紀の後半、大きな役割を演じ、メディアと同じように、国際化し、ヨーロッパ化していった。

　社会運動、社会紛争、市民社会は相互に密接に関係しているが、同じものではない。社会運動は、通常は、確固とした、永続的、中央集権的、官僚的な組織ではなく、多様なグループからなるネットワークと理解されている。労働組合・教会・政党は、社会運動に参画することができるが、それら自身、社会運動よりも永続的に組織化されている。社会運動は、共通の社会的・政治的改革目標を追求し、あるいは、ある政策へ対抗を志向し、共通のアイデンティティーを持っている。社会運動は、一時的な個人的参加に基づくものであり、固定したメンバー制を基礎にするものではなかった。また社会運動は、とりわけ集会、委員会、デモンストレーション、セレモニー、シンボルによって公的に活動している。その運動の方向は、もっぱら政府、あるいは政党に向けられ、地域的、全国的に行動し、またしばしば国境横断的にも活動している。逆に、社会運動は、たんに一回きりの出来事や、一度の比類のない大デモンストレーションあるいは暴動といったものではなく、むしろほとんどが持続的なものとみなされている。最後に、社会運動は、純粋な宗教的運動でもなく、また郵便切手売買のファンクラブや美術館後援会のような文化的ネットワークでもなく、政治的目的を追求している。

　それに対して、市民社会は、政治や経済の彼岸にある一つの社会領域と受け止められている。それはしばしば「第三の領域」と呼ばれ、ナショナルでも国境横断的でもありうる。この領域は、政治権力や経済的利益の価値に方向づけられてはおらず、むしろ通常は、他人への援助、連帯、洗練、信頼、非暴力、一般の利益というものに集中している。また市民社会は、政治権力や経済企業に対しては独立している。そして通常、組織的に中央集権化されておらず、組

織、運動、計画の多様性から成っている。世論とも密接に結びついている。もっとも市民社会は、排他的になり、市民を締め出してしまうこともありうる。市民社会はたんに民主主義を守るだけではなく、独裁体制下に組み込まれ、不寛容、暴力、市民戦争を支持する場合もありうる。

　もっとも、市民社会のこのような概念は、なお論争のあるものである。市民社会が、常に信頼、連帯、洗練、非暴力といった価値を代表しているのかということについて、疑念が出されている。また市民社会が、実際に一つの領域なのか、あるいは、たんに政治家や企業家もまた一定期間にわたって従うような行動規準にすぎないのかということについても、コンセンサスがあるわけではない。この概念を、西ヨーロッパ外の諸社会にも、したがってまた東ヨーロッパ社会にも、転用していいかどうかについても論争がある。しかし、市民社会という概念が、すべての主要なヨーロッパ言語の中に存在し、一定の修正を伴いながら、国境を越えたヨーロッパレベルで使われているということは、大きな利点である。市民社会のこのような国境横断的な側面が、ここで扱われることになる。

　社会紛争については、人々は、また少し別のことを考える。社会紛争とは、個人間ではなく、集団的グループの間において行われる、社会的テーマをめぐる、明白な公的論争である。社会紛争は、形態が非常に多様であり、マニフェストや請願、集会、デモンストレーションから、ストライキ、さらに武装した国内紛争や革命にまで及んでいる。社会紛争は、必ずしも社会運動から出てくるわけではない。市民社会が社会紛争の担い手になることもありうる。もちろん、社会紛争も、国境の枠を越えたものにもなりうる。

研究状況

　このテーマ領域に関しては、これまでヨーロッパ的な枠組みでの概括的叙述は存在しない。最初に触れた社会史に関するハンドブック類においてもそうである。唯一の例外は、次の 1995 年のハンドブックであり、それは市民社会、集団的行動に関して、一章を割いている（Therborn [1995]）。個別の側面に関しては、ヨーロッパ的概観が存在する。常に社会史の古典的テーマであった労働組合の歴史に関しては、近年、ヨーロッパ的な概観や、何冊かの社会史ハンド

ブックの中の短い章が、公刊された（Eley [2002]; Ebbinghaus/Visser [1997]; Ebbinghaus/Visser [2000]; Bussière/Dumoulin [1998]; Guedj et al. [1997], Saly et al. [1998] 以上二つの研究書については、本書第1章を参照）。ヨーロッパの女性運動は、ギゼラ・ボックが、彼女のヨーロッパ女性史の本のなかで取り上げている。学生運動に関しては、イングリッド・ギルヒャー＝ホルテリ、エティエンヌ・フランソワ、キャロル・フィンク、フィリップ・ガッサート、デトレフ・ユンカーなどによるヨーロッパ的概観と運動の理念の素描がある（Gilcher-Holtey [2001]; François [1997]; Fink/Gassert/Junker [1998]）。だが、このような概観の試みのほぼすべては、西ヨーロッパに限定されている。東ヨーロッパについて、あるいはヨーロッパ全体に関しては、良い概観が欠如している。ましてやソビエト勢力圏内における体制批判者の運動の歴史については、それらを比較できるような叙述は存在しない。

戦後の時期

　終戦直後の時代は、社会運動と市民社会にとって、アンビバレントな時代であった。一方では、市民社会と社会運動は危険に脅かされていた。個人は、万人の万人に対する闘争の中で、孤立することがしばしばであり、家族が、社会的共同生活の最後の逃避地になっていたからである。ヨーロッパのかなりの部分で、人々の生活は、住宅探し・食料探し、物資の不法な買いだめ、闇市や窃盗に限定されていた。あるいは、生命を即座に脅かすことになりかねない病気に対して何とか耐え抜くことで精一杯だった。無感動・無関心が、人々の日常生活において広まっていた。多くのヨーロッパ人は、市民社会的組織から身を引いていた。連帯的行動は、ほとんど発生していなかった。特に空襲で焼け出された都市においては、市民社会が崩壊の危機に瀕し、連帯はかろうじて犯罪的闇市場の徒党や青少年暴力団のなかに見出されるだけだった。しかし、破壊されておらず、占領されていない都市においても、麻痺的な戦後の無感動・無関心が重くのしかかっていた。ジャン・モネは、南西フランスの故郷コニャックから、当時の気持ちを以下のように伝えている。「解放後の高揚が過ぎ去った後の人々のみじめさや疲れが私の胸を締めつけるようだった。……」「生き

残るために、全手段、全エネルギーが求められた（ジャン・モネ［1980］『あるヨーロッパ人の記憶』ミュンヘン、285～286ページ）。

　しかし他方では、戦後の時期は、社会運動と市民社会が新たに始まった時代でもあった。とりわけ三つのものが、隆盛を迎えることとなった。労働組合運動、教会、国境横断的なヨーロッパ運動がそれである。ほぼすべてのヨーロッパ諸国で、西ヨーロッパでもソビエト化する前の東ヨーロッパでも、これまで、第二次大戦後の数年間ほど多くの賃金生活者が労働組合に組織化されたことはなかった。労働組合のこのような並々ならぬ発展は、部分的には、右翼独裁体制と占領体制の崩壊後、労働組合が持っていた道徳的声望に、また部分的には、戦時下の厳しい困窮の中で生まれた、より良い生活水準、より多くの政治参加を求めるヨーロッパ人の期待の高さに、負っていた。しかしまた、資本主義的市場経済への懐疑もまた、非常に広範に広まっていた。それは、30年代のきわめて悲惨な世界経済恐慌、そして多くの企業家が右翼独裁体制に接近していったことなどから生まれたものだった。こうした労働組合の飛躍は、イギリスやドイツ、スウェーデン、オランダ、ベルギーなど多くのヨーロッパ諸国において、長期にわたる労働組合の強さの端緒となった。他の諸国、とりわけフランスやイタリアでは、このような前例のない労働組合の位置は、まもなく下降をたどることとなる（図10-1参照）。同時にまた40年代後半において、多くのヨーロッパ諸国において、これまでも、そして、それ以後もけっして見られなかったほどの、多くのストライキが発生した。フランス、ベルギー、オランダ、フィンランド、デンマークでは、40年代の後半に、集中的なストライキによって、世紀の後半には二度と見られないような多くの労働日が、失われることになった。イタリアやオーストリア、スイスにおいてもまた、ストライキは桁外れに激しかった。

　しかし、このような飛躍を経験したのは労働組合だけではなく、市民社会の他の分野においてもそうであった。教会の所属者の数および訪問者の数の増加も、記録的だった。このことは、右翼独裁体制に対する教会の潔白性の評判（この評判がいつも妥当するとは限らないが）によるものであったが、多くのヨーロッパ人が、戦争の結果、陥っていた困窮のなかで、教会の助けにすがろうとすることからも、もたらされたものであった。

図 10-1　西ヨーロッパの労働組合、1945〜95 年
（就業者中に占める組合員の割合%）

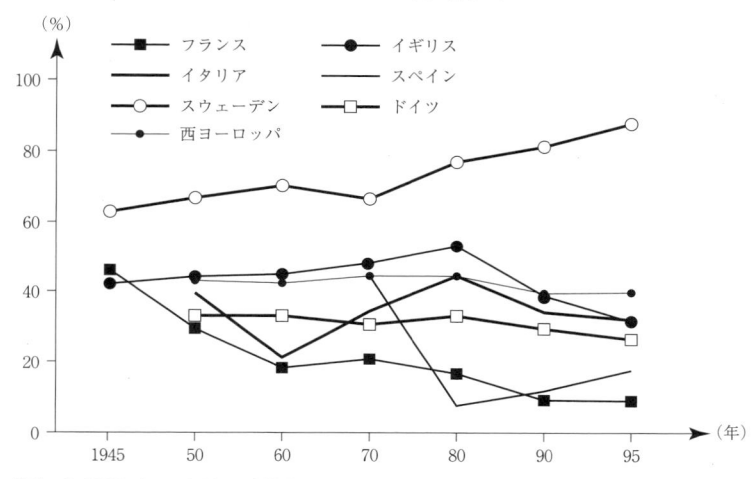

出典：B. Ebbinghaus/J. Visser, [2000] Trade Unions in Western Europe, Basingstoke, 63 ページ
（これにより西ヨーロッパ全体の平均を算出）．

　ヨーロッパ運動も、この時期約 10 万人のメンバーを持ち、同じようにその運動の頂点に達した。ヨーロッパ運動も、ナチスによるヨーロッパ占領に対するヨーロッパの抵抗におけるその役割から、そして右翼独裁体制に対してヨーロッパ運動の大部分がもっていた距離から、恩恵を受けた。ヨーロッパ運動は、国境横断的な社会運動の早期の例であるが、すでに 1950 年代には、冷戦によって、そして「小」ヨーロッパ経済共同体の創設によって、牽引力を失った。

1950 年代、60 年代——労働組合の黄金時代

労働組合の力の絶頂期

　1950 年代から 70 年代初頭にかけて、労働組合の影響力と組合員数が、ヨーロッパにおいてその最高点に達した。それはまさに、ヨーロッパ労働組合の黄金の四半世紀であった。西ヨーロッパのかなりの部分、すなわち、スカンディナヴィア諸国、イギリス、ドイツ連邦共和国、オランダ、ベルギーにおいて、労働組合員の数は、継続的に上昇し、ほとんどのヨーロッパ諸国において、そ

れ以前にはけっして達しなかった水準に、またそれ以後も、一度も見られない高い水準に到達した。ただしフランス、イタリアにおいては、正反対の展開をたどった。これらの国の労働組合は、冷戦によって、政治的方向性を持つ労働組合に分裂した。労働組合員の数は、1950年代に落ち込んだ。だが60年代に、イタリアにおいては、労働組合員数が、再度、急激に上昇に転じ、フランスにおいても、その退潮傾向に少なくとも歯止めがかかった（図10-1参照）。

そのうえ労働組合は、部分的には膨大な新聞・雑誌によって、部分的には5月1日の大規模なデモンストレーションによって、そしてまた祭りや、ストライキの威嚇ないし実際のストライキによって、世論の中で、強く自己の存在を主張し、賃金協定で多くの成果を勝ち取った。ストライキは、抜きん出た、世論に最も注意された社会紛争であった。他のすべての紛争は、遙かにその後塵を拝した。しかも多くの国々において、労働組合は、経済的支配圏さえ構築した。たとえば、ドイツ連邦共和国における住宅建設会社や、消費協同組合などがそうである。ヨーロッパレベルにおいては、1973年、ヨーロッパの労働組合が、ヨーロッパ労働組合連盟（EGB）を設立した。もっとも、この連盟は、調整事務所以上のものではなかった。

このような労働組合の黄金時代には、一連の理由がある。20世紀後半、労働組合の政治的力がかつてなかったほど強力になった。それは、イギリスや、スカンディナヴィア諸国、フランスにおける社会主義的な政府や社会民主主義的な政府への労働組合の影響力によって、また社会的パートナーとして企業家側から新たに全般的な承認を得ることによって、そしてドイツ連邦共和国（旧西ドイツ）やフランス、ベルギーなどいくつかの国における新しい経営共同決定権の獲得によってであった。経済的繁栄も労働組合を助けた。というのもこの長期にわたる経済的発展の中で、労働組合の交渉位置は、有利なものとなり、賃金の引き上げ、労働時間の短縮などで、多くの交渉成果を示すことができたからである。そのうえ労働組合は、この時代に、以前の時代よりも、また以後の時代に比べても数が多かった工場労働者層の中に、依然として、確固とした社会的基盤を保持していた（第3章労働参照）。労働組合のナチズムやファシズムに対する距離、さらに第二次世界大戦後の占領体制に対する距離もまた、同じように、労働組合を魅力的にした。同時に、労働組合は、ヨーロッパにおい

て、1930年代の世界経済恐慌の体験以後、非常に広がっていた全般的な資本主義への懐疑からも、力を得ていた。

　この時代にはまた、国境の枠を越えたヨーロッパ市民社会の形成への最初の兆候が生まれた。このヨーロッパ市民社会は、常に、国民国家的な市民社会と並んで存在した。もっとも、1950年代、60年代には、依然として、精神的な障害が立ちふさがっていた。二つの世界大戦の経験が、ヨーロッパの諸国民の間に立ちはだかり、戦争終了後、なお長期にわたって、深刻な相互不信を抱かせていた。冷戦によるヨーロッパの分断もまた、東と西の間の国境横断的な市民社会の構築を妨げただけではなく、西ヨーロッパの内部でも、コミュニズム的環境と他の政治環境との間に、深い溝を作ってしまった。最後に、カトリック的、プロテスタント的、反教権主義的な環境の間の対立も残っていた。各々の環境が、自らの市民社会を、他の環境への対抗軸として構築していた。

　しかし、このような状態にもかかわらず、この時代に、最初の確かにまだ弱体なものではあるが、国境に捉われないヨーロッパ市民社会が生まれた。そしてそれは、二つの異なった方向で生まれた。一方では、当時の国境を横断するヨーロッパ的市民社会が拡大した。1961年に創設されたアムネスティ・インターナショナル、あるいはヨーロッパ国際スポーツ連盟、その最も有名なものとしてはヨーロッパサッカー連盟が、すでに戦間期以来、国際ロータリークラブやライオンズ・クラブによって、またすでに1861年には創設されていた国際赤十字によって、育まれていた以前の国境横断的市民社会を強化した。もっとも、このような国境横断的な市民社会の名宛人は、基本的には、あいかわらず各国の諸政府であり、冷戦期には、もっぱら西ヨーロッパの諸政府であった。

　他方では、始まりつつあったヨーロッパ統合の活動範囲の中で、ヨーロッパ石炭鉄鋼共同体、ヨーロッパ経済共同体、工業・農業分野の利益団体、ヨーロッパ農場家連盟（COPA）、ヨーロッパ産業連盟（UNICE）などの組織が生まれた。もっとも、こうした利益組織は当時まだ数は多くはなく、そのメンバーも、ヨーロッパ人口の3分の1にも満たないヨーロッパ経済共同体の加盟国に限られていた。これらのヨーロッパの利益組織は純粋な頂上団体であり、独自のメンバーを持ってはいなかった。それらの影響力は、ヨーロッパ経済共同体に意見や要求が聞き入れられるかどうかに強く依存していた。ヨーロッパ経済共同

体のなかでは、ヨーロッパ委員会や社会経済委員会が特に重要であった。

新しい社会運動──1960年代後半から80年代

　1960年代後半、社会運動が世論の中心に躍り出た。それらは、それ以前の数十年においては存在しなかったか、あるいは周縁的な位置付けでしかなかったものである。労働組合と共に、学生運動、地域運動が起こった。70年代、80年代には、環境運動、女性運動、平和運動、東ヨーロッパの体制批判運動、その他の様々な社会運動が、それに加わっていった。それらは必ずしも、すべてが新しいものであったわけではない。地域運動、平和運動、女性運動は、すでに、19世紀に存在していた（van der Linden [2003]）。だが、その抗議の方法は、これまでの古典的な方法であるマニフェストやデモンストレーションとは違い、また労働組合によるストライキとも異なっていた。とりわけ目立ったのは、挑発的イベントの方法であった。それは小さな集団のために目的意識的に世論の注意を引こうとするもので、新しいメディアであるテレビを頻繁に活用した。これらの社会運動の目的も新しかった。

　このような新しい社会運動には、共通の原因があった。第一に、生活の価値や日常規範の変化、社会関係における自由化の進展、社会性の成長、教育目標の変化、暴力に対する態度の変化、社会運動の目的を性急に達成しようとする少数者に対する寛容の増大などである。第二には、1950年・60年代のヨーロッパの急速な近代化、つまり都市化の広範な進展、教育の拡張、大衆消費社会の誕生があげられる。第三には、国際関係の変化、植民地帝国の崩壊、東側と西側との関係の変化、スターリン死後のコミュニズム像の変化、ヨーロッパにおける長期の平和などがあげられる。

学生運動

　初期の二つの「新たな」社会運動のうちの一つは、1960年代後半の学生運動であった。当時の学生運動は、この間に、ほとんど歴史神話となった。それだけに、重要な歴史的研究対象となっている。それは国際的な運動であった。中央集権的に組織化されたわけではなかったが、国境の枠を越えて、強く結び

ついていた。それはヨーロッパの中では、フランス、イタリア、ドイツ連邦共和国（旧西ドイツ）において、最も激しく展開したが、他のヨーロッパの民主主義国、さらにまたギリシャのような西ヨーロッパの独裁体制の国、ポーランド、チェコスロヴァキアやユーゴスラヴィアなどのコミュニズムの東ヨーロッパ諸国においても、発生した。しかもそれは、純粋にヨーロッパ的な運動ではなく、むしろ世界的な運動であった。学生運動はアメリカ合衆国でまず最初に、また最も激しく展開した。しかし、ラテンアメリカ、トルコ、アフリカ、インド、パキスタン、そして、日本にまで広がった。

　学生運動は、デモンストレーションとは別に、新しい抗議の形態を発展させた。とくにハプニング劇。それは、運動の政治目的に注意を喚起するため、視覚的に演出された、挑発的で公然とした規則違反という方法を展開した。こうした新たな抗議の形態は、テレビという新しいメディアと密接に連動したものであった。

　学生運動は、ヨーロッパにおいて、1968年、フランスのとくにセンセーショナルなパリの5月の大デモンストレーションと西ベルリンのそれで、頂点に達したが、その後まもなく終息した。この運動は、概して知識人・学生のミリューに限定されていた。したがって幅広い青年運動にはならなかった。学生運動のきっかけは、西ヨーロッパにおいては、アメリカのベトナム戦争であり、東ヨーロッパにおいては、スターリン後のソ連による抑圧であり、ソ連のプラハ進駐であった。そして、学生運動の目的は、西側においては、ベトナム戦争の終結、政治と教育のリベラル化、決定へのいっそうの参加、より自由な社会性、両性間のより自由な交際であった。東ヨーロッパにおいては、その目的は、特にコミュニズム支配のリベラル化であった。これらの目的に加えて、各々の国において、特別な目的が加わる。たとえば、ドイツ連邦共和国（旧西ドイツ）では、ナチスの過去に対する取り組みがそれであった。

　学生運動の原因に関しては、部分的には論争がなされている。だが、原因として異論の余地のないのは、1950〜60年代の急激なヨーロッパの近代化であり、そこから生じた戦争世代と1960年代の学生世代との間の経験の深刻な相違であった。そうした違いは、経済の繁栄期に大きくなっていたのである。二つの世代の間には、戦争に関してだけでなく、政治的決定、個々人の自由、教

育目標、性に関して、全く異なった意見が形成されていた。西側と東側との緊張緩和も、学生運動の原因として異論がなかった。それに対して、他のいくつかの原因については、議論が分れる。一部の研究しか、1960年初め以降、学生運動を準備した知的先駆者——圧倒的にヨーロッパの、あるいはヨーロッパ出身のアメリカの知識人——のなかに、この運動の中心的原因を見ていない。同じように、一部の研究しか、学生運動のアメリカ・モデルや市民権運動を決定的な原因と見なしていない。ヨーロッパの学生運動の中に、西ヨーロッパのアメリカ化の要素を見ているのも一部の研究でしかない。最後に、1960年代後半のヨーロッパにおける価値変化が、学生運動の原因であったのか、それとも逆に、この学生運動が初めて、このような価値変化をもたらしたのであるかについても、なお論争がなされている（参照：第5章　価値について）。

とくに論争の的となっているのは、学生運動の評価だけではなく、その影響についてである。異論の余地がないのは、東ヨーロッパにおいて学生運動が直接的な成功を収めることができず、1960年代後半・70年代に、持続的リベラル化を貫徹することができなかったことである。だが、68年と89年との間に連続性が存在するのかどうかについては、なお論争が行われている。西ヨーロッパの学生運動の影響については、依然として相対立した議論が繰り広げられている。いくつかの研究は、ヨーロッパの学生運動を非常に成功したもの、というよりむしろ過剰に成功したものとみなしている。そうした研究は、学生運動の成果として、とくに価値および教育の根本的な変化をあげている。しかし、その変化の評価は非常に異なっている。論点となったのは、政治的タブーの解体、ドイツにおいては、とりわけ、ナチス時代に関する沈黙、後の社会運動への衝撃である。

さらにまた政治転換への貢献もまた、その成果に数えられている。1969年のドイツ連邦共和国（旧西ドイツ）における政権交代、81年のフランスにおける政権交代、イタリアにおける共産党（KPI）のソ連路線からの離脱がこれにあたる。しかし、学生運動の活動家らが指導的な知識人に上昇したこと、そして多くのヨーロッパ諸国において90年代、彼らが権力のレバーにさえ手をかけたこともまた、その成果と見なされている。ゲアハルト・シュレーダー、ヨシュカ・フィッシャー、リオネル・ジョスパン、ギー・ヴェルホフシュタット

などが、その代表例である。

　だが一方では、ヨーロッパの学生運動の結果を不成功と見なす研究も出されている。というのも学生運動は、その目標に照らせば、決定的な成果をあげることができなかったし、そのためにはあまりに短命だったというのである。学生運動が、非常に短命であったことの根本的な理由としては、学生運動内部の分裂があげられる。その中には、暴力の使用に関しての分裂も含まれる (Fink/Gassert/Junker [1998]; François [1997]; van der Linden [2003]; Gilcher-Holtey [2001])。

地域運動

　早期に展開していた新しい社会運動のうち、第二のものは、地域運動であった。それらは1960年代後半以降、ヨーロッパのあらゆる所で、再度、活性化し、時として学生運動とも緩やかな結びつきを持っていた。このような地域運動は、決して新しいものではない。だがそれは、第二次世界大戦以後ヨーロッパにおいては、概して後退していたのである。

　ヨーロッパ地域運動のルネッサンスは、60年代後半西ヨーロッパにおいて、特にフランスのアルザス、ブルターニュ、オク語地方、コルシカの地域で、イギリスのウェールズ、スコットランドの地域で、ベルギーではフランドルとワロンの地域で、フランコ独裁体制の崩壊後は、スペインのカタロニア、バスク、ガリシアの地域で、またイタリアでは南チロル地方で、特に激しかった。

　東ヨーロッパにおいては、いかなる地域運動も許されなかった間でも、少なくとも根強い地域アイデンティティーは発達していた。それは、ポーランド・ウクライナのガリチア地方、チェコのモラヴィア地方、ポーランド・チェコのシュレージエン地方、ルーマニアのジーベンビュルゲン地方で、また地域主義とナショナリズムの多層性という点では、ユーゴスラヴィアとソ連において見られた。ドイツ連邦共和国、スイス、オーストリア、スカンディナヴィア諸国、アイルランド、ポルトガルなどのヨーロッパ諸国においては、地域運動はまれで、弱いものであり、部分的には、連邦主義の憲法によって、吸収されていた。しかしこれらの国々においても、人々の地域との結びつき、例えば、地域料理、地域の建築・住居様式、地域方言との結びつきが増したことを過小評価しては

ならない。ヨーロッパにおける地域運動は、学生運動とまさに同じく、ひとつの中心を持つことはなかった。地域運動はその性質上、分権的であり、ただ儀式やシンボル政策のみを、相互に共有するだけであった。

だがそれにもかかわらず、この地域運動は、二重の意味で、ヨーロッパ的運動と見なすことができる。これらの運動は、共通の抗議形態と目的を持っていた。さらにヨーロッパ統合の中に、自らの目的をより良く実現していくための機会を見て取り、したがって1975年、ヨーロッパにおける自治体・地域の常設会議を創設した。

地域運動は、中央集権的な計画や、社会への中央集権的介入への酔いを醒まし、統治方法を分権的で、問題により接近したものにしていく、そのような試みと強く結びついたものであった。しかしそれはまた、労働組合の弱体化とも密接に関連していた。地域運動は、1990年代、フランス、イタリア、イギリスにおけるように、政府が分権的プログラムを実行していったところでは、至る所で、再度後退していった。といってもけっしてそうした運動が全般的に消えてしまったのではない。

地域運動の政治的影響は、1960年代以降、ヨーロッパにおいては、それ以前の時代のものに比べて、非常に強いものになった。政治的に高度に中央集権化された国々、例えばフランスやイギリス、イタリアやスペインでは、連邦制の憲法は存在しなかったが、70年代以降、地域に以前よりも、よりいっそうの決定権限と資金を与えるようになった。その結果、多くの地域において、影響力を持った地域の政治的エリートやキャリアが成長した。

ヨーロッパ連合は、ヨーロッパレベルで、地域がEUの委員会として「地域団体」委員会を設立するのを助け、実際的な決定権限を与えはしなかったが、地域を承認した（Applegate [1999]; Gerdes [1985]; Gerdes [1994]; Schmale [1998]; Ther/Sundhaussen [2003]; Wehling [1987]）。

環境運動

1970年代以降、生まれてきた環境運動も、地域運動と同じように、まったく新しいというわけではなかった。環境運動のなかでは、時に、学生運動や地域運動と同じ人々・環境が、積極的に関わっていたからである。だがそれは、

やはり一つの転機を意味した。それは1970年代に、現代経済による環境破壊に目を覚まさせるいくつかの書物、ローマ・クラブの報告書（1972年）、ゴールドスミスの『生存のための青写真』（1972年）、メドウズの『成長の限界』の出版後、生まれた。ヨーロッパの環境運動の地理的分布は、これまで取り上げてきた社会運動とは、やや異なった様相を呈している。特にそれは、ドイツ連邦共和国（旧西ドイツ）、イギリス、スカンディナヴィア諸国、イタリアにおいて強かった。また学生運動とは異なり、若い世代だけでなく、あらゆる年代の人によって担われ、政治イデオロギーによって、そう明確に分類されるものではなかった。環境運動は、学生運動と同じく、大規模デモンストレーションで大衆動員を行い、また小さなグループによるイベントや演出などの現代的形態によっても推進された。国家権力との目的意識的な紛争も、名望家民主主義の古典的手段、すなわち覚え書き・マニフェスト・報告書・請願・議会動議などと同じく、環境運動の手段に数えられた。

　環境運動では、国ごとの相違も大きかった。環境運動は、必ずしもすべての国で、同一のテーマを中心に据えているわけではなかった。その効果も、その時々の国ごとの運動が持つ影響可能性に強く左右された。いくつかの国においては、どちらかといえば地域や地方の政治の中で展開され、他の国では、むしろ全国的な政治の場で展開された。同時にまた、グリーンピースやロビンフッドのような、国際的で影響力の強い組織も生まれ、それらは高度に専門化した国際的な公開イベントを組織した。

　このような環境運動が生まれてきた第一の理由は、1950～60年代における工業化の徹底、農業生産性のすさまじい上昇、ヨーロッパの輸送革命であった。それらによってもたらされた環境破壊は、工業地域に限定されるものではなかった。環境破壊は、大気汚染、河川・海洋などの水質汚染、食品の品質の悪化など、いたるところで、目に見えるようになり、感じ取られるようになった。第二の理由は、研究者の果たした特別な役割であった。幾人かの責任を自覚した専門家・知識人は、世論が、環境被害の現状を見据えるようにさせた。しかしまた環境運動は、成長・計画への陶酔の終わり、将来への楽観主義・未来ユートピアの終焉、進歩への懐疑の増大とも、関係していた。最後に、環境運動もまた、ゆっくりと変化していったヨーロッパの人々の間における民主主義の

理解から力を得た。民主主義は、単に選ばれた政治家に決定的な信用を予め与えるだけではなく、むしろ政治家の決定を、持続的にかつ公然とメディア・専門家を通して、コントロールしていくものであるというのである。

　環境運動は全体として非常に大きな成功を収めた。それは各国レベルでもヨーロッパレベルでも、多くの法律を成立させただけではない。環境運動はまた、とりわけ住民・政治家・経営者の考え方をも変化させた。環境運動は環境保護に、一般的に承認される高い優先性を獲得させた。環境製品のためのかなり大きな経済部門さえ生まれた。環境保護は、単に西ヨーロッパにおいて重要なテーマだったのではない。それはまた、東ヨーロッパにおいても、早い時期に体制批判の運動が結晶していくテーマとなった。

女性運動

　女性運動もまた、けっして新しいものではなかった。それはむしろ、19世紀中葉にまで遡る長い歴史を持つものであった。女性運動も、1970年代以降、新しい社会運動の一部として再生した。新しい女性運動は、明らかに、古典的社会運動と異なっていた。女性運動はもはや、基本的には、女性の教育・職業の自由や、世論への接近、女性選挙権、団体設立権をめぐって戦う必要はなくなっていた。新しい女性運動の目的は、むしろ政治と社会における女性の完全な同権化の貫徹に移っていた。女性運動は、家族と公的領域においてこれまでとは違った男女間の役割を求め、堕胎・離婚・性に関する女性の自立の拡大をめざした。最終的に、女性運動にとって重要だったのは、ヒエラルヒーと価値の根本的な転換であった。それゆえ、運動の女性代表者たちは、女性のための機会の拡大だけでなく、今までとは異なるメンタリティーをも求めた。

　さらに女性運動は、他の社会運動から、新しい抗議形態も受け継いだ。デモンストレーションや公開講演、請願などの古典的な方法と共に、メディアによって演出される大々的なイベントのような新しい手段をもまた利用するようになった。女性運動は、「意図的にエキセントリック」だった（Bock [2000] 321ページ）。古典的な女性運動よりも、よりいっそう社会の中に入って働きかけようとした。ゼミナールや夏期大学、映画、文学、女性向け出版物を通しての自己体験と自助が女性の意識や態度を変え、新しい生活形態を発展させるべきも

のとされた。女性研究は、これらの過程に付き添い、それを強化すべきものとされた。自己体験は、女性運動においては他の新しい社会運動におけるよりも、より重要だと考えられ、より大きな効果を持つものであった。

　さらにまた新しい女性運動は、古典的な女性運動に比べ、むしろより分権的に組織された。それは、多くの地域的なネットワーク、イニシアティブ、編集・展示チームから成っていた。国レベルの組織や全ヨーロッパ的組織による中央からの操縦や計画というものは、起こらなかった。新しい女性運動は、地域的であると同時に国際的であり、学生運動におけるような若い世代だけではなく、あらゆる年齢層を包摂した。新しい女性運動のヨーロッパにおける地理的分布も、同様に、戦前・戦間期における古典的女性運動のそれとはいささか異なっていたように見える。確かに、イギリス、フランス、ドイツは、重要な舞台であり続けた。しかし中央ヨーロッパ東部では、女性運動は、コミュニズムが支配していたので、なんの役割も演じなかった。それとは逆に、イタリアの女性運動は、かなり大きな重要性を持った。ヨーロッパの新しい女性運動が、アメリカの女性運動を強く志向していたのかどうかについては、研究はまだほとんどなされていない。

　新しい女性運動の国際的な路線もまた、古典的な女性運動の場合とは違った様相であった。戦前・戦間期の女性運動の国際的な組織、1888年創設された国際女性会議（International Council of Women, ICW）は、おおかたはヨーロッパ人、アメリカ人によって担われたものであった。それはまた当時のヨーロッパ・西側世界の非西欧文明に対する優越感によって、しかしヨーロッパの周縁部に対する優越感によっても、特徴づけられていた。これに対して1970年代には、ICWは、その構成がよりグローバルになり、その自己認識においてもより強く多様な世界から成り立っていた。そのうえ新しい女性運動の要求は、以前よりはるかに効果的な舞台を手に入れた。国連は、70年代以降、決まった間隔で、75年のメキシコ、80年のコペンハーゲン、85年のナイロビ、95年の北京と、世界女性会議を開催した。ヨーロッパレベルでは、女性組織は、むしろ以前より弱くなった。というのも、本来は圧倒的にヨーロッパ的であったICWがグローバルなものになって以降、それを継承するヨーロッパの組織が生まれなかったからである。ヨーロッパ委員会は、確かに労働市場における女

性の同権化を強力に推進し、ルクセンブルクのヨーロッパ司法裁判所も、同権化のための重要な決定を下した。しかしそれは、戦闘力のあるヨーロッパの女性組織が圧力をかけるようなこともなしに、実現したのであった。EUは、新しい女性運動内において共感を得ていたにもかかわらず、社会や文化の変革という幅広い目標は持たず、労働市場における女性の同権化に限定した。それにもかかわらず、新しい女性運動は、そのうちのフェミニズムの潮流の要求を別とすれば、その古典的な先駆者よりも多くの成功を収めた。1970年代以降、女性に対して改善されていったのは、たんに教育機会、政治・教育・経済・文化・行政・裁判におけるキャリア、そして多いとはいえないが学問におけるキャリアへの接近機会だけではない。非常にゆっくりとではあるが、母親・父親の役割も変化した。新しい女性運動の要求は、確かにすべてが満たされているわけではない。しかし多くのことが伸展した。

平和運動

平和運動はもうひとつの新しい社会運動であり、1980年代の初期に、女性運動と同じように長いヨーロッパ的伝統に基づいて成立した。それは特に、ソ連の核兵器計画に対する回答としての大々的な軍備拡張とヨーロッパへの核兵器配備を予定したNATOのいわゆる二重決議をめぐって、繰り広げられた。平和運動もまた、特定のイデオロギー的考えによって特徴付けられたものではなく、むしろプラグマティックなものであった。その基盤は、学生だけではなく、すべての年齢階層が形作った。ここでもまた、社会学者や政治学者、さらに自然科学者などの専門家が大きな役割を果たした。平和運動は、自分たち独自のシンボルを創出した。平和運動は、報告書や覚書、そしてたとえば1981年のボンの王宮庭園における30万人の示威運動にみられるデモンストレーションのような古典的方法で活動したが、政治イベントの演出も行った。平和運動も、国際的に展開された。環境運動と似て、平和運動も国際的なテーマをめぐる運動であり、担い手も、国際的に非常に深い結びつきを持っていたからである。それは、特に北ヨーロッパ・西ヨーロッパにおいて、すなわちイギリス、スカンディナヴィア諸国、オランダ、ドイツ連邦共和国(旧西ドイツ)においてもっとも目立っていた。しかし、ヨーロッパの東側においてもまた、非常に

厳しい政治的条件のもとではあったが、足場を固めた。

　この運動が、成功したのかどうかについては、評価を下すのは困難である。というのも、この運動の目標であった、NATO二重決議が、ソ連の崩壊と共に、立ち消えになったからである。また、この運動の基本的目標が、どのくらいヨーロッパの政治階級に受け継がれていったのかについても、評価は困難である。ソ連の崩壊後、国際的な平和安全保障も基本的な部分で変化し、全く別の脅威が発生したからである。

体制批判運動

　ヨーロッパの東側部分で起こった体制批判運動は、西ヨーロッパにおける社会運動と切り離すことはできない。それは、人権、平和、環境という類似のテーマを掲げていた。この運動もまた1970年代以降生まれた。もっとも、この運動は、コミュニズム政府によって、自分たちの国では世論として登場することは許されず、地下に潜って行動するか、最良の場合でも限られたそしてしばしば地域的なものにしかすぎない反対世論を構築できただけである。それゆえ西側世論との結びつきは、体制批判運動にとって決定的に重要なものであった（第9章メディア参照）。この運動は、コミュニズム体制という特別の諸条件下、西ヨーロッパにおける新しい社会運動とは別の抗議形態を発達させていった。マニフェスト、本、記事、地下テキスト、私的会合などが、重要な抗議形態であった。それらは、西側の新しい社会運動における、常識に捉われないイベントやハプニング劇のようなものからは大きく隔たっていた。

　体制批判運動は、他の新しい社会運動と同じ社会環境、すなわち、知識人・芸術家・学者・教会関係者・学生らによって担われたものであった。それゆえ、運動は大衆運動というのではなく、友人ネットワークとでもいうものだった（第6章知識人参照）。有名なチェコの憲章77は、わずかに1500人によって署名されただけであった。ポーランドでのみ、あらゆる年齢グループから成る体制批判者たちが、労働者環境との架け橋を構築していった。彼らは、1976年創設されたKOR、労働者保護委員会を通して、大衆ストライキにも参加した。

　体制批判運動は、西ヨーロッパの社会運動と密接な交流関係を構築した。1980年代、ヨーロッパ世論の中で、知識人たちのヨーロッパに関する議論が、

ふたたび活発になったが、その論争は、ミラン・クンデラ、ギョルギー・コンラート、ブロニスワフ・ゲメレクら東ヨーロッパの知識人によっても、牽引された。また今日、ヨーロッパの政治的日常語で確固とした概念になった市民社会という表現もまた、1980年代に、東ヨーロッパの知識人によって、広められたものであった。もちろん、東ヨーロッパ体制の体制批判運動は、西ヨーロッパとは全く異なった条件の下、展開された。その結果、異なる抗議形態・異なるシンボル・異なる目標、そして部分的には異なる言葉さえも発展させた。ギョルギー・コンラートのキー概念のひとつである「反政治」は、このような根本的な相違を反映していた。このような概念は、西ヨーロッパの社会運動によっては、受け継がれることがなかった。体制批判運動がとりわけ強かったのは、とくに三つの国すなわち、ポーランド、ハンガリー、チェコスロヴァキアにおいてであった。それに反してDDR（東ドイツ）においては、弱いままであった。というのは潜在的な体制批判者の多くが、ドイツ連邦共和国（旧西ドイツ）に脱出しており、加えてナチス体制の経験後、反ファシズムのDDRという公式が、なお無効果ではなかったからであった。ソビエト帝国の崩壊前の、最後の数年になってはじめて、DDRにおいても体制批判運動が生まれた（Beyme [1994]; Fehr [1996]; Niedermüller [2002]; Jaworski [1988]; Schulze Wessel [1988]; Lutz [1999]; Kocka [2000]）。

　体制批判運動の決定的な原因は、コミュニズム的独裁が、個人の自由のヨーロッパ的理解と相容れないことであった。このことは、ただ紙の上においてのみ存在するコミュニズム憲法における自由と政治的現実との矛盾によって強められた。コミュニズムの政府によるヘルシンキ協定への署名は、この矛盾をさらに強めた。さらに体制批判運動は、コミュニズムの政府が、環境保護や平和保全、経済投資の中心的問題に関して拒否的態度を示したことからも、発生した。

　体制批判運動の成果に関しては、論争が行われている。体制批判運動は、一方では、差し迫った経済問題に関する関心を持たず、それゆえ大衆的作用を持たない、しばしば狭い広がりしか持たない、一種の知的サークルに類するものと見なされている。それゆえ、ソビエト帝国の崩壊後、体制批判運動は、政治に確固たる地歩を占めることにはまれにしか成功しなかった。ソビエト崩壊直

前の大衆運動は、別の環境によって担われた。それはむしろ、コミュニズム体制に対して日常生活で抵抗を示していた。他方では、体制批判運動のおかげで、別の非コミュニズム的な、非公式公的な東ヨーロッパが、西ヨーロッパにおいても知られることとなり、公的な外交・経済関係とは別の架け橋が築かれた。体制批判運動によって、ヨーロッパ世論において政治的自由を重んじるというヨーロッパ政治の基本原理が、生き生きと堅持されることになった。西ヨーロッパの知識人も、政治の中では、通常、もはや能力を発揮しなかった。ヴァツラフ・ハヴェルやブロニスワフ・ゲメレクのような数人の体制批判者は、1989～90年以後、中央ヨーロッパ東部の政治と科学において、重要な役割を演じた。

労働組合と社会紛争

労働組合は、以上とは全く異なった展開を示した。労働組合は、西ヨーロッパにおいて、1970・80年代以降、今に至るまで続く長期的な危機に陥った。組合員数は多くの国で減少した。減少は劇的ではなく、その時期もかならずしも同じではないが、しかしはっきりと確認できる。たとえば、フランス、イギリス、イタリア、ドイツ連邦共和国、オランダ、ベルギー、ノルウェー、スイス、オーストリアなどにおいてそうであった。ただスカンディナヴィア諸国のみは、ノルウェーを除いて、このような退潮傾向は感じられなかった。そこでは組合員数は絶えず増加した。先取りすることになるが、1990年代には、この労働組合員数の退潮傾向は、若干の国においてのみだが変化した。ベルギー、オランダ、ノルウェーにおいて労働組合員数は、再度上昇に転じた（Ebbinghaus/Visser [2000]; Funk [2003] 20ページ、図10-1参照）。

社会紛争もまた明らかに変化した。1960年代後半・70年代、ストライキによる労働日喪失が最高点に達した。だがこの波の後、80年以降のストライキは、異なった様相を呈するようになった。ストライキは、もはや長期にわたって持続されるものではなくなった。ストライキによる労働日喪失は、著しく減少し、1990年代・21世紀の初めには、低い水準に留まった（Kaelble [1994]; Robert/Pasture/Pigenet [2005]; Lesch [2003] 31ページ以下）。

しかも世論の関心は、新しい社会運動の方に向かい、労働組合は、重要性を

失っていった。労働組合の新聞雑誌は、多くの国々で激減の憂き目を見た。労働組合は、広報活動において新しい方法を取り入れ、職業的な世論専門家と相談し、テレビにおける新しい方法に順応していかなければならなくなった。労働組合の大規模デモンストレーションは、たいていの西ヨーロッパ諸国において減少した。5月1日のメーデーも変化した。多くの人に開かれた祝祭が、公式行進に取って代わった。古典的闘争的なイデオロギーや言葉はなくなった。世論は、ヨーロッパのいたるところで、労働組合に対して懐疑的なものとなった。コミュニズム系労働組合の影響力も、フランス、イタリア両国において後退した。労働組合の権力の消滅を示す二つのまったく異なる象徴的事件は、つぎのことである。第一は、ポルトガルにおけるサラザール独裁後およびネルケン革命期におけるコミュニストの権力継承の試みの失敗である。その影響はポルトガルの枠にとどまらないものであった。労働組合没落の第二の大きな象徴は、イギリスのサッチャー政府による目的意識的な、そして成功した労働組合弱体化であり、とりわけ労働組合指導者スカーギルの1984年炭鉱ストライキの敗北であった（Eley [2002]; Robert/Pasture/Pignet [2005]）。

このゆっくりと、だが持続的に進展していった労働組合の弱体化とストライキの減少には、いくつかの原因がある。1973年の第一次オイルショック以降起こった経済困難および、最初はインフレに対する、そしてその後は失業に対する戦いである。この新しい状況の中で、労働組合は、わずかな成果しか示せなかった。組合は防御的にならざるをえず、それに伴いその魅力が減った。さらに西ヨーロッパの工業社会は、1970年以降絶頂点を通り過ぎた。工業の雇用は減少し、サービス部門がその重要性を増した（第3章参照）。

その結果として、労働組合の重要な基盤であったプロレタリア的工業労働者環境は縮小していった（第6章参照）。成長するサービス部門の被雇用者を、労働組合が獲得していくのは容易ではなかった。というのもサービス部門においては、上昇可能性は、多くの場合工業部門に比べてより良いものであり、社会的地位も有利で、下との社会的区分要求も強かった。経営規模もしばしばより小さなものであり、生涯に渡る長期的観点ではない女性の就業も頻繁だった。さらに工業においても、男性熟練労働者の数が減少した。その代わりに、ますます多くの女性が働くようになり、さらに、労働組合にとっては、しばしば非

第 10 章　社会運動、社会紛争、市民社会

常に打ち解けにくい移住者の就業も増えた。さらに労働組合は、新しい大衆消費社会（第 4 章　参照）において、女性・旅行者文化、新しいメディアの中で、存在感が薄かった。労働組合は、被雇用者の利害を代表したが、反対に新しい重要になりつつある消費者利害を代表することは、ほとんどなかった。

　概して、大きな組織と自己を進んで結び付けようとする態度は、それが教会や国民国家、職業組織や労働組合であっても、後退していった。この個人化過程の結果として、労働組合の活動家自身もまた変化した。自分の人生のすべて、自由時間すべてを労働組合の活動に捧げ、メンバーを労働組合につなぎとめようとする活動家はまれになった。彼らの活動は、一部は家族や自らの職業との結びつきを大事にする臨時活動家によって、しかし一部は、専門職化した役員や、銀行引き落としによって代替されていった。最後に、政治的環境も、労働組合にとって不利なものに変わった。労働組合を経済的ダイナミズムのブレーキとみなすネオ・リベラル的議論が、経済問題の時代に、世論において地歩を占めた（Ebbnghaus/Visser [1997]; Ebbinghaus/Visser [2000]; Eley [2002]; Kaelble [1994]; van der Linden [2003]; Mouriaux [1986]; Robert/Pasture/Pigenet [2005]; Rosanvallon [1988]; Streeck [1998]）。

国境横断的ヨーロッパ市民社会

　トランスナショナルなヨーロッパ市民社会は、1960 年代後半から 80 年代の間に拡大した。これまでに言及したヨーロッパの利害団体や、73 年以降は、ヨーロッパ労働組合連盟もまた、新しい加盟諸国に空間的に拡大しただけでなく、人数の面でも拡大した。ヨーロッパ統合は、このような仕方で強化された。ただしばしばそれは、世論では気付かれなかった。

　しかし、国境横断的なヨーロッパ市民社会の拡大には、既述の新しい社会運動も寄与した。新しい社会運動は、必ずしも緩い結びつきのネットワークに留まるわけではなく、しばしばアムネスティ・インターナショナルやグリーンピースのような持続的なトランスナショナルな組織に発展した。さらにまた、この時期、国境横断的なヨーロッパ組織も誕生した。すなわち、ヨーロッパ都市会議や既述のヨーロッパ地域の組織がそれである。さらにまたヨーロッパ文化組織や国際スポーツ連盟、さらにヨーロッパ学長会議といったものが生まれた。

これらの主導権は、以前のようにもっぱら政府にあるのではなく、むしろ市民社会自身が発揮することが多くなった。もっとも、ヨーロッパ委員会・ヨーロッパ議会とヨーロッパ市民社会との結びつきは、しばしばまだ弱いものであった。というのは、ヨーロッパ共同体は、まだなんといってもヨーロッパ経済市場の創出に集中していたからである（Kohler-Koch [1992]; Weßels [2003a] [2003b]; Kaelble [2003]）。

　国境横断的なヨーロッパ市民社会のこうした拡張には、いくつかの理由がある。ヨーロッパ諸国間にあった相互不信が、解消されていった。またヨーロッパ内の他者に対する認識も、都市間のパートナーシップ、学生・生徒の交流、非常に増えた観光やビジネスの旅行、さらにヨーロッパのエリートや専門家の間の共同作業によって、改善された。新しい国境横断的な情報伝達と輸送の技術、自動電話、ファックス、高速電車、飛行機、さらに商品種類とその消費のヨーロッパ化もまた、ヨーロッパ人の間のコミュニケーションを容易にし、強めた。キリスト教の宗教環境の間にあった鋭い分断線も、弱まった。

1990年代

　1990年代を自信を持って新しい時代と呼ぶには、その時間的隔たりは、まだあまりに僅かなものである。しかし90年代は、いくつもの観点において、1989～90年以前の時代とは異なっている。

　第一に、1990年代には、くりかえし新しい社会運動が以前の古い社会運動を世論の最前線から退けたダイナミズムが、終焉を迎えた。60年代後半の学生運動の後に、70年代には新しい女性運動、環境運動が、80年代には平和運動、体制批判運動が続いた。だが90年代には、もはやなんの新しい運動も、後に続くことはなかった。たしかに90年代が、運動に乏しい時代だったわけではない。地域運動は、とりわけヨーロッパの東側部分において、さらなる復興を体験した。だが全体として90年代は、むしろ新しい社会運動の堅牢化の時代であった。

　第二に、社会運動はいまや制度化した。さまざまな反対運動から、政府寄りの組織が生まれてくることも、稀ではなくなった。マイノリティーのデモンス

第 10 章 社会運動、社会紛争、市民社会

トレーションや宣言は、いまや国家の支援プログラムへの申請になった。かつて政治的・社会的に排除された運動の若いメンバーたちは、女性委員、環境委員、確立した市民社会の名士となった。未熟な新しい社会運動から、高度に専門化されたネットワークが形成された。

　新たな社会運動が生まれることはほとんどなかった。新たな社会運動をひきおこす現実的なきっかけがなくなった。フランスやイギリスなど、高度に中央集権化された国々も、以前より分権的になっていた。女性の教育機会は、明確に改善された。就業機会なども同様であった。第三世界は分化した。環境被害も、もはや増加していないようにみえた。ヨーロッパ内の平和は、東西対立の終結後、もはや直接的には脅かされていなかった。体制批判者が反対の運動を繰り広げた政治体制も、崩壊した。

　1990 年代から 21 世紀初めの新しい脅威は、テロリズム、疫病、新たな社会的排除であった。大学卒業者の失業もまた、それらより危険でなくはなかった。しかしこのような脅威は、社会運動の目標としては、あまり適したものではなかった。世論に影響を与える新しい方法が、小さな活動グループによって開発されたが、それはもはや社会運動と呼ぶことはできなかった。多数に読まれるインターネットサイトの設置や、専門的なイベントの実施が、今や世論の関心を刺激した。

　第三に、社会運動と政治スペクトルの間の、自明と思われていた関係が変化した。学生運動、地域運動、女性運動、環境運動、平和運動は、1990 年代に至るまでは、通常、政治的に左派であり、左翼陣営の諸政党を、重要なパートナーないし代弁者とみなしていた。だがそれが 90 年代に変化した。社会運動は、いまや急進右翼の潮流や、キリスト教、イスラム教の原理主義的潮流の中からも生まれた。これらの運動は、新しい社会運動の方法から、多くのことを借用し、その際インターネットのような新しいコミュニケーション手段も投入した。そして緊密で、しばしば外に対しては閉鎖した環境を発展させた。

　その上さらに、エスニック・マイノリティーや、ヨーロッパ外からの移民の市民社会的組織が、大きな役割を演じるようになった。部分的にはそうしたことから、イギリス、フランスの都市郊外のエスニック暴動にみられるような激しい紛争が、さらにユーゴスラヴィアでは内戦さえも、発生した。このような

「エスニック化した」市民社会も、1960年代後半から80年代にかけての新しい社会運動と違い、ほとんど政治的環境と関係を持ってはいなかった。

最後に、この時代、ヨーロッパ連合を志向する市民社会も膨張した。EUは、かつては中立だった西ヨーロッパ諸国の大部分、さらに中欧・東欧の諸国に拡大し、しかもその権限を80年代以降、大幅に増加させた。EUは、20世紀の終わりには、単なる経済空間創出の試みに留まるものではなく、内的な安全保障、移民、社会政策の分野で新たな権限を獲得し、端緒的ではあっても文化政策や外交政策、対外安全保障政策においても、新たな権限を獲得した。そこで、多くの利害団体、ネットワーク、連絡事務所や政治的サービス業も、ヨーロッパレベルのものが創立された。20世紀の終わりに、ブリュッセルのEU本部に登録された利害団体は、ドイツの国内的な利害団体とほぼ同じくらいの数にまで増えた。1995年から2000年の間だけで、ブリュッセルに事務所を持つ仲介グループは、約2000から約3500に増大した。利害団体だけでなく、他の市民社会的組織もまたこの時代、多様化し、同時に専門化した（Kaelble [2003]; Weßels [2003a] [2003b]）。

相　　違

1989〜90年まで、西ヨーロッパと東ヨーロッパにおいては、その時々の市民社会の特質、社会運動や社会紛争の目的において、根本的な相違が存在していた。東ヨーロッパの市民社会は、政府やコミュニズムの統一政党に対して、ほとんどまったく自立性を持っていなかった。上から統制され、西ヨーロッパの民主主義的地域のように分権的なものではなかった。政府から独立した世論との結びつきもなく、西ヨーロッパの市民社会とは別の価値観を支持することもしばしばだった。ただキリスト教的市民社会や体制批判運動の市民社会のみが、西ヨーロッパ的な市民社会との類似性を持っていた。ただし、この市民社会は、世論との自由な接近を保持していなかったという点で、西ヨーロッパ市民社会と決定的に違っていた。

社会運動もまた異なっていた。ヨーロッパの西側と同じように、東側においても、1960年代後半、70年代前半に、学生の抗議が展開された。しかし、東ヨーロッパにおける学生の抗議は、68年のソビエトによるチェコスロヴァキ

第 10 章　社会運動、社会紛争、市民社会

アへの侵攻に反対したが、アメリカのベトナム戦争、文化的な日常規範や教育規範、エリートたちのナチ時代の過去に対しては向けられなかった。これらに対する抗議こそは、西側学生運動の中心だった。さらにまた西側ヨーロッパと東側ヨーロッパ間の市民社会の結びつきも、しばしば傑出したものがあったとしても、きわめて限定的なものだった。

　西側の北ヨーロッパと南ヨーロッパの間には、別の決定的で永続的な相違が存在していた。スカンディナヴィア諸国、オランダ、ドイツ、そしてヨーロッパの東の部分においても、市民の圧倒的多数が、市民社会の団体のメンバーであった。だが反対に、ラテン・ヨーロッパ、すなわち、フランス、スペイン、イタリア、ポルトガルにおいては、人口のほんの少数部分のみしか、このような市民社会の団体に関わらなかった。それはおそらく、地域的な公的空間、例えばカフェや通りや、広場における公的社会性が、また私的で家族的な社会性が、北よりはるかに強く発展していたためであろう。北ヨーロッパのより強い団体参加が、都市ギルドやツンフト、プロテスタント的な自由意志的な協会的伝統から説明できるものであるのかどうかについては、なおより詳細に研究されなければならないであろう（Therborn [1995] 306 ページ以下）。だが、この南北相違は、過大に評価されるべきではない。この相違は、社会運動においては、これまで見てきたように、かならずしも見出されないのである。

　これに対して、社会紛争や労働組合運動における南北相違は、非常によく研究され、類型的にも把握されている。労働関係に関しては、三つの基礎的タイプが区別されている。南ヨーロッパの紛争志向的タイプでは、労働関係はほとんど調整されていなかった。そこでは紛争が中心的な役割を演じていた。労働組合も経営者も、組織化が弱かった。というのは、一般的に、市民社会的な団体への参加が弱かったからである。冷戦期に起こったコミュニズム系と非コミュニズム系の労働組合の対立もまた、労働者側を弱体化させた。反教権的労働組合と教会寄りの労働組合との古い対立も、再び活発化した。ストライキ金庫も存在しているところはまれであった。労働紛争に関する調停規則も、紛争対立者によっても裁判所によっても、ほとんど発展させられなかった。

　ストライキは、支持者を動員すること、紛争の両当事者の力を常に新たにテストすることに、寄与していた。ストライキによって初めて、力関係がどのよ

うな状態にあるのかが、確認された。そして適切な調停規則の欠如のため、国家が頻繁に、中立的第三者として社会紛争に介入しなければならなかった。それゆえ、社会紛争はしばしば政治問題化した。労使紛争は頻繁だったが、長期化するのはまれであった。というのは、ストライキ参加者は、ストライキ金庫からの援助を受けることがほとんどなかったからである。

　それとはまったく反対に、北ヨーロッパにおいては、社会紛争のコーポラティヴ・タイプが確立していた。公然たる紛争、すなわちストライキや操業停止はまれであった。コンセンサスが重要であった。紛争当事者は、紛争志向的タイプにおけるよりも、より強く組織されていた。その背景には、北ヨーロッパにおける、市民社会のより強い社会参加があった。統一労働組合が支配的であった。紛争の調停も、しっかりと規律化されていた。紛争処理の仕方も、賃金契約の交渉相手相互によって、そして部分的には裁判所の参加のもとで、発展させられた。ストライキの発生前には、定められた交渉、調停、さらにストライキの可否を決定する投票がなされなければならなかった。これら諸手順に関する公的な関心は強かった。国は、交渉にはほとんど参加しなかった。交渉当事者には、公共福祉に関して独自の責任があると見なされ、社会的パートナーの自治が非常に重要なものとみなされていたからである。労働協約も長い期間にわたって、企業レベルではなく、部門レベルで締結された。

　労働法も、非常に強い集団的な要素を持っていた。労使紛争はまれではあったが、ストライキ金庫が十分に満たされていれば、長期にわたって続くこともありえた。社会紛争のこのようなタイプは、スカンディナヴィア諸国、ドイツ、オーストリア、スイスにおいて見出される（Ebbinghaus/Visser [1997]; Crouch [1993]; Ebbinghaus/Visser [2000]; Shorter/Tilly [1975]; Eley [2002]; van der Linden [2003]; Robert/Pasture/Pigenet [2005]; Pasture [1997]; Saly/Margairaz/Pigenet/Robert [1998] 218〜234 ページ）。

　それに対して、社会紛争の多元主義的タイプは、ヨーロッパにおいてはまれで、イギリス、アイルランドにおいてのみ見出される。それは、組合員の強い、だが非常に細分化された労働組合を基礎にしており、特に、強力な職場委員（shop stewards）に依拠するものであった。紛争処理の仕方は、コーポラティヴ・タイプにおけるほど練り上げられておらず、制度化されてはいなかったが、

紛争志向的タイプよりは、発展していた。合意はそれほど重要なものではなかった。賃金契約当事者に経済的な公共福祉を配慮する態度が期待されることはまれだった。労働組合と経営者の間の力関係は、また政権多数派の変遷と共に変化した。たとえ、政府が紛争にむしろ距離をとっていたとしてもそうであり、大規模な介入が行なわれたのはサッチャー時代だけであったのだが。ストライキは頻発した。だが減少していった。賃金協定は、ほとんど企業レベルで締結された。労働法は個別契約法に対応した。

　確かに、社会紛争の相違は、必ずしもすべてがこのようなタイプ分けに当てはまるわけではない。またすべてのヨーロッパの国々が、はっきりとどれか一つのタイプに属しているわけでもない。かなりの国が、三つのタイプの間に位置していた。だが根本的に違っている点が、このタイプ分けによって把握できる。

　全体的にいって、ヨーロッパ内の社会運動、社会紛争、市民社会の相違は、20世紀後半にはっきりと認識できるほどには、縮小しなかった。市民社会的な参加、労働組合の組織化の程度、社会運動の激しさ、社会紛争、ストライキやその他の紛争の頻度は、確かに根本的に変化した。だがその相違は、西暦2000年ごろのヨーロッパで、1950年よりも明確さが減ったわけではない。

ヨーロッパの傾向と特殊性

　こうしたヨーロッパ内の相違の大きさにもかかわらず、社会運動・市民社会の歴史は、1945年以降、国ごとの相違と東西対立を超えたものをもっていた。そこには、三つの共通したヨーロッパ的な要素が生まれていた。この共通性こそが、社会運動と市民社会のヨーロッパ史を叙述することに意味があると思わせるものでもある。すなわち、これまでにすでに明確になってきた国ごとの発展にみられる多くの類似性、ヨーロッパの国々の間のたくさんの移転、60年代後半以降とりわけ顕著になってきた社会運動のトランスナショナルな性格、そしてヨーロッパレベルでの共通した市民社会の生成がそれである。

　1945年以降、社会運動の国境横断的性格が増したことは、まさに新しい事態であった。労働組合は、第二次世界大戦後なお、ナショナルな組織であった。いくつかの国際的なレトリックにもかかわらず、国際的な結びつきは弱かった。

60年代後半以降発展した新しい社会運動においてはじめて、トランスナショナルな傾向は、少しずつ強くなった。その傾向は、学生運動、地域運動、女性運動において現れ、環境・平和・人権・反グローバリズムの運動においていっそう強くなった。新しい社会運動は、国境横断的なテーマをますます追求するようになっただけではなく、トランスナショナルなデモンストレーションを開催し、ますます多くの国境の枠にとらわれない組織を構築した。環境運動の重要組織としてのグリーンピース、人権運動の中核としてのアムネスティ・インターナショナル、そして後の反グローバル運動の中心的組織としての「アタック」は、完全に国境の枠を越えたトランスナショナルな存在になった。

　最後に、もうひとつの新しいヨーロッパに共通した発展として、既述のヨーロッパレベルでの市民社会の成立があげられる。それは部分的には、トランスナショナル化の全般的プロセスに従うものだった。そのプロセスは、ヨーロッパ的な市民社会を、だがまた欧米的なあるいはグローバルな市民社会をもたらした。だがそれはまた、特にヨーロッパ統合によって生まれ、EUの政策の影響力に完全に歩調を合わせた。

ヨーロッパの特殊性

　したがって、最も重要なヨーロッパの特殊性としては、市民社会、社会運動が上げられる。これらは、要求や目標をナショナルではない、超国民的・超国家的なヨーロッパの決定中枢に出し、同時にまた決定中枢に対しては独立性を広範に維持し、そして少しずつ発展してきたヨーロッパ的なトランスナショナルな世論と結びついた。この国境横断的なヨーロッパ市民社会は、先述のように、ヨーロッパ共同体、ついでEUがほぼすべての西ヨーロッパ諸国に拡大し、EUの権限が、トランスナショナルな経済市場の創出を超えた、新たな政策分野に拡大されればされるほど、ますます重要なものとなった。

　もちろんヨーロッパ市民社会は、ナショナルな市民社会とは違った外観を呈している。ヨーロッパ市民社会は、歴史的発展に強く影響を受けた。1950年ごろ、国際的経済市場創出のためのプロジェクトとして出発した。農業家や工業の利害団体が、並々ならぬ強大な重みを持った。なぜなら、80年代までのヨーロッパ統合は、最優先の課題として、農産物と工業製品のためのヨーロッ

パ市場の創出に力を注いだからである。ヨーロッパ市民社会におけるこの非対称性は、確かに70年代以降、徐々に緩和された。というのは他の利害団体もまた発展したからであり、他の市民社会も、ヨーロッパの諸機関・制度といっそう強く結びつくようになったからである。だが今日に至るまで、工業と農業の団体の影響力は、並外れて強いままであり、それはとりわけ、ヨーロッパ予算における農業補助金の占める異常に高い割合に現れている。

　さらにヨーロッパ市民社会は、世論との関係でも、ナショナルな市民社会とは違っていた。ヨーロッパ市民社会は、市民を公的に動員する手段、デモンストレーション、ストライキ、劇的な大衆イベント、新聞キャンペーン、テレビ出演などにあまり手を出さなかった。ヨーロッパ市民社会は、ナショナルな市民社会よりも静かな市民社会であり、ヨーロッパ政策に、むしろ報告書、請願、覚書、鑑定書、アピール、記者会見、会話、電話、専門家会議などによって、影響を与えた。この静かな市民社会は、しばしばより弱い市民社会とみなされるが、それは誤っている。ヨーロッパ市民社会の特殊性は、ヨーロッパ諸機関の仕事の仕方と密接に関係している。

　EUの二つの権力中枢の一つである欧州理事会は、今日にいたるまでヨーロッパ市民社会にとってほとんど全く近寄りがたいものであり、結局はナショナルな市民社会を通してのみ、影響を与えることができる存在であった。ヨーロッパ議会は、各国の議会よりも弱いものであり、それゆえヨーロッパ市民社会の意思の受け手としては、あまり関心をそそるものではなかった。ヨーロッパ市民社会の意思の主たる受け手は、ヨーロッパ委員会であり、官僚機構であった。それに対しては、興奮したヨーロッパ市民の動員で注目を浴びるというやり方よりも、むしろ静かな、センセーショナルでない方法で影響が与えられた。仕事を執行する管理機関と市民社会との間で、ヨーロッパレベルでの密接な共同作業が行なわれることは、まれであった。というのは、EUは多くのことを決定するが、通常は自ら執行することはなく、個々の国の政府にその執行を委ねなければならなかったからである。

　ヨーロッパ市民の公的な動員がほとんど存在しなかったのは、ヨーロッパ市民社会が、通常は、ナショナルな諸組織の連合からできており、直接的な構成員を持たず、したがって構成員との直接的なコンタクトを持たなかったことが、

関係している。ヨーロッパ市民社会はそれゆえ、通常は、地域的な根を持たず、スポークスマン、活動家、団体役員、政治的サービスの代行業者、専門的ロビイストらと、共同作業をした。それゆえめったなことでは、その構成員を、センセーショナルな公的行動に駆り立てることはできなかった。

　ヨーロッパ市民社会は、ナショナルな市民社会とはまた異なった種類の自治を行なった。ヨーロッパ委員会は、特に1980年代以降、ヨーロッパ議会の選挙への参加が一貫して落ち込み始めるようになって以来、またたくさんのヨーロッパ住民投票の結果が僅差で、不確実になり、評判が悪くなって以降、発展した協力的なヨーロッパ市民社会に強い関心を持ち、しばしばその成立を助けるようになった。ヨーロッパ委員会によるこのような市民社会の好意的な創出は、ヨーロッパ市民社会の自治にとっては、時と場合によって危険になるであろう。

文　　献

P. Antrobus [2004], The global women's movement-Origins, issues and strategies, London.

C. Applegate [1999], A Europe of regions: reflections on the historiography of subnational places in modern times, in: American Historical Review 104, pp. 1157-1182.

A.-M. Autissier [1999], L'Europe culturelle en pratique, Paris.

K. v. Beyme [1994], Systemwechsel in Osteuropa, Frankfurt a. M.

G. Bibes/P. Mouriaux eds. [1990], Les syndicats européens à l'épreuve, Paris.

I. Blom [2004], Nationalism and feminism in Europe, in: H. Kaelble ed., The European Way. European societies in the 19th and 20th centuries, New York/Oxford, S. 15-43.

G. Bock [2000], Frauen in der europäischen Geschichte, München.

E. Bussière/M. Dumoulin Hg. [1998], Milieux économiques et intégration européenne en Europe occidentale au XXe siècle, Arras.

A. Canavero/J.-D. Durand eds. [1999], Il fattore religioso nell'integrazione europea, Mailand.

C. Crouch [1993], Industrial relations and European state traditions, Oxford.

G. Dreyfus-Armand/R. Frank/M.-F. Lévy/M. Zancarini-Fournel eds. [2000], Les années 68. Le temps de la contestation, Paris.

B. Ebbinghaus/J. Visser [1997], Der Wandel der Arbeitsbeziehungen im westeuropäischen Vergleich, in: S. Hradil/S. Immerfall Hg., Die westeuropäischen Gesellschaften im Vergleich, Opladen, S. 376-475.

V. Ebbinghaus/J. Visser eds. [2000], The societies of Europe. Trade Unions in Western

第 10 章　社会運動、社会紛争、市民社会　　　　　　　　309

Europe since 1945, London.
W. Eichwede Hg. [2000], Samizdat. Alternative Kultur in Zentral-und Osteuropa, Bremen.
G. Eley [2002], Forging Democracy. The History of the Left in Europe, 1850-2000. Oxford.
H. Fehr [1996], Unabhängige Öffentlichkeit und soziale Bewegungen. Fallstudien über Bürgerbewegungen in Polen und der DDR, Opladen.
C. Fink/Ph. Gassert/D. Junker [1998], 1968. The world transformed, Cambridge.
E. François [1997], Annäherungsversuche an ein außergewöhnliches Jahr, in: E. François/M. Middel/E. Terray/D. Wierling Hg., 1968-ein europäisches Jahr, Leipzig, S. 11-17.
L. Funk [2003], Der neue Strukturwandel: Herausforderung und Chance für die Gewerkschaften, in: Aus Politik und Zeitgeschichte B 47-48, 17. 11, S. 14-22.
Ph. Gassert [2007/09], Peace Movements, in: Encyclopedia of the Cold War: A Political, Social, and Military History, Spencer Tucker ed., Santa Barbara.
D. Gerdes [1985], Regionalismus als soziale Bewegung: Westeuropa, Frankreich, Korsika. Vom Vergleich zur Kontextanalyse, Frankfurt a. M.
D. Gerdes [1989], Regionalismus, in: Pipers Wörterbuch zur Politik, Bd. 2, D. Nohlen Hg., München, S. 852-855.
D. Gerdes [1994], Regionalismus und Regionalisierung in Frankreich. Ansatzpunkte einer vergleichenden Regionalismus/Nationalismusforschung, in: Geschichte und Gesellschaft 20, S. 385-401.
I. Gilcher-Holtey [2001], Die 68er Bewegung. Deutschland, Westeuropa, USA, München.
D. Gosewinkel/D. Rucht/W. van der Daele/J. Kocka Hg. [2003], Zivilgesellschaft-national und transnational, WZB Jahrbuch.
J. Greenwood [1997], Representing Interests in the European Union, Basingstoke.
H.-G. Haupt u. a. ed. [1998], Regional and national identities in 19th and 20th centuries, The Haque.
R. Hoffmann/J. Kirton-Darling/L. Rampeltshammer [2002], Europeanisation of Labour Relations in a Global Perspective, Dublin.
R. R. Jaworski [1988], Die altuelle Mitteleuropadiskussion in historischer Perspektive, in: Historische Zeitschrift 247, S. 529-550.
H. Kaelble [1992], International Comparisons of the History of Strikes, in: Leopold Haimson/Giulio Sapelli eds., Strikes, Social Conflict and the First World War, Mailand, pp. 527-531.
H. Kaelble [1994], Eine europäische Geschichte des Streiks?, in: J. Kocka/H. J. Puhle/K. Tenfeld Hg., Von der Arbeiterbewegung zum modernen Sozialstaat. Festschrift für Gerhard A. Ritter zum 65. Geburtstag, München, S. 44-70.
H. Kaelble [2003], Eine europäische Zivilgesellschaft?, in: Jahrbuch des Wissenschaftszentrums Berlin, S. 267-284.

J. Kean [1998], Civil society: old images, new visions, Cambridge.
M. Knodt/B. Finke Hg. [2005], Europäische Zivilgesellschaft. Konzepte, Akteure, Strategien, Wiesbaden.
J. Kocka [2000], Zivilgesellschaft als historisches Problem und Versprechen, in: M. Hildermeier/J. Kocka/C. Conrad Hg., Europäische Zivilgesellschaft und Ost und West, Frankfurt a. M., S. 13-40.
G. Kohler-Koch [1992], Interessen und Integration. Die Rolle der organisierten Interessen im westeuropäischen Integrationsprozess, in: M. Kreile Hg., Die Integration Europas. Politische Vierteljahresschrift 23.
H. Lesch [2003], Der Arbeitskampf als Instrument tarifpolitscher Konfliktbewältigung, in: Politik und Zeitgeschichte B 47-48 , 17. 11, S. 30-38.
M. van der Linden [2003], Transnational labour history. Explorations, Ashgate.
A. Lutz [1999], Dissidenten und Bürgerbewegung. Ein Vergleich zwischen DDR und Tschechoslowakei, Frankfurt a. M.
P. Mouriaux [1986], Les syndicats face à la crise, Paris.
P. Niedermüller [2002], Kultur, Transfer und Politik im ostmitteleuropäischen Sozialismus, in: H. Kaelble/M. Kirsch/A. Schmidt-Gernig Hg. [2002], Transnationale Öffentlichkeit und Identitäten im 20. Jahrhundert, Frankfurt a. M., S. 159-175.
P. Pasture [1997], «La classe ouvrière, le mouvement ouvrier et la construction des états providence dans l'Europe du Nord-Ouest», in: F. Guedj/S. Sirot eds., Histoire sociale de l' Europe. Industrialisation et société en Europe occidentale (1880-1970), Paris, pp. 213-228.
M. Raschke [1985], Soziale Bewegungen. Ein historisch-systematischer Grundriss, Frankfurt a. M.
J.-L. Robert/P. Pasture/M. Pigenet eds. [2005], L'apogée des syndicalismes en Europe occidentale, Paris.
P. Rosanvallon [1988], La question syndicale, Paris.
D. Rucht [2000], Zur Europäisierung politischer Mobilisierung, in: Berliner Journal für Soziologie 2, S. 185-202.
D. Rucht [2005], Europäische Zivilgesellschaft oder zivile Interaktionsformen in und jenseits von Europa, in: M. Knodt/B. Finke Hg. [2005], Europäische Zivilgesellschaft, Wiesbaden, S. 31-54.
D. Rucht/F. Neidhardt [2002], Towards a ‹movement society›? On the possibilities of institutionalizing social movements, in: Social movement studies 1, pp. 7-30.
P. Saly/M. Margairaz/M. Pigenet/J.-L. Robert [1998], Industrialisation et sociétés. Europe occidentale 1880-1970, Paris.
W. Schmale [1998], Historische Komparatistik und Kulturtransfer. Europageschichtliche Perspektiven für die Landesgeschichte. Eine Einführung unter besonderer Berücksichtigung der Sächsischen Landesgeschichte, Bochum.

第10章　社会運動、社会紛争、市民社会

M. Schulze Wessel [1988], Die Mitte liegt westwärts. Mitteleuropa in der tschechischen Diskussion, in: Bohemia 29, S. 325-344.

E. Shorter/C. Tilly [1975], Strikes in France, Nineteen Thirty to Nineteen Sixty-Eight. Cambridge.

W. Streeck [1998], Gewerkschaften zwischen Nationalstaat und Europäischer Union, in: D. Messner Hg., Die Zukunft des Staates und der Politik, Bonn.

K. Tenfelde [2001], Europäische Arbeiterbewegungen im 20. Jahrhundert, in: D. Dowe Hg., Demokratischer Sozialismus in Europa seit dem Zweiten Weltkrieg, Bonn, S. 9-39.

K. Tenfelde [2005], Arbeiter, Arbeiterbewegungen und Staat in Europa des «kurzen» 20. Jahrhunderts, in: P. Hübner u. a. Hg., Arbeiter in Staatssozialismus, Köln, S. 17-34.

Ph. Ther/H. Sundhaussen Hg. [2003], Regionale Bewegungen und Regionalismen in europäischen Zwischenräumen seit der Mitte des 19. Jahrhunderts, Marburg.

G. Therborn [1995], European modernity and beyond. The trajectory of European societies 1945-2000, London (ドイツ語訳 [2000]: Die Gesellschaften Europas 1945-2000. Ein soziologischer Vergleich, Frankfurt a. M.).

R. Tiedemann [1993], Aufstieg und Niedergang von Interessenverbänden. Rent-Seeking und europäische Integration, Baden-Baden.

H.-G. Wehling Hg. [1987], Regionen und Regionalismus in Westeuropa, Stuttgart.

B. Weßels [2003a], Contestation potential of interest groups in the EU: emergence, structure, and political alliances, in: G. Marks/M. Sternbergen eds., Dimension of contestation in the European Union, Cambridge.

B. Weßels [2003b], Probleme der Demokratie in der EU, in: D. Klingemann et al., Entwicklung und Perspektiven der Demokratie in Ost und West, WZB-discussions papers, P 2003-003, Berlin, S. 29-39.

B. Zieman [2004], Peace movements in Western Europe, Japan and the US since 1945, in: Mitteilungsblatt des Instituts für sozialen Bewegungen 32, S. 5-21.

S. Zimmermann [2002], Frauenbewegungen, Transfer und Transnationalität. Feministisches Denken und Streben im globalen und zentraleuropäischen Kontext des 19. und frühen 20. Jahrhunderts, in: H. Kaelble/M. Kirsch/A. Schmidt-Gernig Hg., Transnationale Öffentlichkeit und Identitäten im 20. Jahrhundert, Frankfurt a. M., S. 263-302.

第11章　福祉国家

　社会史の最近のテーマで、福祉国家の歴史ほど、比較研究が行われているテーマはない。社会学者、歴史家の多くの重要な著作は、第二次大戦以降の福祉国家の発展を、ヨーロッパ内部の比較および大西洋間比較の視点で、研究を行っている。その際、通常、問題となるのは西ヨーロッパ内部あるいは西側の福祉国家の相違であった。しかし、以下に述べる三つの側面は、ほとんど扱われてはいない。全体としてのヨーロッパの福祉国家、福祉国家の国境横断的な側面、そして国家的社会保障という狭い領域以外の福祉国家、つまり住宅政策、教育機会、保健システム、国家と賃金協約当事者の関係である。

概　　　念

　今日的な意味での福祉国家（Wohlfahrtsstaat, welfare state, état-providence）という表現は、新しい概念である。それは1960年代、70年代以降になってはじめて、中立的で学問的な表現として定着した。まだ1960年代後半には、福祉国家という表現は、百科事典[1]によれば、政府が「あまりにも安易に、利害団体や、職業集団、経済的な権力集団の要求に譲歩し、特権を与えてしまうこと（すなわち、補助金主義）」を批判するための、「論争的な意味」を持つものと記されていた。

　学問概念としての福祉国家は、一般的には、四つの目的を追求する国家干渉として理解される。第一に物質的・精神的な生活機会における最低水準の保障、特に最低限の収入、住宅・保健・教育・家族保護の最低限の保障。第二に福祉国家によるすべての市民の平等な取り扱い。第三に福祉国家的諸給付の権利。それらは裁判所に提訴しうるものであり、もはや国家による恣意的な慈善行為にとどまるものではなかった。そして最後に、福祉国家という概念によって、市場経済の除去ではなく、市場経済の否定的側面の補償が考えられた。

　福祉国家については、福祉国家の諸目的をめぐる紛争が公然と行われ決着が

付けられる民主主義政体においてのみ語られうるものなのか、あるいは、1989〜91年までの東ヨーロッパのコミュニズム諸国の社会保障に関しても、そう呼んでいいのかをめぐって、なお論争が行われている。

　福祉国家という国際的に用いられる概念と異なったものとして、社会国家という表現がある。これはドイツ特有の表現であり、他の言語に訳す際、非常に困難を伴う言葉である。この概念には、先述の生活機会の保障分野における物質的非物質的な国家給付だけでなく、法的な規制や保護といったことがより強く了解されている。社会国家に属するのは、とりわけ解雇からの保護や職場の保障、解雇や雇用の際の共同発言権などを含む労働法、会社における共同決定に関する法的諸規則、賃金協約の諸規則、居住権、特に賃借人のための解約保護と賃料値上げに関する諸規則、そしてごく一般的に、憲法の社会国家条項への国家行政の拘束である。

　ドイツ語のこの特殊な概念の背景には、ドイツにおける社会紛争の特別な歴史があった。ドイツでは、労働運動と改革派ブルジョアジーが、被雇用者層の法的保障を、他のヨーロッパ諸国におけるよりも強く求め、それによって不利な人々の法的保護にあたって、国家に特に重要な役割を期待した。もちろんこの特殊性を過大に評価してはならない。他のヨーロッパ諸国においても、福祉国家的な給付、および不利な人々への法的保障が重要な政治分野とされ、社会政策（social policy）とか社会立法（législation sociale）のような概念で呼ばれた。これらの諸国においては、ただより適切な表現を欠いているだけである。したがって社会国家という概念は、第二次大戦後、ドイツにおいて、きわめて大きな意味を持つようになった。なぜなら、連邦共和国の司法は特別に独立した存在であり、そのため法的規則が特に強く公的関心を引き付けたからである。

福祉国家の変遷

　ヨーロッパの福祉国家は、20世紀後半、一度ではなく、二度の大きな転換を経験した。まず最初に、現代的なヨーロッパの福祉国家が生まれた。これは戦前や戦間期の社会政策とは大きく異なっていた。それは未来への期待の高さと計画の高揚感と結びついていた。それは並外れて高い経済成長率を元にして

形成された。これに対して 1970 年代以降、福祉国家への批判が増えた。それは経済的困難性の増大によって、しかしまた未来への高揚感から懐疑感への精神的転換によっても、引き起こされた。だが、福祉国家は引き続き発展し、必ずしも後戻りさせられはしなかった。

現代福祉国家への道

戦後の時代

　戦後間もない時代は、福祉国家の発展にとって重要であった。というのは、一方では、戦争の結果による社会的負担によって、当時非常にまちまちであった社会国家の欠陥が露呈したからである。また他方では、西ヨーロッパの一部において、さらにコミュニズムの東ヨーロッパにおいても、社会国家が根本的に改革され、改造されたからである。

　当時ヨーロッパの社会国家は、まだ大きな欠陥を持っていた。社会保障支出は、今日の支出からすれば慎ましかった。しかも、国家的社会保険は、全住民をカバーするにはほど遠い状態であった。国家的社会保険は、労働者保険から発生したものと見なされていた。とりわけ当時、数多く存在していた商業・農業・運輸・手工業の自営業者は、ほとんど国の社会保険によっては保護されていなかった。

　国家による労災保険・疾病保険には、せいぜいのところ、西ヨーロッパの人々の半分ほどが加入しているにすぎなかった。スウェーデン、デンマーク、イギリスにおいてのみ、住民全員に対する疾病保険があった。また年金保険も、フランスでもドイツ西側地域やイタリアでも、人口のかなりの部分には欠如していた。ただイギリスやスカンディナヴィア諸国のみが、当時すでに、完全保険に近づいているにすぎなかった。さらに年金は、ほとんどのヨーロッパ諸国において、賃金の変化に適合しておらず、それに大きな遅れをとったままであった。そして年金は、往々にして、高齢者の独立した家計への財政的基礎としてではなく、高齢者が暮らす家庭への補助であった。年金生活者になるということは、ほとんどのヨーロッパ諸国において、確かに老齢による非常に過酷な貧困からは守るものであったが、同時に、生活水準の決定的な低下を意味して

いた。特に深刻であったのが、失業保険の不備であった。西ヨーロッパ諸国で、失業による収入喪失に対して就業者の一部分以上を保障しようとする国は、一つもなかった。全体として、福祉国家的給付による手当ては、わたしたちの今日の理解に比べ、様々な点で不完全なものであった。

　またかなりの数の国において公的社会保障は、なお自発的なもので国はただ保険を助成するにすぎなかった。引き続き職業金庫、自治体の貧民行政、財団、教会などによる国家以外の社会保障が、大きなウエイトを占めていた。純粋な国家的社会保険のもっとも有名な国際的モデルは、戦間期まだ最も他国に先駆けていたドイツの社会保険であった。それは相対的に高い社会保障支出、公的強制保険、国家行政から切り離された自主管理的な巨大な保険官僚制、被保険者と経営者からの掛け金と国による補助とが合わさった資金調達方法などの特徴を持っていた。

　加えて当時の社会国家は、第二次世界大戦に巻き込まれた国々において、特に強く必要とされたものであった。戦争の結果からくる甚大な健康被害、数多くの寡婦や戦争孤児のための年金と助成金、確かに世界経済恐慌時に比べると低かったが戦争に見舞われた多くの国できわめて高かった失業、避難民の大量流入、難民（displaced person）、爆撃で焼け出された人、疎開者、学校や病院、その他社会施設への戦争被害、むきだしの食糧難やホームレス、これらが社会国家的制度にしばしば過大な要求を投げつけた。1947年、ある家族社会学者は、障害を負った息子に対するベルリンの社会福祉事務所の援助に対して、「今まで本当に多くの事が約束された。だが何一つとして実行されていない」と嘆く母の言葉を書き留めている[2]。当時の社会国家に圧し掛かった負担の大きさは、国の予算に占める社会保障支出の高い割合から、はっきりと読み取ることができる。社会保障、住宅、保健、そしてしばしばまた教育においても、その支出割合が、フランス、イギリス、オランダ、ベルギー、ドイツ西側地域、オーストリアなどにおいて、戦後最初の数年ほど高かったことは、その後まれだった（Flora [1983] 第1巻、355 ページ以下）。

改革の開始としての戦後の時期

　戦争の結果生じた多大な負担にもかかわらず、戦後すぐの時期は、社会国家

第11章　福祉国家

の歴史にとって、幾つかの国で、同時にまた、重要な改革と画期的な方向転換の時代でもあった。最も重要な改革国は、当時最も豊かで経済的に著しく発展していたヨーロッパの国、イギリスであった。イギリスは、第二次大戦中ナチスの軍隊によって占領されることなく、ナチス体制に対して戦い抜き、勝利によってその国民意識は強化され、戦後を迎えた。それだけに、その影響力は際立っていた。第二次大戦後のヨーロッパの福祉国家の発展にとって、まさにこの国が改革国になったことが、重要な役割を果たした。

すでに第二次世界大戦中、イギリスは国会委員会において、自由主義政治家ウィリアム・ベバリッジの指導のもと、社会政策の新原理を発展させていた。その委員会は、社会国家の根本的改革のために、六つの新しい原則を打ち立てた。(1)国民の中の個別のグループのためではなく、すべての市民のための国家的社会保険。(2)ケースバイケースの決定に拠らない最低所得の保障。(3)すべての人に平等な保険料、および収入や健康リスクや年齢による保険料格差の撤廃。(4)社会環境や収入によるのではなく、すべての人に平等な社会国家給付。(5)16歳までの子供を持つ家族への児童手当て。(6)数多くの細かく専門化した保険に代え、巨大で中央集権的統一的な保険機構による保険システムの透明性の確立。社会保険のこうした原理は、ヨーロッパ中で、そしてアメリカや東アジアにおいても、社会改革をめぐる論議に影響を与えた。もちろんこの原理は、かならずしもあらゆる場で実現されたわけではない。だがそれは、改革の重要な指標となった。

イギリス・モデルの発信力は、この新しい原理からだけでなく、特に政府が戦後すぐにそれを抜本的改革の中で実行に移したことからも、もたらされた。1945年、家族手当法によって統一的児童手当が第二子から導入された。46年には、無料のイギリス保健サービスが構築された。同じく46年、国民保険法によって、統一的な疾病・年金保険システムが構築された。すでに44年、「教育法」によって、中等学校への入学機会が拡大されていた。他のヨーロッパ諸国の社会改革は、この改革を目指し、それと競った。

スウェーデンは、第二の福祉国家モデルの国であり、しばしば議論の対象となる。スウェーデンでもまた重要な諸改革は、第二次大戦の直後、1930年以降の長期にわたる準備期間の後に、実行された。46年、全般的なかつすべて

の人に平等な国民年金、同じく46年個人用住宅のための国家信用制度の導入、47年平等の保険料によるすべての人への一般的疾病保険の試験的導入、同じく47年一般的児童手当の導入、そして50年の総合学校（comprehensive school）の試験的導入（第13章参照）などである。

　あまり知られていないのは、フランスの抜本的な諸改革である。この改革もまた、イギリスと同じように、ただ一つの政党によってではなく、様々な連立政府によって担われた。フランスの福祉国家の改革は、ただ社会保険システムのみを対象とし、教育システムや住宅建設には手を付けなかった。だがそれでも、フランスにおける社会保障《sécurité sociale》の確立によって、社会保険は根本的に変更された。疾病・傷病・年金の保険のための統一的組織、被保険者の強い発言権、そして国ならびに特に使用者の共同出資が実現され、非国家的な、小規模の、しばしば公的に助成された社会保険、「共済組合」は、ずっと隅に追いやられた。社会保障《sécurité sociale》は、原理的にはすべてのフランス人にその資格があった。もっとも公務員や自営業者など多くの職業集団が、さしあたり独自の保険システムを保持し続けることが可能だったのだが。

　当初、この新しい社会保険システムの実際上の給付は、フランスにおいて限定的なものであった。第五共和国になって初めて、その給付は、はっきりと改善された。だが現代福祉国家への決定的な歩みは、フランスにおいては、社会保障《sécurité sociale》によって始まったのである。

　オランダやベルギー、アイルランド、フィンランドのような国々でも、戦後すぐの時代は、改革の時代であった。しかし、ドイツ連邦共和国（旧西ドイツ）や、スイス、オーストリア、イタリア、ノルウェー、デンマーク、スペイン、ポルトガルのような西ヨーロッパの諸国では、そうではなかった。

　西ヨーロッパの改革諸国とは全く異なる方向で国家的社会保障の改革が行われたのが、ソビエト連邦の支配領域であり、ヨーロッパの東部分であった。もちろん個々の国の間に、違いはあった。だが一般にこれらの国々では、社会保障は、ソビエト連邦の社会保障原理に沿って構築された。この改変は、特に中東欧ヨーロッパとドイツ民主共和国（DDR）において、戦前期から戦間期にすでに社会保険が往々にして存在していたので、深い断絶をもたらした。戦間期には、中東欧ヨーロッパの福祉国家は、西ヨーロッパの福祉国家に近いとこ

ろにあった。だが戦後、これらの国々は、別の発展を辿ることになった（Tomka [2003] [2004a] [2004b]）。

　ソビエト支配地域における国家的社会保険の改変は、1989～90年まで、東ヨーロッパと西ヨーロッパの社会国家を区別する8つの原則にのっとっていた。まず個々の職業集団と社会環境のための特別保険は廃止され、同一給付を支払う統一保険が実施された。その際、社会保障における国の役割は、西ヨーロッパよりも重要になった。もっともソビエト・モデルの導入によって、同時に、社会保障の新たな形の社会的不平等が持ち込まれた。農業、手工業、商業における自営業者、いわゆる知識人階級、そしてしばしば国家機構で指導的役割を担う人々もまた、労働者や職員らとは別に、保険に組み込まれた。彼らは、部分的により高い給付も受け取った。

　もうひとつの著しい不平等が、就業者と年金受給者との間に生まれた。老齢年金は、ほとんどの場合、きわめて低いものであった。さらにヨーロッパ東側地域における社会保障は、政府の経済・労働市場政策の一部を形成していた。西ヨーロッパでは、社会保障は市場経済を矯正するものとして位置づけられ、それゆえ通常、独自の論理を保持していたのに対して、ヨーロッパの東側においては、その時々の経済的圧力に完全に従属してしまっていた。年金生活者、障害者、主婦といった生産のためには価値がないと見なされた人たちには、多くが支払われることはなかった。しかも、社会保険と社会国家の給付は、特に、企業・事業体中心で進められた。企業・事業体が、保健サービスや幼稚園のような社会的機能を引き受け、労働組合、たとえばDDRでは自由ドイツ労働組合同盟（FDGB）が、労働者、ホワイトカラーのための社会保険の担い手として機能した。

　さらに、社会保障の本質的要素は、基本的供給（基礎的食料品、地域の近距離交通、住宅）の費用の集中的補助であった。加えて社会保険は失業保障を含んではいなかった。というのは、公的には労働の義務化によって、失業はもはや存在しないとされていたからである。さらに西ヨーロッパとは異なり、国家的社会保障について、その給付、問題点、不平等、コストなどに関して、公的な批判や議論がほとんど欠如していた。そこで制度と現実との関連、効率を大切にする思考や改革への効果的な圧力が欠けてしまった。結局のところ、ソビエ

ト・モデルは、西ヨーロッパの社会国家に比べてはるかに、自分ではほとんど独自の決定を下す必要がない受身の管理された市民を前提とするものになってしまった。

　もっともヨーロッパの東側部分の国家的社会保障が、完全に同じようになったわけではない。例を挙げれば、DDRでは依然として、保険料は、収入の高さに応じて段階的だった。東側ブロックの他の諸国とはやや違う方法を取るグループにおいては、社会保障の一般的システムは採用されなかった。ワイマール共和国の仕組みが、採用された。しかし、社会保障の原理は、ソビエト的な影響が及ぶ範囲ではどこでも非常に似ていた。

1970年代中ごろまでの現代的福祉国家の進展

　1950年代から70年代までは、西ヨーロッパの福祉国家の真の黄金時代であった。当時、それが高度に仕上げられ、最高の名声を博し、北アメリカ、ラテンアメリカ、また東アジアにおいても、モデルとみなされた。そして五つの変化が、西ヨーロッパのこの時代を特徴付けている。

　まず第一に、未来全体へのオプティミズム、計画の高揚感、ヨーロッパでの普遍的物質的進歩への信仰であり、それが福祉国家の未来に対する並外れて高い期待と結びついていた。福祉国家的な政策によって、市民はあらゆる生活リスクから完璧に保護され、不安のない生活が保障され、社会的不平等が除去され、これまで全く馴染みのない新しい質の生活が実現され、教育システムへの平等な接近チャンスが実現し、経済成長をめぐる階級闘争やゼロサム・ゲームを終わらせ、経済成長によって獲得される所得の増加が、これまでよりもいっそう平等に行き渡るようになると信じられた。こうした福祉国家に対するオプティミズムは、経済的な繁栄と密接に結びつき合っていた。

　第二に、ほぼすべてのヨーロッパ諸国で、福祉国家的な改革が実施された。戦後すぐの時代にパイオニアだった諸国、イギリスやスウェーデン、フランス、オランダ、ベルギーだけで改革がさらに進められ、完成されたわけではなかった。戦後すぐの時期に、改革に距離をとっていた他の西ヨーロッパ諸国、旧西ドイツ、イタリア、スペインなどの国のほとんどで、1950年代から60年代以降、根本的な改革の決定が行なわれ、被保険者層の一貫した拡大、男性だけで

第11章　福祉国家

なく女性に対しての保険給付の改善、いっそうのリスク・カバーが、そしてまた部分的には様々な被保険者グループの間にある境界線の緩和も、進められた。

　また基本的なプログラムの点では相違があったにもかかわらず、ほとんどの国々で改革は、戦後に発展した新しい福祉国家構想に類似した基本的諸原理を追求した。すなわち、所得と住居、保健サービス、教育のミニマムの保障。すべての住民の社会的安全。慈善的なものだけではなく、請求権としての社会的安全。少なくとも部分的に租税からの財源調達。単に老齢者を持つ家庭への補助金としてだけではなく、生活の基礎として構想された新しい概念としての老齢保障。

　福祉国家は、通常、国家介入による失業克服策というケインズ的オプティミズムと結びついていた。福祉国家は、西ヨーロッパでは、社会民主主義・保守主義・自由主義・共産主義の諸政党の、そしてまた労働組合と経営者間との間の、広範な政治的コンセンサスにも依拠していた。

　第三に、ヨーロッパの諸政府は、1950年代から70年代始めにかけて、福祉国家的支出を、歴史的に見て前例がないほど大幅に拡大していった。福祉国家支出が、それ以前もそれ以後も、けっしてこれほど急激に増加することはなかった。国民総生産高との関係で言えば、実質上の社会保障支出は、1960年から74年までの間、西ヨーロッパ平均では、OECDの算出で、毎年、ほぼ50％ずつ増加していた。50年から70年までのハンガリーのように、いくつかの特に増加した諸国において、その拡大幅は、二倍にもなった（表11-1参照；Romka［2004］133ページ）。社会保障支出は、この西ヨーロッパの経済ブームの時代に、並外れて高い経済成長率を記録した経済よりも、いっそう急速に拡大した。この劇的な増大の諸結果は、今日、もはや、正確には想像できないほどである。特に高い伸び率を記録したスカンディナヴィア諸国、フランス、オランダなどのヨーロッパ諸国において、社会保障支出は、1950年と75年の間に、名目上の数値では20倍から30倍に上昇した。またドイツ連邦共和国やイギリス、イタリア、ベルギー、スイスなど、社会保障支出が比較的わずかしか上昇しなかった西ヨーロッパ諸国ですらも、その上昇幅は、約10倍を記録した（Flora［1983］第1巻、345ページ以下）。改革によってだけではなく、むしろまたこの社会保障支出の劇的な増大によっても、1975年の社会国家は、50年

表 11-1　西ヨーロッパ諸国と中東欧ヨーロッパの OECD 諸国の社会保障支出、1960～2000 年

（国民総生産に占める平均的割合　単位：%）

国　　名	1960 年	1974 年	1989 年	1989 年 新算出	1998 年
ベルギー	11.5	18.0	23.2	16.3	16.0
デンマーク	7.4	12.0	18.3	17.8	18.2
ドイツ	12.0	14.6	15.7	15.7	18.9
フィンランド	5.1	7.6	14.4	13.5	18.4
フランス	13.5	15.5	21.1	16.7	18.4
ギリシャ	5.3	7.1	15.4	14.9	15.6
イギリス	6.8	9.2	11.2	11.7	13.7
アイルランド	5.5	11.4	14.2	14.2	9.8
イタリア	9.8	13.7	17.6	17.6	17.0
オランダ	—	20.7	24.7	24.7	13.0
ノルウェー	7.6	13.3	15.4	15.4	15.0
オーストリア	12.9	15.5	19.7	18.0	18.6
ポーランド		—		17.9	17.3
ポルトガル	3.0	9.5	10.7	10.4	11.7
スウェーデン	8.0	14.3	19.4	19.4	19.3
スイス	5.7	10.6	13.6	13.4	11.9
チェコ	—			12.9	12.5
ハンガリー	3.2	7.5	—	11.5	14.5
ヨーロッパ OECD 諸国平均	9.5	13.2	16.8	16.0	16.8
日本	3.8	6.2	10.9	10.9	14.6
アメリカ	5.1	9.6	10.6	10.6	12.6

出典：1960-74, 1974-89, Historical statistics; 1960-1995, OECD Paris 1997, 71 ページ；1989-2000: Historical statistics 1970-1999, OECD Paris 2000, 67 ページ. 社会保障支出は、1960 年、1974 年、1989 年には、OECD によって、企業の社会的給付を含む病気・年金・家族・社会扶助のためのすべての社会的給付と定義付けられた。1989 年に、企業の社会的給付はもはや含まれないことになった（OECD 1997, 79 ページ; OECD 2000, 74 ページ）。それゆえ 1989 年については、新旧双方の算出結果が、挙げられている。1989～98 年の 15 の EU 諸国とハンガリーについては、Tomka [2004], 133 ページを参照。

のそれと全く異なる性格を獲得した。それとは別に、この時期、教育支出もまた、非常に高い伸びを示した。

　第四に、経済成長の時代、いくつかの西ヨーロッパ諸国において、社会保障が住民すべてに行き渡るようになった。古典的な三つの保険部門、労災保険、年金保険、健康保険は、第二次世界大戦終了直後、全体としてみれば、人口の半数もカバーしていなかった。だが経済ブーム終了時、いわゆる 1975 年頃に

は、ほぼすべての人口をカバーするようになっていた。これによって、第二次大戦期中から培われてきたベバリッジ計画の最も重要な原理の一つが、実現された。

　第五に、この時代に、貧困状況もまた、大幅に改善された。普通に貧困を測る三つの指標（収入、教育、平均寿命）のすべてで、ヨーロッパの状態はプラスに転じた。所得の格差はヨーロッパで著しく緩和した。それはなんといっても低所得層の全所得に占める割合が、大幅に改善されたからである（第7章参照）。非識字は、この時代ヨーロッパ全土でほぼ完全に克服され、教育格差もまた小さくなった（第13章参照）。平均寿命も急速に上昇した（第4章参照）。もっとも平均寿命の改善が、特に福祉国家によってもたらされたのか、それとも食糧や衛生の改善、医療進歩によって達成されたのかについては、議論の余地のあるところである。だが福祉国家が重要な役割を果たしたことは確実である。

　第六に、この時代に、ヨーロッパでは、左派と保守派の諸政党の間で、社会政策に関する広いコンセンサスが生まれた。社会改革の立役者は、ほぼすべての重要な政治的陣営にまたがっていた。この時代に、社会福祉活動家、社会医療専門家、社会保険専門家、社会保障法律家、社会政策専門家、社会保障関係の公務員、社会心理学者、カウンセラーといった新しい環境も、生まれた。こうした環境は、福祉国家を通じて初めて共通の課題を見つけ、福祉国家で生計を立て、福祉国家のために活動した。彼らは、福祉国家によって財政的に援助された、老齢、傷病、失業のヨーロッパ人を弁護するものとして、自己を理解していた。こうした社会国家環境は、個々人の新しい人生設計に浸透した。それは、すでに小さい時期から全生活を包み込み、個々人は福祉国家の諸規則に順応した。それはまた、国に高度な期待をかけるという、安全性の新しい考え方を刺激した。

　このような現代的福祉国家の出現は、非常に多くの広範囲な根本的変化と関係していた。それは、とくに世界経済恐慌による市場への信用の失墜に裏打ちされていた。世界経済恐慌は1929年に発生し、現代経済史における最も巨大な経済恐慌であった。それは、経済だけでなく民主主義に、そしてヨーロッパの平和に破滅的結果をもたらした。このような根底的な危機を経験したあとで

は、ヨーロッパ人にとって、国家介入が、そのような危機に抗する重要な保障人として立ち現われた。さらにいくつかの重要なヨーロッパ諸国では、ナチス体制に対する戦いを率いた政府が、国民の負った深刻な犠牲に報いるため、戦後の根本的な社会改革と、よりいっそうの社会保障を約束していた。こうした期待が満たされなければならなかった。そして並々ならぬ繁栄、例をみないほどの成長が、1950年代から60年代に、国家収入に、社会保障支出拡大および社会国家に向けた根本的な改革のための、唯一無二ともいうべきチャンスを与えた。そして同時にこの時期は移行危機の時代でもあった。農業労働や小規模自営業の大規模な衰退にみられる移行危機、繊維産業・石炭業・鉄鋼業などの工業部門の危機が起きた。また瓦解する植民地帝国からのヨーロッパ人の大規模なヨーロッパへの逃避も起こった。このような一連の危機からも、社会政策の必然性が生じた。

1970年代以降の福祉国家の危機

　ヨーロッパにおける福祉国家の黄金時代は、約四半世紀続いた。だがそれは、1970年代後半に、ヨーロッパ福祉国家が今日まで本当の意味では克服できないでいる危機の中で、終わりを迎えた。当時、三つの違った危機が、一度にやって来た。そして、それらが相互にその作用を強めたため、困難は深刻だった。

　第一に、ヨーロッパの福祉国家は、非常に厳しい財政危機に陥った。様々な理由から福祉国家は、その財政的限界点に達した。社会保障支出は、例を見ないほど高く上昇し、それはもはや、長期にわたって維持しえないものとなっていた。1973年のオイルショック以降、経済成長のテンポがかなり遅くなり、それが税収の成長も抑制し、政府に財政の節約を迫った。社会国家への経済的な外部圧力も増えていった。東アジア、東南アジアの新興工業諸国は、費用のかかる公的社会保障をほんのわずかしか整えておらず、それゆえ、低コストで生産活動を行なっていた。また人口統計上の問題も、これに加わった。とりわけ年齢構成の変化、すなわち保険料や税金を支払う就業者層の占める割合の低下、そして年金受給者の割合の増加は、社会保障にますます負担をかけ、財政赤字に導いた。ついに、福祉国家の多くの目標も、あまりにも高く置かれすぎていることが歴然とした。退職年齢の引き下げ、給与上昇に対応する年金引き

上げ、高コストのかかる医療革新、解雇からの保護、危機的地域における失業の結果の緩和、それらは豊かなヨーロッパ諸国においても、しばしばその財政的限界を超えた。この福祉国家の財政的危機は、社会保障支出が、国家支出のますます大きな割合を占めるようになればなるほど、それだけいっそう厳しく抜き差しならないものになった。1960年に、西ヨーロッパ平均において、国の社会保障支出は、国民総生産高のわずか10％以下であった。だが89年には、17％台にまで達していた（表11-1参照）。福祉国家の財政危機は、急速に国全体の財政危機に直結するようになった。福祉国家の意味については全く何の疑念も呈さないヨーロッパの政府ですら、その財政面に注意を向けざるをえなくなった。

　第二に、ヨーロッパ福祉国家は、給付の危機に陥った。華々しくなされた拡張にもかかわらず、その給付は、多くの点で不十分であり、不完全だった。肉体的衰弱と介護段階に入った第四期の両親の扶養は、年金の増額とたくさんの老人ホームの建設にもかかわらず、依然として多くの家族にとって大きな負担であった。福祉国家は、ただ限定的に補助を提供したにすぎなかった。福祉国家的な都市計画と住宅建設政策は、確かに、住宅の質をより高めた。だが新たに計画された都市地区での実際上の生活は、サービス提供という面において不十分なことが多々あり、郊外では世話も行き届かなかった。サービスや個人的安全の確保などが保障されない新たなゲットーも生み出された。大学は、教育予算の増額にもかかわらず、ほとんどのヨーロッパ諸国で、どうしようもないほど過密な状態だった。教育の質もひどく脅かされていた。大卒者の労働市場も、同時に悪化していった。

　だが、特に問題なのは、福祉国家にもかかわらず、新たな貧困が生まれたことであった。福祉国家は、確かに、工業労働者の貧困を緩和していくことには成功した。だが貧困の新しい形態、すなわち母子家庭や父子家庭、婚姻を解消した人、失業者、移民などの貧困を防ぐことができなかった。所得配分は、1980年代以降、再度不平等が拡大し、国民所得に占める低所得者層の所得の割合は、低下していった（第7章参照）。教育の質も、特に貧しい人に対して悪化した。ヨーロッパの東側部分においては、男性の平均寿命が低下し、女性の平均寿命も停滞した。それは、新たな貧困のショッキングな指標であった。そ

して職業では新たな経歴が生まれた。これに対して福祉国家自身はあまり準備していなかった。19世紀後半から20世紀はじめに成立し、社会国家が依拠していた古典的で規則的な生涯全体にわたる就職というものが、もはや普通ではなくなった。生涯の仕事の経歴がより異質なものになった。それは部分的には、1980年代に大規模に増加した失業によって、また部分的には、急激な仕事の変化と再教育への圧力によって、また部分的には離婚や母子・父子家庭の貧窮による家族生活の中断によって、そして部分的には、移民の増加によって、引き起こされたものであった。このような経歴の人々にとって、（もっともその規模については、社会科学者の間で、評価が異なっているが）、国によるセーフティーネットには、恐るべき欠陥が存在していた。

　最後に、もっとも目立ったのが、福祉国家の政治的危機であった。1970年代以降、福祉国家は世論の批判にさらされた。決定的だったのは、このような批判が、すべての主要な政治的陣営からなされたことである。もっともこの批判は、ただ福祉国家のみに関連したものではなかった。それは、1950年代と60年代の進歩信仰が見直され、あるいは否定さえされる一般的傾向とも結びついていた。福祉国家もそのシンボルのひとつとなっていた進歩への信仰は、多くのヨーロッパ人の目に、成長の環境による限界、現代の工業・農業生産物の健康への危険性、新たに計画された都市の不毛性によって弱められた。

　特に、三つの核となる議論が、世論を福祉国家批判の時代へと動かした。

　批判は、第一に、新自由主義の方面からなされた。彼らの代表者は、福祉国家が、企業の投資、イノベーション活動を非常に高価なものとし、また完璧な社会保障および給与・労働の厳格な法的規制は、被雇用者の流動性を抑制し労働そのものを魅力のないものとするとして批判した。したがって、福祉国家が経済に非常に深刻な損害を与え、失業の増加をもたらすというのである。福祉国家は、世界的市場に強く依拠しているヨーロッパ経済のグローバルな競争能力を脅かすものとされた。一連の福祉国家的な諸規則を緩和することが、要求された。家族、私的な備え、そして市場が、社会保障、健康扶助、教育、住宅供給の諸課題を再びもっと多く引き受けなければならないとされた。

　第二の批判は、福祉国家の効率性に対して向けられた。それは特に福祉国家を構築し、政治的に保障してきた企業家団体、労働組合、国家の官僚組織から

なる権力カルテルに向けられた。しばしばネオ・コーポラティズムと呼ばれるこの政治的結束は、危険とみなされた。なぜならそれは、組織化の進んでいない当事者や、新しい社会運動、さらには専門家に対してさえ往々にして、影響力発揮のわずかな可能性しか与えず、福祉国家を、三つの重要な政治的グループの利害に従属させてしまうことになったからである。

　批判によれば、このような権力カルテルは、いったん締結された妥協を動かないものとし、新しい貧困、教育の弱点、住宅供給の不十分さ、そして人生の新しい歩み方を、正確に受け止めようとしない傾向があった。いまや福祉国家に対して、より広い政治的開放性とさらなる改革能力が要求された。

　第三に、官僚主義に対する批判が提起された。批判の矢は、高度に中央集権化された、非常に官僚主義的な福祉国家システム、巨大な社会保険機構、大きな住宅建設会社、大病院、大衆化した大学に向けられた。福祉国家には、その動きが非常に遅く、非効率的であり、高価なものであるという批判だけでなく、市民を大規模に操作し、市民の生命を頭越しに計画しているという批判が投げつけられた。このような批判は、自助的組織や、小さくて見通しのきくネットワークによる社会保障、教育、住宅の非官僚主義的な形態を要求し、またそうしたものを発展させた。

　これらの批判は、効果を現した。それは、現代福祉国家の生成以前の時代への逆行に導くものではなかった。しかし、それは三つの点で、深部にまで及ぶ結果をもたらした。

　第一に、数十年にわたって続けられてきた福祉国家拡大に向けた諸改革に、ブレーキがかけられた。社会保障・教育・住宅の各分野において、1970年代後半から80年代には、福祉国家は、改革によって拡大されることは、ほとんどなかった。改革が実行されたとしても、それはむしろコストの切り詰めや、同一コストでより大きな給付をもたらすことを目指した。

　さらに、1970年代初めにいたるまで福祉国家的改革を担ってきた政党横断的な広範な政治的コンセンサスも崩れた。すべての政治陣営において、かつての福祉国家的楽観主義は、福祉国家への激しい批判の中で方向転換した。だがまた、多くのヨーロッパ諸国において、福祉国家に対する古典的な支持者と新たな反対者との間で、厳しい政治的紛争が起きた。いくつかの政府はサッチャ

一政権に見られるように福祉国家のきわめて厳しい反対者になった。だが、その他の政府は、根本的な転換を企てようとはしなかった。したがって、この時期に、福祉国家の黄金時代にはまったく馴染みのなかった新たな対立がヨーロッパ内で生まれた。

最後に、福祉国家は世論の中でも重要性を失った。右派的知識人だけでなく左派的知識人のなかでも、もはやそれは緊急のテーマではなくなった。環境、健康への脅威、女性や少数者への新たな不平等、教育の質、ナショナル・アイデンティティー、国際関係、グローバリゼーションが、福祉国家をめぐる議論を押しのけた。それは、税法や農業補助金のように、むしろ素人に理解しがたい、技術的で味気ないテーマとなり、まだそれに携わるのは、ほとんど専門家だけという状態になった。全体として、ヨーロッパ的な社会モデルのグローバルな影響力が減退した。福祉国家が21世紀初め、ふたたび世論で議論されるとき、かつてとは別のテーマが論じられた。問題の中心は、もはや社会的平等や、普遍的社会保障、少数者に対する開放ではなかった。雇用創出や教育改善、困窮との戦いや、コスト引き下げが中心的な議題となった。

もっとも、批判にも明らかに限界があった。驚くべきことであるが、福祉国家は、決して大規模には解体されなかった。国民総生産に占める国家の社会保障支出の割合は、西ヨーロッパの平均で言えば、決して下がりはしなかった。それは、OECDの算出によれば、1973年のオイルショック以降の経済的に困難な時代においてすら、停滞することなく上昇していった。それは74年に13％であったが、98年までに17％に上昇した。その点で西ヨーロッパは、アメリカや日本と違わなかった。アメリカや日本でも、西ヨーロッパよりも低い水準だったが、この時期に国家の社会保障支出がはっきりと上昇した（表11-1参照）。

確かに西ヨーロッパの国家社会保障支出は、必ずしも常に増加していったわけではない。1970年代後半のインフレショックの時代、80年代後半の新自由主義的潮流の時代、そして90年代後半のユーロ導入に向けた国家財政の規律化の時代、西ヨーロッパの社会保障支出は、対国民総生産比で停滞するか、軽い落ち込みを記録した。しかし、それらの間の時期には常に、国の社会保障支出の伸びは比較的大きかった。また個々のヨーロッパ諸国間の相違もかなりの

ものであった。社会保障支出に対して急激な介入が行われた国は、驚くべきことに、福祉国家に対して最も厳しく批判を投げかけた国、サッチャー政権のイギリスやルベルス政権のオランダではなく、むしろ1970年代のアイスランド、ルクセンブルク、アイルランド、90年代のオランダであった（OECD [2000] 67ページ、150ページ以下）。全体的に見れば、社会保障支出は、あらゆる公的陣営からのきわめて激しい公的な批判にもかかわらず、引き続き一貫して上昇した。社会保障の圧力は、政府の政治的決定の意志よりも強力だったからである。もちろん次のことを見誤ってはならない。当事者への給付は、必ずしも改善されたわけではなかった。1970年以降、社会保障支出が増加したのは、むしろその反対に、失業の増加、医療費の高騰、貧困の増加、人口の高齢化、年金生活者の増加の表れであったということである。

ヨーロッパにおける相違、収斂、特殊性

1945年以降の時代は、福祉国家にとってヨーロッパ内の一体化だけが進む収斂の時代というわけではなく、むしろ相違が拡大した時代であった。

相　　違

戦後すぐの時代、また1950年代、60年代も、福祉国家は様々に違った特徴を持っていた。

ヨーロッパの社会国家間において、すでに戦前・戦間期に進展していた相違が、第二次大戦以降、引き続き維持されたことも、けっしてめずらしくはなかった。それは、社会国家の機関や財政上の相違から、民間と公的社会保障間の関係の相違、さらに社会国家の諸給付の相違、国によってカバーされる被雇用者の割合の相違、エリートおよび世論の国家社会保障についての考え方の相違など、様々な分野に及ぶものであった。この相違のある部分は、比較的豊かなヨーロッパの中心部と、貧しい周縁部との相違にも基づくものであった。ポルトガルやギリシャのような比較的貧しい国は、比較的最近になっても西ヨーロッパで平均的な比較的高い社会保障支出割合にまで達していない。そのような相違は、1990年代になっても、中東欧・東欧の社会国家と比較してみれば、

その持つ意味は、決して減ってはいない。これらの国は、一人当たりの社会保障支出において、西ヨーロッパ平均をはるかに下回っているのである。社会国家の大改造や体制転換の危機の間に、このような相違は、一時的に強まりさえしていた。

西ヨーロッパにおいても、戦後、新たな相違が生じた。それはたんに第二次大戦の結果にあったのではなかった。むしろ先述のように、西ヨーロッパの一部においては、社会国家が改革されたのに、他の多くの国々では、戦後、国の社会保障にほとんど変更がなされなかったためである。改革が行われなかった理由は、国ごとに非常に異なっていた。ドイツやオーストリアのような国々は、長期にわたって行われてきた国の社会保障の伝統を重視し、それゆえ、――しばしば国内の改革潮流に反して――、改革を必要と見なさなかった。スイスはヨーロッパと比較して、その強い自由主義的伝統に基づき、長期にわたって、国による包括的な社会保障に逆らった。それに対して、イタリアやスペイン、ポルトガルのような国々は、当時、包括的な国による社会保障を運営するほど、余力のある状態ではなかった。だがこれらの相違は、1950年代、60年代、大幅に減少した。

冷戦もまた、社会保障に新たな相違をもたらした。ヨーロッパの西側部分では、社会国家を基本的には市場経済を補正するものとして理解し、それを強力に拡大し、能動的な市民を信頼するというモデルが支配的であった。これに対してヨーロッパの東側部分においては、すでにふれられたように、社会国家を計画経済の要求に従わせ、むしろ受動的で管理された市民に基づき構築するというソビエト的モデルが浸透した。この間に、この相違は、歴史に属するものとなった。

新たなヨーロッパ内の対立が、1970年代以降も、ヨーロッパの政府の中の福祉国家擁護者とその反対者との間に発生した。これも、21世紀の始めにおいては、もはや1980年代・90年代ほど、鋭くない。

ヨーロッパの三つの福祉国家のタイプが社会学者エスピン-アンデルセンによって区別されている。一つは、自由主義的アングロサクソン・タイプ。ここでは市場が優先権をもち、福祉国家はただ最低限の保障だけを提供し、国はただ助成措置のみを講じることが一般的で、受給者は、困窮度調査によって、烙

印をおされることもまれではない。二つ目は、団体主義的大陸ヨーロッパ・タイプ。これはすべての市民に社会保障を提供する。しかししばしば保険料に基づき、社会環境ごとに分けられ、さらに、専業主婦と母親という伝統的な家族像を志向するものとなっている。三つ目は、社会主義的なスカンディナヴィア・タイプ。これはすべての市民を平等に扱い、母親の就業と家族を保護し、労働の商品的性格をなくそうとしている（Esping-Anderson [1990]）。

もっとも、ただこのような三つのタイプのみに集約してしまうことについては、当然批判がある。これでは、全大陸ヨーロッパの西側が、唯一つのタイプへと押し込まれてしまい、三つのタイプ間の実際の相違も消されてしまうからである。さらにヨーロッパの他の多くの地域も無視されている。そこで補足として、もう二つのヨーロッパ的社会国家のタイプが、提案されている。その一つは南ヨーロッパ・タイプであり、経済的な理由からわずかな社会的給付しか提供できないが、福祉国家の大陸ヨーロッパ・タイプを志向している。もう一つは、すでに扱った、社会保障のソビエト・モデルを範とする東ヨーロッパ・タイプである。

収　斂

1960年代以降、ヨーロッパの福祉国家は、多くの点において類似性を強めた。社会保障支出において、もともとは大きかった相違は、西ヨーロッパ諸国内においては著しく縮小した。それを示す変動係数は、74年の41％から、80年の37％に、そして95年にはさらに17％へと低下した。国の社会保障によってカバーされる人口割合も、同様に収斂した。それを示す変動係数もまた明らかに縮小した。重要な国家社会保障、すなわち健康保険と年金保険でも、変動係数は50年のそれぞれ44％、30％から、90年にはいずれも5％へと低下した（Kaelble [2004] 38ページ以下；Tomka [2004b] 135ページ）。さらに国の社会保障の財源調達の原則も似通ってきた。任意保険は、背景に退き、強制保険が、よりいっそう浸透した。国による財政関与が、たとえ被保険者と雇用者とが保険料によって依然として保険の財政面に大きな貢献をしているとしても、いっそう重要なものとなった。国による社会保障給付は、請求権となった。自らの家計の内で生活できるようにする新しい老齢保障の構想は、ヨーロッパの過半数

の国で貫徹された。また教育機会、住宅の質も、様々なヨーロッパ諸国において接近した（第4章および第13章参照）。

　ヨーロッパ各国の社会国家が接近したことには、さまざまな理由がある。1950年以降のヨーロッパの全面的な工業化と第三次産業化の進展は、ヨーロッパのいたるところで、工業労働やサービス労働の社会保障に関し、基本的で類似した需要を生じさせた。フィンランドやアイルランド、ポルトガルのようなヨーロッパの周縁部の国々においても、福祉国家を財政的に推進するチャンスを手に入れた。またヨーロッパにおける民主主義の進展、その定着は、国境横断的な議論・伝達の可能性を広めた。民主主義国家間においては、権威主義政体や独裁政体においてよりも、社会国家構想の集中的な交流がはるかに容易にできた。さらに各国の自己理解も変化した。それぞれの国にとって他国は、馴染みがなく劣った、または自国が近寄ってはいけない別の国としてではなく、むしろそこから学びうる隣国とみなされた。西ヨーロッパの民主主義国は、社会政策の構想のコミュニケーション空間になった。

ヨーロッパの特殊性

　この時代、社会国家のヨーロッパ的特殊性もまた、きわめて明確になり、公然と議論された。ヨーロッパ的社会モデルは、20世紀後半、ヨーロッパ外の工業国や中進国とは異なる、総じて5つの特色を持つことになった。

　第一に、ヨーロッパの社会国家は、すでに近代初期に始まっていた非常に長期的な、ヨーロッパに共通した、いわゆる市民の社会保障に関する公的介入の伝統に基づいていた。この格別に長い歴史的発展は、二つの他の巨大な近代社会、アメリカや日本よりも、かなり強い経路依存性をもたらした。アメリカや日本では、決定的な社会改革が、ようやく1930年代と40年代になって、世界経済恐慌や第二次世界大戦との密接な関連の中で導入された。もちろんこの長期的ヨーロッパ的伝統に属するのは、単に上からの公的介入だけではない。そこには、当事者の参加、社会保障の市民的側面、そして別の選択肢としての非国家的モデルの不断の議論といった要素もあった。ヨーロッパ・モデルを、もっぱら公的介入としてのみ見るとすれば、単純化しすぎているといわなければならない。ただしその経路依存性を、過大に評価すべきではない。ヨーロッパ

第 11 章　福祉国家

福祉国家へのただひとつの決定的な過程は存在しなかった。

　第二に、福祉国家は、ほとんどのヨーロッパ諸国で、20 世紀後半に、ヨーロッパ外の工業諸国よりも、よりいっそう拡大された。個々人の四つの大きな危険、老齢による困窮、病気、労災、失業、これらすべてに対する国家的社会保険が、個々の社会国家の間で諸規則が非常に多様であったとしても、ヨーロッパ的スタンダードになった。それに反し、アメリカでは、今日にいたるまで包括的な国による疾病保険が欠如している。

　さらに国家の社会保障支出は、20 世紀の後半、ヨーロッパの至るところで、他の地域よりも高くなった。それは 1990 年頃、西ヨーロッパと中部ヨーロッパの諸国の平均で、国民総生産の約 16％に達していた。対してアメリカと日本では、それぞれ明らかに 11％を下回っていた。ただイギリスのみが、90 年当時アメリカと日本と同じ水準であった。もっとも、このヨーロッパの特殊性は、90 年代になるとあまり明確でなくなる。というのは、アメリカと日本の社会保障支出が、目に見えて増加する一方、ヨーロッパの社会保障支出は、平均すると、ほとんど増えなかったからである（表 11-1 参照）。

　豊かではないアジア、ラテンアメリカ諸国との差は、さらにいっそう大きくなった。メキシコの国家の社会保障支出は、20 世紀の終わりに、国民総生産の 1％、韓国では 3％の水準に留まっていた[3]。このヨーロッパにおける福祉国家の特に強力な構築には、ヨーロッパ諸国の憲法や司法における社会的基本権の受容も欠かせなかった。

　第三に、ヨーロッパの福祉国家は、20 世紀においても、特別なグローバルな発信力を持っていた。もし国家的な社会保険に関し、世界的広がりを持ったモデルがあったとすれば、それはヨーロッパのモデルであり、決してヨーロッパ外のモデルではなかった。第一次大戦以前ではどちらかといえばドイツ、第二次世界大戦後ではイギリスとスウェーデンがそうであった。このグローバルな発信力はもちろん弱まった。その発信力の最高点は、戦間期そして 1950 年代と 60 年代にあった。当時ヨーロッパ・モデルが、とりわけ東アジア、北アメリカ、ラテンアメリカで強い影響力を持った。

　第四に、世界大戦期に敗北と占領によって、また戦争犯罪とジェノサイドによって深刻な道徳的危機に陥ったヨーロッパ国民国家が、現代的福祉国家によ

って新たな正当性を獲得した。国民的な福祉国家によって仲介され、確保された新たな国民的連帯は、なぜヨーロッパの諸国民国家が深刻な危機を乗り切ることができたかの、決定的な要因であった。福祉国家の給付に対する新たな市民権が、特に社会保険のための連帯保険料の納付という形での新たな市民的義務と同じように生まれた。就業者と老齢者、健康者と疾病者、勤労者と失業者の間の国民的連帯は、こうして承認された。福祉国家は、20世紀後半に、当初、信用を失墜していたヨーロッパの諸国民国家を、半世紀前にはとても想像できなかったやり方で安定させた。同時にまた、それによってヨーロッパ人の国民国家とのきずなも変化した。それは、もはや国のための死によって飾り立てられた、外なる敵との関係での国民的な忠誠心の中にではなく、物質的な、ほとんどが福祉国家的な権利と義務による国家との結びつきの中に存するようになった。

　ヨーロッパ福祉国家の第五の特殊性は、特に強く発展したトランスナショナルな側面である。しかも、これはしばしば見落とされている。もしこの次元がなかったならば、なぜ国際的な議論がヨーロッパ・モデルと取り組み、スウェーデン、オランダ、イギリスのモデルではなかったのかが、理解できない。このヨーロッパ福祉国家の国境横断的な側面は、様々な要素を含んでいる。

　それはまず、公的社会保障の構想や政策に関する専門家、政治家、行政関係者、知識人、市民社会的組織などの間の緊密な国境横断的な交流から、成り立っていた。こうしたヨーロッパ的な相互交流は、すでに近代初期に、貧民政策の構想をめぐるヨーロッパの集中的な議論の中で、生まれた。それは、19世紀後半には、国際会議、統計等の専門家の国際的な会合、社会報告の中で継続された。もっともこのヨーロッパの相互交流は、20世紀前半、ヨーロッパ国民国家間の激しい対抗の渦潮に巻き込まれ、そのため福祉国家構想の国際的影響力は低下し、また信用が落ちた。両大戦の精神的結果が徐々に薄まることによって初めて、それが再び変化した。

　さらにヨーロッパ諸政府の国際的な社会政策も、このヨーロッパ福祉国家の国境横断的な側面に属する。それは、20世紀初頭以降、双務協定や、多国間の機関、協定、憲章などに反映していた。そのような国際的な社会政策は、特にヨーロッパの周縁部から工業化された裕福でダイナミックなヨーロッパ中心

第 11 章　福祉国家

部への労働移民の増加によって推進された。この労働移民は、外に向かって閉ざされ、ただ自国の国民にのみに留保された国民的な社会国家を開放することを求めた。労働移民は第一次大戦以前には、とりわけ双務協定によって、第一次大戦後は、多国間にまたがる機関、特にジュネーブの国際労働事務局によって、第二次大戦後は、ヨーロッパ評議会とその 1961 年の社会憲章によって、規制された。

　最後になんといっても、20 世紀後半には、決定的な要素、ヨーロッパ連合の超国民的な公的社会保障が加わった。これは、ヨーロッパ以外においては、これまで誕生していない要素である。もっともそれは徐々にしか進展しなかった。それは 90 年代になってはじめて、重要性を勝ち取り、ヨーロッパの域内市場の貫徹のための補助的手段の役割を脱するようになった。EU は、特に次の三つのことを発展させた。

　EU は、一貫して、他の加盟諸国で勉強し働き生活する国際的に活動するヨーロッパ人の社会的保障を推進する政策を推し進めてきた。EU は、それぞれの国の社会国家へのアクセスを他のＥＵ加盟国の市民にも自国民と同じように認めることを求めた。その最良の例として、EU 域内の移動が、まさに国民国家内の移動と全く同じように社会的に保護されるべきものとしたことがあげられる。ただし、現実はまだそこからは遥かに遠い。

　EU はさらに、国民的な福祉国家が社会国家の不備を放置しているところではどこでも、その国民的な社会政策の不備を、国境の枠を超えて超国民国家的に補完する政策を押し進めた。この政策は、とりわけ社会政策的な指針に基づいていた。だがまた、この政策は、ヨーロッパ条約の社会的基本権にも基づいていた。ＥＵ内すべてにおける移動・職業活動・教育の権利、男性と女性の権利の平等、あらゆる種類の差別禁止などの基本権にである。集団的な組織や交渉の権利、人間らしい労働の権利、所得・住居・健康・教育・文化上の最低水準の保障の権利、家族保護の権利もまた、それに属していた。だがまたこの補完的社会政策は、焦眉の社会政策的問題に注意を喚起する専門家の報告書、公的機関などの報告書・白書、会議からもまた、作りあげられた。この政策が、常に補完的役割にとどまっているのか、あるいは国民的な社会国家に著しい干渉を行っていないかどうかについては、評価が分かれるところである。だがい

ずれにせよ、今日にいたるまで、巨大なEU社会官僚機構は生まれていない。

最後に、ヨーロッパ域内市場の結束を困難ならしめ、加盟諸国間の衝突をもたらす可能性のあるヨーロッパ社会システム間の巨大な相違を調整することもまた、ヨーロッパ的社会政策に属している。調整においては、ただ公的な社会保障のシステムだけでなく、給与体系、労働者保護、労働法、保健制度、住居、教育も、重要な問題であった。

この政策は、部分的には、強くなった権限の枠内でのヨーロッパ委員会の指令によって、また定期的な報告、「調整の開放的な方法」、専門家委員会や会議によって遂行された。それは、ヨーロッパにおける新しい共通の問題のための、そしてまた国民的な公的社会保障の間の危険な不一致に対する一種の警報システムでもあった。

全体としては、EUの超国民国家的な社会政策は、特に次の二つの基本目標を中心に展開した。一つはヨーロッパ域内市場における社会保障とその費用の緩和という古典的な目標であり、もう一つは市民とEUの社会的きずなを、より強固にしようとする最近の目標である。

注

1) Bertelsmann Lexikon [1966], 新版7巻本、第7巻、Gütersloh、1171 ページ.
2) H. Thurnwald [1948], Gegenwartsproblme Berliner Familien. Eine soziologische Untersuchung an 498 Familien, Berlin, 235 ページ.
3) OECD [2000], Historical Statistics 1970-1999, Paris. 67 ページ.

文　　献

J. Alber [1982], Vom Armenhaus zum Wohlfahrtsstaat. Analysen zur Entwicklung der Sozialversicherung in Westeuropa, Frankfurt a. M.

P. Baldwin [1994], The Politics of social solidarity. Class bases of the European welfare state, Cambridge.

J. Beckert/J. Eckert/M. Kohli/W. Streeck Hg. [2004], Transnationale Solidarität. Chancen und Grenzen, Frankfurt a. M.

C. Conrad [1988], Die Entstehung des modernen Ruhestands. Deutschland im internationalen Vergleich 1850-1960, in: Geschichte und Gesellschaft 14, S. 417-447.

C. Conrad [1992], Old age in the modern and post-modern world, in: T. Cole et al. eds., Handbook of Humanities and Aging, New York.

第11章 福祉国家 337

B. Deacon [1993], Developments in East Europe social policy, in: C. Jones ed., New perspectives of the welfare state in Europe, London/New York, pp. 177-197.
D. Döhring [2005], Sozialstaat, Frankfurt a. M.
J. Elster/C. Offe/U. K. Preuss [1998], Institutional Design in Post-communist Societies. Rebuilding the Ship at Sea, Cambridge.
G. Esping-Anderson [1990], The Three Worlds of Welfare Capitalism, Princeton 1990 (エスピン-アンデルセン [2001]『福祉資本主義の三つの世界――比較福祉国家の理論と動態』岡沢憲芙・宮本太郎監訳、ミネルヴァ書房).
P. Flora [1983, 1985], State, Economy and Society 1815-1975, 2Bde., Frankfurt a. M. (フローラ [1985、1987]『ヨーロッパ歴史統計国家・経済・社会―― 1815-1975』竹岡敬温監訳、原書房).
P. Flora ed. [1986 ff.], Growth to limits. The Western European welfare states since World War II, 5vols., Berlin.
T. A. Glootz [2006], Alterssicherung im europäischen Wohlfahrtsstaat. Etappen ihrer Entwicklung im 20. Jahrhundert, Frankfurt a. M.
U. Götting [1998], Transformation der Wohlfahrtsstaaten in Mittel-und Osteuropa. Eine Zwischenbilanz, Opladen.
R. Hauser [1997], Soziale Sicherung in westeuropäischen Staaten, in: S. Hradil/S. Immerfall Hg., Die westeuropäischen Gesellschaften im Vergleich, Opladen, S. 521-545.
E. P. Hennock [2001], History of the welfare state, in: N. J. Smelser/Paul B. Baltes eds., Encyclopedia of Social and Behavioral Sciences, Amsterdam, vol. 8, pp. 16439-16445.
M. Herren [1993], Internationale Sozialpolitik vor dem Ersten Weltkrieg. Die Anfänge europäischer Kooperation aus der Sicht Frankreichs, Berlin.
H. G. Hockerts Hg. [1998], Drei Wege deutscher Sozialpolitik: NS-Diktatur, Bundesrepublik und DDR im Vergleich, München.
H. Kaelble [2004], Das europäische Sozialmodell-eine historische Perspektive, in: H. Kaelble/G. Schmid Hg., Das europäische Sozialmodell. Auf dem Weg zum transnationalen Sozialstaat, Berlin (WZB Jahrbuch 2004), S. 31-50.
H. Kaelble/Günter Schmid Hg. [2004], Das europäische Sozialmodell. Auf dem Weg zum transnationalen Sozialstaat, Berlin (WZB Jahrbuch 2004).
F. Kaufmann Hg. [1996], Sozialpolitik im französisch-deutschen Vergleich, Wiesbaden.
P. Kosonen [1995], European welfare state models: converging trends, in: International Journal of Sociology 4 (1955), S. 81-110.
S. Leibfried/L. Leisering [1995], Zeit der Armut, Frankfurt a. M.
St. Lessenich Hg. [2004] ,Wohlfahrtsstaatliche Grundbegriffe. Historische und aktuelle Diskurse, Frankfurt a. M.
L. Magnusson/B. Strat ed. [2004], A European social citizenship? Preconditions for future policies from a historical perspective, Brüssel.

B. von Maydell/A. Nussberger [2000], Transformation von Systemen sozialer Sicherheit in Mittel-und Osteuropa. Bestandsaufnahme und kritische Analyse aus dem Blickwinkel der Rechtswissenschaft, Berlin.

U. Mayer Hg. [2001], Die Beste aller Welten? Marktliberalismus versus Wohlfahrtsstaat. Eine Kontroverse zwischen J. Alber, J. Beckert, J. Berger, L. Leisering, W. Streeck, Frankfurt a. M.

K. Nielsen [1996], Eastern European Welfare Systems in Comparative Perspective, in: B. Greve ed.: Comparative Welfare Systems. The Scandinavian Model in a Period of Change, London/New York, pp. 185-213.

OECD [2000], Historical statistics 1970-1999, Paris.

K. Offe [1998], Demokratie und Wohlfahrtsstaat. Eine europäische Regimeform unter dem Stress der europäischen Integration, in: W. Streeck Hg. [1998], Internationale Wirtschaft, nationale Demokratietheorie. Herausforderung für die Demokratie, Frankfurt a. M., S. 99-136.

P. Pierson [1994], Dismantling the welfare state? Reagan, Thatcher and the politics of retrenchment, Cambridge.

L. Raphael [1996], Die Verwissenschaftlichung des Sozialen als methodische und konzeptionelle Herausforderung für eine Sozialgeschichte des 20. Jahrhunderts, in: Geschichte und Gesellschaft 22, S. 165-193.

E. Rieger/S. Leibfried [2003], Limits to globalization. Welfare states and the world economy, Cambridge.

G. A. Ritter [1991], Der Sozialstaat. Entstehung und Entwicklung im internationalen Vergleich, München.

G. A. Ritter [2006] Der Preis der deutschen Einheit. Die Wiedervereinigung und die Krise des Sozialstaats, München.

G. Schmid [2002], Transitional Labour Markets and the European Social Model: Towards a New Employment Pact, in: G. Schmid/B. Gazier eds., The Dynamics of Full Employment. Social Integration Through Transitional Labour Markets, Cheltenham/Northampton, MA, S. 393-435.

J. Schmid [1996], Wohlfahrtsstaaten im Vergleich, Opladen.

M. G. Schmidt [2004], Sozialpolitik der DDR, Wiesbaden.

B. Schulte [1993], Die Entwicklung der europäischen Sozialpolitik, in: H. Kaelble/H. A.Winkler Hg.: Nationalismus-Nationalitäten-Supranationalität, Stuttgart, S. 261-287.

B. Schulte [1997], Vergleichende Wohlfahrtsstaatsforschung in Europa, in: Zeitschrift für Sozialreform 43, S. 729-748.

B. Schulte [2001], Soziale Grundrechte in der Europäischen Union, in: C. Conrad/J. Kocka, Staatsbürgerschaft in Europa, Hamburg, S. 163-189.

F. Schultheis [1999], Familie und Politik. Formen wohlfahrtsstaatlicher Regulierung von

Familie im deutsch-französischen Gesellschaftsvergleich, Konstanz.
G. Schulz Hg. [1992], Wohnungspolitik im Sozialstaat. Deutsche und europäische Lösungen 1918-1960, Düsseldorf.
SOZIALMODELL EUROPA [2000], Konturen eines Phänomens. Themenheft des Jahrbuchs für Europa-und Nordamerika-Studien 4.
A. Supiot Hg. [2004], Tisser le lien social, Paris.
I. Tomeš [2000], Ten years of social reforms in countries of Central and Eastern Europe, in: B. von Maydell/A. Nusberger, Transformation von Systemen sozialer Sicherheit in Mittel-und Osteuropa, Berlin.
B. Tomka [2003], Western European welfare states in the 20th century: convergences and divergences in the long-run perspective, in: International Journal of Social Welfare 12, S. 249-260.
B. Tomka [2004a], Welfare in East and West. Hungarian social security in an international comparison, 1918-1990, Berlin.
B. Tomka [2004b], Wohlfahrtsstaatliche Entwicklung in Ostmitteleuropa und das europäische Sozialmodell, 1945-1990, in: H. Kaelble/G. Schmid Hg., Das europäische Sozialmodell. Auf dem Weg zum transnationalen Sozialstaat, Berlin (WZB Jahrbuch 2004), S. 107-140.

第12章　都市の成長、都市生活、都市計画

　都市と都市計画は、福祉国家とは別に国が社会に対して影響を与える第二の中心的な分野である。

研究状況
　都市史に関するヨーロッパの研究状況は、かなり長期にわたって静かなものだったが、最近、ふたたび著しい興隆を見せている。都市の成長、首都、都市の公共性、都市計画、都市の貧困街、都市の少数派、都市の未来像、そして都市に関する論争は、歴史家にとって、新たな魅力的テーマになった。1945年以降のヨーロッパ都市史に関しては、良質の概観がある（Burgel [2003]）。またその他に私たちは、世界的な都市の発展（Bairoch [1988]; Moricini-Ebrard [1994]; Mumford [1961]）、ヨーロッパ各国の都市史（Agulhon [1983]; Krabbe [1989]; Reulecke [1984]; Walter [1994]）、都市史の諸側面、ヨーロッパの都市成長（Cheshire/Hay [1989]; Friedrichs [1985]; Kunzmann/Wegener [1991]; Nitsch [2001]）、ヨーロッパにおける都市計画（Albers [1997]; Hall [1988]; Häußermann/Siebel [1994]; Häußermann [1996]; Le Galès [2002]）、ヨーロッパの首都（Zimmermann [1996]; Sassen [1991]）についての概観をもっている。

ヨーロッパの都市の変化

連　続　性
　ヨーロッパ人にとって都市の成長は、決して新しい経験ではなかった。ヨーロッパの工業地域は、すでに19世紀の中葉頃から、急速な都市成長を経験した。ヨーロッパのかなりの数の国で、第一次世界大戦以前の都市成長は、20世紀後半のそれを上回るほど、ダイナミックなものであった。
　20世紀の後半、ほぼ変わらないままだったのは、ヨーロッパ都市間の大き

表 12-1　ヨーロッパの人口集中都市（2000 年に人口 200 万人以上）

(単位：百万人)

2000 年ヨーロッパにおける人口集中都市の順位	住民数			比較のため：1950 年の人口集中順位
	2000 年	1975 年	1950 年	
1．パリ	9.6	8.9	5.4	1．ロンドン
2．ロンドン	7.6	8.2	8.7	2．パリ
3．ライン―ルール―北	6.5	6.5	5.3	3．ライン―ルール―北
4．ミラノ	4.3	5.5	3.6	4．ミラノ
5．マドリード	4.0	3.8	1.6	5．ベルリン
6．リスボン	3.9	1.2	0.8	6．ナポリ
7．ライン―マイン	3.7	3.2	2.3	7．ライン―マイン
8．カトヴィッツ	3.5	3.0	1.7	8．マンチェスター
9．ベルリン	3.3	3.2	3.3	9．バーミンガム
10．ライン―ルール―中央	3.2	2.6	2.0	10．ハンブルク
11．アテネ	3.1	2.7	1.8	11．ライン―ルール―中央
12．ナポリ	3.0	3.6	2.8	12．アテネ
13．バルセロナ	2.7	2.8	1.6	13．ウィーン
14．ローマ	2.7	3.0	1.6	14．ライン―ルール―南
15．ライン―ルール―南	2.7	2.3	1.8	15．カトヴィッツ
16．ハンブルク	2.7	2.5	2.1	16．マドリード
17．シュトットガルト	2.7	2.3	1.5	17．ローマ
18．ワルシャワ	2.3	1.9	1.0	18．ブダペスト
19．バーミンガム	2.3	2.4	2.3	19．バルセロナ
20．マンチェスター	2.3	2.4	2.5	20．シュトットガルト
21．ミュンヘン	2.3	2.0	1.3	21．ミュンヘン
22．ウィーン	2.1	2.0	1.8	22．コペンハーゲン
ソ連（もしくはロシア、ウクライナ）およびトルコ	2000 年	1975 年	1950 年	
モスクワ	8.4	7.6	5.3	
サンクト・ペテルブルク	4.6	4.3	2.9	
キエフ	2.5	1.9	0.8	
イスタンブール	8.9	3.6	1.1	
アンカラ	3.2	1.7	0.5	

出典：UN, [2001] World urbanization prospects., The 2001 revision, New York, 131, 256 ページ以下．ただしこの表は、大まかな推論を可能にするにすぎない。というのは人口集中の定義は、完全には比較することはできないからである。人口集中の定義は、国連によって統一されてはいない。国連は、その時々の各国の統計局に依拠している。技術的に極めて人為的な定義に基づき、ライン―ルール―南はケルン―レバークゼン―ボンの空間であり、ライン―ルール―中央は、デュッセルドルフ、レムシャイド、メンヒェングラートバハ、ゾーリンゲン、ヴッパータールを含んでいる。ライン―ルール―北は、本来のライン地域、ライン―マイン・フランクフルト、オッフェンバッハ、ダルムシュタットおよびヴィスバーデンを指している。

さの関係であった。2000年当時の最大の人口集積都市は、基本的に1950年ごろと同じであった。その序列の最上位には、2000年ごろにおいても、1950年ごろと同じように、二つの飛びぬけた世界都市、パリとロンドンが位置していた。最上位グループに属するのは、1950年当時も2000年と全く同じように、マドリード、ローマ、アテネ、ウィーン、ベルリンなどのようないくつかの特別に大きな首都型人口集積都市であり、またルール地域やミラノ、ナポリ、バルセロナ、バーミンガム、マンチェスター、カトヴィッツ、ライン―マイン―地域、ハンブルク、シュトゥットガルト、ミュンヘンのような経済的な人口集積大都市であった。ただ二つの都市、リスボンとワルシャワのみが、1950年ごろと2000年ごろの間に、この最上位集団に上昇した。他の二つの都市、コペンハーゲンとブダペストは、1950年には、22の最も大きなヨーロッパの人口集積都市に属していたが、2000年には、そうではなくなった。かつてのソ連を考慮に入れると、ここでもまた連続性が浮かびあがってくる。二つの大きなロシアの中心都市、モスクワとサンクト・ペテルブルクは、1950年と2000年のいずれにおいても、このグループに入っている。ただウクライナの人口集積都市キエフのみが、この間にこのグループに上昇した。異なった傾向を示しているのは、トルコである。1950年ごろ、トルコのどの大都市も、この最上位の都市集団に属してはいなかった。しかし、2000年ごろには、二つのトルコの中心都市、イスタンブールとアンカラが、このグループに入った（表12-1参照）。

連続性は、都市計画と都市サービスにおいても存在している。都市計画は、ヨーロッパにおいて長らく歴史的に根付いていたが、現代的な意味においては、すでに19世紀と20世紀前半に生まれていた。同じように都市近距離交通システム、すなわち地下鉄、路面電車、バス、近距離鉄道も、かなり昔に発明され、広く利用されてきた。もっともその優位性は、20世紀後半に、マイカーの発達によって失われた。下水道、上水道、道路清掃、照明、舗装道路のような都市サービスも、同じようにすでに19世紀に普及していた。2000年ごろの都市法、都市自治の範囲、都市の議員と市長の選挙制度も、基本的には、1950年ごろと異なっていない。都市形態も、同じように、根本的には変化していない。都市のゲットー・貧民街と富裕地区とのコントラストは、いまもなお、都市の

姿を刻印している。商業地区・ショッピング地区と住宅地区との区分も、たとえ多くの新しい副都心が生まれ、工業地区の多くがなくなったとしても、2000年ごろも1950年ごろと基本的に同じである。2000年ごろのヨーロッパの都市は、多くの観点において、1950年ごろのそれと似通っている。

都市の成長と都市化

しかし、20世紀後半は、ヨーロッパの都市化の歴史において、大きな転機の時代でもあった。1950年代には、ヨーロッパは、まだ都市的な国と農村的な国に分かれていた。イギリス、ベルギー、オランダ、デンマーク、スウェーデン、ドイツでは、すでに当時、国連の見積もりによれば、人口の圧倒的部分が人口集積都市に生活していた。フランス、イタリア、スペイン、しかしまたノルウェー、エストニア、ラトビアも、当時においては、半ば都市的で、半ば農村的な社会であった。それに対し、フィンランド、アイルランド、ほとんどの南ヨーロッパ・東部中央ヨーロッパ・東ヨーロッパ諸国では、人口集積都市に住んでいるのは人口のごく少数部分のみで、そもそも都市に暮らしている人が少なかった（表12-2参照）。総じて、ヨーロッパはまだ完全に都市化した文明ではなかった。国連の見積もりによれば、1950年ごろ、人口集積都市に居住していたのは、ヨーロッパ人の半数にも満たなかった（表12-2参照）[1]。

それに対して、20世紀後半の半世紀に、農村的なほぼすべてのヨーロッパの国々が、圧倒的に都市的な社会に移行した。アルバニア、あるいは半ば都市化したユーゴスラヴィアやルーマニアのようなほんのわずかの国々のみが、農村的な社会にとどまった。国連の見積もりによれば、2000年には、ヨーロッパ人の10人中7人が人口集積都市に住むようになった（表12-2参照）。それとともにヨーロッパは、都市化された文明になった。

この過程は、強力な都市成長によって引き起こされた。とりわけ1950年代から70年代にかけて、ヨーロッパの都市は急速に成長した。ヨーロッパの大都市の多くは、まさに爆発的に膨張した。全体として、50年代から70年代までの時代は、ヨーロッパにおいてまさに、19世紀中ごろから第一次大戦の間に起こった最初の劇的な成長の時代に続く、第二の大々的な都市成長とその空間的拡張の時代であった。19世紀とは違い、都市は単にヨーロッパの工業地

第12章 都市の成長、都市生活、都市計画

表12-2 ヨーロッパにおける都市化、1950～2000年

(単位：%)

国	1950	1960	1970	1980	1990	2000
北ヨーロッパ	53	58	66	71	73	73
デンマーク	68	74	80	84	85	85
エストニア	50	58	65	70	71	69
フィンランド	32	38	50	60	61	59
イギリス	84	86	89	89	89	90
アイルランド	41	46	52	55	57	59
ラトビア	52	57	62	68	70	69
リトアニア	31	40	50	61	68	69
ノルウェー	50	50	65	71	72	75
スウェーデン	66	73	81	83	83	83
西ヨーロッパ	63	73	77	79	81	83
ベルギー	92	93	94	95	97	97
ドイツ	72	76	80	83	85	88
フランス	56	62	71	73	74	75
オランダ	83	85	86	88	89	90
スイス	44	51	55	57	60	67
南ヨーロッパ	31	37	45	51	55	59
アルバニア	20	31	32	34	36	39
ギリシャ	37	43	53	58	59	60
イタリア	54	59	64	67	67	67
クロアチア	22	30	40	50	54	58
ポルトガル	19	22	26	29	47	65
スロヴェニア	20	28	37	48	50	49
スペイン	52	57	66	73	75	78
ユーゴスラヴィア	19	29	39	46	51	52
東ヨーロッパ	34	41	48	59	63	64
ブルガリア	26	39	52	61	67	68
ポーランド	39	48	52	58	61	62
ルーマニア	26	34	42	49	54	55
スロヴァキア	30	34	41	52	57	57
ハンガリー	39	43	49	57	62	65
チェコ	41	46	52	75	75	75
ヨーロッパ	45	51	58	64	66	69
ヨーロッパ（変動係数）	57	45	29	24	18	16
アメリカ合衆国	64	70	74	74	75	77
ロシア	45	54	63	70	73	73
日本	50	63	71	76	77	79
トルコ	21	30	38	44	59	65

出典：UN [2004], World urbanization prospects. The 2003 revision, New York, 168 ページ以下（都市の定義：ほとんどが75万人以上の人口を持つ人口集積都市。わずかの国においては、他のデータの不足のため、すべての都市。この国連統計には、注意深く利用する必要がある。というのは、国連は、都市の定義を統一してはおらず、その時々の各国の統計局に依拠しているからである。にもかかわらず、私は、2万人以上の人口を持つヨーロッパ都市に関するデータ記録を用いることはしなかった。というのは、東ヨーロッパおよび1990年代に関してデータに欠落があるからである。西ヨーロッパに関する変動係数は、1930年58%、1950年41%、1980年23%となっている（以下を参照。H. Kaelble [1997], Europäische Vielfalt und der Weg zu einer europäischen Gesellschaft, in: S. Hradil/S. Immerfall Hg., Die westeuropäischen Gesellschaften im Vergleich, Opladen, 4 ページ）；5000人以上の人口を持つ都市に関しては、：P. Bairoch [1988], Cites and economic development. From dawn of history to the present, Chicago, 表13・4）。

域だけでなく、いたるところで成長した。

　ヨーロッパのこの二度目の大々的な都市化の進展は、とりわけ四つの理由から起こった。第一に、農村から都市への人の移動が著しく増大した。それには、急激な農業従事者の減少と、農業から工業への、さらにはサービス業への就業者の決定的な移行が伴っていた。多くのヨーロッパの国々にとって、農村から都市への人口移動が1950年代から60年代ほど著しい時代はなかった。

　都市化の第二の理由は、高い自然的人口成長率であった。それは当時、すべてのヨーロッパ諸国で相対的に高いものであった。それは少なくとも2000年と比べると、特に南ヨーロッパ、東ヨーロッパにおいて、はるかに高かった。これが都市成長の基礎にあった。

　第三の理由。以前の時代とは違って、第二次世界大戦の直後には生じていた海外への移民が弱まった。その後も、以前の時代に比べ、ヨーロッパ諸都市に向かう移動の流れが、ヨーロッパ外の都市に向けての流れよりも、はるかに強かった。

　またそれはしばしば国境横断的なものでもあった。移民の流れは、ポルトガルやスペイン、イタリア、ギリシャ、ユーゴスラヴィアの農業地域から、フランス、ベルギー、オーストリア、スイス、ドイツ連邦共和国、イギリスの諸都市へと向かった（移民についての第8章、参照）。加えてヨーロッパ外の社会、特に南・東地中海およびカリブ海から、さらにインド、パキスタン、アフリカのような以前の植民地からも、新たな移民がやってきた。

　第四の理由。19世紀に至るまで重要な役割を演じていた都市成長の歴史的障害、都市住民の食糧供給の問題が、20世紀の後半には最終的になくなった。ヨーロッパ農業の生産性が、第二次世界大戦後、これまで一度もなかったスケールで上昇した。

　この急激な都市化は、1980・90年代に、その速度を落とした。1950年から80年にかけて、全人口における人口集積都市の住民の割合は、当初のせいぜい半分程度から、約3分の2にまで急上昇した。これに対して1980年から2000年にかけては、ほんの数パーセントしか上昇しなかった。特に1990年代には、その動きは、ヨーロッパのほぼあらゆる場所で停滞した（表12-2参照）。その中心的な理由の一つは、人口成長の低下であった。農村から都市への人口

第12章　都市の成長、都市生活、都市計画

移動も、弱まった。それは、すでに大部分の人間が移動し終えてしまっていたか、農村地域が経済的に順調にいくようになったためであった。さらにヨーロッパ外の諸国からの移民も、1970年代以降、ほとんどのヨーロッパの政府によって、抑制されるようになった（第8章　移民について）。

　もちろん、20世紀後半の都市化は、あらゆるところで一様に進行したわけではない。特に劇的に成長したのは、ヨーロッパの周縁地域における都市であった。南東・東ヨーロッパ諸国は、コミュニズム時代の間にまさにやっと都市社会へ移行するという状態だった。ルーマニア、ブルガリア、リトアニア、旧ユーゴスラヴィア諸国、スロヴァキア、スロヴェニアにおいては、国連の見積もりによれば、都市化の度合いは、1950年から80年にかけて二倍になった（表12-2参照）。とりわけこれらの諸国の首都は、ものすごいテンポで成長した。ブカレストの人口は110万人から200万人に、ソフィアは60万人から120万人に、さらにベオグラードは40万人から170万人にも増加した。首都と地方都市との隔たりは、ヨーロッパの西側部分よりも、はるかに大きくなった。都市の成長があまりにも急激であったため、1989～90年の大変革の後、部分的には大幅に後退した。これと同じような展開をソビエトの諸都市が経験した。かつてソビエトの諸都市は東ヨーロッパの広範な地域のモデルであった。1950年から90年にかけて、人口集積都市モスクワは530万人から880万人に、サンクト・ペテルブルグは290万人から490万人に人口が増えた。これらの都市もまた、1990年代には停滞した（国連2004年、256ページ以下；Sundhaussen [1999] 143ページ以下）。

　しかし西ヨーロッパでも、都市化のスピードが部分的には高かった。1950年代になお周縁的地域に属していたいくつかの国々では、都市化は同じように急速だった。ポルトガルでは、人口集積都市が総人口に占める割合は三倍になった。スペイン、ギリシャ、フィンランド、ノルウェーでは、20％あるいはそれ以上、上昇した。フランスや、スイスにおいても、これと同じ程度に上昇した（表12-2参照）。1971年から81年にかけての西ヨーロッパ都市に関する研究は、とりわけギリシャ・南イタリア・フランス・スペインの地中海地域の諸都市が、しかしまた西部フランスとフランスのアルプス地域の諸都市もまた、成長のタイプに属することを示している（Cheshire/Hay [1989]; Kunzmann/

Wegener [1991] 28 ページ、表2)。パリやマドリード、バルセロナ、マルセイユ、リヨン、ローマなどの大都市、またシュトゥットガルト、ミュンヘン、ストックホルムでも、1950年から2000年の間に都市の人口は二倍に、リスボンやポルトでは、同期間に4倍から5倍に増加した。こうしたヨーロッパのダイナミックな部分よりもはるかに急激だったのが、トルコにおける都市成長である。1950年から2000年にかけて、アンカラは30万人から320万人に、イスタンブールでは100万人から870万人に成長した。その成長の度合いは、ヨーロッパ的基準をはるかに凌駕するものであった。

　これに対し、西・北ヨーロッパの他の地域における都市化は、激動的とは程遠い状態であった。それらの地域における都市成長は、東・南東ヨーロッパの平均をはっきりと下回っていた（表12-2参照）。ロンドンやコペンハーゲン、ベルリン、ハンブルク、ルール地域、アムステルダム、リール、ウィーン、ミラノ、ナポリといった中心都市は、先に言及したポルトガル・スペイン・フランス・スウェーデン・南ドイツの中心都市とは違い、成長が非常に緩慢であるか、または停滞していた。それどころか1970年代以降、ヨーロッパのこの地域の多くの都市では、人口が、特にイギリス・ドイツ・イタリア・ベルギーの工業都市や港湾都市では減少した。(UN [2004] 262ページ以下；Cheshire/Hay [1989])。

都市の経済的ダイナミズムの変化

　このような展開の背後で、ヨーロッパの都市に決定的な経済的変化が起こっていた。1950年代、60年代、ヨーロッパにおいてダイナミックな展開を遂げていた都市は、ルール地域やバーミンガム、マンチェスター、カトヴィッツ、ミラノのような工業都市か、ロッテルダム、アントワープ、マルセイユのような港湾都市かであった。パリやロンドン、ブリュッセル、アムステルダム、リスボンは植民地にとっての中心都市としての役割から利益を得ていた。

　ヨーロッパにおける比類なき二つの世界都市、ロンドンとパリは、これら三つの側面をすべて併せ持っていた。だがこの躍動的展開は、弱まっていった。ヨーロッパの植民地帝国は、すでに第二次世界大戦直後、瓦解し始めた。さらに1960年以降、ヨーロッパの海運・造船業は危機に陥った。かつては輝きに

第12章　都市の成長、都市生活、都市計画

満ちた港湾都市、ハンブルクやブレーメン、ナント、ボルドー、ブリストル、リバプールは、以前持っていた地位を失った。70年以降は、ヨーロッパの工業分野がそれまで持っていた雇用創出の並外れたダイナミズムも、弱まっていった。それは、生産性が急激に上昇し、その結果、ますます少ない人数で仕事ができるようになったからである。さらに工業が低賃金諸国に移されたこと、また最先端の工業技術が、もはやヨーロッパではなく、日本やアメリカ合衆国で開発されるようになったためでもある。1950年代・60年代に華々しい発展を遂げた多くの工業諸都市は、今や等しく、危機に陥るようになった（第3章労働参照）。瓦解する工業施設、貧窮化した工業都市、移民ゲットー、そして、負債を背負い、なす術もなく、国やヨーロッパからの補助金の点滴に頼る都市行政、これらがいまやヨーロッパの工業都市の姿を特色付けるものとなった。

　しかし、活力に満ちた都市経済の二つのタイプも生まれた。一つは、国際的な観光都市である。グローバルな観光のトップリストにある最も成功した観光都市、パリ、ロンドン、フィレンツェ、ローマ、これらと並んでリスボン、マドリード、バルセロナ、ピサ、ブリュッセル、アムステルダム、ベルリン、プラハ、ブダペスト、サンクト・ペテルブルク、これらの都市は、博物館、美術館、オペラ、コンサートホール、展覧会、文化イベント、歴史的な都市施設、レストランなどを通して、相互に競い合った。しかしディスコやコンサート、テクノパレード、飲み屋街もまた（特に若い人々に対し）、ますます多くの役割を果たすようになった。

　もう一つの都市タイプは、グローバルな企業、銀行、弁護士・建築事務所、国際的なマネージャー・ホワイトカラーを有するシンクタンクや企画関連企業の所在地である。すなわち、国際的な人材を持つグローバルな組織の所在地でもある。この都市タイプの代表は、とりわけパリとロンドンである。

都市と農村の対照性の解消

　都市化は、20世紀後半における第三の根本的な変化と密接に結びついていた。この間に、伝統的で中世以来存在していた都市と農村の間の明確な対照性が、自己意識においても、経済的活動においても、権利や生活スタイルにおいても、薄らぎ色褪せていったのである。確かにこの鋭い社会的分断線は、何世

紀かの間に大きく変化し、すでに 19 世紀には、権利平等化の実現と農村から都市への移動制限の撤廃によって縮小していた。だがそれにもかかわらず、20 世紀中葉にはまだ、ほとんどのヨーロッパ諸国において、経済、日常的規範、生活スタイルにおいて都市と農村の鋭い対照性が維持されていた。

　ようやく 20 世紀後半になってはじめて、大衆消費社会の浸透と輸送・コミュニケーションの革命が、こうした対立を広範に解消させていった。かつて純粋に都市的なサービス機能であった上水や下水が農村にも通じた。電話やテレビ、インターネットによる新しいコミュニケーション、とりわけ自動車に代表される新しい交通手段、ショッピング・センターやデパートの商品カタログ、インターネットショッピングのような新しい形態の商業のやり方、観光、乗馬学校やゴルフ施設、休暇中の自動車学校、スキー学校のような新たな農村における余暇事業、都市居住者の農村のセカンドハウスは、農村の生活を都会のそれに同化させた。都市と農村における消費慣習は似たものになった。とりわけ農村における生活は、もはや農民的な生活ではなくなった。それは、都市の場合と同じような職業で行なわれた。

都市の地区ごとの社会的区分と都市中心部の利用

　ヨーロッパの都市のその時々の地区が持っていた社会的相違もまた、20 世紀後半に変化した。20 世紀中ごろにはまだ、多くのヨーロッパの都市には、明瞭な分断線が社会的環境間に、特に市民地区と小市民地区、あるいはプロレタリア的労働者居住区との間に、存在していた。こうした社会的環境は、19 世紀に生まれたヨーロッパの特色であった。19 世紀後半以降、すなわち様々な社会的環境を都市の様々な地区に分け隔てることを可能にした都市輸送の革命後、それぞれの社会環境は、少なくとも大都市において、しばしば空間的に隔てられた地区において営まれることになった。このような社会的環境は、1960 年以降徐々に弱まった。

　それにかわって、新たな社会的相違が生まれた。都市中心部に豪華な地区。1950 年代・60 年代、富裕層が一時的ではあるが都市中心部を立ち退き、70 年代以降、裕福な若い未婚者、富裕な年金生活者が、そこに居住するようになった。たくさんのあまり華やかではない都市住宅地区。ここには、生活リスクか

第12章　都市の成長、都市生活、都市計画　351

らは守られた広範な圧倒的多数の都市住民が住んだ。最後に、都市の新たな貧困によって特色付けられる地区。そこには次のような人々が住む。1970年代・80年代以降、桁外れに増加することとなった失業者（第3章労働参照）。離婚率の上昇の結果でもあるが、新たな多様な家族モデルと家庭の選択の結果でもある一人親の家庭。教育の拡大によって、数が増え、都市の地区全体を特色づけるようになる学生（第13章教育参照）。そしてはっきりと増えている麻薬中毒者グループ。最後に移民。1960年・70年来以降、ヨーロッパが、世界の最も重要な移民地域のひとつとなったからである（第8章移民参照）。

都市のビジョン

　ヨーロッパに共通の都市のビジョンと都市計画の目標も、20世紀の後半、根本的に変化した。

　ヨーロッパの都市計画の現代性は、第二次世界大戦後30年の間、重要な役割を果たした。この像は、すでに20世紀の前半に生まれていた。それは、19世紀的ヨーロッパ都市に対する反対、ヴィクトリア的、オスマン的、あるいはヴィルヘルム的な都市への反対の中で生まれた。19世紀のこうした都市は、いわゆる歴史的ファサードを持ち、直接街路に面していない家屋で満たされた街区や健康を脅かすような生活様式、労働・住居・行政・商業が混ざり合った街区と通り、計画性がなく、明らかに意識的なナショナルなコントラストをもった建築様式などの特徴を持っていた。

　いまや新しいヨーロッパ共通の都市のビジョンが生まれた。機能的で幾何学的なファサード、もはや極端に密接しては建てられず、建物の間に空間があり、光や通気性に富んだ都市街区、明るく通気性がよく健康に良い住宅。工業、住居、行政、商業を空間的に異なった都市区画に分離すること。完全に幾何学的な街区にいたるまでの機能的な建築様式。しかもそれは農村的な郊外住宅地や田園都市も兼備している。また交通やコミュニケーション、マイカーや電話といった新しい可能性が活用された。新しいプライベート空間、これまでより大きな住宅、家族全員のためのより大きなプライベート空間。また「規模の経済」や太い交通動脈、とりわけ都市的大衆社会の高層建築が活用された。そしてそこでは、ル・コルビュジエのような偉大なヨーロッパの設計者も単なる一

票でしかなく、新しい職業集団、ヨーロッパ的都市計画者が世論の中で支持を勝ち取った。このようなビジョンは、20世紀の前半に、少しずつ発展していった。それは個々の都市区画で試されたが、まだ19世紀的都市を押しのけてしまうことはできなかった。第二次世界大戦が終わった後になってはじめて、このビジョンが現実に実現された。

　西ヨーロッパ的な都市のビジョンの現実化は、1960年代以降、ヨーロッパに共通した、だが少なくとも西ヨーロッパ的と言える揺り戻しを引き起こした。ベッドタウンの味気なさ、交通量の重荷にあえぐ都市中心部の非人間的状況、都市中心部の根こそぎの取り壊しと再開発、第二次大戦後の復興の平凡さ、機能主義の単調性が激しい批判の的となった。いまや、発展した人間的ネットワークを保持し続け、古い建物を取り去るのではなく改修する、いたわりの都市再建設に価値が置かれるようになった。歩行者のために新しい都市空間が作られた。新しい都市街区、学校、図書館、交通接続のサービスの質が改善され、エネルギー節約、環境へのいたわりが重要になった。いまや、住居と仕事と買い物を空間的に近接させた新しい都市ないし都市区画の中心ごとの小空間性と多機能性が、重視されるようになった。広がった交通軸が再建され、多様な様式と意識的に幻想的なファサードを持つ建築の新しい美学が生まれた。

　もっとも、ヨーロッパの東側地域のコミュニズム体制は、第二次世界大戦後、ソビエトの堂々とした都市中心部のビジョンを目指した。それは、はるか遠くからでも見ることができる、傑出して高い公的建築物、政治的行進用の巨大な幹線道路と広場、コンパクトで都会的な街区を持っていた。この建築様式は、ほとんどその時々の首都中心部に集中していた。首都はそれによって他の都市と明確な対照性をなしていた。この建築様式はコミュニズム体制の強力な中央集権的体制の象徴であった。もっとも、この東と西の対照性は、都市中心部に限定されるものであった。その他の地域においては、東側諸国においても、高層建築や学校、図書館、商業センターを備えた新しい都市区画と分散化した住宅地区が生まれた。それは、大陸の西側地域とそれほど大差のないように見えた。

第 12 章　都市の成長、都市生活、都市計画　　　　　　　　　　353

都市計画

　都市のビジョンと都市成長の変化の結果として、20 世紀後半に、ヨーロッパの都市計画もまた変化した。第二次世界大戦後、最初の 10 年は、ヨーロッパ的都市計画の文字通りの最盛期であった。それは、異例の経済的繁栄の時代に、並外れた計画的・進歩的楽観主義の下で生まれ、機能的都市のビジョンを追及した。ヨーロッパの各地の都市計画局は、多くの衛星都市や郊外都市を建設した。

　だが 1970 年代に都市の成長が一息つき、また進歩への懐疑が増していくに従って、広域的な華々しい都市計画は後退していった。機能的都市建設に代わる対抗ビジョンが、大きな影響力を持つようになった。都市計画は、ヨーロッパにおいては、より小規模なプロジェクトに縮小された。それはしばしば民間の開発業者と密接に結びついていた。環境保護と都市生活の質が優先されるようになった。市民が都市計画にいっそう強く参加するようになり、市民運動のなかでも、その声が発信性を増した。そして、ヨーロッパの諸都市間に、種々の新しい競争が生まれた。例えば経済の立地やサービスをめぐって、センセーショナルな美術館プロジェクト、文化中心地、万国博覧会、オリンピック、ワールドカップをめぐって、劇場や文化イベントをめぐって、そしてまた都市の新しいアイデンティティー政策や歴史政策をめぐってである。計画は、確かに、しばしばルーティンになってしまい、新しさの輝きを失った。だが、決して計画が消えてしまったのではなく、20 世紀後半を通じて、ヨーロッパ諸都市の発展の重要な要素であり続けた。

ヨーロッパの都市の収斂と特殊性

新たな相違

　都市成長・都市計画・都市行政の、そして公的都市空間の利用の、伝統的な地域的国民的な相違は、第二次世界大戦後も際立っており、目に見えるものであった。だがそれとは別に、1945 年以降、特に三つの新たな相違が生まれた。

　相違は、第二次大戦期に大規模な破壊を被った都市と、破壊を免れた都市の間に生まれた。1950～60 年代の建築様式は、破壊された都市に広く浸透した。

そこでは古い建築様式は稀になった。破壊された都市中心部は、かなりの所で、完全に新しく計画された。例えば、ロッテルダムやコベントリーがそうである。それに対し、他の破壊された都市、例えばブダペストやミュンスター、ラ・ロシェル、ワルシャワのような都市では、古い街路が保持され、以前の建築様式が修復され、あるいは再発見されることさえあった。戦争による破壊に対しては、イギリスは、新たな都市計画立法、1946年の新都市法を作って対応した。これに対し、他の多くのヨーロッパの国は、都市計画の立法を断念した。

　第二の相違も、同じように第二次大戦後になってはじめて生まれたものであり、すでに言及した都市中心部の計画と再開発におけるコミュニズム的なやり方と西ヨーロッパ的なやり方の対照性がそれである。

　最後に相違は、現代的建築と都市計画とのかかわり方にも、見ることができる。フランクフルトやロンドンのような、いくつかの都市の中心部は、現代的な高層建築が特徴となっている。他の都市、たとえばパリやローマは、その中心部を、19世紀ないし20世紀初頭とまったく同じように保っている。これらの都市は、高層建築地区を、たとえばパリの《デファンス》地区のように、中心地区の外に作っている。

収　斂

　ヨーロッパにおける共通性という点では、まず、統一的な国際的建築様式の浸透が人目を引く。最初は、1950年代から70年代にかけての機能的スタイルの浸透、その後、80年代と90年代の様々に名づけられた新しい建築スタイルの浸透である。行政とビジネスの建物を持つ都市中心部、高層住宅と一世帯用独立住宅からなる新しい住宅地区、そして休暇用住宅地は、どこでもほとんど同じである。20世紀中頃に至るまでは、国ごとの、そしてまた地域的にも違った建築スタイルが、意識的に互いの違いを際立たせていた。人は、自分がフランス的・イタリア的・スペイン的・イギリス的・プロイセン的・南ドイツ的な都市のどこにいるか、すぐにわかった。しかし、第二次世界大戦後、都市建築は、国ごとの特殊性を大幅に失った。したがって、すでに1960年代に、イギリスのジャーナリスト、アンソニー・サンプソンにとって、ヨーロッパの都市郊外は、「なによりもその形の単調性」が際立つ存在であった。「ハンブルク

第12章 都市の成長、都市生活、都市計画

やブリュッセル、ボンの郊外にいると、自分はイングランドの中にいるのではないということを想起するのは難しかった」[2]と。20世紀ヨーロッパの最近の大規模都市建設計画、90年代のベルリン中心部は、全世界の建築家によって計画され、建設された。それに参加したドイツ人の建築家の間でも、特別にナショナルなドイツ的・地域的様式は、もはや見受けられなかった。

　第二の共通性は、都市化の徹底した貫徹である。1950年ごろにはまだ、大陸を特色づけていた農村的諸国と都市的諸国との間の鋭い対立は、2000年ごろには、ほとんど消え去っていた。ヨーロッパ諸国の都市化は、あらゆる所で進んだ。

　第三の収斂は、都市計画の分野で起きた。国際的交流は、すでに19世紀前半に始まっていた。しかし、それは、特に専門組織の中や定期的会議で都市計画者や建築家たちの国際的結びつきが非常に緊密化したことによって、強められた。すでに1933年のアテネの憲章が、その重大な里程標となっていた。かつてはナショナリズムやファシズム、さらにコミュニズムもこの分野の国際交流のイデオロギー的な障害となった。しかし、20世紀後半、少なくとも西ヨーロッパでは、もはやこうした理念の交流を妨げるイデオロギー的障壁によって、国際交流が阻害されることはなかった（Commission of the European Communities [1991] [1994]）。

都市のヨーロッパ的特殊性

20世紀後半において、五つのヨーロッパ的共通性が観察される。

ヨーロッパ都市の外観

　ほとんどのヨーロッパ都市は、はっきりと特定できる中心部、古代や中世の、時には近世に由来する都市中核部分を持っており、ほとんどがヨーロッパ的都市自治のすぐれた遺産を保持している。それは、今日においてもなお、中世や近世の建築物、教会、広場、市庁舎、塔、市の外壁、要塞施設、時にはローマ時代の遺跡を見ればわかる。ローマ時代の、あるいは古いヨーロッパの建築物のすべてが破壊された場所においても、昔の都市中心部は、通りの街角の多さや通りの名前から見て取ることができる。

さらにまたヨーロッパの大都市の中心部では、ほとんどの所で、いまなお19世紀の都市再開発の結果を、目にすることができる。代表的な公的建物、すなわち、市庁舎、裁判所、学校、駅舎、駅前地区、図書館、記念碑、広場の緑地、公園などがそれである。大都市では、劇場、歌劇場、博物館などもそうである。これらの建築物は、ヨーロッパでは、通常、アメリカ合衆国やアジアの都市におけるよりも、いっそう都市中心部に集中している。同じように19世紀に由来するのは、古い都市中心部の外に統一的に作られた幅の広い並木のある環状道路や大通りである。それは普通、取り崩された中世的市壁の上に作られ、道路わきには都会的な数階建ての住宅が並んでいる。アメリカの都市とは違い、19・20世紀のヨーロッパの都市の各区画はいわゆる碁盤の目のように、つまり直角に交わった通りの網の目として作られることはきわめてまれであった。ほんのわずかなヨーロッパの都市あるいは都市区画のみが、たとえばラ・ロッシュ・シュール・ヨン、バーリ、マンハイム、ベルリンのフリードリヒ通りなどが、幾何学的規則性による教育への18世紀的信仰を反映している。それに対して、アメリカの都市は、この構造を19・20世紀においても保持し続けている。ヨーロッパ都市に特徴的なのは、19・20世紀の多くのヨーロッパ都市がもっている規則性で、家屋の高さや幅の規定、多くの小さな個別住宅からなる同じ形の団地にそれが見られる。ヨーロッパ都市は、その外観からすれば、通常、野放しの都市成長の計画的予防という点にその特徴がある。これは、今日のアジア、アフリカ、ラテンアメリカの大都市との最も際立った相違の一つである。

アメリカ合衆国やインド、中国、そしてアラビア世界におけるよりもはるかに、ヨーロッパ諸都市では19世紀の産業革命が可視的であった。そこには、19世紀から20世紀初頭のヨーロッパの並外れて高い割合の工業雇用が、反映されていた（第3章労働参照）。この工業化の時代に由来するのは、中央ヨーロッパの大都市密度の高さである。特にイギリスのミッドランズからイングランド東南、北フランス、オランダ、ベルギーをまたぎ、そこから別れて一方ではドイツの中央部分からポーランドの南部分に至る帯状地帯、他方ではドイツの西・南部分からフランス東部を越え北イタリアに至る帯状地帯に、大都市が密集している。

第 12 章　都市の成長、都市生活、都市計画

さらに、多くのヨーロッパ都市をよく見てみると、今日においてなお、すでに言及した 19・20 世紀における鋭い社会的対立を看取できる。すなわち都市地区ごとに、または表側の建物と裏側の建物の間に、建物の階層ごと通りごとに、社会的環境間の分離が観察できる。逆にヨーロッパの都市中心部には、多くのアラビア・アフリカ・インド・東南アジアの大都市や、中国の上海においても見られるような対照性が欠如している。すなわちヨーロッパ都市を模倣して建設されたヨーロッパ人地区と、アラビア人のバザール地区、インド人街、上海の中国人街との間の対立は、見られない。

また多くのヨーロッパ都市では、第一次大戦、そして特に第二次大戦の爆撃と破壊の痕跡を見ることができる。少なくともイングランドの南部分から北フランス、オランダ、ドイツ、北イタリア、ポーランド、ハンガリー、最終的には以前のソビエト連邦地域にまで及ぶヨーロッパの広大な帯状地帯に、それが見受けられる。

限定的な都市成長と百万都市の少なさ

20 世紀後半のヨーロッパ都市において特徴的なことは、都市成長が抑制されていたことであり、ヨーロッパ外の工業化された社会、あるいは第三世界におけるよりも、はるかに抑制されていた。都市の拡張は、多くのヨーロッパ外の社会で、また世界全体でも、ヨーロッパよりもはるかに劇的に進展した。東アジア諸国と近東諸国で、アフリカ諸国とラテンアメリカ諸国でそうだった。

ヨーロッパにおける都市成長は、世界的な成長テンポを下回った。都市住民の数もまた、国連の見積もりによると、世界では 1950 年と 2000 年の間に、7 億 5,000 万人から 30 億人に増加したのに、ヨーロッパにおいては、2 億 5,000 万人増えて、やっと 5 億人になったにすぎない。北アメリカですら、都市住民の数は、ヨーロッパよりも、増加している（図 12-1 参照　UN ［2004］178 ページ）。このヨーロッパの都市成長の限定性は、ヨーロッパの人口成長の度合いが異常に緩慢であったこと、そして農村から都会への流出が比較的わずかしかなかったことが、大きく関係していた。

このような展開の結果、ヨーロッパにおいては、中規模都市の重みが他よりも大きかった（図 12-2 参照）。ヨーロッパでは 1950 年ごろ、人口百万を超える

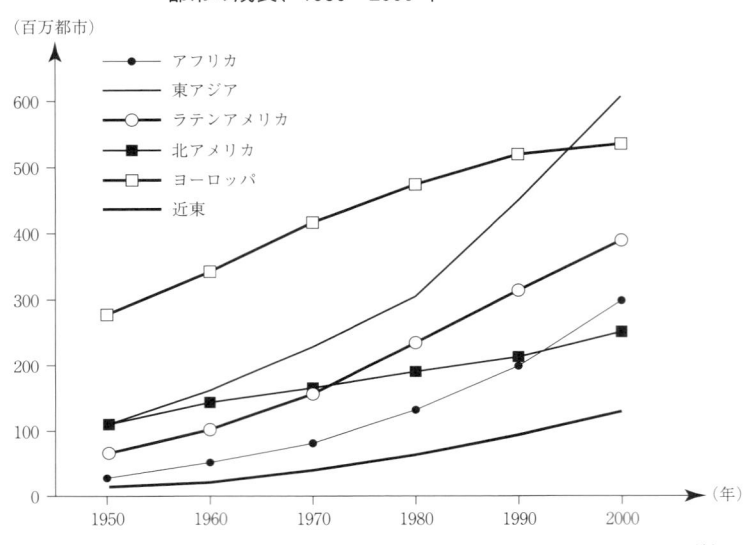

図12-1　ヨーロッパ、アジア、アフリカ、アメリカにおける都市の成長、1950〜2000年

(百万都市)
- アフリカ
- 東アジア
- ラテンアメリカ
- 北アメリカ
- ヨーロッパ
- 近東

出典：UN [2004], World urbanization prospects. The 2003 revision, New York, 178ページ以下.

大都市に居住していたのは、人口の約5分の1でしかなかった。一方アメリカ合衆国や日本では、同じ50年ごろ、人口の3分の1以上が、人口百万以上の大都市に住んでおり、その傾向は増していた。近東諸国、ラテンアメリカ、アフリカ、東アジアにおいてもまた、全体として、人口のますます多くの部分が、そのような百万都市に居住するようになっていた（図12-2参照）。

このヨーロッパにおける百万都市の魅力の限定性の結果、ヨーロッパは、20世紀後半、世界的発展から、ますますかけ離れていった。20世紀中頃には、なおヨーロッパの5つの都市とロシアの2つの都市が、世界における最も大きな20の大都市の中に入っていた。だが20世紀の終わりには、ヨーロッパの都市ではパリ、ロシアの都市ではモスクワのみが、そこに入っているにすぎない。

都市地区ごとの社会的分離

第三のヨーロッパの特殊性は、都市地区ごとの社会的分離の変化である。社会的分離は、大多数のヨーロッパ都市において、ほとんどのヨーロッパ外の社

図 12-2 ヨーロッパ、南北アメリカ、東アジア、近東における巨大都市化の度合い、1950～2000 年（全人口に占める人口 100 万人以上の都市住民の割合）

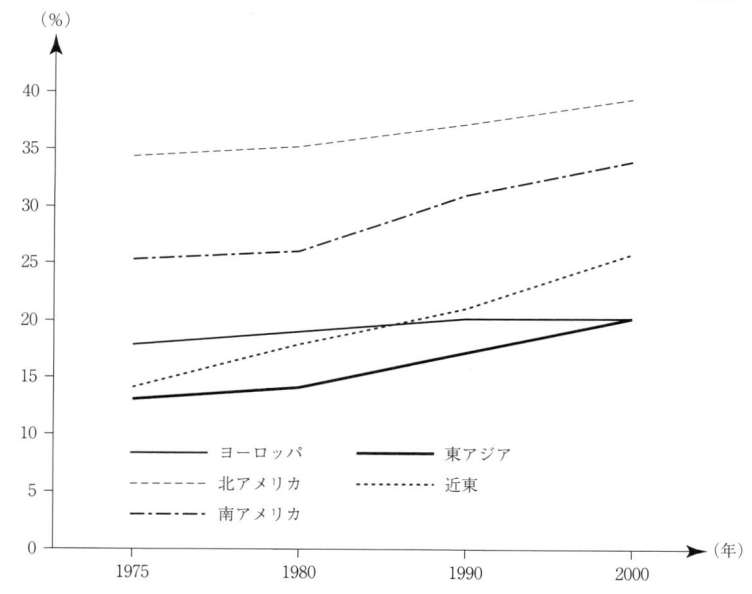

出典：G. Mertis [2001], Stadtentwicklung im globalen Vergleich (2003), Website des Berlin-Instituts für Bevölkerung und Entwicklung (UN. World urbanization Prospects. The 1999 revision, New York).

会とは異なった方向に発展した。まだ 20 世紀中ごろには、社会的階級環境の対照状況が、ほとんどのヨーロッパの大都市を特徴付けていた。ブルジョア地区、中間層地区、それとプロレタリア的労働者環境の地区との間には対立があった。この社会的環境と都市の中の社会的分離は、20 世紀後半に、弱まった。そして、その後ヨーロッパ諸都市に生まれてくる新しい社会的分離が、ヨーロッパ的特色を形成する。裕福な住宅地区は、ヨーロッパ外の社会におけるよりも、より強く都市中心部に立地するようになった。都市中心部には、裕福な顧客のために、劇場や、コンサートホール、オペラハウス、博物館、レストラン、喫茶店、ブテック、デパートなどの施設が立ち並ぶようになった。加えて、この地区には、一般に開放された比較的大きな公共空間が維持された。

この裕福な住宅地区は、北アメリカ都市の中心部の富裕地区ほど厳しくは管

理や防御されず、また一般的公共空間から遮断されてもいなかった。しかし、ヨーロッパにおいても、貧しい地区が生まれた。だがそれは、多くの南アメリカやアフリカ、アジアのスラムほど、無統制に大きくなることはなかった。貧民地区は基本的な社会的扶養を手に入れ、アメリカ合衆国と違って、都市中心部にはなかった。

都市中心部の利用

　上記のことと密接に関係するが、第四に、ヨーロッパの19〜20世紀における都市空間の利用は、ヨーロッパ外の社会のそれとは違っていた。もちろん北アメリカの都市との違いは、アラブやインド、東アジアやラテンアメリカの都市との違いとはまた異なっていた。

　とりわけ都市中心部は、ヨーロッパにおいて特別な方法で利用された。20世紀において、それはたんに商業センターや行政中心地、場合によっては政府所在地であっただけではなかった。多くのヨーロッパ外の社会とは違い、そこは富裕なヨーロッパ人の代表的で洗練された住宅地区であった。その結果、端正な通り・広場・商店、代表的な建築物もそこにあった。中心部はまた、すでに述べたように、特に際立った代表的な文化の場であり、歌劇場、博物館、コンサート、劇場、パレードの場であった。実際、中心部における富裕な人々の存在、そしてその政治的圧力は、ヨーロッパの都市政策が、市中心部の生活の質をとりわけ強く保障することにも、大きく寄与した。ヨーロッパ外の社会とは違い、20世紀のヨーロッパ諸都市は、一般に、精力的に粘り強く市中心部のスラムやそのゲットー化を防止し、貧窮地区を取り除くかコントロールし再開発を行なった。また最低限の公的サービス・治安と住居の質を維持し、ヨーロッパ的な都市のみやびを守り、概して成功を収めた。たとえ富裕な住宅地区とそうでない住宅地区との対照性が解消されなかったとしても。ところで、こうした都市政策にとっては、ヨーロッパ諸都市のゆっくりとした成長も、有利な前提条件になった。

都市行政の力と都市ビジョン

　最後に、都市行政のヨーロッパの都市発展に対する影響力は、アメリカ合衆

第12章　都市の成長、都市生活、都市計画

国や、アジア、ラテンアメリカ、アフリカに比べ、より大きなものであった。このことは、20世紀後半、とりわけヨーロッパにおいて特に影響の大きかった都市計画に現れている。都市計画をめぐる世界的議論の中で、モデルは、ほとんどがヨーロッパに由来したものであった。ヨーロッパ人は、都市計画モデルを他の大陸からは引っ張ってくることはまれだった。都市計画への陶酔が過ぎ去った時代でも、ヨーロッパの都市計画局は、他の地域よりも、依然として大きな影響力を持っていた。

ヨーロッパにおける都市計画局の力は、新旧の根を持っている。それは、19世紀末以降、20世紀前半に、新たに生まれた都市計画者の職業集団によって支えられ強められた。このグループは、壮大なビジョンと印象的な覚え書きを持って、世論の中で影響力を発揮した。この職業グループの成功なしに、ヨーロッパの都市計画の特殊性を理解することはできない。そしてこの職業グループは、第二次世界大戦後、定期的に、様々な国際組織のなかで、また国際的展示会において、互いに顔を合わせ、西ヨーロッパ地域に強力な軸足を置きつつ、都市計画者の国際的な専門的世論を発展させた。

したがって、全体として、ヨーロッパ諸都市は、20世紀後半、誤解の余地のない明瞭な独自性を持つようになった。たとえヨーロッパの各中心地が、経済的、文化的に、ヨーロッパ外の都市と密接に結びつくようになったとしても、ヨーロッパ都市は、新しいグローバルな都市のタイプに解消されはしなかった。

注
1) もっとも、これは、単純化である。というのは、都市に関する理解が異なっているからである。例をあげれば、イタリアの都市には、しばしば、すぐ近くにある大きな都市と一体となった村や農村地域が含まれている。それに対し、隣のスイスでは、そうした村や地域は、しばしば、まだ村として把握される。それゆえイタリアにおける都市化は、都市に関する別の理解に基づき、都市への人口稠密化ではないかたちで、進んでいるように見える。したがって、ヨーロッパにおける都市化に関する数値は、そのままでは、個別的には、完全には比較することはできない。だがそれは、当時のヨーロッパが、概して都市的な社会と農業的な社会とに区分されていたことに関しては、なんら変更を加えるものではない。
2) A. Sampson [1969]『新しいヨーロッパ人』München、270ページ。

文　　献

M. Agulhon et al. [1983], L'histoire de la France urbaine, vol. 4: La ville de l'age industriel, Paris.

G. Albers [1997], Zur Entwicklung der Stadtplanung in Europa. Begegnungen, Einflüsse, Verflechtungen, Braunschweig.

P. Bairoch [1988], Cities and economic development. From dawn of history to the present, Chicago (フランス語原書 [1985]：De Jéricho à Mexico. Villes et économie dans l'histoire, Paris).

T. Barker/A. Sutcliffe Hg. [1993], Megalopolis: the giant city in history, New York.

L. Benevolo [1993], Die Stadt in der europäischen Geschichte, München.

K. von Beyme Hg. [1992], Neue Städte aus Ruinen. Deutscher Städtebau der Nachkriegszeit, München.

P. Borsay ed. [2000], New directions in urban history. Aspects of European art, health, tourism and the leisure since the enlightenment, Münster.

A. Bragnasco/P. le Galès eds. [2000], Cities in contemporary Europe, Cambridge.

G. Burgel [2003], La ville contemporaine. De la seconde guerre mondiale a nos jours, in: J.-L. Pinol vol., Histoire de l'Europe urbaine, vol. 2, Paris, pp. 553-807.

P. C. Cheshire/D. G. Hay [1989], Urban Problems in Western Europe, London.

Commission of the European Communities [1991], Europe 2000: Outlook of for the development of the Community's territory, Luxemburg.

Commission of the European Communities [1994], Europe 2000 +: European Cooperation for territorial development, Luxemburg.

M. Daunton ed. [2000], Cambridge urban history, vol. 3: 1840-1950, Cambridge.

J. Friedrichs Hg. [1985], Stadtentwicklungen in West-und Osteuropa, Berlin.

H. Häußermann [1992], Stadtplanung: Machtkampf, Kunst oder Fachdisziplin?, in: Leviathan 19, S. 102-116.

H. Häußermann [1996], Von der Stadt im Sozialismus zur Stadt im Kapitalismus, in: H. Häußermann/R. Neef Hg., Stadtentwicklung in Ostdeutschland, Opladen.

H. Häußermann [2002], Die europäische Stadt, in: Leviathan 29, S. 237-255.

H. Häußermann/W. Siebel [1994], Neue Formen der Stadt- und Regionalpolitik, in: Archiv für Kommunalwissenschaft 33, S. 32-45.

P. Hall [1988], Cities of tomorrow. An intellectual history of urban planning in the 20th century, Oxford.

R. Hudemann [1997],Villes et guerres mondiales en Europe au XXe siècle, Paris.

H. Kaelble [1997], Europäische Vielfalt und der Weg zu einer europäischen Gesellschaft, in: S. Hradil/S. Immerfall Hg., Die westeuropäischen Gesellschaften im Vergleich, Opladen, S. 27-68.

H. Kaelble [2002], Die Besonderheiten der europäischen Stadt im 20. Jahrhundert, in:

第12章　都市の成長、都市生活、都市計画

Leviathan 29, S. 256-274 (フランス語訳：La ville européenne au XXe siècle, in: Revue économique vol. 51, no. 2, mars, pp. 385-400).
R. Krabbe [1989], Die deutsche Stadt im 19. und 20. Jahrhundert, Göttingen.
K. R. Kunzmann [1998], World city regions in Europe: Structural change and future challenges, in: Fu-Chen Lo and Yue Man Yeung eds., Globalization and the world of large cities, Tokyo, pp. 37-75.
K. R. Kunzmann/M. Wegener [1991], The pattern of urbanisation in Western Europe 1960-1990, Dortmund.
P. Le Galès [2002], European Cities. Social Conflicts and Governance, Oxford.
H. Meller [1997], Towns, plans and society in modern Britain, Cambridge.
F. Moricini-Ebrard [1994], Geopolis, Paris.
F. Moricini-Ebrard [1994], L'urbanisation du monde, Paris.
L. Mumford [1961], The City in History, London (マンフォード [1969]『歴史の都市、明日の都市』生田勉訳、新潮社).
V. Nitsch [2001], City Growth in Europe, Berlin.
J.-L. Pinol ed. [2003], Histoire de l'Europe urbaine, 2Bde., Paris.
J. Reulecke [1984], Geschichte der Urbanisierung in Deutschland, Frankfurt a. M. 1984 (最終章).
R. Rodger ed. [1993], European Urban History, Leicester.
S. Sassen [1991], The global city, New York/London/Tokyo (サッセン [2008]『グローバル・シティ——ニューヨーク・ロンドン・東京から世界を読む』伊豫谷登士翁監訳　大井由紀・高橋華生子訳、筑摩書房).
H. Sundhaussen [1999], Bevölkerungsentwicklung und Sozialstruktur, in: M. Hatschikjan/S. Troebst Hg., Südosteuropa. Gesellschaft, Politik, Wirtschaft, Kultur. Ein Handbuch, München.
UN [2004], World urbanization prospects. The 2003 revision, New York.
D. Voldman [1997], La reconstruct. ion des villes françaises de 1940 à 1954, Paris.
F. Walter [1994], La Suisse urbaine 1750-1950, Genf.
C. Zimmermann [1996], Die Zeit der Metropolen. Urbanisierung und Großstadtentwicklung, Frankfurt a. M.

第13章　教育

　国家による社会保障、都市計画とならんで、ヨーロッパの学校と大学における教育は、20世紀後半、社会への国家干渉の第三の分野である。教育はヨーロッパでは、最も優先的に、国家によって組織され、大幅にコントロールされるものであった。たとえ私立の学校・大学が、20世紀の終わりに、数を増し、時に高い声望を獲得していたとしても、ヨーロッパでは総じて、国が中心的な管理・規制の機関であり続けた。もっともこのことは、教育の発展が、20世紀後半、もっぱら政府にのみ依存し、ただ政府の諸決定の分析によってのみ、理解されるということを意味するのではない。ヨーロッパの教育の変化に対しては、社会的過程、文化に関する見解、そして経済的状態が、中心的な役割を果たしている。

　教育の変化は、つねに長い時間をかけてゆっくりと社会に影響を及ぼしている。青少年・成人が教育で身につけた能力は数十年後になってはじめて、社会全体の中で可視化されてくるからである。20世紀末にヨーロッパの教育に起こった変革の影響は、21世紀の最初の数十年になって初めて、ヨーロッパ社会全体の中に現れるようになる。20世紀末の教育の歴史から、今後30年から40年のヨーロッパの未来を読み解くことができる。

　1945年以降のヨーロッパの教育社会史に関する概説的叙述は、これまで存在していない。ただミュラーの論文のみが、概観に近いものを提示している。といっても、第二次大戦以降の半世紀全体を扱ってはいないのであるが (Müller [1993]; Müller [1999]; Müller/Wolbers [2003])。OECDの1960年代から80年代までの発展に関する概観も、教育をめぐる論争、教育政策に関して、非常に有益なものを提供している。しかしこれも対象が西ヨーロッパに限定され、期間も30年間に限られている（OECD [1994]）。国ごとの概観も、ヨーロッパ全体のイメージを描けるほど多いとは言えない。アントワーヌ・プロストによる1945年以降のフランス教育史、およびドイツの教育史に関する最新のハン

ドブックのような概観が、他のヨーロッパ諸国、およびヨーロッパ全体に関して、求められている（Prost [1997]; Prost [2004]; Berg [1998]）。

教育機会の拡大とその原因

　教育の拡張は、20世紀後半に、それ以前には一度もなかったほど急速に進んだ。そしてそれは教育のすべての分野で起こった。

読み書き能力の普及

　20世紀後半の第一の決定的な変化は、ヨーロッパで非識字が完全に克服されたことである。就学欠如に基づく伝統的非識字の消滅は、必ずしも19世紀ヨーロッパに関する歴史教科書の中の出来事ではない。1950年ごろ、ヨーロッパではまだ非識字が、たとえ地域により非常に不均等ではあっても、広範に存在していた。特に南・東ヨーロッパでは、なお解決とは全く程遠い状態にあった。ヨーロッパの中心部、および北ヨーロッパでは、すでに19世紀に、非識字の問題は終わっていた。1950年ごろ、ポルトガルではなお44％の人が、スペインでは18％、イタリア14％、ユーゴスラヴィア27％、ギリシャ26％、ブルガリア24％、ルーマニアでは23％の人が、非識字であった。通常、非識字は、これらの国の年をとった人、貧しい地域において、非常に頻繁に見受けられるものであった。イタリアのカラブリア地方やバジリカータ地方では、5歳以上の人口のほぼ半数が、読み書きができない状態であった。学校システムは、ヨーロッパではいまだ必ずしもすべての場所で、十分には整えられていなかった。農村部あるいは農民の両親は、しばしば子供の教育に十分な関心を向けない傾向があった。不熟練労働者を雇う大土地所有者や都市の雇用者は、自らの労働者の職業教育にあまり多くの価値を置いていなかった。国や教会も、非識字の完全な克服に必ずしもすべての地域で取り組んでいなかった。

　20世紀後半になってはじめて、就学欠如に基づく伝統的な非識字克服が、ヨーロッパ全域において、大きく進展していった。1980年ごろ、非識字は、イタリア、スペインでは4％、ギリシャでは1991年頃、5％、ユーゴスラヴィアでは1991年頃、7％、ポルトガルでは1991年頃、12％しか存在しなくなっ

第 13 章　教育

ていた。もっともトルコにおいては、1990年ごろでもなお、21％にも達していたのであるが（UNESCO [1965] 42 ページ以下；UNESCO [1991] 133 ページ以下；UNESCO [1995] 1 ページ以下；UNESCO [1998] 1 ページ以下；Flora [1983] 第 1 巻、80 ページ）。非識字の減少には、様々な要因が貢献している。ユネスコの非識字率公表に後押しされた世界的な世論の圧力。各国の知識人の影響力。現代民主主義の体制や、またコミュニズム体制においても存在していた非識字の完全な克服に向けた政府の意志。ただし、それはヨーロッパの権威主義的・ファシズム的な体制には見られなかった。読み書きを必要とする機械や新しい材料の使用が増えたこと。豊かなヨーロッパ地域への非識字の人々の移住。これによって、少なくとも移民の子供たちの間では、非識字が非常に低下していった。

幼　稚　園

　教育の膨張を評価するにあたって、幼稚園に行く子供たちの拡大ということが、往々にして見落とされがちである。幼稚園は、20 世紀後半になって初めて、成長過程の重要な構成要素となるにいたった。幼稚園は、すでに 1950 年ごろにも存在していたが、それはほんの少数者にしか利用されていなかった。幼稚園は教育に属するものであるかどうかについては、なお議論の分かれるところでもある。フランスでは、幼稚園はすでにずっと以前から教育の任務を担うものとして理解されていたのに対して、ドイツでは、それは慈善的行為として理解されていた。だが 20 世紀後半、ヨーロッパ中で、就学年齢以前に、幼稚園や保育園といった施設で教育を始める傾向が、広がっていった。就学年齢はほとんど変化しなかったが、教育は実質的にますます早期に開始されるようになった。

　60 年代中ごろ、この点で先駆的な国であったフランスでは、3 歳児児童の半分弱ほどが幼稚園に通っていた。70 年度中頃、その割合は、フランスでは 80％を超えるまでになっていたが、西ドイツではまだ 50％の水準であった（Données sociales [1987] 54 ページ；Statistisches Jahrbuch der Bundesrepublik [1978] 58 ページ、[1979] 396 ページ）。しかし 20 世紀の終わり頃には、ほとんどのヨーロッパ諸国で 4・5 歳児の圧倒的多数が、幼稚園・保育園などの教育施設に通うようになっていた。それでもなお国別に見れば、大きな相違があった。ただ、

それに関する一般的な説明は存在しない。スイスやフィンランドのようないくつかの裕福な国々で、しかしまたクロアチアやセルビア、バルト諸国、ポルトガルのような比較的貧しい国々において、最近ではポーランドでも、20世紀の終わりの時点で就学以前に幼稚園に通っているのは、子供たちの少数派に過ぎない。トルコでは、それはほんのわずかな少数派でしかない。しかしこうした国々は、結局のところ例外であった（UNESCO [1995] 356 ページ以下）。

　幼稚園の普及の理由は、さまざまである。まず第一に決定的な要因は、母親の就業が増加したことである（第3章労働参照）。母親の就業と平行して、ヨーロッパの親たちの教育についての考え方も変化していったと見られる。両親との繋がりだけが重要なのではなく、同年代の子供との出会い、外界との接触もまた、子供の社会的能力の発達のために大きな価値を持つものと評価されるようになった。さらに幼稚園は、女性の先生が専門職化し、子供にふさわしい教育に非常に習熟するようになって親の信頼を勝ち取るようになった。そして幼稚園に代わる選択肢がますます少なくなっていった。路地、広場、中庭、野原など、子供の以前の遊び場は、特に自動車交通の発達によって、ますます危険なものとなった。両親以外に教育・面倒を見てくれる人たち、つまり祖父・祖母、父方母方の未婚のおば、兄や姉、近所の人たちは、幼稚園に代わる選択肢としてはますます少なくなった。というのも、かれらの多くが仕事を持つようになり、あるいはまた空間的流動性の拡大によって他所に住むようになり、子供たちの面倒をせいぜい休みの時にしか見られなくなったからである。同じように、子供が小さい時から近くにいて、仕事の傍ら面倒を見ることができる家族経営もいっそう稀になっていった。

　もっとも幼稚園の代替的選択肢が完全に消えたわけではない。特に世代の間隔が短い国々においては、祖父母が近くに住んでいれば、引き続き子供の日常的な教育で重要な役割を担った。富裕な階層には、依然として家政婦、オペア・メッチェン（家事・育児などを手伝う外国人女子留学生）や経験豊富な年長の女性がいた。しかし、彼女らが、幼稚園や子供を預かる保育ママの代わりになることはいっそう稀になった。

第13章 教育

中等学校

　ヨーロッパ教育システムの第三の決定的変化は、きわめてよく知られたこと、すなわち中等学校[1]の拡張である。もっともこの拡張を把握するのは、必ずしも簡単ではない。というのは、ヨーロッパでは中等学校の定義が統一的でないからである。

　すでに19世紀後半には、中等学校の生徒数が増え始め、中等学校自身に関する議論も活発になり始めた。だがそこに通うことは、依然として人口の一部分にしかすぎず、大学入学資格はほんの一握りの少数者の特権のままであった。これは1950年代においてもなお当てはまる。ほとんどのヨーロッパ諸国において、この時期、該当する年代の10～35％しか中等学校に就学していなかった。ユネスコの調査によると、当時すでに過半数が中等学校に通っていたのは、イギリスやスウェーデン、デンマーク、オランダ、旧西ドイツのようなわずかの国々だけであった。ペーター・フローラの計算によると、このことはそのほかの西ヨーロッパ諸国にさえ当てはまらなかった（UNESCO [1964] 109～111ページ；Flora [1983] 第1巻、553ページ以下）。

　1960年代から70年代に、中等学校は、多くが通う普通の学校になった。2000年頃には、圧倒的多数の生徒が中等学校に、少なくとも2～3年間は就学するようになった。ただほんの少数者だけが、零落した下層階層の人々やアウトサイダーがまれではなかったが、そもそも通学の選択肢が残っている場合、それ以前の学校に通っても、中等学校には進学しなかった。とりわけ中等学校の低学年への通学は、20世紀後半、通常のものとなった。すでに1970年代には、ヨーロッパの青少年の3分の2が中等学校に通うようになっていた。ただほんのわずかのヨーロッパ諸国、アルバニア、チェコスロヴァキア、ハンガリー、ルーマニアのみで、中等学校への就学率が1970年にまだ50％を下回っていた。だが1970年代後半には、これらの国々もまた、ヨーロッパ全体の傾向に接近した。ソ連では、中等学校への就学はヨーロッパ平均と同じように進展した。それに対してトルコだけは、まだ長い間、ヨーロッパ型からはずれていた。トルコでは、1980年代になって初めて、男子の過半数が中等学校に進学したが、女子の場合は1990年代中ごろまで、それはなお少数だった（UNESCO [1972] 109ページ以下；UNESCO [1982] III～68ページ以下；UNESCO [1995] 3～65ページ

だがその反対に、すでに1970年代に、非常に異なったヨーロッパの一連の国々、すなわちブルガリア、ハンガリー、フィンランド、スウェーデン、イギリス、フランス、ポルトガルでは、女子の中等学校への進学が男子のそれを上回っていたことは注目に値する。

大学入学資格が取得できる中等学校高学年に進学することは、多くのヨーロッパ人の人生をさらに決定的に変化させた。中等学校高学年への進学率が、時期的に早く急速だったのは次の諸国である。イングランド、ウェールズでは1946年の25％から75年の52％へ、フィンランドでは45年の9％から75年の45％へ、スウェーデンでは44年の4％から75年の33％へ、アイルランドでも45年の8％から75年の33％へ。むしろ平均的と言えたのは、フランス、旧西ドイツ、ベルギー、ノルウェーで、戦争終了期から70年代終わりまでの期間に、進学率が数パーセントから約20％に増えた。それに対し、増加が平均を下回っていたのは、オランダ、イタリア、スイスで、同年代の6分の1、または9分の1程度にすぎない（Flora [1983] 第1巻、553ページ以下）。

この中等学校に学ぶ生徒が並外れて増加した理由は、さまざまであり、そこには両親や生徒の教育に対する願望、また労働市場における高い能力資格をもったものへの需要の高まりなどが関係していた。また教育政策も重要な役割を果たした。ヨーロッパでは、1950年代・60年代の経済ブーム以降、実質所得が以前には決してなかったほど急激に増加した。したがって、多くのヨーロッパ人にとって、子供の中等学校教育は、もはや20世紀前半のように深刻な所得の欠損を意味しなくなった。以前、その子弟をめったなことでは中等学校に通わせなかった農場主、手工業者、小売商、熟練工らが、中等学校教育を彼らの子供たちのためにより頻繁に受けさせるようになった。中等学校教育は、部分的には親たち自身の職業にとっても、以前より重要になった。さらに出生率低下は、中等学校への需要を強めることになった。というのは出生率の低下に伴い、長期に渡る学資のやり繰りが、世紀初頭の大家族の時代に比べて相当に容易になったからである。その上家族は、娘のより良い学校教育にも投資を始めた。

他方では、高い能力を備えた卒業者への需要も高まった。工業部門における

ホワイトカラー職の急速な拡大、サービス部門・行政の拡張、農業・工業・サービス業の生産性の上昇は、労働力のいっそうの能力向上を要求した。小学校教育しか受けていない不熟練者の需要は、ますます少なくなった。そしてほとんどのヨーロッパ諸国の学校政策も、中等学校教育の拡張を、目標を設定し意識的に推進していくか、あるいは少なくとも受け入れた。中等学校拡張への公的資金調達、建物や教師の給与への資金投入が、経済の好況によって非常に容易になったのは確かである。だが1970年代後半以降の経済的に困難な時代においても、教育への投資は総じてさらに上昇した。

大　学

　20世紀後半の第四の教育の拡張は、最もよく知られているもの、すなわち大学生の数の増加である。もっともこの拡張も、必ずしも目新しいものではない。すでに19世紀後半、多くの学生が大学で学ぶようになっていた。だがそれは、20世紀中頃まで、人口のごく一部にとどまっていた。1950年ごろ、なお若者の約4％しか大学で学んでおらず、そのうち女性はほんのわずかな数にすぎなかった。20世紀後半になって初めて、大学での勉学は、これまでと非常に異なった重要性を持つものとして認められるようになった。世紀末には、若者の5分の2以上が大学で学ぶようになった。大学生活はヨーロッパ人の若者の多くにとって人生の重要な一時期となるにいたった。

　ヨーロッパ平均で言えば、20〜24歳の大学生の割合は、1950年頃のわずか4％から70年の14％に、そして90年には30％、95年には40％超にまで増加した（表13-1参照）。世紀中頃のヨーロッパ人にとってまったく想像もできなかったほどの数の大学生、すなわち1300万人という数のヨーロッパ人が、大学に通うようになった。その数は、ロシア、トルコを含めると1800万人にも達する。

　もっともこの大学生数の急激な増大をもってしても、ヨーロッパは、確かにいまなおはっきりと——といっても、そこには教育システムの比較の困難という限定があるのだが——アメリカを下回ったままである。だが日本のような他の工業社会と比較すると、ほぼ同様の学生数割合を保持している（表13-1参照；UNESCO [1999] Ⅱ-246ページ以下）。

表 13-1 ヨーロッパにおける大学への進学
(大学生数を20~24歳人口に占める割合で表す)

(単位:%)

国	1910	1950	1960	1970	1980	1990	1995
アルバニア			5	8	8	10	10
ベルギー	1	3	9	18	26	40	54
ブルガリア	1	5	11	15	16	31	39
ドイツ	1	4	6	14	26	34	44
デンマーク	(1)	6	9	18	28	37	45
旧東ドイツ		2	10	14	23	22	—
フィンランド	1	4	7	13	32	49	70
フランス	1	4	7	16	25	40	51
ギリシャ	0	3	4	13	17	25	43
イギリス	1	3	5	14	19	30	50
アイルランド		4	9	14	18	29	39
イタリア	1	4	7	17	27	31	41
ユーゴスラヴィア		4	9	16	28	16	18
オランダ	1	8	13	20	29	40	49
ノルウェー	1	3	7	16	26	42	59
オーストリア	4	5	8	12	22	35	47
ポーランド		6	9	11	18	22	25
ポルトガル	0	2	3	8	11	23	37
ルーマニア	1.0	3	5	10	12	10	23
スウェーデン	1.0	4	9	21	31	32	46
スイス	2	4	6	8	18	26	33
スペイン	1	2	4	9	23	37	49
チェコスロヴァキア		4	10	10	18	16	22
ハンガリー	2	3	7	10	14	14	24
ヨーロッパ	1	4	8	14	22	30	42
ヨーロッパ(変動係数)	65	34	31	26	27	33	30
西ヨーロッパ	1	4	7	15	22	34	48
西ヨーロッパ(変動係数)	66	36	33	27	26	21	20
ソ連/ロシア			11	25	52	52	43
トルコ			3	6	5	13	18
アメリカ	3	17	21	31	56	75	81
日本			9	17	31	30	—

出典:1910~1970年:H. Kaelble [1983], Soziale Mobilität und Chancengleichheit im 19. und 20. Jahrhundert. Deutschland um internationalen Vergleich, Göttingen, 200ページ:1980~90:UNESCO [1995], Statistical Yearbook 1995, Paris, 3ページ以下;UNESCO [1999], Statistical Yearbook 1998, Paris, 3ページ以下;DDR 1980 und 1988(1990ではない):Statistisches Jahrbuch der DDR 1981, 343ページ、1990, 58ページ(大学・専門学校)。きわめて小さなヨーロッパ諸国は、取り上げられていない。またソ連およびユーゴスラヴィアの継承国に関するデータも、取り上げられていない。というのは1995年以前、それらの国々においては、比較可能な時系列が存在しないからである。もちろん、これらの国々は、1995年のヨーロッパの平均と変動係数のなかに含まれている。

この大学教育の膨張には、いくつかの理由がある。第一に、青年層による需要が増えたことである。特に1950年代60年代の好景気によって、この需要は急速に高まった。両親の所得の増加と国の奨学金によって、大学での勉強の資金がより容易に調達できるようになったからである。それゆえ、大学生の割合は、この好景気の時代に特に急速に上昇し、ヨーロッパの至る所で、4倍にも膨れあがった。しかし経済ブームの後も、所得は高い水準で維持され、1950年代に比べ、はるかに多くの青年層がその学業生活の資金を手に入れることができた。

　この傾向はまた、高度な能力を持った労働力に対する需要の増加によっても支えられた。経済部門、急速に拡大した国家行政、学界、教育界で大学教育習得者への需要が高まり、これらもまた大学の拡大を後押しした。この傾向は、個々の大卒労働市場の周期的な危機にもかかわらず、持続した。

　最後に、大学の拡張にとってさらに重要なもう一つの動因には、大学での勉学に関する国境横断的なヨーロッパレベルでの公的な議論があった。スプートニク・ショック、コミュニズム・ヨーロッパにおいて急速に増加した大学教育習得者に対する西側世界の没落への不安、絶えずより高い割合の大学生を持ち、経済的・文化的に成功したアメリカの挑戦、そして、大学の開放と大学受け入れ人数の増加によってのみ可能となる機会均等についての論争、これらが議論を主導していった。また大学生数の増加では、ヨーロッパ諸政府の大学政策も、特に教育部門への財政援助の引き上げや新しい大学の創設などによって、大きな役割を演じた。この事については後で再度取り上げる。

　こうした展開の結果、ヨーロッパ人の人生経路は根本的に変化した。以前と違い、若いヨーロッパ人の大多数が少なくとも16歳まで学校に通い続けることとなった。ほぼ半数のヨーロッパ人が大学に進学し、成人となってはじめて教育を終えた。教育の期間は、1990年代中頃、ヨーロッパの東側地域では平均11〜12年であり、西側地域では15〜16年になり、50年頃の約二倍にまで拡大した。

　静かなほとんど議論されていない、だがまさに革命的な、影響の大きいこの発展の中で、教育による卒業資格も変化した。ヨーロッパは、1950年ごろ、まだ小学校教育の社会であり、大学教育習得者はごくわずかで、南・東ヨーロ

ッパでは広範に非識字が広がっていた。だが2000年頃には、ヨーロッパは、大学・専門学校卒業者の社会となり、こうした高い学歴のものが青年層のなかで半世紀以前の工場労働者の割合と同じほどになった。

教育機会の変化

教育への機会も、20世紀の後半、同様に大きく変化した。教育は、1950年頃には多くの障壁に直面していた階層に対しても、開かれるようになった。以下では、それらの集団のうちのいくつかを見ていこう。

女　　性

教育システムの開放のうち、女性への開放は最も広範なものとなった。ヨーロッパの女性は、1950年ごろ、中等学校、大学への入学機会に関して男性に比べ著しい不利益を甘受しなければならなかった。教育機会改善への要求は、確かに長期に渡って、ヨーロッパの世論の中で議論されてきた。女性が大学で学ぶことに関する法的な障害は、ほとんどのヨーロッパ諸国ですでに第一次世界大戦以前に撤廃されていた。だが教育の男女同権の実現は、両親や教師、大学教授、労働市場における後進的な経営者、場合によっては若い女性自身の規範や価値観に抗していくことが必要であり、それには半世紀以上かかった。1950年頃、すでにいくつかのことは達成されていた。ヨーロッパ平均で見ると、大学生の約4分の1は女性であった。だがヨーロッパの若い女性は、男性に対する機会の平等からはほど遠い状態にあった。

だが20世紀末には、女性の教育部門への接近に関して、全般的な平等が広く実現された。中等学校にはすでに1970年代、ヨーロッパのほぼすべての地域で少年と同じように多くの少女が通うようになった。大学では、90年代になって進学の全般的な平等が達成された。大学生に占める女性の割合が男性を下回っているのは、チェコやドイツ、オランダ、スイス、オーストリア、ギリシャなど少数の国々においてのみである。反対にヨーロッパの西側・東側を問わず、大学生に占める女性の割合は、通常、男性のそれをかなりの程度上回るようになった。ヨーロッパ平均では、1995年、すべての大学生の52%が、女

第13章　教育

表13-2　ヨーロッパの大学生に占める女性の割合、1950~95年

(単位：%)

国	1950	1960	1970	1980	1990	1995
アルバニア	33	18	33	50	52	53
ベルギー	16a	26	36	44	48	50
デンマーク	24	35	36	49	52	54
ブルガリア	33	—	51	56	51	61
ドイツ	16	23	27	41	41	45
旧東ドイツ	23b	32	43	58	52d	—
フィンランド	37	46	48	48	52	53
フランス	34a	41a	45a	50c	53	55
ギリシャ	24	26	32	41	49	48
イギリス	22a	23	33	46c	48	50
アイルランド	30	28	34	41	46	51
イタリア	26a	27	38	43	50	53
ユーゴスラヴィア	33	29	39	45	52	53
オランダ	21	26	28	40	44	47
ノルウェー	16a	34	30	48	53	55
オーストリア	21a	23	29	42	46	48
ポーランド	36	41	47	56	56	57
ポルトガル	26a	30	46	48	56	57
ルーマニア	33	33	43	43	47	53
スウェーデン	23a	36	42	52c	54	56
スイス	13a	17a	24	30	35	
スペイン	14	24	27	44	51	53
チェコスロヴァキア	—	34	36	40	44	47
ハンガリー	24	33	43	50	50	52
ヨーロッパ	25	30	38	42	49	52
ヨーロッパ（変動係数）	29	24	19	17	14	7
西ヨーロッパ	22	29	34	41	49	52
西ヨーロッパ（変動係数）	31	26	21	15	11	7
東ヨーロッパ	34	33	42	50	50	54
ソ連／ロシア	53	43	49	—	54	56
トルコ	20	20	19	25	34	—
アメリカ	30	37	41	51	54	56
日本	11a	19a	28	33	40	44

注：a＝大学（Hochschule）は、総合大学（Universität）と同じ。b＝1951年。c＝1985／86年。d＝1988年。e＝非加重平均。

出典：K. Kaelble [1983], Soziale Mobilität und Chancengleichheit im 19. und 20. Jahrhundert. Deutschland im internationalen Vergleich, Göttingen, 222 ページ；UNESCO [1963], Statistical Yearbook 1963, Paris, 219 ページ以下；UNESCO [1978], Statistical Yearbook 1977, Paris, 324 ページ以下；UNESCO [1985], Statistical Yearbook 1985, Paris, III-266 ページ以下；UNESCO [1993], Statistical Yearbook, Paris, 342 ページ以下；[1994] 357 ページ以下、[1999] II-213 ページ以下。きわめて小さなヨーロッパ諸国は、取り上げられていない。またソ連およびユーゴスラヴィアの継承国に関するデータも、取り上げられていない。というのは1995年以前、それらの国々においては、比較可能な時系列データが存在しないからである。東ヨーロッパというカテゴリーは、1995年時、比較目的のためだけに、維持された。このカテゴリーは、その間、実際的な意味合いを失うことになった。

性であった（表13-2参照）。だが反面、ある種の技術的・自然科学的分野においては、女性の進出は非常にゆっくりとしたものであった。大学進学機会の平等化は、大学教員になる機会の平等化には、きわめて遅々としか効果を現わしていない（第3章労働参照）。

　大学が女性に対して開かれるようになったのには、女性の人生設計の変化、また労働市場、教育政策など様々な要因が関係している。女性の人生設計は、根本的に変化した。女性の就業は、もはや結婚前、または第一子誕生前の一時的な人生の段階、またおそらくは人によってありうる子供の養育後の第二の人生の段階とは見なされなくなった。それはむしろ、生涯にわたる活動と見なされるようになった。女性に対して大学の研究教育職も、以前に比べいっそう開かれるようになった。これは通常、これまでの女性の職業よりも多くの時間を要求し、女性の伝統的な人生設計にはなかなか適合しないものであった。さらに大学の研究教育に関係する労働力の需要も非常に増え、それはもはや男性だけでは充足されなくなった。

　最後に、女性の大学教育に関する公的議論が、知識人、専門家、ジャーナリスト、女性運動、政治家らによって主導され、それが教育政策に影響を与え、また両親と若い女性の態度に影響を及ぼした。

下層階層

　第二の、といっても非常に限定的なものであるが、大学開放は、労働者層、下層ホワイトカラー、小農民層に対して起こった。この過程は、若い女性への教育分野開放に比べると、ヨーロッパレベルではデータが非常に粗末な状況にある。現在、われわれが手にしている数値は、国際比較には適していないことがしばしばである。そこで一般的傾向を非常に大まかに掴むことができるだけである。

　1950年ごろ、下層階層に属する人のうち、きわめてわずかな人しか大学に通えなかった。確かに、19世紀以降、大学の開放は著しく進んだが、そこから利益を得たのはもっぱら中間層に限られていた。50年ごろ、労働者の子弟で大学生になれたのは、0.2％から0.3％、最高でも1％でしかなかったと推定される。50年以降、下層階層の子弟の進学機会も少しずつ上昇した。大まか

に見積もれば、70年代に平均して労働者の息子・娘の約2～3%が大学に通っていた。20世紀の終わりには、その数値は大まかに見積もって約10～13%であった（EURO student reportによる見積り。Schnitzer [2003] および表13-1より引用）。

このような下層階層への大学開放にも、いくつかの要因がある。大学教育への需要は、ヨーロッパの下層階層の環境においても、経済ブーム以降、増加した。労働者の家庭でも、子供たちの大学進学を考える余裕ができてきたからである。鉱山労働者、鉄鋼労働者、繊維工のような古典的な多くの労働者の職業において、父の職業の将来に対する展望がますます暗くなっていった。息子たちは、他の、給料の良い職業を探すようになった。古典的なプロレタリア的環境の衰退とともに、仲間内部の強固な結びつきや非プロレタリア的職業の選択の拒否といったことは、弱まっていった。同時に、中等学校、大学も数多くつくられ、しばしば労働者や都市下層階層の住宅地区のかなり近くの空間に建てられた。また大学での勉学生活に関する公的議論、教育政策も、下層階層への大学開放に貢献したのは確かである。

移　　民

移民の子供の教育機会の進展については、データが最も劣悪である。外国のパスポートを持つ移民の子供は、大学統計において、勉強のためだけにヨーロッパ諸国に来ている外国人学生と区別されていないので、それだけでも彼らの実態を知るのは困難である。逆に国内のパスポートを持っている移民の子供たちは、通常、大学の統計ではほとんど特別扱いされていない。移民の子供に関する教育機会についてわれわれが持っているのはごくわずかの調査だけで、そのほとんどが一時点のみの調査であり、変化に関して比較し結論を導くことが許されるものではない。

確実なことは、21世紀の始めにおいても、移民の子供たちの教育機会は、その国の元々の住民の子弟の平均に比べて悪いということである。だが教育機会の不平等は、いくぶんか弱まってきたように思われる。といっても、こうした変化はこれまでのところ断片的にしか確認できないのであるが。まず移民第二世代の非識字率が低下したのは確実である。就学義務が課されているからで

ある。

　移民の子供の中等学校への進学も増加した。例を挙げれば、オランダでは、最大の移民集団であるトルコ移民の子供の中等学校高学年就学率は、アムステルダム移民・民族研究所の報告によれば、1991年の7％から、98年の15％へ、大学への進学に関しては、91年の1％から、98年の4％へと増加した（元から住むオランダ人と比較するとその値は、5分の1である）。ドイツでは、1983年から2003年までに、移民の子供のなかで、中等学校までの卒業証書がない青少年の割合は、31％から17％に減少した。実科学校卒業生の割合は19％から32％に、大学入学資格取得者の割合は4％から9％に上昇し、元から暮らす人々の割合の約4分の1になった（Geißler [2006] 244ページ以下）。このような移民の子供たちの教育機会のいくぶんかの改善の決定的な要因は、単にヨーロッパの諸政府の学校・大学政策だけでなく、移民環境自体の変化にもあった。移民の一部には、生活が安定し、裕福な中間層や上層に転化していく人たちさえもでてきたのである。

　もっともヨーロッパ諸国間で、大きな相違も存在する。地中海最大の移民グループ、トルコ移民に関する数少ない比較研究の一つが示すところによれば、彼らの教育機会、大学進学は、フランスにおいては、ドイツ語圏の諸国に比べ、二倍であった。というのはフランスでの学校教育はより早い年齢から開始され、基幹学校と中等学校の選択はより後で行われ、学校内の個々人への援助がはるかに良いものであったからである。もっともフランスでは中退率も高かった。これに対し、ドイツ語圏の国々の学校教育システムは、職業教育の機会をより良く提供し、労働市場への接近を容易なものにし、失業率もより低かった（Crul/Vermeulen [2003]）。

教育政策の変化

　教育の拡張と開放を促し、ときにはブレーキもかけたヨーロッパ諸政府の教育政策も、20世紀後半、非常に変化した。

　戦後すぐの時期および1950年代に近代化の兆候が現われた。抜本的教育改革が、いまやヨーロッパ西部においてもコミュニズムの地域でも実行された。

西ヨーロッパでは、とりわけイギリス、スウェーデンにおいて教育改革が実行された。イギリスでは、44年に教育法、いわゆるイギリス学校システムの根本的改革が議決された。国民学校と中等学校に接続する学校の間にあった鋭い境界線が廃止され、5歳から11歳までのすべての子供に対する義務的・無料の基礎学校、その後の11歳から15・16歳の子供に対する同様に義務的だがいくつかに分節化された中等学校、そして16歳以降のもはや義務的ではない学校教育というふうに、新しい教育システムが創出された。

スウェーデンでは、1950年にとりあえず10年間の試みとしてではあるが、総合中等学校が導入され、最初の9年間はすべての生徒が共通のクラスに通う制度となった。他のスカンディナヴィア諸国がこの改革を取り入れたのは、ようやく1950年代になってからである。

フランスでは、ラングヴァン・ワロン委員会の教育システムの新秩序に関する提案、とりわけ世俗主義的共和主義的国民学校と中等学校間にある厳しい境界線の除去、また学校の職業教育の強化をめぐって、激しい議論が巻き起こった。もっとも諸改革は、ようやく1960年代になって実現された。

これと全く同じように、ドイツの西側占領地区においても、激しい改革論議が展開された。それはアメリカ占領軍当局によってなされた提案、すなわち合衆国に類似したシステムをドイツに導入し、国民学校とギムナジウムの間にある厳しい区分線を取り除こうという提案に、触発されたものであった。だが当時、学校が実際に改革されたのは、連邦の少数の州においてだけであった。

東ヨーロッパでも同様に、学校は根本的に改革された。学校はほとんどが国有化され、最初の7～10学年の間の全生徒に共通のクラスが導入され、その後に、高等学校または国立の職業学校が置かれた。マルクス・レーニン主義の授業がロシア語の授業と同様に義務化された。したがって、東西ヨーロッパ間だけでなく、西ヨーロッパの改革諸国と非改革諸国との間に見られる大きな相違は、この時期に由来するものであった。

教育政策の第二の画期は、ほとんどの諸国で1960年代、70年代に、いくつかの国々においてはすでに50年代に始まった。それはとりわけ教育成長の高揚状態と機会均等の目標によって決定付けられていた。多くの費用を必要とする改革が、50年代から70年代初めまでの経済ブームの時代に実行された。就

学期間の延長、既述の中等学校・大学の大幅な拡充、多くの新しい学校・大学の建設、ヨーロッパの多くの地域での全日制学校の開設、教職・大学教師職の拡充などである。70年に西ヨーロッパ諸政府は、平均して国民総生産高の4.5％を教育に支出したが、さらにその割合を増やす傾向にあった。

中等学校・大学の開放が激しく論じられた。スウェーデンのミュルダール、フランスのブルデューとパスロン、ドイツのダーレンドルフとピヒトなどの意見が、非常によく読まれた。様々な手段によって各種の学校間の移動可能性が拡大され、大学入学資格の受験機会が広げられた。奨学金プログラムが導入され、農村地域・労働者地区への学校開設も試みられた。近代化をめぐっては、また大学内での参加をめぐっては、激しい衝突も生じた。大学は多くの国で、総合的に再編成された。

1970年代後半および80年代は、教育はむしろ政治の片隅に押しやられた。福祉国家と同じように教育もまた、経済成長の低下、インフレーションと公的財政の危機によって、さらに大学の研究教育職の市場における失業率の増大によって、危機に陥った。教育の第一目標は、教育部門の財政・効率性のチェックになった。拡充の停止、少なくとも抑制が、東西ヨーロッパの政府の多くで、公然または隠然の目標となった。公的教育支出は、この時期の当初は増大した。だがその後、停滞または比率的に低下した。それは西ヨーロッパでは、1980年にはまだ国民総生産高の5.3％であったのに対して、90年には5.0％になった。

1990年代以降、三つの新しい発展が現われてくる。教育は再び以前よりも世間の関心の中心となった。教育は、世論および政治の場で、経済的な原動力としての認知度が高まり、新たな関心を持たれるようになった。学校教育の質、および企業をモデルとしたコストパフォーマンスの良い大学組織が、今や公的議論の重要なテーマとなった。その反面、もはや機会の均等というテーマは、ほとんど問題にならなかった。

教育部門は、東ヨーロッパのいくつかの国で特に急速に成長した。というのはソビエト帝国の崩壊後、それまでせき止められていた教育需要が前面に姿を現わしたからであった。教育への投資も再度増加した。西ヨーロッパでは、1990年の国民総生産高の5％から、95年の6％へと顕著に上昇した。東ヨーロ

ッパの95年の教育投資も、それより決して低くはなかった。しかし95年の5.5%という数値は、絶対額で見た場合、西ヨーロッパと比べ、国民総生産高がはるかに低かったので、きわめてわずかな額であった。

　もっとも西ヨーロッパのいくつかの豊かな国々、ドイツ、ルクセンブルク、ベルギーは、このような分類から外れている。これらの国においては、教育に対して国民総生産高の5%未満しか支出されていなかった。ロシアもまた、1995年、国民総生産高の3.5%とヨーロッパ平均を大きく下回ったままであった。トルコの教育投資も2.2%と、ヨーロッパ平均をさらに大きく下回っていた（UNESCO [1999]）。

相違と収斂

　20世紀後半のヨーロッパ内部の教育システムの相違が、どれほど大きかったかについては議論があるところである。

相違の不変性
　一方で、国ごとの教育政策、教育制度の基本原理は収斂しなかったと主張されている。ヨーロッパ教育システムに対してまったく類似の経済的政治的要求が突きつけられたが、それに対するヨーロッパ各国の対応は別々だった。各国は、独自の教育的伝統の上に成り立ち、特有の政治的文化の中で行動し、決定を下したからである。フランスのグランゼコール、その特別の選抜試験（コンクール）、そのための予備校、その卒業生の労働市場における特権的位置、卒業生の間の一生涯のネットワークを持ったエリート学校は、まったく独自なものであった。これと同じ様な独自性は、イギリスの私立学校、パブリック・スクールのシステムであり、オックスフォード・ケンブリッジ・LSE（London School of Economics）を頂点とするイギリスの大学の厳格な序列システムにも見られる。これらはまた、専門ごとに大学研究所の間で序列が変化する大衆的なドイツの大学とは、まったく異なっている。

　教育部門では、次の三つの点で違いが特に際立っている。第一の相違は、コミュニズム的東ヨーロッパと西ヨーロッパとの間の別々の展開にあった。戦後

間もない時期、および1950年代、多くのコミュニズム政府は、大学入学定員を相対的に急速に増やした。それは、政治的に好ましい高度な能力を持った人材が大幅に欠乏している状態を解消するためであり、また大学進学の機会均等を実現させるためにであった。大学生の数は、西ヨーロッパ平均よりも速やかに増加した。その結果、1960年には多くのコミュニズム諸国において、大学生の割合がヨーロッパ平均を上回るようになっていた（表13-1参照）。これに対し、西ヨーロッパの国々では、大学生数はほとんどの国でそれほど急速には増加しなかった。というのは、中等学校、大学での学業生活は、多くの家庭にとって、戦後間もない時代にはきわめて高価なものであり、またほとんどの政府は大学拡充の加速化に向けた政治的意思も財政手段も、持ち合わせてはいなかったからである。

　同時に、東ヨーロッパにおけるコミュニズムの権力奪取のすぐ後、労働者子弟の教育機会は、大幅に促進された。もっともそれは、他の社会環境の子弟の犠牲の上に成り立つこともまれではなかった。いまだ必ずしも正確に再検証されてはいないのだが、これら諸国の統計に従うならば、戦後間もない時期、大学生の4分の1から3分の1が、労働者環境の出身であった。西ヨーロッパでは、下層階層の子供たちの教育機会は、この数値を大幅に下回っていた。もっとも後ですぐに論じられるような様々な違いはあったのだが。ほとんど知られていないことだが、当時、コミュニズム諸国は、女性に対して大学を、西ヨーロッパ諸国よりもはるかに開放していた。東ヨーロッパの大学生の約3分の1が女性であり、これに対して西ヨーロッパでは、わずかに5分の1だった（表13-2参照）。コミュニズムは、当時ヨーロッパで、下層階層の人々と女性に対して、他よりもたくさんの大学定員とよい教育機会を提供していたと思われる。

　1960年代以降、この状態は変化していく。ほとんどの西ヨーロッパ諸国において、大学生数は、前述の経済的・政治的理由から、ますます急速に増加し始めた。それ対して、ほとんどの東ヨーロッパ諸国においては、とりわけチェコスロヴァキア、ハンガリー、ルーマニア、ドイツ民主共和国（DDR）においては、大学膨張の動きにブレーキがかけられた。1989～90年当時、ソ連以外のコミュニズム諸国において、青年の、せいぜい5人に1人しか、大学で学んではいなかった。東西間のこの鋏状差は、特に1980年代に激しく拡大し、89

年の大変革後もただちには縮小に向かっていないようである（表13-1参照）。結果として、西ヨーロッパの下層階層の子供たちの教育機会も、1980年代、90年代の大学教育の急速な拡大と共に、実質的に上昇していった。東西間のヨーロッパの下層階層の状況は逆転した。

　同様の理由から、女性の教育機会も逆転した。大学で勉強をする若い女性の割合は、西ヨーロッパにおいて、東よりもはるかに高くなった。なぜなら、大学生に占める女性の割合は、男性と同じになり（表13-2参照）、とくに大学定員が、はるかに急速に拡大したからである（表13-1参照）。コミュニズムのヨーロッパの大学部門は概して西よりも狭いままに保たれていたが、それは人的資本の危機的な欠落を生じさせただけでなく、人々にも機会が制限され硬直的になっているとの印象を強めた。

　第二の相違。大学の学生定員の拡大は、西ヨーロッパでも東ヨーロッパでも、豊かさに依存していた。ヨーロッパ周縁部にあるポルトガルやギリシャ、ルーマニアなどのいくつかの貧しい国々では、大学生の割合はヨーロッパ平均を大きく下回っていた。教育機会は、これらの国々において、ヨーロッパ全体の中で、たとえそれがトルコに対しては常に上回っていたとしても、最も低い状態であった。これに対して、ヨーロッパの特に豊かないくつかの国々、ノルウェー、デンマーク、フィンランド、フランスでは、学生の割合はとくに急速に上昇した。これらの国々は、青年層に占める大学生の割合が、最も高い国々であった（表13-1参照）。

　だが政治システムの相違、および豊かさは、決してすべての相違を説明するものではない。特に西ヨーロッパ内においてはそうである。個々の国の独自性と伝統が重要な役割を演じていた。そうだからこそ、なぜスイスのような豊かな西ヨーロッパの国が、1990年頃、それよりも明らかに貧しいスペインのような国に比べて、大学生の割合がはるかに低かったのかが理解可能となる。

　つまり、下層階層の教育機会の拡大は、西ヨーロッパにおいては全く様々な推力によって進められたのである。イギリス、スカンディナヴィア諸国では、すでに戦間期に、下層階層の学生に対しても大学の門戸が開かれていた。1970年ごろ、これらの国々では、大学生の約4分の1から5分の1が労働者環境の出身者であった。第二の拡大の動きは、1950年代から60年代にかけて、イタ

リア、ベルギー、デンマークのような大陸諸国で起こった。労働者子弟の割合は、1970年代までに、ほぼイギリス、スカンディナヴィア諸国の水準にまで上昇した。第三の、そしてはるかに控えめな動きが、同じ時期に、フランス、旧西ドイツ、オーストリア、スイス、オランダで進んだ。労働者環境出身の大学生の割合は上昇したのだが、他のヨーロッパ諸国に比べるとかなり低いままであり、1970年代までに、10〜15％よりも上には行かなかった。ドイツは、2005年頃でも、労働者子弟の教育機会においては、最後尾のままである。

　もっとも大学の開放は、ヨーロッパの先駆的諸国についても過大に評価してはならない。視点を変え、どれだけの数の大学生が下層階層環境の出身であるのかではなく、どれほど多くの下層階層の子供が大学で学んでいるのかを追跡すれば、これまでみてきた変化はかなり控えめなものとならざるを得ない。通常、ヨーロッパでは、1970年ごろ、すべての労働者子弟のせいぜい2〜3％しか大学で学んではいなかった。スウェーデンのみが、ややその数値を上回っているにすぎなかった（Kaelble [1983] 214ページ以下）。

　女性の教育機会もまた、全く違って進展した。西ヨーロッパでも、1990年代、女性の教育機会が順調に拡大した北欧、フランス、ベルギー、イベリア半島の国々と、それが限定的であったドイツ、オランダ、スイス、オーストリア、イタリア、ギリシャなどの国々が、はっきりと分かれていた。ドイツは、2005年に、ここでもまた最後尾である（HIS [2005] 26, 62ページ）。

　この巨大な相違、あるいはむしろ新たな拡散傾向は、20世紀後半に、ヨーロッパの教育の収斂を推進する強い要因が欠けていたことによって説明される。ヨーロッパの教育を同化させたであろう統一的なヨーロッパ教育市場も、共通のヨーロッパ的教育政策も、存在していなかった。確かに、グローバルな、単にヨーロッパ的な国際性にとどまらない教育世論が、各国政府に圧力をかけた。だが、それは20世紀の後半、多くの国々が持つ独自性を著しく減少させることができるほどには、大きな影響力をもたなかった（McLean [1998]; Teichler [1990]）。

接　　　近

　他方、ヨーロッパ内部の対照性が緩和されていく傾向もまた、観察される。

第 13 章　教育　　　　　　　　　　　　　　　　　　385

近似していく進学率

　個々のヨーロッパ諸国間で、就学率や大学進学率に関する違いは、20世紀後半、縮まっていった。東・南ヨーロッパにおける非識字の解消、それに伴う深刻なヨーロッパ内部の不均衡の縮小は、ヨーロッパ内の国民的な相違が緩和されていく最初のものであった。さらにヨーロッパ内の就学率・大学進学率の相違も、すべて縮小していった。もちろん1980年代および1989～90年の大変革期に限定的に再度、相違が強まり、縮小傾向が中断されはしたのだが、ヨーロッパ全体では、相違の縮小は疑問の余地のないものであった（表13-1の変動係数も参照）。さらに女性の教育機会も、20世紀後半に、西ヨーロッパだけでなくヨーロッパ全体において、接近する傾向を見せた（表13-2参照）。確かに2000年でも、「国ごとの特殊性は生き残っている」という言葉に疑いもなく根拠がある。だが全体としてみれば、相違は減少した。

移　　動

　ヨーロッパ諸国における移動は、20世紀の後半、前代未聞の規模で拡大した。ヨーロッパ諸国間における生徒・大学生・教師の相互交流は、大幅に増えた。1980年頃には、約12万人のヨーロッパ諸国の外国人が、ヨーロッパの大学で勉強をしていた。1995年ごろには、その数は約35万人にもなっていた。ロシアを加えると、その数は、1995年頃で約37万5,000人になる（UNESCO [1985] Ⅲ-440ページ；UNESCO [1999] Ⅱ-486ページ以下から算出）。特に重要な国際的な大学生の受け入れ国は、イギリス、フランス、ドイツ、スペイン、イタリアであり、さらに、ベルギー、スイス、オーストリアなど比較的小さな国もそうである。

　これには、いくつかの理由が指摘できる。生徒や大学生の相互交流の強化は、ヨーロッパの政治が第二次大戦の破局から引き出した政治的教訓のひとつであった。ヨーロッパ委員会は、生徒や大学生の交流が、ヨーロッパの建設のために、そしてヨーロッパ・アイデンティティーの生成のために、きわめて大きな重要性を持つことを認めた。そして外国滞在のための大規模な奨学金システムが設けられた。そのなかで、最大で、最も成功したのが、EUのエラスムス-ソクラテス・プログラムである。またそれとは別に、生徒・大学生の交流は、

彼らが外国語知識をよりいいものにし、経歴のためのプラスポイントを集めようとしたために、またヨーロッパの生活水準の上昇が、外国滞在を金銭的に可能にするにしたがって、確実に増加していった。

ヨーロッパ内における教育面の移動は、人の移住のみにとどまらず、教育のコンセプトにも及んだ。教育システムの比較は、他の選択肢の情報を増やし、別の教育コンセプトの自国教育システムへの応用にも役立った。

ヨーロッパ規模の議論

国ごとの教育改革には、看過できない明確な相違や独自性があったが、多くのヨーロッパ諸国では似たような論争が起きた。それは、互いに密接な繋がりを持っていた。専門家の国際的ネットワークも強化された。OECDやユネスコのような国際的組織、後にはEUもまた、国際的議論に参加し議論を動かした。この共通したヨーロッパ的で大西洋的な広がりのある教育政策の議論は、1950年代、60年代初め、すでにふれたように西洋の遅れに対するショックや授業への自然科学の導入をめぐって行われた。教育と経済成長の間の密接な関係が議論され、急速な教育の拡大とより強力な教育計画の必要性が認識された。1960年代、70年代には、教育機会の不平等、下層階層および女性の置かれた不利な状況が、議論の中心となり、80年代には、教育・授業・教師の質、移民・障害を持った人・社会的に締め出された人々の統合が、議論の的となった。90年代以降、議論は、生涯教育、厳しい労働市場、公的資金による教育か民間資金によるそれか、経済的成長要因としての教育・研究の再発見といった諸問題に集中していった。これとはまた別に、各国は、それぞれ自らの教育テーマを持っていた。しかし、ヨーロッパの相互接近の本質的な部分は、上述の教育政策をめぐる議論の共通のテーマにあった。

ヨーロッパ連合

ヨーロッパの接近傾向にとって、限定的だが重要でなくはない役割を果たしたのがEUであった。EUは1980年代、財政的にはまだ、EU域内の外国の大学での勉学プログラムとしては、全く満足のいくものではなかったが、最大のプログラム、すなわちエラスムス−ソクラテス・プログラムを開始した。さら

にヨーロッパ連合は、研究のための様々な基本計画を作り、ヨーロッパの研究促進のために、財政的に大規模なプログラムを準備した。それは研究者間のヨーロッパ的接触を強め、同時にまた多くの移動も促進した。このプログラムには、21世紀初頭、170億ユーロの予算が計上されており、それは、多くの国の奨励プログラムよりもはるかに巨額で、おそらくいっそう急速に大きくなっていくであろう。

EUは、大学における資格・能力のヨーロッパ共通の評価、その相互承認、最近では、大学修了資格の統一化(B. AとM. A.)などの提案によって、学生が他のヨーロッパ諸国で勉強することを容易にした。またEUは、たとえば域内の外国への振替送金や保険のような実際的な問題でも、域内の流動性を全般的に促進して、生徒・大学生・教師の加盟国滞在で起こる問題を大幅に軽減した。

理由の類似性

ヨーロッパの接近にとって決定的だったのは、ヨーロッパの教育の発展が、類似した要因によって影響を受けていたということである。所得の増進に伴う人々のより高い教育への需要の高まり、特に女性の教育についての考え方の変化によって、工業およびサービス業部門の変化に伴う高度な専門能力者への需要の増大によって、生涯教育によって、共通の教育政策的議論によって、そしてまたヨーロッパ人の間で外国における教育に新たな価値が認められたことによって。

これらすべての接近は、もちろん、ヨーロッパにおいて、均質な教育市場、同種の教育政策、青年層および両親の画一化した教育投資が生じたことを意味するものではない。もしこのような完全な一致が起こったとしても、それは必ずしも望ましいものではないだろう。というのは、ヨーロッパの多様性こそが、完全に統一化したヨーロッパよりも、多くの革新をもたらしているからである。

ヨーロッパの特殊性

教育は、ヨーロッパにおいて明確な収斂化傾向があるにもかかわらず、社会史のほかのテーマと比べると、ヨーロッパ外の社会との比較でのヨーロッパの

特殊性は、わずかしか確認されていない。

　だが三つのヨーロッパ的特殊性は、見落としてはならない。ヨーロッパの教育は、アメリカや日本よりも、より強く国によって組織化されてきた。それは重大な結果を伴った。教育の発展が、国の財政サイクルに特に強く従属してきた。経済ブームの時代には拡張できた反面、1970年代後半から80年代以降、厳しい経済状況と新自由主義的な財政緊縮から大変な圧迫を受けた。ヨーロッパの大衆化された大学の非個性的な教育と劣悪な質もまた、国立州立大学の財政がほとんど何から何まで切り詰められたことの結果である。

　二つ目のヨーロッパ的特殊性は、教育のヨーロッパ化の矛盾である。一方では、ヨーロッパの大学生は、20世紀後半、ますますヨーロッパ化した。ヨーロッパ域内の外国人大学生の数は、急速に増大した。1990年代、約30万人のヨーロッパの青年が、ヨーロッパ内の他国で勉強していた。だが同時に、教授職のヨーロッパ的労働市場は、全く欠如している状態であった。ヨーロッパのほとんどの国で、教授職は、ほぼ自らの国の中で、または自らの言語領域内で、募集されていた。大学の研究教育職の労働市場は、アメリカに比べ、ほんのわずかしか国際化されてはいなかった。したがって、専門教育プログラムもまた、わずかしかヨーロッパ化されていない。

　第三の特殊性、それはヨーロッパが、アメリカと並んで、グローバルな専門教育の最大の修得場であり、その役割が、近年、ますます重要になってきているということである。ヨーロッパの大学（ロシアを除く）では、1980年ごろ約26万人、95年ごろ約41万人ものヨーロッパ外の外国人大学生が、勉強していた。アメリカでは80年ごろ31万2000人が、95年ごろは45万人のアメリカ外の大学生が、日本では、80年ごろ約6500人、95年ごろ約5万4000人の日本の外からの大学生が勉強をしていた（UNESCO [1993] 333ページ以下；UNESCO [1999] II-486〜488ページ）。アメリカとの差は、はっきりと縮まった。こうした留学生は、故国への帰郷の際、単に知識だけを持ち帰ったのでなく、たいていはヨーロッパ的な理念や生活スタイルを身に着けていた。これは20世紀の終わり、文化的なグローバルな転車台としてのヨーロッパの役割のただひとつの要素にすぎないものである。さらにまたヨーロッパは、世界における最大の新聞・書籍の輸出元であり、他言語への翻訳の世界的にもっとも重要な

中心である。また世界で最も観光客を引き寄せる磁石であり、グローバルな文化観光の人気の的でもある。

注
1) 日本における中学・高等学校などに相当。

文　献
C. Berg et al., Hg., [1998], Handbuch der deutschen Bildungsgeschichte, 6Bde., Bd. 6-1: Bundesrepublik Deutschland; Bd. 6-2: DDR und neue Bundesländer, Göttingen.
M. Caruso/H. E. Tenorth Hg. [2002], Internationalisierung-Internationalisation. Semantik und Bildungssystem in vergleichender Perspektive, Frankfurt a. M.
M. Crul/H. Vermeulen [2003], The second generation in Europe, in: International migration review 37, S. 965-968.
Données sociales [1987], édition 1987, Paris.
P. Flora, [1983, 1987], State Economy and Society in Western Europe, 1815-1970, 2Bde., Frankfurt a. M. (フローラ [1985、1987]、『ヨーロッパ歴史統計国家・経済・社会――1815-1975』上・下、竹岡敬温監訳、原書房).
P. Flora Hg. [1986ff.], Growth to Limits. The Western European Welfare States Since World War II, 5Bde, Berlin (既刊は3巻).
R. Geissler [2006], Die Sozialstruktur Deutschlands, Wiesbaden.
HIS [2005], Eurostudent 2005. Social and economic conditions of student life in Europe, Hannover.
INSEE [1987], Données sociales 1987, Paris.
K. H. Jarausch [1984], Deutsche Studenten 1800-1970, Frankfurt a. M.
H. Kaelble [1983], Soziale Mobilität und Chancengleichheit im 19. und 20. Jahrhundert, Göttingen.
H. Kaelble [2002], Zu einer europäischen Sozialgeschichte der Bildung, in: M. Caruso/H.-E. Tenorth Hg., Internationalisierung-Internationalisation. Semantik und Bildungssystem in vergleichender Perspektive, Frankfurt a. M., 249-268.
H. Köhler [1992], Bildungsbeteiligung und Sozialstruktur in der Bundesrepublik. Zu Stabilität und Wandel der Ungleichheit von Bildungschancen, Berlin.
M. McLean [1995], Educational transitions compared, London.
M. McLean [1998], Education, in: M.-S. Schulze ed., Western Europe. Economic and social change since 1945, Harlow, pp. 191-211.
J. W. Meyer./F. Ramirez et al. [1992], World expansion of mass education, 1870-1980, in: Sociology and education 65, S. 128-149.
J. W. Meyer et al. [1997], World society and the nation-state, in: American Journal of

Sociology 103, S. 144-181.
W. Müller [1993], Bildungsexpansion und Bildungsungleichheit, in: W. Glatzer Hg., Einstellungen und Lebensbedingungen in Europa, Frankfurt a. M.
W. Müller [1999],Wandel in der Bildungslandschaft Europas, in: W. Glatzer et al. Hg., Deutschland im Wandel. Sozialstrukturelle Analysen. Opladen, S. 337-356.
W. Müller/M. Wolbers [2003], Educational attainment in the European Union: recent trends in qualification patterns, in: W. Müller/M. Gangl eds., Transitions from Education to Work in Europe: the Integration of Youth into EU Labour Markets, Oxford, S. 23-62.
OECD [1992], From higher education to employment, 4 vols., Paris.
OECD [1994], Education 1960-1990. The OECD Perspective, Paris.
Ch. Oehler [1989], Die Hochschulentwicklung in der Bundesrepublik Deutschland seit 1945, Frankfurt a. M.
A. Prost [1997], Education, société et politiques: une histoire de l'enseignement de 1945 à nos jours, Paris.
A. Prost [2004], Histoire de l'enseignement et de l'éducation, vol. 4: Depuis 1930, Paris.
W. Rüegg Hg. [2003], Geschichte der Universität in Europa, Bd. 3: Vom 19. Jahrhundert bis zum Zweiten Weltkrieg, 1800-1945, München (第4巻が予定されている).
R. Schneider [1982], Die Bildungsentwicklung in den westeuropäischen Staaten, 1870-1975, in: Zeitschrift für Soziologie 11, S. 207-226.
K. Schnitzer [2003], Die soziale Dimension im europäischen Hochschulraum. Der Euro student report als Monitorsystem, in: HIS. Kurzinformation Juni.
Y. Shavit/H.-P. Blossfeld eds. [1993], Persistent inequalities: Changing educational stratification in thirteen countries, Boulder.
B. Simon [1991], Education and the Social Order 1940-1990, London.
Statistisches Jahrbuch der Bundesrepublik (passim).
U. Teichler [1990], Europäische Hochschulsysteme: Die Beharrlichkeit vielfältiger Modelle, Frankfurt a. M.
H. Vermeulen [1997], Immigrant policy for a multicultural society. A comparative study of integration, language and religious policy in five Western European countries, Amsterdam.
W. Weber [2002], Geschichte der europäischen Universität, Stuttgart.
P. Windolf [1990], Die Expansion der Universitäten 1870-1985, Stuttgart.
UNESCO. Statistical Yearbook (passim) (『ユネスコ文化統計年鑑』ユネスコ・アジア文化センター監訳、原書房、1980-1999年).

第14章　まとめ

　3つの問いがこの本で追究されている。ヨーロッパ社会の変化の範囲、ヨーロッパ社会の相違と収斂、ヨーロッパ外の社会と比較したヨーロッパの特殊性である。ヨーロッパの社会史が半世紀の経過で結果としてもたらしたのは何か。

社会の変化

　すべてのヨーロッパ社会は、1945年以来根本的に変化した。変化は、しばしば次々に起こるいくつかの社会的な変化から成り立っていた。70年ころにモダンで最終的と見なされたことが、2000年ころにはすでに再び古くなり、過去のものとなった。だが20世紀後半は、極端に急速な大改革の時代ではなかった。公共の討論では好んで社会的な変化または社会的な未来像の法外な加速が主張されるが、それは根拠がない。19世紀は20世紀よりもしばしば急速に変わった。

終戦直後の時期

　終戦直後の時代は、矛盾の中にあり、それは今日ではもう追体験することが難しい。当時は一方では第二次世界大戦とその破壊の暗い影のなかにあった。食料品、燃料、住居の供給は、しばしば壊滅的になった。闇市犯罪が頻発した。青少年の犯罪集団が形成された。家族の中の両親と青少年の役割が変わった。社会的なネットワークはしばしば崩壊した。職場は戦争によって失われ、兵士であった人々、疎開した人々や難民の労働市場への編入は難しかった。難民と地元民の間、飢えに苦しんでいる都市の住民と農民の間、被追放民や捕虜と元々の住まいにとどまっていた人の間の新しい不平等が表面化し、既存の社会環境間の対立に加わった。破壊された都市の生活は、苦労が多く、学校や大学の授業を成り立たせるのはしばしば難しく、社会国家には過大な要求が突きつ

けられた。貧困化したヨーロッパからの最後の大きな移民の波が、とりわけアメリカに向かって起きた。これらすべては植民地戦争と冷戦の緊張状態、ヨーロッパの社会と文化の東西分裂の開始を背景として起きた。

　他方、戦後の時代に、ヨーロッパを長期にわたって特徴づけることになるはずの転轍機が据えられた。当時、新しい昔ながらではない家族の形が生じ、それは1970年代と80年代を先取りした。ヨーロッパ社会のアメリカ化が始まった。労働組合の勢力と教会の魅力が増大した。多くの新しいメディア、新聞、出版社、ラジオ放送局が設立された。ヨーロッパの一部では社会国家と教育体系の根本的な改革が実行された。民主主義が西ヨーロッパではほとんどどこでも普及し始めた。

経済的な繁栄の時代

　1950年代と60年代にヨーロッパ、とりわけ西ヨーロッパは、終戦直後の時期の正反対、奇跡的経済復興の輝かしい時代を経験した。すなわち、比類のない経済の成長局面、異常なほど恵まれた労働市場、個人所得と国家収入の空前絶後の増大。ヨーロッパの人々は古典的な家族に戻ったが、同時に母親の就労と娘の職業教育も増加した。ヨーロッパの産業社会は最後のよい時代を経験し、その中で人々は出世の機会にたいへん恵まれた。大量消費社会がこの時代に確立し、それとともに自動車とテレビが普及した。価値が変わった。家族の中のより多くの自由放任、仕事におけるより多くの自己実現、より多くの世俗化。市民階級、小市民階級、農民環境、労働者環境の間の階級的緊張は、重要性を失い始めた。ヨーロッパの工業国への労働移民は、以前にないほど急速に増えていった。移民はたいていはヨーロッパの周辺部出身であったが、ヨーロッパ外の諸国からもすでに来ていた。独立した植民地やソビエトの支配領域から西ヨーロッパに逃げてきたヨーロッパ人も、概して生計を立てることができた。所得と財産の不平等は、はっきりと減少した。女性の上昇の機会は、わずかに改善した。ヨーロッパの労働組合は全盛期を経験した。古典的な都市計画も黄金時代だった。現代的な福祉国家が、建設された。教育の拡張は、ものすごく速くなった。長期にわたる経済的な好況は、それが将来も続いていくという期待をあおり立てた。後になってようやく、この時代は例外の時代だと明らかに

第 14 章　まとめ

なり、この時期の誤った決定、例えば非人間的な都市計画、伝統的な家族と職歴を志向する福祉国家、大衆化した大学といったもの、そしてまた、この時期に固まった東と西のヨーロッパの社会的・文化的な分裂がまだ長く影響し続けるだろうことが明らかになった。

1970 年代と 80 年代の繁栄後の時代

　1960 年代後半の価値の変化と石油危機とともに、新しい時代が始まった。それは困難の時代であったが、新しい選択の時代でもあった。経済はゆっくりと成長した。70 年代に脅威的なインフレーションが発生した。80 年代からは西ヨーロッパの失業がさらにいっそう増え、最終的にはアメリカ合衆国や日本より高くなるまでになった。東ヨーロッパは、とりわけ国家の債務、投資の欠落と生産性の弱さと戦わなければならなかった。

　この時期に多様な新しい家族モデルが生まれた。それは、就業している夫と主婦の核家族という古典的なモデルとは別のものだった。個人主義化と世俗化は続いた。職歴は、この時期以来もはや以前のように直線的には推移しなかった。失業によって、しかし再研修や転職によっても、職歴は中断された。サービス業社会は、ヨーロッパでも、少なくともその西側部分でも普及した。それは、繊維地域、鉄の地域、石炭の地域の危機を伴った。環境破壊、エネルギー不足、流行病、ヨーロッパの新しい戦争などへの不安の前に、将来に対する楽観主義は退いた。同時に個人主義化が、さらに強化された。社会的な不平等は、再び激化した。新しい貧困、特に移民、一人親家族、失業者のそれが生じた。労働組合は、危機に陥った。同時に西ヨーロッパでは新しい社会的な運動が、東ヨーロッパでは反体制派の運動が生まれた。福祉国家への公然たる批判が始まった。福祉国家は経済的な自発性にブレーキをかけるもの、あまりに高くつき、あまりに官僚的なものと見なされた。都市計画や教育も危機に陥った。公的な諸制度の信頼は下がった（Kaelble [2004] も参照）。

1989～90 年の大変革後の時代

　1989～90 年の大変革は、すべての点で決定的な出来事だったのではない。たしかに東ヨーロッパの社会は根本的に改造された。これは深刻な大変革とし

て経験された。しかし、西ヨーロッパでは家族、労働、消費の根本的な構造も、社会的な不平等と国家介入もほとんど変化しなかった。もちろんヨーロッパのどこでも、公的諸制度への信頼は再びいくらか増した。世俗化は、さらに先には進まなかった。逆に教会が、プライバシーの領域と市民社会で再び重要な役割を演じた。コミュニズムの崩壊後は、そのときまで禁止されていた東西の移動が再び始まった。移民は今や南ヨーロッパや東ヨーロッパもますます新しい目的地として選んだ。移民は、全ヨーロッパの経験になり、もはや工業諸国に限られなかった。社会的な不平等は、さらに強まった。職場の保障と雇用は、社会保障と教育改革をめぐって再び活性化した議論の前面に出てきた。ヨーロッパ連合も変化した。ヨーロッパ連合は、もはや経済市場の構築に限定されず、社会分野にますます介入した。その結果、ヨーロッパの政治もヨーロッパの世論でこれまでより激しく議論された。

相違、収斂、結合

相　　違

　冷戦によるヨーロッパの分裂は、第二次世界大戦が終結して以来の相違のなかで支配的なものだった。政治的な体制の対立は、ヨーロッパの社会と文化に深く刻み込まれ、家族の生活、労働、社会環境、社会的な不平等、移住、都市、職業教育、社会保障の諸分野で、東ヨーロッパと西ヨーロッパの間に溝を掘った。消費と消費政策の分野の違いが、社会主義諸国の崩壊の中心的な原因にさえなった。この社会的・文化的な東西の相違は1989～90年以降簡単に消えたわけではなかった。逆に1990年代の転換期には、新しい東西間の相違が生じた。東ヨーロッパの経済的な遅れは、1989～90年以前のわずかな投資の遺産であったが、それが今やはっきりと目に見えるようになった。非工業化が西ヨーロッパでははるか以前からゆっくりと、しかも社会的に保障されながら進展したが、東ヨーロッパでは劇的で、残酷な方法で行われ、社会的に困難な結果をもたらした。国家的社会保障の改革が必要となったが、改革は多くの歪みをもたらし、停滞あるいは平均余命の減少さえもたらした。転換期の危機で家族も新しい挑戦に直面した。離婚は減少したが、出生率も減少した。しかし家族、

第14章　まとめ

仕事、社会的な共同生活などの諸価値では、しばしば主張されている東西の違いは証明されていない。

　二番目のより古い社会的な相違は、豊かで工業的なダイナミックな中心部とより貧しく農業的で遅れている周辺部、とりわけ南と東の周辺部、ヨーロッパの西の一番はずれや極北の地との間の対立に基づいていた。この対立は19世紀の産業化の間に徐々に形成された。まだ1950年代と60年代には、この対立が明確だった。ヨーロッパの中心部にのみ、すなわちイギリス連合王国、ベルギー、フランス、ドイツ、スイス、オーストリア、北イタリアにのみ、幅の広い工業分野、現代的な農業、勢力のある市民階級があった。この地域にしか、現代的な大量消費、ヨーロッパの周辺からの大量の移民、現代的なメディア、現代的な福祉国家、広範囲の都市計画、現代的な保健システム、非識字者の一掃、教育分野の膨張が生じなかった。この相違も20世紀後半の経過の中でゆっくりと減少した。フィンランドやアイルランド、全体としてみた場合のイタリアのような以前の周辺国は、今日ではもはやヨーロッパの豊かな部分とは異ならなかった。スペイン、ポルトガル、ギリシャ、スロヴェニア、エストニア、ラトヴィアのような諸国は、遅れを取り戻した。東ヨーロッパと南東ヨーロッパの周辺だけが、とりわけブルガリア、ルーマニア、ウクライナ、モルドヴァ、バルカン半島が、今日でもはるかに遅れている。それらがどのように発展するかは、現在のところ予測することはできない。

　三番目の相違は、第二次世界大戦に由来するもので、それはヨーロッパ諸国に非常に異なった影響を与えた。極端な例を挙げると、とりわけ第二世界大戦の間と直後に、戦死者と戦傷者、爆撃による破壊、公務と経済の崩壊における違いが、戦争に関係した国とそうではなかった国との二つのタイプを引き裂いた。一方には、ポーランドやソビエト連邦、戦争を引き起こしたドイツ、それにフランス、ベネルクス諸国、イタリアとイギリス連合王国のような戦争に関係した諸国、他方には、スペイン、スイスまたはスウェーデンのように戦争に巻き込まれなかった諸国があった。さらに1945年以後、ヨーロッパの諸政府は、戦争から全く異なる政治的な結論を引き出した。かなりの国々、例えばイギリス連合王国やフランスでは、徹底的な社会改革、保健改革、教育改革が断行された。ほかの国々、例えばドイツ連邦共和国（旧西ドイツ）またはイタリ

アのような国では、長い間、ほとんどそのような改革は実施されなかった。もっともヨーロッパの戦争との時間的な間隔が増すに連れて、こうした違いも減少した。

四番目の種類の、頻繁な調査のある相違は、諸国の全体のグループの間で生じた。もっとも、この違いの定まった地理的分布は生じなかった。地理的な境界線は、社会の分野ごとにいくぶん違ったように見えた。地理的境界線は、家族においては労働組合運動や新しい社会運動とでは違っており、消費では、労働や公的な社会保障におけるものとは違っていた。

収斂と結合

ヨーロッパの諸地域と諸国の間の違いの多様性は、現在まで大きな意味を持っていることは疑いもない。今日まで、ヨーロッパ人のヨーロッパのイメージは、そのような社会的な違いと非常に関係がある。しかも、かなりの知識人は、内部の多様性をヨーロッパの本来的な特殊性とさえ見なすにいたっている。それにもかかわらず1945年以降の社会史は、強い収斂によって特徴づけられた。

一方ではちょうど今言及した四つの相違のうち三つが、限られた寿命しかなかった。二つの世界大戦の結果として生じた相違は、時間とともに薄れた。戦争による破壊は、関係諸国でゆっくりと取り除かれ、戦争のトラウマの経験はゆっくりと後景に退いた。戦争の結果として戦後の時期に導入された諸改革は、わずかな国に限定されてはいなかったし、その他の諸国でも改革は進行した。さらに、ヨーロッパの工業的な中心と農業的な周辺の間の19世紀以来徐々に築き上げられた相違は、過去数十年間に緩和された。最後に甚だしい東西の違いも減少した。確かに1989～90年に生じた大変革によって、すでに言及したように、転換期の危機の時代にもう一度新しい東西の違いが生じた。しかしその後、西ヨーロッパと東ヨーロッパの間の深い社会的な溝が、徐々に平坦になった。

しかしヨーロッパは長期の、国民的に分離した発展の道によっても特徴づけられた。イギリス連合王国、フランス、スペイン、ポーランド、スカンディナヴィア、スイス、ドイツでは、この国民的に分離された発展の違いがとりわけ頻繁に強調された。もっとも過去数十年間の間に、この発展の道の分離は弱ま

第 14 章　まとめ

った。それは四つの理由からである。

　最初の理由は、ヨーロッパの政治的な一体化であった。初めてほとんどすべての西ヨーロッパで、1970 年代以降スペイン、ポルトガル、ギリシャで、89 年以後は東中欧でも、民主主義と人権と市場経済の同じ政治的な基本原則、さらに新式の永続的な平和の保障が実現された。民主化と平和の保障は、他のヨーロッパ諸国から学ぼうとする前向きの態度が明らかに強まる結果をもたらした。というのは原則上同種の政治的なシステムの間の交流が問題であったからである。最善の政治的な解決をめぐる好意的で、非敵対的な競争が生じた。そこからも明らかになったのは、なるほど多くの社会的な分野で必ずしも制度は同化しているわけではなかったが、しかし社会的な結果は似ているということだった。一つの例。確かに学校と大学は様々であったが、幼稚園から大学までの教育の割合や機会の違いは、はっきりと減少した。

　さらにヨーロッパ連合とその先駆者も、同化政策を進めた。この同化政策は、1980 年代までは商品、サービス業、職場、企業に適用されたが、90 年代以降は社会政策と文化政策の多数の分野も包摂した。その際、ヨーロッパ連合は、二つの異なる哲学を追究した。一方では同化によって、共通ヨーロッパ市場の機能化が保障されるべきものだとした。しかし他方では、EU は競争哲学も推進し、それにより違いが自然に是正されるだろうとした。

　さらにこうした収斂のいくつかはグローバルな過程であった。しかしそのグローバルな過程はたいていは西ヨーロッパ諸国の間で、そして後になって全ヨーロッパ諸国の間で、特に影響力があった。

　最後に、ヨーロッパ諸国の接近にとって決定的に重要なことは、社会的な移転だった。すなわち国民的な社会と他者の経験の間における交流関係と結びつきであった。この日常的移転においては、他の国々の商品、知識、価値は通常単純に模倣されることはなく、自分なりに習得され、その際に変更が加えられた。しかしそれでも国民的な違いを緩和した。確かに 20 世紀後半には、とりわけ東ヨーロッパと西ヨーロッパの間に 1989 年まで、新しい乖離もあった。しかし全体的には結びつきの増加が、支配的だった。この結合は国際結婚や家族政策の考え方の交流で生じた。それはまた、国際的企業の職場の増加や非常に異なった職業と社会的な階層における移動性によって、すなわち経営者や学

者・知識人の移動性、自由業およびサラリーマンの移動性、熟練工および不熟練労働者の移動性、さらに職業生活後の年代の移動性からも生じた。福祉国家のコンセプト、健康政策、都市計画や教育などの同化も、専門家、政治家の交流によって、またクライアントの交流によって強化された。他のヨーロッパ諸国での教育とそれにともなう若い成長期の人々の他のヨーロッパ諸国での経験が、まさに劇的に同じように増加した。

　社会的な日常にとってとりわけ特徴なことは、消費財の国際的な交換の増加であった。大量消費は全体としてみれば、アメリカ化またはアジア化されているというよりは、むしろヨーロッパ化されていた。というのは、たいていの諸国ではアメリカ合衆国または東アジアよりもむしろ他のヨーロッパ諸国からはるかに多くの消費財が輸入されていたからである。旅行も国際的な大量消費に属していて、ヨーロッパの社会の間で何倍にもなった。その際、統計はたいてい観光旅行と商用旅行を区別していなかった。北ヨーロッパの人がヨーロッパの南への旅行を企てるだけではなく、南ヨーロッパの人もますますヨーロッパの北部へ旅行をした。1990年の若いヨーロッパ人のなかで、他の国を、すなわちたいていは他のヨーロッパ諸国だったが、訪れたことがないのは、ほんのわずかな少数派だった。

　最後に文化的な結びつきが緊密になった。そのための決定的な文化的な前提条件、外国語の知識がいずれにせよものすごく増加した。ユーロバロメーターに従えば、20世紀末に比較的年長のヨーロッパ人の間では優れた外国語の知識を備えていたのは少数派だった。しかし、ヨーロッパの青少年と比較的若い成人は大部分が一つの外国語で意思を疎通させることができた。といってももちろん外国語知識の程度は国によってかなり違っていたが。

ヨーロッパの特殊性

　ヨーロッパ外の諸国と比較すると、ヨーロッパ社会の特殊性が目にとまる。ここでは取り上げることのできない非常に長期的なヨーロッパの特殊性（それについては Eisenstadt [2003]; Mitterauer [2003]; Joas/Wiegandt [2005]）は別として、かなり多くの分野で20世紀後半の中期的な特殊性がとりわけ目につく（これ

第14章 まとめ

に関しては Kaelbe [2005] ; 本書第 1 章序論参照)。

　ここでは最初に家族があげられる。ヨーロッパ外の諸国と異なって、ヨーロッパの家族は外に向かって強度に遮蔽されていた。家族は親密な単位として組織され、若い夫婦による独立した家計の樹立、高い結婚年齢、低い出生率が特徴だった。三世代家族はむしろまれだった。もっとも 1970 年代以来、新しい多様なヨーロッパの家族モデルが観察され、その結果ヨーロッパ外の家族との違いが弱まった。

　二番目のヨーロッパの特殊性は、労働の構造と組織にあった。職業構造はすでに 19 世紀にヨーロッパで比較的特殊な方法で発達した。というのはヨーロッパでだけ、工業分野が最大の就業分野になり、それにより工業従事者の数がとりわけ高かった。さらにヨーロッパでは 1945 年以後、労働に対する特別な考えが生じた。仕事と職業は一方では生活の中心として、またますます自分の人格の実現としても評価された。しかし他方では仕事と余暇の間にとりわけくっきりした分離が生じた。特に 50 年代以来、一日の労働時間と一週間の労働時間が、ヨーロッパ外の社会より著しく、アメリカ合衆国と日本よりも顕著に低下した。低下した労働時間、晩の余暇と週末の休暇は、社会的な進歩の重要な要素と見なされた。年次休暇はヨーロッパでは他のどこよりも長かった。休暇の文化が形成された。同様に、生涯の労働時間もヨーロッパでは、ヨーロッパ外よりも短かった。というのはヨーロッパ人はしばしばほかより年長になって職業に入り、高度に発達した社会国家のおかげで、再びほかより早く職業から離れることができた。北アメリカまたは東アジアの工業国とは異なって、ヨーロッパのかなりの部分では、女性の一部はそもそも就職しなかった。高い労働意欲と余暇との明確な区別というこの特別なヨーロッパの組み合わせは、もちろん半世紀以上も古くはない。

　三番目のヨーロッパの特殊性は、価値と宗教の領域で形成されている。ヨーロッパ人はすでに何世紀にもわたって宗教と教会に対する特別な見解を発達させてきた。もっとも宗教は長い間もはやヨーロッパの重要な特殊性には見えなかった。というのは世界的に宗教は、世俗化によりますます周辺に押しやられたように見え、ヨーロッパ内部の宗教的な緊張が全キリスト教会の妥協によって緩和したからである。同時にキリスト教会の特殊性は、ヨーロッパの特殊性

ではなかった。というのはキリスト教会はアメリカ、アフリカのキリスト教の部分、アジア南東部でも重要であったからである。もちろん20世紀の最近数十年の間、世俗化は世界的広がりをもった過程ではなく、明らかにヨーロッパ的なものであり、別の形では東アジア的なものでもあった。いずれにせよそれは、北アメリカやラテンアメリカや南アジアまたはアフリカの特異性でないことは明確である。同時にヨーロッパでも特別な宗教的な対立が、例えばカトリックのクロアチア人と東方正教会のセルビア人の対立、イスラム教の少数民族とキリスト教あるいは政教分離派の多数派との間の対立が、世論で再び強く意識されるようになった。

　ともかくヨーロッパ外の社会との四番目の驚くべき違いは、ゲヴァルト（暴力）とのかかわり方に見られた。最近の歴史をみると、ゲヴァルトはヨーロッパではヨーロッパ外とはますます違ったように取り扱われた。私的な暴力、教育の手段としての殴ること、しかしまた私的な武器所有も、ヨーロッパでは可能な限り禁止されており、国家のゲヴァルト独占が支配してきた。それによって都市の犯罪も、ヨーロッパ外のすべての都市ではないにしてもその多くの都市よりも、低くとどまった。さらに自国の市民に対する国家のゲヴァルトも、とりわけ死刑の廃止によりかなり削減された。最後に、ヨーロッパ人は戦争に対しても強い懐疑的態度を発達させた。ヨーロッパをアメリカよりもはるかに荒廃させた、二つの世界大戦の壊滅的な結果の否定的な経験と、交渉、協定、合意、和解による安定的な平和の確保、かつて敵対した国民国家の相互監督による安定した平和の保障の肯定的な経験が、戦争の正当性についての独自の見解につながった。

　ヨーロッパの五番目の特殊性は、様々な階級の環境である。これは、宗教とゲヴァルトとはまったくちがって、いまや公的議論からは消えてしまったものだが、19世紀と20世紀初頭に世論が取り組んだものであった。今日ではもはや世論の関心の焦点とはあまりならないが、最近の歴史で重要であったのは、18世紀後半以来発達した、社会環境の特殊ヨーロッパ的な混合である。五つの環境が、強烈な相互の緊張状態の中で、ヨーロッパ社会をとりわけ強く特徴付けた。第一に貴族。社会的な優位と下位に対する明確な境界を要求し、規範、君主制との結びつき、アンシャン・レジームの教会との結びつきももった貴族。

第14章 まとめ

　第二に市民階級。貴族と対照的に、18世紀後半と19世紀に教育、仕事、家族、市民社会と公的な義務といった新しい価値を発達させた市民階級。市民階級も貴族とおなじく政治的な優位をしばしば要求し、貴族とは違った手段であったとしても、下位と一線を画した。第三にヨーロッパの農民の環境。それは家族経営を志向し、たいていは職業訓練が劣悪で、伝承された知識で経営を行い、内内で密接に結びつき、外と一線を画した。貴族や市民階級に対して緊張関係にあった。第四にヨーロッパの小市民階級。これも、家族経営を強く志向し、独特な価値観、独特な環境文化をもっていた。最後に、ヨーロッパの労働者。彼らはブルジョア的な生き方と反対のモデルをしばしば発展させ、個人の生活の危機に対処するための独特な援助ネットワークを築き、独特な環境意識を発展させ、同様にしばしば外に対しても、上に対しても、閉鎖的であった。とりわけ19世紀後半と20世紀初頭以来、この5つの対立する環境がヨーロッパに特徴を与えた。しかし、この特殊性は、もちろん1970年代以来、ますます希薄化した。

　六番目にヨーロッパは、移民送り出し大陸から、移民受け入れ大陸へと急速に発展した。世界の他の地域は、10年から20年間の短い期間の中で行われた、このような激しい転換を経験しなかった。

　七番目のヨーロッパの特殊性は、とりわけ第二次世界大戦後にもっとも幅の広い意味での社会国家をめぐって発展した。社会国家は、個人的な危機と老齢において社会的な安全を確保するだけでなく、都市の発展にも介入し、住宅水準と教育水準を保障した。他の社会ではしばしばどちらかといえば家族、自己責任の個人、地方の市民社会、市場またはメセナと慈善組織が援助をおこなったが、ヨーロッパではこの役割をとりわけしっかりと国家が引き受けた。他では見られなかったが、国家が公的な社会保険を築き上げ、都市と住宅建設を立ち入って計画し、広範囲に教育システムを監督した。もちろんこのヨーロッパの独自性に付随するのは、それらに対する絶え間ない批判であり、そこからは市場や家族によるほかの社会的保障が催促された。このヨーロッパの特質はヨーロッパの公的介入の何百年もの伝統の上に築かれ、1950年から70年までがその頂点だった。今日までこのヨーロッパの特殊性は、世論でしばしば激しく批判されてはいるが、ヨーロッパの西側部分でも東側部分でも存在し続けてい

る。とりわけ第二次世界大戦後、福祉国家はヨーロッパのモデルの中心の構成要素で、それはラテンアメリカ、北アメリカで、東アジアでも日本と韓国で、一時的に模範として役立った。

　最後に、ヨーロッパでは世界の他の社会とは異なって、「トランスナショナル」志向性が成長した。その特殊性は、どの社会と比較するかによってまったく違って見える。トランスナショナルであることは、いつも多数のさまざまの権力の中心が互いに競争してきたヨーロッパでは、特別な重要性を持った。たとえ何回か試みられたとしても、永続的な統一したヨーロッパの帝国が成立したことは決してない。そのため他者の経験が、中国のような帝国よりはるかに徹底的なものだった。他者との絶え間ない比較、しかしまた他者との衝突と戦争が、ヨーロッパにとって本質的だった。さらにヨーロッパは外に向かって広く開かれた文明であり、それは他の文明からの多くの根本的な理念やコンセプト、生活様式、人間と商品を手に入れ、数字から時間区分まで、ユダヤ人からイスラム教徒まで、支配的な宗教のキリスト教から、重要なヨーロッパのシンボル雄牛の上のエウロペ（ヨーロッパ）まで、さらに馬からジャガイモにまで及んでいる。最後にヨーロッパのトランスナショナルな特殊性に属しているのは、世界史において、少なくとも約1世紀の間、植民地帝国と非公式帝国によって、しかしまた非常に大量の移民によっても、ヨーロッパがとりわけ深い影響を受けたということである。トランスナショナル性とのこうした特別な関係は、最近の歴史ではどちらかといえば減少しているかもしれない。というのは一方では世界史へのヨーロッパの影響力が低下し、他方では初めて比較的安定した共通のヨーロッパの意思決定の中心、ヨーロッパ連合が生まれているからである。しかし現在までヨーロッパ内でもヨーロッパ外でも高度なトランスナショナル性があるという特徴が、この特別なヨーロッパの道によって与えられている。

　しかもそれらがヨーロッパの特質のすべてというわけではなかった。さらに経済的、文化的、政治的な価値と制度が加わった。しかしこれらはしばしばヨーロッパをはるかに越えて広まり、普遍化し、それによってヨーロッパの特質としての性格を失った。こうしたものに属しているのは、なかでも啓蒙主義の価値、人権と民主主義、ヨーロッパの科学とヨーロッパの芸術、キリスト教で

第14章　まとめ

あるが、経済、工業化、企業のヨーロッパ的原則なども、そうである。

文　献

S. N. Eisenstadt [2003], Comparative civilizations and multiple modernities, 2 vols., Leiden.
Europäische Kommission [2002]; Europäische Sozialstatistik. Wanderung, Luxemburg.
H. Fassmann/R. Münz Hg. [1996], Migration in Europa. Historische Entwicklung, aktuelle Trends und politische Reaktionen, Frankfurt a. M.
H. Joas/K. Wiegandt Hg. [2005], Die kulturellen Werte Europas, Frankfurt a. M.
H. Kaelble [1991], Boom und gesellschaftlicher Wandel, 1948-1973; Frankreich und die Bundesrepublik Deutschland im Vergleich, in: H. Kaelble Hg., Der Boom 1948-1973. Gesellschaftliche und wirtschaftliche Folgen in der Bundesrepublik Deutschland und in Europa, Opladen, S. 219-247.
H. Kaelble [2001], Europäer über Europa. Die Entstehung des modernen europäischen Selbstverständnisses im 19. und 20. Jahrhundert, Frankfurt a. M.
H. Kaelble [2001], Wege zur Demokratie. Von der Französischen Revolution zur Europäischen Union, Stuttgart/München ([2005] フランス語版、スペイン語版).
H. Kaelble [2004], Vers une histoire sociale et culturelle de l'Europe pendant les années de l'«après-prospérité»; in: Vingtième Siècle, no. 84, oct.-déc. 2004, pp. 169-179.
M. Mitterauer [2003], Warum Europa? Mittelalterliche Grundlagen eines Sonderwegs, München.

監訳者あとがき

本書は、Hartmut Kaelble, Sozialgeschichte Europas: 1945 bis zur Gegenwart, Verlag C. H. Beck, München 2007 の翻訳である。著者、ハルトムート・ケルブレ教授の学歴・職歴をごく簡単に紹介すると、1959～65年、テュービンゲン大学とベルリン自由大学で歴史、法律、社会学を学び、1966年にベルリン自由大学で博士（歴史学）の学位取得。学位論文のタイトルは、『ドイツ工業家中央連盟　1896～1914』であり、経済史研究が出発点であった。68～71年、ベルリン自由大学経済社会史研究所助手、のち助教授、71年に社会経済史の教授資格論文『初期工業化の時代のベルリン企業家』をまとめ、同年から東西ドイツ統一までの20年間、ベルリン自由大学社会経済史教授。この間、72～73年にはハーバード大学客員教授、76年、オックスフォード大学客員教授、78～79年パリ大学客員教授などを歴任。またドイツおよびヨーロッパの歴史学界のさまざまのプロジェクト、国際会議などに代表・主要組織者などとしてかかわった。そして、ベルリンの壁の崩壊、東西ドイツの統一後は、ベルリン・フンボルト大学社会史講座の教授に招聘された。ここでもユルゲン・コッカなどとともにヨーロッパ規模・世界規模の国際会議をしばしば主宰し、国際的な学術交流を積極的に行ってきた。97年にはソルボンヌ（パリ第一）大学から名誉博士号を授与され、2000年には再び同大学客員教授も務めた。02年にはヨーロッパ委員会「文化間ダイアローグ」委員会の議長をつとめ、02～03年にはヨーロッパ比較史研究所スポークスマンとなった。フンボルト大学では重点領域研究の代表者として3年間定年が延長され11年まで教授を務めることになっている。

この間、単著だけでも10冊（そのうち4冊は日本語を含めたさまざまの外国語に翻訳されている）、編著20冊、論文数は150を超える驚嘆すべき学術的生産力を誇っている。その仕事の一端は、われわれの邦訳の各章末文献リストの中に示されている。

ケルブレ教授とは、フランス語、英語、イタリア語の翻訳がある名著 Auf dem Weg zu einer europäischen Gesellschaft, C. H. Beck'sche Verlagsbuchhandlung (Oscar Beck), München 1987[1]を友人たちと翻訳することになって以来、交流を深めた。そして、2000 年 10 月に開催した「第 17 回よこはま 21 世紀フォーラム——ヨーロッパ統合と日本（The 17th Yokohama 21st Century Forum）」（横浜市立大学・横浜市共催）[2]では、歴史セッションの主要報告者として招聘することになった[3]。その後も、「はじめに」で言及されているように、何度か来日の機会があり[4]、その度に国際学術セミナー・大学院特別演習・学部特別講義などの講師を引き受けていただき、同氏の最新の研究のエッセンスを知り、今回翻訳することになった本書の章のうち、いくつかも、草稿段階で聞くことができた。その過程でこれらをまとめた新著出版の暁には、ぜひ翻訳したいと考えるようになった。

　おりに触れて出版について問い合わせていたこともあって、2007 年 3 月の出版と同時に、本書の原書が送られてきた。一読して、ケルブレ氏の長年にわたる社会史研究・経済史研究、「ヨーロッパ共同体歴史家会議」を中心とする国際的歴史研究者集団との交流[5]、さらにベルリン自由大学での 20 年（1971～91 年）とベルリン・フンボルト大学の同じく 20 年近い間（1991 年～現在）の講義の総合的成果であることが確認できた。そこで、ぜひ日本に紹介したいと、すぐに翻訳を申し出た。快諾を得て、若手研究者・大学院生と訳すことになった。

　担当は、はじめにと第 1～4 章を金子公彦（Kaneko Kimihiko）、第 6～8 章および第 14 章を瀧川貴利（Takikawa Takatoshi）、第 9～13 章を赤松廉史（Akamatsu Yasuhumi）、それに第 5 章は金子・瀧川・赤松がそれぞれ 3 分の 1 ずつとし、全体を監訳者が点検し、適宜添削を施し、訳語などの調整を行った。それぞれが、自分の研究テーマを持ち、研究調査・論文執筆などで多忙を極めたため、翻訳の完成は当初予定したよりかなり遅れ、結局、刊行までに 3 年もかかってしまった。しかしこのたびやっと出版の運びとなった。この間、疑問や理解が難しい個所など、かなり多数の点に関して、e-mail で頻繁に問い合わせた。出した質問にそのたびに丁寧な返事をいただいた。あるいは何度かのベルリン出張の機会に確認した。われわれに可能な限りで正確を期することができた[6]。著者、および著者との連絡でお世話になった秘書 Dagmar Lissat さんにお礼を申し上げたい。

本書は、刊行直後からいくつかの代表的新聞の書評[7]で高い評価を受け、さらに歴史研究の専門家集団の国際的交流組織「社会文化史ネットワーク（H-SOZ-Kult）」からは、2006～07年出版の歴史書の中で優れたものに与えられる「2008年歴史書賞」を受賞している[8]。

　本書の内容は全体を読んで評価していただくのが一番だが、一言だけすれば、本書は、第一に、ヨーロッパ統合の現状を社会の基礎的諸条件の歴史的変化の側面から俯瞰的・総合的・立体的にまとめられている。すなわち、労働から教育までの12の項目・章の相互連関的把握が特徴であり、類書にない大きなメリットであろう。各章それぞれの叙述が、章末文献リストと論争史紹介が示すように膨大な研究史のうえに、また著者によるそれらの総括的評価の上に成り立っている。本書の概括的叙述を端緒として掘り下げていくべき諸問題や研究文献は多いが、そうした個別領域・個別問題を全体の中に位置づけるためには、本書のような総括的叙述は貴重であろう。第二に、「多様性の統一」としてのヨーロッパ社会の歴史と現状を、つねに「相違と収斂」の二つの側面から見ていこうとしており、そのきめの細かな目配りが注目に値するであろう。第三に、ベルリン・フンボルト大学での現代社会経済史・社会史講義が長年、人気講義であった[9]ことに示されるように、その説明が平明であることも貴重な本書の特徴であろう。各章の「研究の状況」が示すように、ヨーロッパ現代社会の歴史を全体として見渡してみようとする研究はまだほとんどないに等しい。歴史研究ではまだまだナショナルな視野のものが多い。そうした現段階での現代ヨーロッパ社会史・社会経済史に関する研究の到達点を示すことによって、学生や院生が自分の課題・研究テーマを見つけていこうとする場合の多様な示唆が含まれていることが、さらなるメリットとして挙げられよう。そして最後に、ヨーロッパ社会の特質を浮かび上がらせるものとして、アメリカなどとならび繰り返し日本に関する言及があることも、日本の読者には貴重であろう。ヨーロッパという鏡を通して日本とアジアをとらえなおそうとするとき、示唆となる指摘が非常に多いように感じられる。それらはすくなくとも日本の若手研究者の課題発見への刺激となるであろう。日本に関する叙述には、もちろん首肯できる部分と異論を持つ場合とがあろう。しかし、それは日本から英語・ドイツ語などでの日本社会史に関する発信が少ないことも関係しているであろう。

本書はそうした意味では日本の研究者への挑戦をも意味しているであろう。

なお、翻訳に際しては、廣田功、松井道昭、新原道信、石川文也、松家仁の諸氏に折に触れて質問し、助けていただいた。にもかかわらず誤りがあるとすれば、監訳者の力量不足によるものであり、読者諸氏の忌憚のないご指摘、ご教示とご批判をお願いしたい。

本書の翻訳出版に際しては、ドイツ外務省出資によるゲーテ・インスティトゥートの翻訳支援（Übersetzungsförderung, Goethe-Institut: The translation of this work was supported by a grant from the Goethe-Institut that is funded by the Ministry of Foreign Affairs.）、横浜学術教育振興財団（Yokohama Academic Foundation）、ベルリン・フンボルト大学（Humboldt-Universität zu Berlin）特別研究領域から助成をいただくことができた。戦後ヨーロッパ社会の基礎に静かに流れる大きな潮流を解明し知らしめる本書の内容がそうした助成にふさわしいものと評価されたためであろう。記して謝意を表したい。いただいた助成にふさわしい翻訳出版となっていることを願う。

最後になるが、この出版状況の厳しい時代に地味な学術書ないし読者の限られた大学・大学院の専門的教科書・参考書とでもいうべき本書の出版を快く引き受けてくださった日本経済評論社、社長・栗原哲也、出版部・谷口京延、細部にいたるまで入念な配慮を示された担当編集者・新井由紀子の諸氏に、心よりお礼を申し上げたい。

2010年1月22日

金沢八景の研究室にて

監訳者　永岑三千輝

注

1) 雨宮昭彦・金子邦子・永岑三千輝・古内博行訳、廣田功解説『ひとつのヨーロッパへの道——その社会史的考察』日本経済評論社、1997年（1998年2刷）。
2) 三つの個別セッション（第一部　日欧の生産システムと労使関係、第二部　ヨーロッパ統合史と21世紀のアジア、第三部　「もう一つのヨーロッパ」と日本の可能性）と総括セッションからなる全報告者の論文と各セッションの議論の記録は、次にまとめられた。「ヨーロッパ統合と日本（The European Integration and Japan）」『横浜市立大学論

監訳者あとがき

叢』第 52 巻・社会科学系列・第 2 号、2001 年 3 月。
3) 歴史セッションの企画・準備研究・実行にあたっては、日本学術振興会科学研究費補助金・基盤研究(A)国際学術調査「ヨーロッパ統合の社会史の比較研究」(1999〜2001年)を活用した。その成果の出版として、科学研究費研究成果公開促進費による助成を得て『ヨーロッパ統合の社会史──背景・論理・展望』(共編者・廣田功)、日本経済評論社、2004 年をまとめた。
4) 最近では、2008 年 4 月、ヨーロッパ経済共同体 (EEC) 創設 50 周年記念の国際シンポジウムで、欧州共同体歴史家会議の代表者の 1 人ロベール・フランク (Robert Frank) とともにゲストスピーカーとして招聘され、「1945 年以降の独仏関係」を報告している。この論文およびシンポジウムの記録は、廣田功編『欧州共同体の半世紀と東アジア共同体』日本経済評論社、2009 年として公刊されている。
5) パリ大学(ソルボンヌ)のルネ・ジロー、その後継者ロベール・フランクなど約 200 人ほどのヨーロッパの歴史家が結集している。上記(注 1)、廣田功解説、参照。
6) 場合によっては原書の校正ミスなどの個所をいくつか指摘することにもなり、そうした点は現在進行中の英訳などにも活かされるであろう。
7) Friedheim Wolski-Pregger, Getrennt vereint. Sozialgeschichte. Trotz aller Unterschiede existiert eine gesamteuropäische Gesellschaft, in: Das Parlament, 19. März 2007; Hans Woller, Europas Kleinmut und Grösse, in: Neue Züricher Zeitung, 11. Mai 2007; Ralf Hanselle, Europas Backfischjahre. Hartmut Kaelble versucht sich mit Erfolg an einer „Sozialgeschichte Europas", in: Financial Times Deutschland, 10. August 2007; Thomas Speckmann, Oase Europa. Hartmut Kaelble ist mit der Sozialgeschichte unseres Kontinents ein großer Wurf gelungen, in: Die Welt, 25. August 2007; Ilko-Sascha Kowalczuk, Lesestoff, in: Der Tagesspiegel, 3. September 2007.
8) http://hsozkult.geschichte.hu-berlin.de/index.asp?type=buchpreis&name=buch2007&year=2007&pn=forum
9) 翻訳者の一人・赤松がフンボルト大学に留学中に聴講した社会史講義は、大きな階段教室がほぼ埋まるような盛況であったということであり、事実、ケルブレ教授の講義のひとコマで私が「新自由主義の諸潮流と大学改革」というテーマで講義を行った時も、多くの聴講者がいた。二人の日本人留学生を始め、多国籍の聴講者の多いこともこの講義の特徴だった。Michiteru Nagamine, Neoliberale Strömungen in Japan und die Reformen der Universitäten, in: The Bulletin of Yokohama City Universtity, Social Sciences, Vol. 59, No. 3, 2008.

図一覧

図 2-1　1935〜95 年のヨーロッパにおける離婚率（100 の結婚に対する離婚、3 年間の平均値）
図 3-1　ヨーロッパの部門別就業者、1950〜90 年
図 3-2　ヨーロッパの女性の就業率、1950〜90 年
図 3-3　ヨーロッパの工業の週労働時間、1955〜90 年
図 3-4　西ヨーロッパの失業率、1950〜99 年
図 4-1　ヨーロッパの家計の食料支出、1950〜94 年
図 4-2　ヨーロッパの家計の住宅支出、1950〜94 年
図 4-3　ヨーロッパ、アメリカ合衆国、ソ連の乗用車、1949〜89 年（人口 1000 人当たりの乗用車）
図 7-1　ドイツ連邦共和国の所得分配、1998 年
図 10-1　西ヨーロッパの労働組合、1945〜95 年
図 12-1　ヨーロッパ、アジア、アフリカ、アメリカにおける都市の成長、1950〜2000 年
図 12-2　ヨーロッパ、南北アメリカ、東アジア、近東における巨大都市化の度合い、1950〜2000 年

表一覧

表 4-1　男女の寿命（出生時余命）、1900〜2000 年
表 7-1　ヨーロッパ、アメリカ合衆国、日本の所得分配
表 7-2　1902〜79 年のヨーロッパとアメリカ合衆国の財産分配
表 8-1　西ヨーロッパ諸国の外国人居住人口、1950〜2000 年
表 9-1　ヨーロッパのメディア、1955〜95 年
表 11-1　西ヨーロッパ諸国と中東欧ヨーロッパの OECD 諸国の社会保障支出、1960〜2000 年
表 12-1　ヨーロッパの人口集中都市（2000 年に人口 200 万人以上）
表 12-2　ヨーロッパにおける都市化、1950〜2000 年
表 13-1　ヨーロッパにおける大学への進学
表 13-2　ヨーロッパの大学生に占める女性の割合、1950〜95 年

訳者紹介

金子 公彦（かねこ きみひこ）
1969 年生まれ
横浜市立大学大学院経済学研究科博士課程 単位取得満期退学
現在、横浜市立大学共同研究員
主要業績：「資料紹介 マックス・ヴェーバーの宗教社会学における「序論」（Einleitung）と「中間考察」（Zwischenbetrachtung）の改訂」『横浜市立大学大学院生論集』（第 8 号、2002 年）。「マックス・ヴェーバーの宗教社会学における応報的宗教性——ルサンチマンと敵への愛との相克」（同上第 9 号、2003 年）。「マックス・ヴェーバーと現代資本主義社会における官僚制的支配——その排除のシステムと人間性剥奪」（同上第 10 号、2004 年）。「マックス・ヴェーバーの神秘論（Mystik）についての一考察」（同上第 11 号、2005 年）。バイナム「中世の女性の生活における神秘主義と禁欲——マックス・ヴェーバーとエルンスト・トレルチの類型学に対する小論評」（同上第 12 号、2006 年）。

瀧川 貴利（たきかわ たかとし）
1976 年生まれ
東京大学大学院経済学研究科修士課程修了 修士（経済学）、同博士課程在学
現在、横浜市立大学共同研究員
主要業績：「第二次世界大戦後のドイツ連邦共和国の難民政策と難民の統合——バイエルン州の事例」社会政策学会誌『社会政策』（第 1 巻第 3 号、2009 年 9 月）。

赤松 廉史（あかまつ やすふみ）
1978 年生まれ
東京大学大学院経済学研究科博士課程 単位取得満期退学
現在、横浜市立大学共同研究員
主要業績：「職員失業者（ホワイトカラー層）のナチス支持上昇について——未来への展望意識および社会的評価・声望意識の作用に着目して」『横浜市立大学論叢』第 60 巻、人文科学系列、第 3（2009 年 3 月）号。

著者紹介

ハルトムート・ケルブレ(Hartmut Kaelble)

　1940 年生まれ
　1966 年　ベルリン自由大学（博士号取得）、1971 年教授資格取得
　1971～91 年　ベルリン自由大学教授
　1991～現在　ベルリン・フンボルト大学教授
　主要業績（単著）
　　Berliner Unternehmer während der frühen Industrialisierung: Herkunft, sozialer Status und politischer Einfluss, Berlin u. a. 1972; *Soziale Mobilität und Chancengleichheit im 19. und 20. Jahrhundert: Deutschland im internat. Vergleich*, Göttingen 1983; *Auf dem Weg zu einer europäischen Gesellschaft. Eine Sozialgeschichte Westeuropas, 1880-1980*, München 1987（雨宮昭彦・金子邦子・永岑三千輝・古内博行訳『ひとつのヨーロッパへの道――その社会史的考察』日本経済評論社、1997 年）; *Der historische Vergleich: eine Einführung zum 19. und 20. Jahrhundert*, Frankfurt am Main u. a. 1999; *Europäer über Europa: Die Entstehung des europäischen Selbstverständnisses im 19. und 20. Jahrhundert*, Frankfurt am Main u. a. 2001; *Wege zur Demokratie: Von der Französischen Revolution zur Europäischen Union*, Stuttgart 2001; *Sozialgeschichte Europas: 1945 bis zur Gegenwart*, München 2007（本邦訳書）.

監訳者紹介

永岑　三千輝（ながみね　みちてる）

　1946 年生まれ
　東京大学大学院経済学研究科博士課程修了　博士（経済学、東京大学）
　現職　横浜市立大学大学院都市社会文化研究科・国際総合科学部・教授
　主要業績
　（単著・共著）：『1939　第三帝国と第二次世界大戦』（共著者・井上茂子・木畑和子・芝健介・矢野久）同文舘、1989 年。
　『ドイツ第三帝国のソ連占領政策と民衆　1941～1942』同文舘、1994 年。
　『独ソ戦とホロコースト』日本経済評論社、2001 年。
　『ホロコーストの力学――独ソ戦・世界大戦・総力戦の弁証法』青木書店、2003 年。
　『ヨーロッパ統合の社会史――背景・論理・展望』（共編者・廣田功）、日本経済評論社、2004 年。
　翻訳：ハルトムート・ケルブレ『ひとつのヨーロッパへの道――その社会史的考察』（共訳者・雨宮昭彦・金子邦子・古内博行、解説・廣田功）、日本経済評論社、1997 年。ウォルター・ラカー編『ホロコースト大事典』（共訳者・井上茂子・木畑和子・芝健介・長田浩彰・原田一美・望田幸男）、柏書房、2003 年。

ヨーロッパ社会史——1945年から現在まで

2010年3月25日　第1刷発行　　定価（本体5500円＋税）

著　者　ハルトムート・ケルブレ
監訳者　永岑三千輝
発行者　栗原哲也

発行所　㈱日本経済評論社
〒101-0051　東京都千代田区神田神保町3-2
電話 03-3230-1661　FAX 03-3265-2993
URL：http://www.nikkeihyo.co.jp/
印刷／製本＊藤原印刷
装幀＊渡辺美知子

乱丁落丁本はお取替えいたします。
Ⓒ NAGAMINE Michiteru　　　Printed in Japan　ISBN978-4-8188-2080-7
・本書の複製権・翻訳権・上映権・譲渡権・公衆送信権（送信可能化権を含む）は、
　㈱日本経済評論社が保有します。
　JCOPY 〈㈳出版者著作権管理機構　委託出版物〉
本書の無断複写は著作権法上での例外を除き禁じられています。複写される場合は、
そのつど事前に、㈳出版者著作権管理機構（電話 03-3513-6969、FAX 03-3513-6979、
e-mail: info@jcopy.or.jp）の許諾を得てください。

H. ケルブレ／雨宮昭彦・金子邦子・永岑三千輝・古内博行訳 **ひとつのヨーロッパへの道** —その社会史的考察— 　　　　　Ａ５判　312頁　3,800円	生活の質や就業構造、教育や福祉などの社会的側面の同質性が増してきたことがEU統合へと至る大きな要因となったと、平均的なヨーロッパ人の視点から考察した書。
永岑三千輝・廣田功編著 **ヨーロッパ統合の社会史** —背景・論理・展望— 　　　　　Ａ５判　372頁　5,800円	グローバリゼーションが進む中、独自の対応を志向するヨーロッパ統合について、その基礎にある「普通の人々」の相互接近の歴史から何を学べるか。
木畑洋一編 **ヨーロッパ統合と国際関係** 　　　　　Ａ５判　304頁　3,800円	ヨーロッパ連合（EU）がトルコを視野に入れての拡大を続けるいま、ヨーロッパとは何かを問い直し、ヨーロッパとどのような関係を築いていくべきかを模索するための一冊。
山口二郎・宮本太郎・小川有美編 **市民社会民主主義への挑戦** —ポスト「第三の道」のヨーロッパ政治— 　　　　　Ａ５判　270頁　3,200円	「市民社会民主主義」とは新しい造語である。欧州中道左派の政治をヒントに、日本における市民社会を基盤とした新しい社会民主主義への挑戦が、いまここに始まったのである。
廣田功編 **現代ヨーロッパの社会経済政策** —その形成と展開— 　　　　　Ａ５判　338頁　3,800円	両大戦期から戦後復興、高度経済成長を経て、現在にいたるまでのヨーロッパ各国の社会経済政策を、教育、福祉、金融などのさまざまな側面から詳細に考察した一冊。
永岑三千輝著 **独ソ戦とホロコースト** 　　　　　Ａ５判　538頁　5,900円	「普通のドイツ人」の反ユダヤ主義がホロコーストの大きな要因とする最近のゴールドハーゲンの論説に対し、第三帝国秘密文書を詳細に検討しながら実証的に批判を加える。
ティエリ・ジャンテ／石塚秀雄訳 **フランスの社会的経済** 　　　　　Ａ５判　180頁　2,800円	社会的経済と社会的企業は、新自由主義の失敗が明らかになった今、ますます世界的に注目されている。社会的経済発祥の地フランスにおける歴史、法制度、現在の挑戦を詳述。

表示価格に消費税は含まれておりません。